Michaela Schmitt
AUSREISSER

Michaela Schmitt

AUSREISSER

ABENTEUER PANAMERICANA

In zwei Jahren von Alaska nach Feuerland

www.hippie-trail.de

Bibliografische Information der Deutschen Nationalbibliothek

Die Deutsche Nationalbibliothek verzeichnet diese Publikation in der Deutschen Nationalbibliografie; detaillierte bibliografische Daten sind im Internet über http://dnb.dnb.de abrufbar.

c/o AutorenServices.de, Birkenallee 24, 36037 Fulda
Sie finden uns im Internet unter: www.hippie-trail.de

Vierte Auflage 2018

Fotos im Innenteil: Michaela Schmitt
Weltkarte und Länderkarten mit Reiseroute im Innenteil: Thorben Schmitt
Umschlaggestaltung: Thorben Schmitt
Lektorat: Anne-Kristin von Proeck
Korrektorat: Christian Hardinghaus
Satz: Thorben Schmitt
Gesetzt aus der Adobe Caslon Pro
Druck und Bindung: Booksfactory PRINT GROUP Sp. z o.o.

ISBN 978-3-00-059427-4

Für meine Kinder
Romea und Leeven.

*„Unser Leben ist von Gelegenheiten geprägt.
Auch von den verpassten“*

Inhalt

Prolog

Wie sorglos war das kleine Leben als Kind. Der schlimmste Kummer bestand darin, dass ein Freund keine Zeit zum Spielen hatte. Frei von Verpflichtungen verlief die Zeit, ohne das Wissen, was die Zukunft bringt. Später herrschen Verantwortung und Stress, in deren Fängen man sich urplötzlich als Erwachsener wiederfindet. Der Ernst des Lebens ist acht Stunden am Tag mit voller Breitseite zu spüren und die Kindheit wird zu den Akten gelegt. Ich wünschte, dieses Wissen als Kind gehabt zu haben. Wie glücklich ich mich eigentlich hätte schätzen sollen.

Beim Reisen fühle ich mich wieder frei. Wie ein Kind, das die Welt um sich herum entdeckt. Eine Welt, die man als Erwachsener längst vergessen hat.

Über fünf Jahre haben Thorben und ich uns auf das Abenteuer vorbereitet. Unzählige Überstunden und Nachtschichten im Büro wurden direkt auf das Sparbuch überwiesen, der Haushalt erheblich verkleinert. Nur das, was wirklich notwendig oder mit einer persönlichen Erinnerung behaftet ist, haben wir aufgehoben. Der Rest wurde Stück für Stück auf Flohmärkten zu Geld gemacht. Wir verzichteten auf Markenkleidung, das neue Handy, eine teure Küche oder gar einen Neuwagen. Mit einem klaren Ziel vor Augen ist Sparen ganz einfach und macht sogar richtig Spaß.

Oberste Priorität bestand darin, unterwegs nicht zu arbeiten, sondern hundertprozentig zu reisen und ganz für unsere Tochter da zu sein.

Nebenbei haben wir die Routen entworfen, den LKW auf unsere Bedürfnisse umgebaut, die notwendige Ausrüstung angeschafft und zahllose Behörden und Arztpraxen aufgesucht. Thorben kündigte seine Anstellung, ich löste mein kleines Unternehmen auf. Besonders schwer fiel es mir unser kleines, gemietetes Haus, eine Oase am Stadtrand von Nürnberg, aufzugeben. Die Einliegerwohnung bei Thorbens Eltern wurde für die letzten Monate zu unserem neuen Zuhause. Ein Nest, welches uns jederzeit zu Verfügung steht, sollte die Reise unterbrochen werden – und natürlich für die Zeit danach. Denn auf den Beginn einer Reise folgt auch unweigerlich ein Ende.

Wir hatten viele gute Gründe, diese Reise zu machen. Nur in besonders schlimmen Momenten des Stresses, da fiel mir kein einziger mehr ein. Das Loslösen vom alten Leben, besonders dem Alltag zu entkommen, war wohl das Schwerste, denn es gab immer noch etwas zu erledigen – und so war der gnadenlos rückwärts laufende Countdown nicht Feind, sondern Freund.

Willkommen in den Vereinigten Staaten von Amerika

Es ist Mitte Juni 2015. Der Airbus setzt sich in Bewegung, gleitet mit vollem Schub voran über die Piste, bis sich die 380 Tonnen schwerfällig vom Boden lösen und in den Himmel emporschwingen. Die Kabine ist geradezu erfüllt von verblüffender Stille. Auf meinem Schoß sitzt unsere einjährige kleine Tochter Romy, und für sie ist es der erste Flug. Fasziniert sieht sie mit ihren großen blauen Augen aus dem kleinen Fenster, beobachtet die flauschigen weißen Wolken über dem Atlantik. Ich streichle über ihr kurzes blondes Haar. Beruhige mich allmählich. Je mehr wir an Höhe gewinnen, desto schneller löst sich meine innere Anspannung, der Stress der letzten Monate wird zur Erinnerung und die liegengebliebenen Aufgaben nebensächlich.

Gegen elf Uhr landet das Flugzeug am Flughafen JFK in Manhattan, New York. Mit Romy an der Hand irren wir durch die riesigen Hallen und plagen uns mit 120 Kilo Gepäck zum wartenden Taxi. Es geht nur zäh voran – über zwölfspurige Highways durch den allgegenwärtigen Verkehr einer Millionenmetropole. Vor einem gemütlichen Reihenhaus endet die Fahrt. Die nächsten Tage dürfen wir Gäste bei meiner lieben Freundin Claudia und ihrer Familie sein und haben einfach nur Urlaub, gleiten langsam hinein in das große Abenteuer. Romy hat mit Claudias kleinen Mädchen zwei Spielkameradinnen gefunden, ist in ihrer eigenen Welt versunken und weiß noch gar nicht, was sie bald erwartet. Dass Nathalie und Liana englisch sprechen, scheint sie nicht zu stören. Die Kinder nehmen es hin, wie es ist, und machen das Beste daraus.

New York City – kaum eine andere Stadt weiß so derartig zu begeistern, dass allein der Name die Augen zum Leuchten bringt.

Die Möglichkeiten sind grenzenlos, und wir bräuchten Wochen, nicht nur Tage, um alles zu sehen. Die Weltstadt liegt an der Ostküste der Vereinigten Staaten und ist die größte Stadt der USA. Das Zentrum konzentriert auf der Insel Manhattan, die sich als Felszunge zwischen Hudson und East River befindet.

Den ersten Überblick verschaffen wir uns vom 70. Stockwerk des Rockefeller Centers. Seine Aussichtsplattform bietet die beste Sicht auf das Empire State Building und den gegenüberliegenden Central Park. Wie ein grüner Teppich bedeckt er die Fläche zwischen einem Meer aus glänzenden Wolkenkratzern, gesprenkelt mit Seen und Hügeln. In der Ferne schimmern silbern die beiden mächtigen Flüsse im gleißenden Sonnenschein und treffen sich an der Südspitze des Horizonts.

260 Meter tiefer zieht der Times Square Besucher aus aller Welt an. Turmhohe Bildschirme dominieren den Platz, lassen sich vom Tageslicht nicht kleinkriegen. Hell flackern die Werbetafeln in buntesten Leuchtfarben und sorgen für eine einzigartige Stimmung zwischen den Häuserschluchten. Überwältigt steigen wir die Stufen der berühmten roten Treppe hinauf, lassen uns auf den Beton sinken und das Ganze auf uns wirken. Kopfüber hängt Spiderman an einer Laterne, winkend spaziert Micky Mouse an uns vorbei und auch ein übergewichtiger Batman hofft auf ein Trinkgeld oder gar den großen Durchbruch zum Star. Alles ist möglich in dieser Stadt.

Rastlos streifen wir durch die im Schachbrettmuster angelegten Straßen der Häuserschluchten, die Augen meist nach oben gerichtet. Auf Türme, die endlos in den Himmel zu wachsen scheinen,

vermeintlich an den Wolken kratzen und das Sonnenlicht verschlucken. Knallgelbe Taxis leuchten aus dem zäh dahinfließenden Verkehr heraus und hupen sich den Weg frei, Dampf qualmt aus den Kanaldeckeln. Die angesagtesten Restaurants und eine schier unendliche Zahl an Kaufhäusern, Shopping-Malls und Boutiquen reihen sich aneinander. Und noch etwas fällt uns ins Auge, als wir den Blick an den Gebäuden nach oben richten: Feuerleitern. Sie sind überall, an fast jeder Hausfassade angebracht. Darunter wühlen Obdachlose in mächtigen, überquellenden Mülltonnen.

Die Metro, das beliebteste Fortbewegungsmittel, bringt uns schnell und unkompliziert in die verschiedensten Teile der Stadt und zeigt auch hier die krassen Gegensätzlichkeiten. Einen faszinierenden Mix der Kulturen und ihrer Religionen. Latinos, Schwarze, Juden, Weiße, Asiaten, Moslems tummeln sich in der U-Bahn – die Fahrt in einem Waggon ist eine kleine Weltreise für sich. Ein Mikrokosmos, der funktioniert. Nirgendwo sonst scheinen die Menschen weniger Angst davor zu haben, sich so zu präsentieren, wie sie sind.

Wir spazieren über die Brooklyn Bridge und erleben zum wiederholten Male ein Déjà-vu. Dieses Gefühl, irgendwann schon einmal hier gewesen zu sein. Kein Wunder, schließlich wird in New York ständig gedreht. 517 Filme entstanden allein zwischen 2011 und 2013 – an insgesamt 17 241 Drehorten.

Mit schmerzenden Füßen endet unser Rundgang am neuen One World Trade Center, das mit 540 Metern Höhe weit über die anderen Wolkenkratzer emporragt und mit seiner vollverspiegelten Front in alle Himmelsrichtungen glänzt. Davor stehen, exakt auf dem Platz der alten Zwillingstürme des World Trade Centers, zwei große Wasserbecken aus schwarzem Stein, die an die Terrorattacken des 11. September 2001 erinnern. In deren Ränder sind die Namen der rund dreitausend Opfer eingraviert, die bei den Terroranschlägen ihr Leben verloren haben. Achtungsvoll und nachdenklich steigen wir in den *PATH*. Die U-Bahn durchquert den hundertjährigen drei Kilometer langen Tunnel, der sich von einer Schlammschicht bedeckt am Grund des Hudsonrivers befindet. Nur wenige Minuten später finden wir drei uns im idyllischen Garten von Claudia und Chris wieder und lassen den Tag bei einer 60 Dollar teuren Familienpizza ausklingen.

Noch sichtlich erschöpft stranden wir tags darauf im *Liberty State Park*, laufen langsam aus, genießen die herrliche Aussicht auf Manhattans Skyline und die Freiheitsstatue und kommen in Newport gänzlich zum Stillstand. Wir gehen am Nachmittag dorthin, wo die New Yorker abseits der touristischen Pfade gerne die Sommertage verbringen: zum Abkühlen und Entspannen an den Beach-Park am Hudson River. Vor unseren Liegestühlen steht ein Picknickkorb. Romy und Claudias Mädchen vergnügen sich auf dem angrenzenden Wasserspielplatz und wir lassen mit nackten Füßen im goldgelben Sand und mit der besten Aussicht auf Manhattans Downtown die Seele baumeln.

Es ist Montagmorgen. Während für Claudia und Chris die Routine des Alltags Einzug hält, hat unser Urlaub ein Ende und wechselt in den Reisemodus. Wir haben es eilig, ohne zu klagen. New York bot einen tollen Einstieg, aber es wird Zeit, in unser kleines, rollendes Haus zu ziehen. In einem Vorort von New Jersey wartet bereits ein Mietwagen, für uns die kostengünstigste und schnellste Möglichkeit, aus New York hinauszukommen, um den 350 Kilometer entfernten Hafen in Baltimore zu erreichen und unseren Frosch endlich in Empfang zu nehmen.

Warum fahren wir nicht nach Halifax? Zu *dem* Hafen in Kanada und *dem* Startpunkt für Panamericana-Reisende mit eigenem Fahrzeug? Die kanadische Bürokratie machte uns einen Strich durch die Rechnung und warf den Großteil der Reiseplanung für Nordamerika über den Haufen. Der Frosch ist 33 Jahre alt und das Land stellt für Oldtimer, die auf dem Wasserweg einreisen, keine Kfz-Versicherung aus. Die einzige Möglichkeit hätte darin bestanden, 600 Kilometer ohne Schutz durch Kanada in die USA zu reisen, um den Laster dort anzumelden. Doch das war keine Option für uns. Zu sehr haben sich in den Medien verbreitete Schadensersatzklagen in Millionenhöhe wegen eines lediglich zu heißen Kaffees in unseren Köpfen verankert. Was würde uns da erst bei einem Unfall erwarten?

In Hamburg übergab Thorben den Laster an eine Reederei. Blickleer und desinfiziert verschwand unser Frosch im Bauch des Containerschiffs *Atlantik Concert*, um nun nach einer dreiwöchigen Ozeanüberquerung in den Hafen von Baltimore einzulaufen. Auf einem Schild steht: *Der Zutritt aufs Hafengelände für Privatpersonen ist strengstens und ausnahmslos verboten* – weshalb wir den Frosch nicht selbst in Empfang nehmen können. Am Büro von Pride International wartet bereits ein beauftragter Agent namens Kurt Müller. Ein kurzes Briefing folgt, bevor wir gemeinsam die Formalitäten bezüglich der Zoll- und Frachtpapiere mit der Spedition abwickeln. Verwirrend, aber harmloser und schneller erledigt, als erwartet. Herr Müller hat einen beneidenswerten Job. Spezialisiert auf die Herausgabe der importierten Reisemobile, darf er die verschiedensten Fahrzeuge inspizieren, aus dem Gelände fahren und den bereits wartenden Besitzern ein Lächeln ins Gesicht zaubern. Auch uns. Wir freuen uns mächtig, als unser Frosch das umzäunte Areal verlässt und wohlbehalten vor uns stehen bleibt. Willkommen in den Vereinigten Staaten von Amerika!

Wir bezahlen unseren Agenten, schütteln dem freundlichen älteren Mann dankbar die Hand und auch er hat, 150 Dollar reicher, ein noch breiteres Lächeln im Gesicht. Ich notiere den

Kilometerstand von 146 380, während Thorben den Zündschlüssel einsteckt und den Startknopf drückt.

Klack. Klack. Mehr passiert nicht. Der Motor bleibt still. So haben wir uns den Start der Tour nicht vorgestellt. Jeder von uns hat sein Aufgabengebiet, verteilt nach Vorlieben und Fähigkeiten. So ist Thorben für die Instandhaltung des Lasters zuständig, die nicht nur aus Motorhaube öffnen besteht, sondern das gesamte Programm wie Reparaturen, Auffüllen des 425 Liter großen Wassertanks und die Stromversorgung umfasst. Ich putze und wasche die Wäsche, nebenbei plane ich die Route, mache Fotos und schreibe die Reiseberichte. Fahren, Kindererziehung, Einkaufen und Kochen ist unser gemeinsames Vergnügen. Thorben als Schrauber darf gleich mit seiner Arbeit anfangen und überbrückt das Herzstück mit den Versorgungsbatterien aus dem Wohnkoffer. Neben einer entwendeten Mag-Lite Taschenlampe gesellen sich also zwei vollentladene Starter-Batterien zu den Kosten der Verschiffung.

Endlich hören wir das bekannte Tuckern. Rhythmisch und kraftvoll. Wir spüren die vertrauten Vibrationen durch unsere Körper fließen und steuern ohne Umwege das erste Ziel an. Es ist weder romantisch noch abenteuerlich. Nur notwendig. Das ist der Nachteil daran, eine Reise nicht vor der Haustür zu beginnen. Lebensmittel oder gar ein paar Leckereien aus der Heimat bei Heimweh haben wir nicht dabei. Das ist schlichtweg verboten zu importieren. Da bietet Walmart einen tollen Service an. Hier darf auf den ausgedehnten Parkplätzen kostenlos im Camper übernachtet werden. Es gibt Restaurants, Toiletten und Wi-Fi. Natürlich nicht, weil der Konzern ein Herz für Reisende hat, sondern eher für deren Dollars. Eine lukrative Win-win-Situation, da wir von null anfangen, Kühlschrank, Vorratsschränke und Gewürzregale mit den Grundnahrungsmitteln auszustatten.

Das Geschäft ist riesig und das Angebot schier grenzenlos. Von Kleidung, über Arzneimittel, Spielwaren, Lebensmittel, Angelzubehör, Boote bis zu Schusswaffen – für jeden ist etwas dabei. Über Stunden schieben wir den immer voller werdenden Wagen durch die langen Regalreihen, verlaufen uns und verlieren letztendlich Romy. Panisch stürmen Thorben und ich durch den Laden, rennen hinaus auf die Straße – und können sie einfach nicht finden. Da es gang und gäbe ist, vermisste Personen auf Milchpackungen abzudrucken, damit sie jedem auffallen, sehe ich bereits ein Bild meiner kleinen Tochter auf ebendieser erscheinen und kann mich kaum noch auf den Beinen halten vor Angst. Doch Minuten später kommt Thorben grinsend um die Ecke und trägt sie auf seinem Arm. Gefunden in Abteilung drei – Spielwaren –, saß sie versteckt zwischen ausgeräumten Kuscheltieren und Bällen und war noch gar nicht bereit, davon abzulassen.

Alle Aufmerksamkeit ist auf uns gerichtet, während wir uns Zeit nehmen, Hab und Gut platzsparend im Wohnkoffer zu verstauen. Taschen, Kleidung, Werkzeug, Spielzeug, Windeln, zwei volle Einkaufswagen und dazwischen ein kleines Mädchen, das auf dem Bordstein das Balancieren übt und mit Kreide den Boden verschönert.

Eine der vielen Herausforderungen beim Camping ist die Logistik, besonders bei einer Reise über mehrere Jahre entlang aller Klimazonen. Was nehme ich mit? Was bleibt daheim? Und vor allem, wohin damit? Viel Zeug, das mit Kleinkind noch an Menge zunimmt. Legosteine, Bücher und ein großer Teddybär – das ist alles was Romy ab sofort zum spielen hat. Mehr, und das ist viel wertvoller, wird sie unterwegs finden. Kinder und Natur – die Möglichkeiten, Kreativität und Fantasie anzuregen, sind unerschöpflich. Wir stopfen, stapeln und quetschen und erst spät endet der lange und ereignisreiche Tag, an dem Thorben und ich sehr müde in das 1,4 Meter breite Familienbett fallen, wo unsere Tochter schon breit ausgestreckt schläft. Aber – der Frosch ist bereit, die bisher anspruchsvollste Mission seiner Reisekarriere zu erfüllen.

KANADA

Dawson City
Whitehorse
Watson Lake
Jasper NP
Regina
Winnipeg
Thunder Bay
Calgary
Vancouver
Pukaskwa NP
OTTAWA
Halifax
Niagara

Der lange Weg nach Westen

Meine alte Weltkarte, drei Meter mal zwei Meter, zierte bis vor kurzem unsere Wohnzimmerwand. Zog stets mein Augenmerk auf sich. Flüsterte mir zu: „Entdecke die Welt."

Kanada – Kein anderes Land wird spontaner mit Wildnis und vor allem riesigen Dimensionen in Verbindung gebracht. So legte ich zum Beginn der Routenplanung das Lineal von der Ostküste zur Landesgrenze nach Alaska an, um mir der besagten Weite bewusst zu werden. 36 Zentimeter. Rund 5000 Kilometer. Luftlinie.

Der Sommer in Alaska ist kurz. Zu kurz, um Zeit zu verlieren. Bei einer täglichen Fahrleistung von 200 Kilometern entspricht das 35 Fahrtagen für Kanada, um rechtzeitig im nördlichsten Bundesstaat der Vereinigten Staaten anzukommen. Thorben zweifelte, ich war optimistisch und sah dabei meine rechte Hand an und bewegte sie über die Karte. Zweimal vom abgewinkelten Daumen bis zum kleinen Finger. Einen Monat, um das zweitgrößte Land der Welt zu durchfahren. Das schaffen wir.

Schon nach wenigen Tagen ohne nennenswerte Stopps durch den Bundesstaat New York der Vereinigten Staaten erreichen wir die kanadische Grenze. Schnell und freundlich sind die Beamten, werfen einen kurzen Blick in die Wohnkabine und nur 15 Minuten später knallen sie die ersehnten Stempel in den Reisepass. Den natürlichen Grenzverlauf beider Länder bildet ein breiter Fluss, der Niagara River, welcher sich in seinem Verlauf spektakulär über die gleichnamigen Fälle stürzt. Das kleine Städtchen Niagara Falls in Ontario vermarktet sich gnadenlos selbst und weist uns wortlos die Richtung. Hotelhochhäuser, Souvenirshops, Casinos, Vergnügungsparks säumen den Weg zu einem kleinen Hügel, auf dem der Skylon Tower mit einer 160 Meter hohen Aussichtsplattform thront. Die Auswahl zum Erkunden der Wasserfälle ist

immens, wir konzentrieren uns auf das eigentliche Naturereignis, ignorieren den Rummel und die Show außen herum und begeben uns auf die Reise hinter die Fälle, die *Journey behind the Falls Tour*. Wir stülpen uns die bereitliegenden grellgelben Regencapes über, bevor uns der Aufzug 45 Meter tiefer ganz nah am Wasser entlässt. 2800 Kubikmeter stürzen im Sommer pro Sekunde herab und uns stockt der Atem beim Anblick der Wassermassen und bei dem ohrenbetäubenden Rauschen. Überwältigend und bedrohlich zugleich. Bis ganz vorne an den Abgrund wagen wir uns heran, werden binnen Sekunden klitschnass, haben einen wortwörtlich feuchtfröhlichen Spaß und stimmen in das aufgeregte Kreischen von Romy ein.

Auf dem angrenzenden Campingplatz verbringen wir den restlichen sonnigen Tag. Thorben und Romy pusten unablässig Seifenblasen in die Luft, die in allen Farben des Regenbogens schillern und auf dem gepflegten Rasen unserer Parzelle zerplatzen. Mir lässt das Chaos im Laster keine Ruhe und so klettere ich in den Wohnraum und entleere alle Staufächer und Schränke. In diesem kleinen Raum ist ein gewisses System hilfreich, oft gebrauchte Dinge schnell greifbar zu haben, ohne alles durchwühlen zu müssen. Die Kleidungsstücke werden im passenden

Format zusammengelegt, Geschirr und Lebensmittelvorräte akkurat gestapelt, um keinen wertvollen Stauraum zu verschwenden. Lange haben wir beim Umbauen überlegt, ob ein kleines Badezimmer nötig ist. Jetzt gibt es zwar keine Dusche und Toilette im Laster, dafür einen großen Kleiderschrank, dessen Türen trotzdem kaum noch zugehen. Ich schließe die letzten schmalen Regale der Küche und setze mich zufrieden in die kleine Sitzecke am Fenster. Jetzt wird mir erst richtig bewusst, dass wir unser bisheriges Leben von rund hundert Quadratmetern gegen ein Leben im LKW mit Größe einer Gefängniszelle für Einzelhaft eingetauscht haben.

Ein weiteres Fahrzeug parkt schwerfällig auf der ausgedehnten Wiese und bringt uns mit seinen acht Metern Länge mächtig ins Staunen. Wie so vieles in Nordamerika sind auch die Motorhomes gigantisch. Einmal angekommen, fahren plötzlich die Seitenwände noch jeweils einen Meter nach außen und vier Passagiere werden in die Freiheit entlassen. Romy freundet sich sogleich mit den kleinen Kindern der Familie an und auch wir Eltern kommen ins Gespräch. Es folgt die Einladung zu einer Coca-Cola und endlich kann ich meine unbändige Neugier darüber stillen, wie es wohl im Inneren des Wohnmobils aussieht. Der geflieste Boden führt uns in eine komplett ausgestattete Küche mit Vierflammenherd, Espressomaschine, Mikrowelle und einem Arbeitsblock in der Mitte des Raumes. Im Schlafzimmer steht ein Doppelbett, daneben zwei große Einbauschränke. Das Wohnzimmer ist ausgestattet mit zwei Sofas, einem Ohrenbackensessel und einer kompletten Hi-Fi-Anlage mit fenstergroßem Flachbildschirm. Und natürlich einem Esstisch mit sechs Stühlen. Das Badezimmer sei leider ziemlich klein, entschuldigt sich der Hausherr und präsentiert hinter der linken Tür Dusche, WC und eine Waschmaschine. Sprachlos kehren wir zu unserer acht Quadratmeter großen Einzimmerwohnung zurück und ich spüre die Blicke im Rücken, die Bewunderung und Mitleid zugleich ausdrücken.

Um die 250 000 Seen, Bäche und Flüsse gibt es in Ontario, der wasserreichsten Provinz Kanadas. Mitten über die Bruce Peninsula, eine langgezogene Halbinsel, erreichen wir an der Spitze den gewaltigen Lake Huron. Wir steigen aus dem Laster in die Wärme und sind für einen Moment wie geblendet. Um uns herum ist der Frühsommer zur Höchstform aufgelaufen. Die Sonne strahlt golden vom stahlblauen, wolkenfreien Himmel. Büsche und Bäume stehen in voller Blüte, Vögel zwitschern, hunderte Insekten summen geschäftig. Am Wasaga-Beach, dem längsten Süßwasserstrand der Welt, der zudem noch herrlich sandig und sicher ist, schälen wir uns aus der luftigen Kleidung und springen in die knöchelhohen Wellen.

Die Straßencafés am kleinen Hafen von Tobermory sind gefüllt mit fröhlichen, unbeschwerten Menschen. Mit einem Eis in der Hand sitzen wir am Wasser und beobachten das pulsierende Leben. Danach spazieren wir am spitzkantigen Dolomitgestein, wandern über glitschige Klippen der wilden Küste bis zum schneeweißen hölzernen Leuchtturm Big Tub Lighthouse, der seit 1885 Schiffen den sicheren Weg durch das heimtückische Gewässer des Sees weist.

Die Fähre Chi-Cheemaun befördert uns wohlbehalten über den azurblauen Lake Huron und setzt uns auf der Geisterinsel Manitoulin-Island ab – auf heiligem Indianergebiet. Sie ist die größte in einem See gelegene Insel der Welt und einer der spirituellsten und geheimnisvollsten Orte in Kanada. Nach der Legende des Indianervolkes der *Anishinabe* schuf hier der Große Geist die vier Elemente Feuer, Wasser, Erde und Luft. Bunte Tipis zieren satte, grüne Wiesen und unterstreichen die spürbar mystische Atmosphäre. Im Zickzack folgen wir einer staubigen Schotterstraße, die uns an 100 Meter steil herabfallenden Klippen entlangführt, und unsere Reise endet für diesen Tag auf einer idyllischen Lichtung, umrahmt von mächtigen Baumriesen. Unbewusst weist uns der Große Geist den Weg und erwählt einen alten Indianerfriedhof als Stellplatz für die Nacht. Umschwärmt von Libellen liegen wir im Schein der untergehenden Sonne im hohen Gras, leise rascheln bunte Wildblumen im sanften Wind und immer wieder reflektieren die langsam verrottenden Reste der mit kleinen

Figuren, Plastikblumen und glänzenden Girlanden geschmückten Gräber auf dem Hügel die letzten einfallenden Sonnenstrahlen.

Zurück auf dem Festland stoßen wir auf den Trans-Canada Highway, von den Kanadiern liebevoll TCH genannt. Mit 8000 Kilometern Länge zieht er sich quer durch das Land und wird uns für die nächsten 3000 Kilometer den Weg ebnen. Obwohl er die einzige Verbindungsstraße von der Ostküste zur Westküste ist, durchqueren wir hier gerade eine nahezu unberührte Wildnis und begegnen stundenlang keiner Menschenseele. Schließlich trifft die einsame Straße auf schroffe Steilküsten und menschenleere Sandstrände des Lake Superiors. Wir fühlen uns das erste Mal richtig frei und erleben ein Kanada, wie wir es uns vorgestellt haben. Die Ernüchterung holt uns erst auf der Suche nach einem Stellplatz ein. Es ist einsam und wir haben Natur satt um uns herum. Eigentlich perfekte Bedingungen, um einfach die Straße zu verlassen, einem schmalen Waldweg zu folgen und am Ufer das Lager aufzuschlagen.

Doch an den Baumstämmen hängen leuchtende Warnschilder: *Private Property! No Trespassing! Shooting Area! No Parking!* Sämtliche Grundstücke, ob bewohnt oder bewaldet, stehen in Privatbesitz und irgendwann höre ich auf zu zählen, wie oft Thorben aus dem Laster springt, im Wald verschwindet und kopfschüttelnd zurückkehrt.

Bevor wir nachgeben und einen teuren Campingplatz als letzte Möglichkeit nehmen, zwängt sich der Laster durchs Gebüsch. Dornige Äste schrammen quietschend über den grünen Lack. Der dunkle Wald scheint uns förmlich zu verschlucken, um uns urplötzlich an einem kilometerlangen Sandstrand wieder auszuspucken. Fassungslos laufe ich die Strecke erneut ab und kann kein Schild entdecken, das nicht ausdrücklich das Übernachten verbietet. Endlich haben wir unser Nachtlager gefunden, das nicht schöner sein könnte. Im Schatten eines gewaltigen Ahornbaumes liegen wir im goldgelben Sand und beobachten eine Gruppe Kanadagänse, die am sandigen Ufer watschelnd auf Futtersuche sind, sich in kleinen Wassergräben am Waldrand die Federn kühlen und anschließend im Wald verschwinden.

Es ist Wochenende und der Campingplatz im Pukaskwa Nationalpark ist bis auf den letzten Platz besetzt. Vor den riesigen Campingmobilen umhüllen Moskitoschutzzelte die Sitzbänke der jeweiligen Parzellen. Die in den Freisitzen verschanzten Camper streifen sich beim Verlassen der mitgebrachten Außenbereiche einen Moskitoanzug samt feinmaschiger Netzhauben über. Romy füttert völlig unbeeindruckt niedliche Streifenhörnchen, die sich neugierig aus dem dichten Wald hervorwagen, während ich amüsiert die Camper beobachte. Hier haben unsere Wanderschuhe Premiere. Auf einem der vielen Trails erklettern wir die schöne felsige Küstenlandschaft und enden nach einem entspannten Spaziergang am Horseshoe Beach, dessen schmale Sandbank von angeschwemmtem Treibholz fast überquillt. Wir sind angekommen in der Wildnis. Nur leider nicht alleine. Die Moskitos fressen uns bei lebendigem Leibe. Wir flüchten. Und hinterlassen in der unberührten Natur unsere Schuhabdrücke im Sand. Zurück am Laster streife ich mit der Hand über meinen Arm und die Finger kehren rot gefärbt zurück. Lautlose Black Flies haben mit ihren zangenförmigen Beißwerkzeugen blitzschnell ein Stück Haut angeritzt und saugen nun das ausfließende Blut auf. Ein zweiter Blick auf Romy bestätigt meine Befürchtungen: Ihr Gesicht wurde in Windeseile von den kleinen schwarzen Tierchen mit roten Beißpunkten übersät. Panisch sprühen wir uns mit *DEET* ein,

streifen mit Insekten-Repellent versehene Armbänder über und entzünden mehrere Moskitospiralen und ein Lagerfeuer, das ordentlich raucht. Erst dann kehrt Ruhe ein und wir können uns bewegungslos draußen aufhalten. Den ganzen Abend verbringen wir vor den lodernden Flammen, und selbst die mit der einbrechenden Dunkelheit erscheinenden Moskitoschwärme, die mit nervenzerreißendem Gesurre um unsere Köpfe schwirren, wagen sich nicht weiter heran.

Die Frage, warum so ein schöner Flecken Erde so verlassen ist, scheint beantwortet. Ohne die Mücken wäre der kanadische Busch überlaufen und nicht mehr das, was er ist. Nämlich wunderschön, einsam und ruhig. Eine Landschaft, wo es wirklich noch vorkommen kann, dass man über Tage keinen anderen Menschen antrifft.

560 Kilometer folgen wir nun schon dem linker Hand liegenden Ufer des großen Sees. Der Lake Superior scheint endlos zu sein, hat eine so gewaltige Ausdehnung, dass der Eindruck entsteht, entlang eines Ozeans unterwegs zu sein. Außerdem ist es heiß, was wir in diesem Ausmaß von Kanada nicht erwartet hätten. Spätestens zur Mittagssonne machen wir täglich Halt, um die Landschaft zu genießen und uns beim Schwimmen abzukuhlen.

Selbst nach zwei Wochen auf dem neuen Kontinent haben wir uns immer noch nicht auf die kanadische Zeit eingestellt, schlafen bis spät in den Tag hinein und bekommen zu den unmöglichsten Nachtzeiten Hunger. Kanada ist in sechs Zeitzonen aufgeteilt und im Westen Ontarios füttert eine weitere Stunde unseren Jetlag an. Da der Plan, den *TCH* flott abzufahren, bisher nicht so recht aufging, nutzen wir das Zeitgeschenk und geben Gas. So schaffen wir es gerade noch rechtzeitig nach Thunder Bay, der ersten größeren Stadt entlang des Lake Superiors, um Romys zweiten Geburtstag zu feiern. Auf dem Walmart Parkplatz setzen wir unser glückliches kleines Mädchen auf ihr neues Dreirad. „Kinder können so schön anspruchslos sein“, sage ich zu Thorben und schneide zur späten Nachmittagsstunde die Zitronentorte aus der Tiefkühltheke an.

Allmählich verlassen wir das hügelige Seeland von Ontario und tauchen in die endlose Prärie der Provinz Manitoba ein. Der *TCH* wird mehrspurig. Die nun triste Autobahn führt schnurgerade – manchmal dutzende Kilometer ohne jegliche Biegung oder Erhöhung – entlang an Mais- und Rapsfeldern und grünen Wiesen. Die Farbe des dunstigen Himmels gleicht dem Straßenbelag, ein tristes Grau, das uns von beiden Seiten zu erdrücken scheint und uns streckenweise keine 100 Meter weit sehen lässt. Ich vermisse die Wälder und das wohlige Gefühl, umgeben und versteckt von ursprünglicher, satter Natur zu sein, stattdessen fühle ich mich förmlich nackt, wie auf dem Präsentierteller.

Das meiste Geld geben wir hier in Kanada, im Vergleich zu den USA, für Lebensmittel aus, die sich abgesehen vom Preis in der kulinarischen Vielfalt nicht unterscheiden. Auch hier ist das Bewusstsein für wertvolle, gesunde Ernährung zu gering, um das Supermarktangebot zu beeinflussen. Das Brot ist gummiweich und künstlich, der Käse unansehnlich und geschmacklos, genauso wie Obst und Gemüse. Fleisch und Wurst werden mit unglaublich großen Mengen an Wasser gestreckt, Bioprodukte sind selten und fast unbezahlbar. Die Restaurants bieten in der Masse nur Burger und Sandwiches & Co.

Eine große Ausnahme ist die französische Bäckerei im 2000-Seelen-Städtchen Indian Head. Wir sitzen im angeschlossenen Café, das mit seinen holzvertäfelten Wänden, gepolsterten Biedermeierstühlen und den rustikalen Auslagen voller Brot, Croissants, Kuchen und Gebäck gar nicht in das Bild der sonst sterilen, puristisch gehaltenen Geschäfte passt, sondern eher an Großmutters Zeiten erinnert, und schlemmen uns durch das reichhaltige Angebot der Köstlichkeiten. Nebenbei erfahren wir von der charmanten Bedienung, dass weit im Norden der benachbarten Provinz Saskatchewan wegen des trockenen Sommers um die hundert Feuer brennen. Der Rauch wird vom Wind in Richtung Osten geblasen und somit besteht auch für die nächsten Tage keine Chance auf Sonnenschein und gute Sicht.

Bei einer Spitzengeschwindigkeit von 93 Kilometern pro Stunde, welche die eh schon hohe Lautstärke im Fahrerhaus noch verstärkt und eine Unterhaltung unmöglich macht, haben wir die Reisegeschwindigkeit auf etwa 70 Stundenkilometer angepasst. Einer der wenigen Nachteile des LKWs, wenn man es eilig hat. Romy ist das viele Fahren nicht gewöhnt und braucht noch ihre Zeit, um mit der neuen Situation zurechtzukommen. Wir fahren zu unterschiedlichsten Uhrzeiten und gestalten die langen Tage auf der Straße kinderfreundlich mit Vorlesen, Spielen und viel Kuscheln auf meinem Schoß. Es gibt Tage, da läuft alles wie am Schnürchen. Und es gibt die anderen Tage, an denen nichts klappen will, Romy quengelt und nach Dauerbespaßung schreit. Während Thorben damit kämpft, sich auf die Strecke und Straße zu konzent-

rieren, brauche ich alle Nerven, um Romy zu unterhalten. Ihre Laune ist zum Lotteriespiel geworden, Autofahren dadurch zu einem echten Kraftakt. Beinahe täglich hat unsere Kleine einige Trotzanfälle und verweigert ihr Mittagsschläfchen. Ich weiß, dass sie damit nicht nur gegen das Fahren protestiert, sondern auch eine notwendige Phase in ihrer Persönlichkeitsentwicklung durchmacht. Obwohl es verboten ist, nehme ich sie dann zu mir auf den Schoß, und wenn gar nichts mehr hilft, kommt das iPad als Babysitter zum Einsatz. Meist fahren wir nur zwei Stunden am Stück und verbringen die langen Pausen wenn möglich auf Spielplätzen.

Des Öfteren sehe ich trübsinnig auf die vorbeiziehende Umgebung und der erste Frust stellt sich ein. Aber auch solche Phasen ohne Reiz haben eine sinnvolle Notwendigkeit. Wehmütig können erlebte Augenblicke gewürdigt werden, in Ruhe sacken und die Vorfreude auf das Kommende aufflammen lassen.

Nach 600 Kilometern unverändert langweiligen Aussichten auf die eintönige Landschaft Manitobas erreichen wir Saskatchewan. Die Provinz, die ziemlich genau in der Mitte des Kontinents liegt.

Noch immer macht der Frosch Probleme beim Anlassen und Thorben musste unzählige Male überbrücken. Die teuer angeschafften Batterien bringen auch keine Besserung und der Fehler findet sich nach einer Spannungsmessung in der Lichtmaschine. Die Frage nach einer neuen beantwortet uns ein netter Herr der Mercedes-Benz-Vertragswerkstatt in Regina mit einem Preis von 1300 Dollar und zwei bis vier Wochen Wartezeit. Zeit haben wir nicht und das Reisebudget ist auch nicht grenzenlos. Aber Geduld und Hartnäckigkeit zahlen sich schließlich aus: Nach langer Suche findet sich ein kleiner familiärer Handwerksbetrieb, in dem uns das Teil für 80 Dollar in wenigen Stunden repariert wird.

Vergangene Nacht fiel der ersehnte Regen, ließ den Dunstkegel im Erdboden versickern. Bei strahlendem Sonnenschein schnallen wir unsere Fahrräder vom Dach und besuchen die Trainingsaka-

demie der Royal Canadian Mounted Police, während der Frosch funktionslos auf einem Campingplatz an der Schnellstraße wartet und verschnauft.

Die Königlich-Kanadische Polizei, liebevoll auch einfach Mounties genannt, ist mit ihrer traditionellen roten Paradeuniform weltweit als sympathischer Botschafter Kanadas bekannt. Rund 1000 junge Kadetten absolvieren hier jährlich die Grundausbildung und wir dürfen zur täglichen Mittagsparade unter strengen Sicherheitsvorkehrungen das Gelände auf markierten Wegen betreten und das Geschehen am Paradeplatz beobachten. Das Musikkorps erscheint, dicht gefolgt von den Mounties, die mit starren Gesichtszügen ordentlich in Reih und Glied im Gleichschritt vorüberziehen. Schmuck sehen sie aus, mit dem Waffenrock in leuchtendem Rot und königsblauem Abzeichen, gelben Knöpfen und Tressen, dunkelblauen Reithosen, Reitstiefeln und dem berühmten breitkrempigen Hut. 30 Minuten später endet die Zeremonie, die kanadische Flagge wird eingeholt und die Haltung gelockert.

Auf dem Rückweg holen wir die reparierte Lichtmaschine wieder ab und packen zehn Kilo Extragewicht neben Romy in den Fahrradanhänger. Nun schnurrt unser alter Herr wieder zuverlässig auf Knopfdruck und bringt uns ohne Schwierigkeiten weiter in den südlichsten Teil von Saskatchewan, der Kornkammer Kanadas. Kaum auf der Piste finden wir eine Prärie vor, an die wir schon fast keine Hoffnung mehr verschwendet haben. Im Land of the living skies scheint der Himmel durch die trockene Luft noch blauer zu sein als anderswo und der Horizont macht den Eindruck, als wolle er nicht enden. Gemütlich traben Rinderherden über die endlos erscheinende, baumlose Gras- und Steppenlandschaft, aus dem leuchtenden Blütenmeer der Rapsfelder kommen die Köpfe neugieriger Gabelböcke hervor, Springböcke überqueren gemächlich die Schotterstraße oder bleiben gar regungslos vor uns stehen, bevor sie blitzschnell im Gras untertauchen. Über die breiten Schotterpisten wehen Steppenläufer. Nur Menschen, die sehen wir nicht. Windschiefe Häuser und Scheunen alter Siedlungen verwittern langsam in der staubigen Prärie, einsame Farmen wirken leblos wie kitschiges Stillleben, eingebettet zwischen den sanft geschwungenen, von goldenem Präriegras überzogenen Hügeln. Scheinbar kunstvoll arrangiert liegen große Heuballen auf den goldgelben Feldern und verschönern das romantische Landschaftsbild, das weder von Strommasten noch Straßen gestört wird. Einzig die über eine Strecke von mehreren Kilometern aneinander gereihten Bohrtürme, die routiniert nach Öl pumpen, bringen uns aus einem Kapitel der Vergangenheit in die Gegenwart zurück.

Schlagartig verwandelt sich die Landschaft und kündigt die Provinz Alberta an. Wälder, Berge, Seen im Cypress Hills Provincial Park – wo doch vor der letzten Kurve noch das Rauschen des Windes im Gras und die Lichtspiele der Halme an die Meeresbrandung erinnerten, obwohl diese Gegend nicht weiter von der See entfernt sein könnte.

In dem Maße, wie sich das Land ändert, ändern sich auch seine Menschen. Sie grüßen nicht mehr, sind ruppiger oder sogar unfreundlich. Wir halten an einem geschlossenen Restaurant und nutzen den abgelegenen Platz und die große Wiese, um eine kurze Pause zu machen. Ich setze gerade Kaffeewasser auf und möchte Romy die Windeln wechseln, als der Besitzer kommt und uns rät, besser sofort weiterzufahren. Unsicher und verstört, ob wir uns falsch verhalten haben oder der Mann einfach nur einen schlechten Tag von vielen hat und in fünf Minuten mit seiner Schrotflinte zurückkommt, sind wir nur Augenblicke später verschwunden. Am Abend, wir parken am Rand eines Feldes vor einer Kirche, nähert sich langsam rollend ein Fahrzeug. Wir befürchten das Schlimmste und stellen uns auf eine erneute Stellplatzsuche ein. Doch eine junge Frau steigt lächelnd aus dem Pick-up, setzt ihren kleinen Sohn auf die neben dem Laster ausgebreitete Spieldecke und schenkt uns einen großen Korb, gefüllt mit selbstgemachten Köstlichkeiten. Fermentierte Kiefernnadeln namens Waterkiefer, Gemüse, Beeren, Apfelmus, Sauerkrautsalat und verschiedene andere Salate. Arielle rückt das verschobene Weltbild liebevoll wieder ins rechte Licht und verwöhnt unsere verkümmerten Geschmacksnerven auf ein Höchstmaß. Romy und der kleine Zander spielen trotz unterschiedlicher Sprachen miteinander und zeigen, wie einfach Kommunikation ist. Thorben und ich sind seiner Mutter, die früher selber viel gereist und sofort Feuer und Flamme von unserer Reise ist, unendlich dankbar für so viel Güte und Herzlichkeit gegenüber vollkommen fremden Menschen.

Hinter dem steinernen Ortsschild *Welcome to Vulcan* prangt auf einer Straßeninsel die Replik des Raumschiffs Enterprise. Wir befinden uns nicht auf dem Heimatplaneten von Mister Spock, sondern in der Kleinstadt Vulcan. Einem eigentlich unbedeutenden Ort mit 1800 Einwohnern, der sich nicht von den anderen kleinen Ansiedlungen unterscheidet – gäbe es da nicht die berühmte Science-Fiction-Serie Star-Trek, deren Ruhm erfolgreich für die Vermarktung des Ortes genutzt wird. Gemalte Gesichter der Hauptdarsteller zieren diverse Häuserwände und das gesamte Gebäude der lokalen Apotheke. Das Besucherzentrum in der Ortsmitte gleicht einer Weltraumstation, weiß und sternenförmig erbaut wirkt es wie von einem anderen Planeten. Zur *VulCon*, einer jährlich stattfindenden Messe im August, pilgern tausende Fans der Serie nach Vulcan und katapultieren die Einwohnerzahl in den fünfstelligen Bereich. Heute spazieren nur wenige Menschen auf den Gehwegen, aber manch einer hat spitz zulaufende Spock-Ohren oder trägt gar ein Sternenflottenkostüm. Zum Abschied lege ich den kleinen und den Ringfinger sowie den

Mittel- und Zeigefinger zusammen und forme daraus ein V. Den Vulkaniergruß. „Lebe lang und in Frieden, Vulcan", murmele ich dabei und steige wieder in den Frosch.

Die Sonne strahlt und lässt die heiße Luft auf dem Asphalt flimmern. Während hinter uns die unwirkliche Kulisse im Rückspiegel verschwindet, taucht fast zeitgleich vor unserer Windschutzscheibe ein geheimnisvolles silbernes Objekt auf, nimmt stetig an Dimension zu und entpuppt sich als funkelnde Skyline von Calgary.

In dichten Reihen sprießen die Wolkenkratzer aus dem Boden. Die Stadt steht kurz vor einem Verkehrskollaps, Menschenmassen im Wild-West-Outfit schwärmen durch die Straßen. Ich sehe überall karierte Hemden, dicke Gürtelschnallen, Cowboy-Stiefel und Cowboy-Hüte. Jeder – ja die ganze Stadt – ist im Calgary Stampede-Fieber. Die nächsten zehn Tage findet die größte Rodeo Show Nordamerikas statt und wir erkämpfen uns die letzten Tickets aus dem Restpostenbestand für das Nachmittagsprogramm.

Neben den Arenen hat sich ein kunterbuntes Allerlei aus Wettbuden, Fahrgeschäften und unzähligen Fastfood-Ständen zusammengefunden. Wir verdrücken einen halben Meter Hot Dog, ein Kilo geräuchertes Truthahnbein und einen Eimer Eis und folgen den Massen in das Hauptstadion. Nach der Eröffnung durch die Showband folgt die Nationalhymne und ein mächtiges Feuerwerk sprenkelt den wolkenlosen Himmel mit bunten Lichtef-

fekten. Über unseren Köpfen erscheinen wie aus dem Nichts schwebende Cowboys und landen sanft auf dem sandigen Mittelpunkt des Saddledomes. Die harten Kerle reiten wilde Pferde ein, fangen Kälber mit dem Lasso. Ständig stürzen sie und stehen unbekümmert wieder auf. Königsdisziplin der Veranstaltung ist das Bullriding, der spektakulärste und gefährlichste Teil.

Mutig schwingen sich die Männer auf den Rücken der massigen Tiere, die zucken, schnauben und vor Aggressivität bocken. Die Ampel schaltet von Rot auf Grün. Schnell wird noch der Cowboyhut in Position gerückt. Das enge Stahlgefängnis öffnet sich und 700 Kilo Lebendgewicht katapultieren sich mit donnernden Hufen hinaus, springen in die Höhe und versuchen wütend, den Reiter abzuwerfen. Eine Hand fest am Lederriemen verankert, wirbelt der andere Arm des Cowboys wild durch die Luft. Knapp am Kopf fliegen schwere Hufe vorbei. Zusammen mit den rund 20 000 Besuchern fiebern, grölen und kreischen wir drei mit, jede Einzelheit kommentiert vom Stadionsprecher. Eine Ewigkeit von acht Sekunden heißt es auszuhalten. Verletzungen sind vorprogrammiert und keine Seltenheit, doch Ruhm, Stolz und das Preisgeld von 100.000 Dollar winken dem Sieger der großen Disziplin.

Den Cowboyhut noch auf dem Kopf brechen wir auf, lassen das bunte Treiben hinter uns, und fahren weiter in den Westen Richtung Rocky Mountains. Der Laster kriecht in Schrittgeschwindigkeit über eine staubige, raue Piste, immer wieder auf Höhen über 2000 Meter, und wir sind schließlich von einer atemberaubenden Kulisse umgeben: endlose Wälder, kristallklare Flüsse und schneebedeckte Gipfel des ausgedehnten Faltengebirges. Nicht umsonst befinden sich hier die zwei bekanntesten Nationalparks von Kanada – mit dem faden Beigeschmack der allmählich zunehmenden Touristenzahl. Wir reihen uns in eine der endlosen Schlangen der Kassenhäuschen ein und folgen später einer nicht enden wollenden Wohnmobilkolonne in Richtung Banff City. Hübsch herausgeputzt liegt es zwischen den Bergen und uns fällt sofort auf, dass es vollständig auf den Tourismus

ausgerichtet ist. Hotels, Cafés, Restaurants und ein Übermaß an Einkaufsmöglichkeiten, wohin das Auge reicht. Da die Preise extrem hoch sind, stocken wir enttäuscht nur die nötigsten Lebensmittelvorräte auf und quälen den Frosch auf direktem Weg in den Banff-Nationalpark die Serpentinen hinauf zum Moraine Lake. Bei diesem handelt es sich um einen tiefblauen Bergsee, umrahmt von schlanken Kiefern und schroffen Bergen. Als wir den letzten Kilometer zu unserem Ziel fahren, parken schon die ersten Autos am Straßenrand und die naive Vorstellung von einer in der Wildnis gelegenen Traumkulisse und Einsamkeit lässt sich nicht aufrecht erhalten.

Die Tage hier in diesen Nationalparks sind aufgrund tausender Touristen streng durchgetaktet und es gibt kaum einen Moment, an dem man unter sich ist. Wir parken zwischen hunderten Fahrzeugen und dutzenden Reisebussen und gehen sehr früh schlafen. Im Morgengrauen des nächsten Tages eilen wir mit Romy an der Hand durch den dunklen, stillen Wald, besteigen steinige Wege und werden mit einer spektakulären Aussicht belohnt. Ich bin völlig ergriffen von der überirdischen Schönheit der Kulisse, die sich durch die Spiegelung im Wasser gleich doppelt bietet. Viel Zeit bleibt uns nicht, bis die ersten Busse anrollen und uns aus diesem entrückten Zustand reißen.

Am Lake Louise, dem meistbesuchten Bergsee der Welt, stehen wir, genervt von den unzähligen Touristen, in dritter Reihe am Ufer und werfen nur einen kurzen Blick auf das Panorama. Wir verabschieden uns vom Trans-Canada Highway und fahren direkt weiter auf den Icefields Parkway. Die schönste Gebirgsstraße Kanadas hält, was sie verspricht. Über weite Abschnitte der insgesamt 230 Kilometer wechseln sich neue Gletscher und Berge – traumhafte Ausblicke durch die Windschutzscheibe – ab, und ich kann mir nur im Ansatz vorstellen, wie Alaska das noch toppt.

Auf halber Strecke des Jasper-Nationalparks kleben dicke Eisschichten an den verschneiten Bergspitzen und kündigen das Columbia-Icefield an. Wir halten an einer der sechs Hauptzungen des Eisfeldes und beginnen eine Reise in die Vergangenheit. Auf dem Weg zum Athabasca-Glacier dokumentieren mehrere Schilder mit Jahreszahlen den Rückgang der Eismassen. In 125 Jahren hat er rund die Hälfte seines früheren Volumens verloren, was eine Strecke von 1,5 Kilometern ausmacht.

Der Wind pfeift eisig, und trotz dicker Winterkleidung strahlt die Kälte in jede Faser unserer Körper. Neben uns rollen tonnenschwere Raupenfahrzeuge mit breiten, weichen Ballonreifen im 45-Minutentakt auf das durch Sedimente verschmutzte, graue Eis und entlassen die Menschenfracht für einen Spaziergang. Angeblich schadet das dem Gletscher nicht. Dahinter bietet sich ein trauriges Bild. Zahlreiche Brände wüteten im Ostteil und hinterließen eine Schneise der Zerstörung. Wie abgebrannte Streichhölzer stehen die Bäume auf den qualmenden Aschefeldern, manches Holz glimmt noch rot.

Dem kahlen Flusslauf folgend finden wir ein verschontes Waldgebiet mit Idylle und Einsamkeit. Wir campen direkt am Wasser, trinken ausschließlich das kühle Nass, balancieren über querliegende Baumstämme zum anderen Ufer und wärmen uns, wenn die Sonne hinter den Bergen und damit auch die angenehme Sommertemperatur von 25 Grad verschwindet, gemeinsam mit den Murmeltieren am Lagerfeuer. Wir fühlen uns wie echte Trapper, bis plötzlich keine zehn Meter entfernt ein ausgewachsener Schwarzbär durch das Gebüsch tappt. Sehen können wir ihn nicht, aber das Gehörte reicht vollkommen aus, um sofort mit Romy in den Laster zu springen. Während es mir heiß und kalt den Rücken hinunterläuft und ich zusammen mit ihr aus dem Küchenfenster spähe, genießt Thorben auf dem Dach sitzend sein erstes spannendes Blind Date mit dem pelzigen Waldbewohner, aber auch er verstößt beim nächtlichen Toilettengang gegen Regel Nummer eins unserer Hausordnung und verrichtet sein Geschäft vorsichtshalber in den heutigen Vorgarten.

Weiter gen Norden wird die Strecke wilder und weist kaum Spuren von Zivilisation auf. Dass wir uns auf dem richtigen Weg befinden, ist allerdings nicht zu übersehen. Ein wuchtiges Tor auf dem Parkplatz des Besucherzentrums von Dawson Creek markiert den Beginn des Alaska-Highways und läutet die letzten 2300 Kilometer bis nach Alaska ein.

Am Peace River packen wir unser Boot aus. Zu der Grundausstattung eines jeden kanadischen Autos scheint ein Kanu zu gehören, welches im Normalfall weit über Front und Heck auf dem Dach hervorragt. In den Supermärkten sind Kanus jedoch ausverkauft und einen Verleih suchen wir vergebens. Wie schon zuvor im Elk Lake in Alberta paddeln wir daher nicht ganz stilecht mit unserem aufblasbaren Schlauchboot über den See, nur mit dem Unterschied, dass hier am Ufer Biber über und unter dem Wasser Burgen bauen und eine kanadische Großfamilie Bier in Massen trinkt und anschließend ihre Schießfertigkeit mit Pistolen auf die Dosen ausprobiert.

Wir genießen den heißen Sommertag und werden am nächsten Morgen von Kälte und Regen überrascht. Ab den Northern Rockies schüttet es Tag und Nacht wie aus Eimern und hört nicht mehr auf. Der landschaftlich spektakulärste Abschnitt des Alaska Highways mit dem Stone Mountains Provincial Park und unzähligen Wasserfällen, die zum Verweilen und Entdecken einladen, verschwindet hinter einer dichten Regen- und Nebelwand und rast beidseitig an uns vorbei. Nach anstrengenden, langen Fahrtagen im Laster kommen uns die heißen Quellen der Liard River Hot Springs gerade recht. Ein Holzplankenweg über Sumpfgewässer führt mitten in ein Waldgebiet zu weitestgehend naturbelassenen Pools. Im Wasser schwimmende Baumstämme unterhalb eines Wasserfalles bieten eine bequeme Liegemöglichkeit in dem bis zu 50 Grad heißen Wasser und wir begrüßen die kühle Erfrischung

von oben. Während einer solchen Reise gibt es kaum etwas Schöneres, als jede Pore des Körpers einweichen und durchspülen zu lassen, denn wann kommen wir schon mal in den Luxus einer Badewanne?

Seitlich des Highways führt ein schmaler Streifen Wiese am Waldrand entlang und ist Lebensraum von etwa hundert Bisons. Die Herde wandert grasend im stetigen Wechsel eine Strecke von 200 Kilometern ab und ist selbst vom lauten Motorgeräusch des Lasters unbeeindruckt. Gelassen stehen sie auch heute im saftigen Gras. Die Weibchen halten sich mit dem Nachwuchs bedeckt im Hintergrund, der tonnenschwere Bulle hingegen liegt entspannt vor dem Asphalt. Seine schwarze Zunge kringelt sich um die Grashalme, sein Blick ist starr auf uns gerichtet, der muskelbepackte Körper verharrt regungslos und er lässt uns seine Überlegenheit spüren.

Neben kurzen Ausflügen in den Regenpausen verlassen wir den Laster nur selten, verbringen viel Zeit im Bett und trinken heißen Kakao. Trotz der ruhigen Zeit fühle ich mich seit einigen Tagen unendlich müde und ausgelaugt. Gerade als ich an der langen Küchenzeile stehe und auf dem Alkoholkocher das Hackfleisch für die Burger brate, überkommt mich eine Welle von Schwindel und Übelkeit. Noch rechtzeitig schaffe ich es in das Gebüsch vor der Tür und muss mich übergeben. Eine böse Vorahnung überkommt mich, die ich schnell beiseiteschiebe und die Symptome einer Magen-Darm-Grippe zuordne. Leider gibt es kaum Versorgungsstationen auf der Strecke, erst in 700 Kilometern bietet sich die Möglichkeit, einen Arzt aufzusuchen, um die letzten Zweifel zu beseitigen.

Ruf der Wildnis

Der Yukon ist eines der ursprünglichsten Territorien Kanadas. Bei einer vergleichbaren Fläche wie Deutschland ist der Yukon mit einer Einwohnerzahl von 30 000, von denen sich ein Großteil auf die Hauptstadt verteilt, fast menschenleer. Tor zum Yukon River ist der kleine Ort Watson Lake, farblos und an sich nur zum Volltanken einen Stopp wert. Obwohl er an einem viel befahrenen Highway liegt und in jede Himmelsrichtung unzählige einsame Kilometer führen, besteht diese Siedlung mit rund 1000 Einwohnern lediglich aus ein paar Motels, einer Handvoll in die Jahre gekommener Holzhäuser, in deren Vorgärten ausrangierte Autos, Boote und Waschmaschinen vor sich hin rosten, und einer Tankstelle mit Shop, dessen Angebot sehr mäßig und überteuert ist. Die Salatgurken mit dem stolzen Preis von 3,50 Euro pro Stück werde ich meinen Lebtag nicht mehr vergessen.

Keine Arztpraxis, keine Werkstatt, Kirche oder Schule – die Ansiedlung könnte man getrost als todlangweilig bezeichnen, wäre da nicht der bekannte Schilderwald. Beim Reparieren des aufgestellten Wegweisers im Jahr 1942 fügte der heimwehkranke US-Soldat Carl K. Lindley ein Schild von Danville in Illinois hinzu, welches in die Richtung seiner Heimatstadt zeigte. Andere Arbeiter, Lastwagenfahrer und unzählige Touristen aus aller Welt folgten dem Beispiel und nagelten Wegweiser, Autokennzeichen und Ortsschilder ihres Wohnortes an die Holzmasten. Mittlerweile ist der *Sign Post Forest* auf eine Sammlung von

über 100 000 Stück angewachsen. Fasziniert erkunden wir den stetig wachsenden Wald mit Blättern aus Blech und finden sogar unsere Heimatstädte Nürnberg und Würzburg.

Da wir den folgenden Abschnitt des Alaska Highways schon als Strecke für den Rückweg eingeplant haben, biegen wir auf eine schmale Piste ab. Die Schotterstraße führt durch märchenhafte Wälder mit verträumten Seen und Flusslandschaften und endlich zeigt sich wieder die Sonne am Himmel. Ein Schwarzbär überquert vor unseren Augen die Fahrspur und ich schreie auf vor lauter Freude. Doch ehe ich die Kamera zitternd vor Aufregung in die Hände bekomme, verschwindet er auch schon wieder im Gehölz. Lila leuchtende Blumenteppiche ziehen an beiden Seiten des Lasters vorbei und bewachsen als erste Siedler den verbrannten Waldboden. Das sogenannte Fireweed reinigt den Boden und bereitet ihn vor für die folgenden Gewächse. Erst dann sprießen nach und nach alle anderen Kräuter, Sträucher und Bäume. Weil das Leben im Norden hart ist, werden seine Bewohner ebenso robust wie diese Pflanze. Auch wir haben gelernt, anspruchslos zu sein, dem rauen Wind und der Kälte zu trotzen, mit wenig auszukommen und erfreuen uns an den Gaben, die uns die Natur schenkt. Wilde Himbeeren und Walderdbeeren versüßen uns bei einer Wanderung den Nachmittag, bevor wir über morsche Brücken wieder auf der Hauptroute landen.

In der Hauptstadt Whitehorse können wir nach fast 1000 Kilometern in einem erstaunlich großen Supermarkt vernünftig einkaufen und für die weiteren 1000 Kilometer ohne Versorgungsmöglichkeiten die Vorräte aufstocken. Hier begegnen wir auch zum ersten Mal dem legendären Yukon River, an dessen Ufer die alte *SS Klondike* im Sonnenschein liegt. Kunstvoll wurde der größte Schaufelraddampfer, der jemals den Yukon befahren hat, restauriert und das Schmuckstück begeistert uns heute als begehbares nationalhistorisches Museum. Rasend schnell zieht der Yukon River an uns vorbei. Hat es eilig, das fischreiche Wasser in den Norden zu befördern. Unterbrochen wird der Lauf am Schwatka Lake Dam von der längsten Fischleiter der Welt, um den Lachsen die beschwerliche Aufwärtswanderung zu erleichtern. Vor allem ab Ende Juli, wenn der *Salmon Run* seinen Höhepunkt hat, kann man hier durch Glasscheiben die Massen beim Stufenklettern beobachten. Vor der Schleuse warten sie ungeduldig auf Nachzügler, können kurz ihre Kräfte sammeln, bevor der Durchlass geöffnet wird und sich die beschwerliche Reise fortsetzt.

Bevor unsere Fahrt weitergeht, ziehe ich mich in die Duschräume des Campingplatzes zurück. Neben Medikamenten für Magen- und Darmbeschwerden habe ich mir in der Apotheke einen Schwangerschaftstest besorgt und stelle mich nun der Wahrheit. Nervös lese ich die Gebrauchsanweisung mehrmals durch, tauche den Teststreifen in den Urin und bereite mich auf fünf Minuten Wartezeit vor. Nur wenige Sekunden später erscheinen zwei farbige Linien. Positiv. Ich bin schwanger. In Kanada. Auf der Weltreise. Ohne Einkommen. Unterwegs in einem LKW, der sein biologisches Fassungsvermögen bereits jetzt fast überschritten hat. Sollen wir umkehren, nachdem wir uns mit Euphorie und aller Kraft auf diese Reise vorbereitet haben? Unseren Traum doch nicht verwirklichen?

Jetzt ist Thorben an der Reihe, Optimismus an mich abzugeben. Während er noch von einem Ohr zum anderen grinst und mit Romy im Regen durch den Wald tanzt, sitze ich bereits im Laster und berechne die Schwangerschaftswochen und den voraussichtlichen Geburtstermin. Ende März 2016. Zu der Zeit wollen wir in Mexiko sein. Das war nun wirklich das Letzte, was ich mir gewünscht habe. Ein Kind auf der Reise bekommen. Nach langen Gesprächen sind wir uns einig und werden es einfach auf uns zukommen lassen. Kinder werden auf der ganzen Welt geboren. Wir reisen weiter wie geplant, beobachten die Schwangerschaft. Verläuft alles gut, werden wir also in Mexiko das zweite Mal Eltern.

Mitten im Reich des Goldes liegt Dawson City. Ab 1896 brachte der Klondike-Goldrausch mehr als hunderttausend Goldsucher in

die Stadt, die in der Hoffnung auf Reichtum mit Schaufeln das Erdreich umgruben. Nun walzen Bulldozer durch die Natur und bis heute wurden rund 570 Tonnen des begehrten Edelmetalles an die Oberfläche befördert. Der Highway führt durch eine erschreckende Mondlandschaft von kleinen aufgetürmten Gesteinsbrocken und macht deutlich, wie massiv der Mensch in seiner Gier die Region zerstört hat. Heute leben in der Stadt noch 1300 Einwohner, die historischen Holzhäuser sind zum größten Teil noch erhalten. Statt über Gehwege schlendern wir über Holzplanken und tauchen in das Leben von vor 100 Jahren ein. Wir kaufen eine schöne alte Metallpfanne und stellen sogleich unser Glück beim Goldwaschen auf die Probe. Ist an einem Gebiet das Schürfrecht gesichert, wird es in einen Claim umgewandelt und garantiert das exklusive Abbaurecht. Claim #33 ist nur über eine gebuchte Tour zugänglich, alle anderen sind privat und der Zutritt ist strengstens verboten. Einzig am Claim #6 ist das Schürfen frei für Jedermann. Säckeweise schleppt Thorben Schutt an das Ufer und dann steigen wir abwechselnd barfuß in den kalten Bonanza Creek, schwenken die Pfanne und träumen vom großen Fund.

Mit krummen Rücken, immer noch eiskalten Füßen und um einen Krümel Gold reicher sitzen wir am Abend auf dem Midnight Dome, einem 900 Meter hohen Berg mit einer wunderbaren Rundumsicht auf den Bonanza Creek, Dawson City, den Lauf des mächtigen Yukon und die Goldfelder, die sich wie riesige

Schlangen durch die Landschaft ziehen. Kurz nach der Sonnenwende ist es um 23 Uhr noch taghell und eine dunkle Nacht kündigt sich nur ansatzweise an. Romy ist der tägliche Rhythmus bereits ins Blut übergegangen und sie ist noch hellwach. Gemeinsam verabschieden wir die langsam untergehende Sonne am klaren Himmel und beobachten den kleinen schwarzen Fuchs, der anfangs weite Kreise um uns zieht und dann unter dem Frosch sein Nachtlager aufschlägt.

Um weiter nach Norden zu gelangen, müssen wir mit einer Fähre den Yukon überqueren. Im viertelstündigen Takt, aber mit einem kleinen Fassungsvermögen fahrend, wird jede Tour gerecht aufgeteilt. Je zwei Autos für Einheimische, zwei für Touristen. Wir reihen uns in die linke Schlange ein und kommen mit Otto, dem Fahrer des Nachbar-Pick-ups, ins Gespräch. Der deutsche Auswanderer mit langen grauen Haaren, einem braunen Lederhut und sympathischen Lachfalten unter den stechenden Augen strahlt nicht nur eine schelmische Art von Humor aus, sondern auch eine große innere Zufriedenheit.

Auf der anderen Seite des Flusses angekommen, lädt er uns spontan auf seine Farm Kokopelli in Sunnydale ein. Seit Beginn dieser Reise erregt der Frosch, ein ehemaliger Bundesgrenzschützer, große Aufmerksamkeit und es entwickeln sich viele Gespräche und Bekanntschaften. Dutzende Male erzählen wir bereitwillig von uns und der großen Tour, lassen uns fotografieren, bekommen Bier, deutsche Bratwürste, Spielzeug und Topflappen geschenkt, werden von Unbekannten zum Übernachten auf ihr Grundstück eingeladen oder finden einen netten Brief unter dem Scheibenwischer vor, wenn wir nicht zuhause sind. Heute passen Zeit, Route und Chemie. Wir wollen Otto näher kennenlernen, folgen dem in die Jahre gekommenen Pritschenwagen und werden vor einem kleinen, gemütlichen Holzhäuschen mit Hühnern und einem Brotbackofen im Hof lächelnd von Ottos Frau Conny empfangen. Thorben unternimmt mit Otto einen Ausflug zum Schießen, ich streife mit meiner kleinen Tochter über das weitläufige Grundstück, bestaune die unzähligen verschiedenen Felder mit bekannten und unbekannten Gemüsesorten und wir naschen hier und da Himbeeren und Basilikum. Am Abend tischt Conny herrlich auf. Verwöhnt uns mit Buletten aus Elchfleisch nach deutscher Art, Wein, Salat und Gemüse aus dem Garten der Selbstversorger. Nach dem Schlemmen putzen die Männer ihre Gewehre und wir sitzen noch eine lange Zeit auf der Terrasse zusammen, bis die Sonne verschwindet und es langsam frisch wird.

Uns gefällt es so gut, dass wir spontan noch einen Tag länger bleiben und Otto bei einer der letzten Feldarbeiten des kurzen Sommers helfen. Die eigene Rastlosigkeit ist überwunden. Ich bin

ruhiger geworden, beginne den kleinen und wesentlichen Dingen mehr Aufmerksamkeit zu schenken und wühle glücklich und fast meditativ in der Erde nach Kartoffeln und Karotten. Zurück auf der Farm, voll vom Schmutz der letzten Stunden, präsentiert uns Conny das Badezimmer. Das Toilettenhäuschen im Wald mit der wärmenden Toilettenbrille aus Styropor kennen wir bereits. Zwischen Büschen dahinter versteckt sich eine Badewanne. Ein wenig Geduld müssen wir aufbringen, bis der Feuerofen das Wasser erhitzt hat, aber dann gleiten wir genüsslich in das warme Nass. Neben uns steckt ein Regenschirm für schlechtes Wetter im weichen Boden, über uns zwitschern die Vögel, Sonnenstrahlen funkeln durch die Baumkronen hindurch und vor uns knistert das Feuer. Schöner kann Baden nicht sein, und dieses Erlebnis ist für alle Zeit nicht mehr zu überbieten.

Für uns alle ist es faszinierend auf der Farm. Wir können die Entscheidung der Thüringer verstehen, von hier nicht mehr

wegzuwollen. Das Leben ist aber alles andere als ein Zuckerschlecken, und neben der harten Arbeit bietet auch der Alltag keine Erleichterung, ist unmissverständlich von Natur und Wetter abhängig. Hier sind es sechs Jahreszeiten: Frühling, Sommer, Herbst, Freeze Up – das langsame Zufrieren des Flusses –, Winter und Break Up – wenn der Yukon gemächlich wieder auftaut. In der Zeit des Freeze und Break Ups sind die Bewohner von der Außenwelt abgeschnitten, da der Fluss weder mit der Fähre noch per Schneemobil passierbar ist.

Das kleine gemütliche Holzhäuschen wird nur mit Holz geheizt, Wasser gibt es nur, wenn die Tanks aufgefüllt sind. Strom wird durch Solarzellen selber produziert. Eine Waschmaschine gibt es nicht, die steht im Versorgungsort Dawson City im Salon, jenseits des Yukon-Rivers. Dort wird auch geduscht, wenn es im Winter bei minus 30 Grad zu kalt ist, um sich draußen zu waschen. Diese Zeit muss man lieben. Die kalte, dunkle Jahreszeit ist lang, aber für Conny und Otto sind es heiß ersehnte Monate, um zu Kräften zu kommen und in ihrem Zuhause viele, sehr viele Bücher zu lesen.

Es ist der 2. August und wir nähern uns auf dem Top of the World Highway der Grenze nach Alaska. Der Pass macht seinem Namen alle Ehre, führt oberhalb der Baumgrenze entlang und eröffnet uns eine beschränkte Sicht auf Berge und weite Täler. Der Wind bläst eisig und lässt den Nebel kräftig wabern. Wir knabbern die letzten lila Kohlrabis der Kokopelli-Farm und sind stolz, die große Etappe durch Kanada pünktlich gemeistert zu haben.

ALASKA

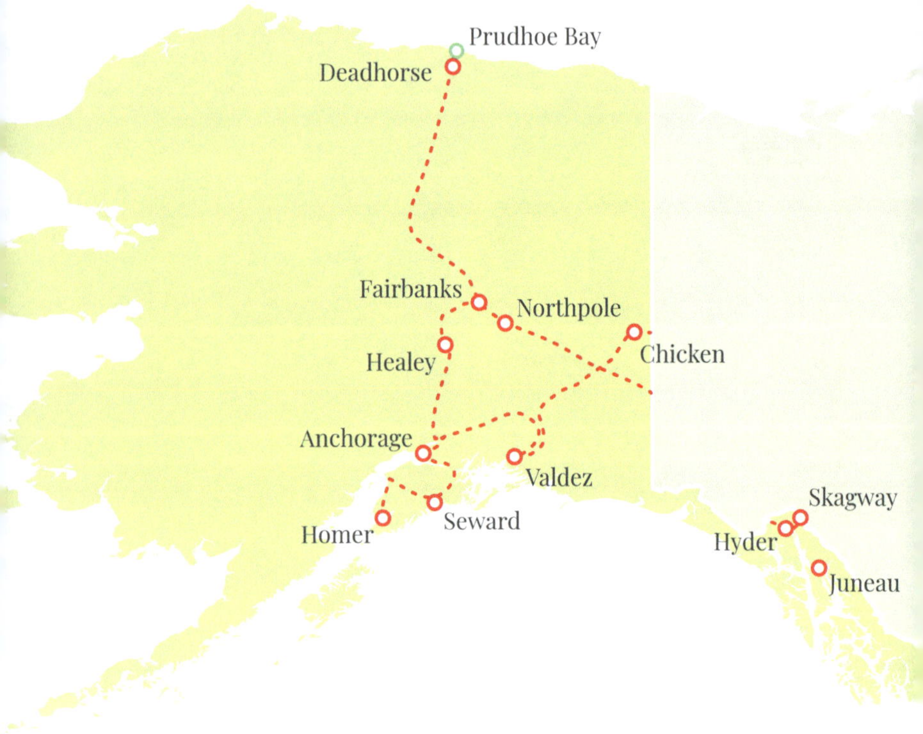
Prudhoe Bay
Deadhorse
Fairbanks
Northpole
Chicken
Healey
Anchorage
Valdez
Seward
Homer
Skagway
Hyder
Juneau

The Last Frontier

In weiter Ferne tauchen zwei unauffällige Häuschen auf, hindern uns mit vier aufgestellten Stopp-Schildern daran, aus Versehen am Schlagbaum vorbeizufahren. Durch ein kleines Drive-in-Fenster werden wir abgefertigt und stehen keine fünf Minuten später wieder auf dem Boden der USA – in Alaska.

Nach zwei Monaten und 10 000 Kilometern mehr auf dem Tacho ist der erste Meilenstein erreicht. Zur Begrüßung kreuzt unser Weg den einer äsenden Herde Karibus, ebenfalls auf großer Reise. Rund um den Nordpol verteilt lebt das Rentier, streift durch die baumlose arktische Tundra und bricht im Herbst auf, um den Winter in den borealen Nadelwäldern zu verbringen. Mit bis zu 6000 Kilometern bestreitet das Rentier die längste Wanderung aller Landsäugetiere mit Hindernissen wie Berge, Flüsse und Raubtiere. Ich ziehe den Hut vor solchen Strapazen. Während Thorben mit Romys Hilfe das Geweih eines verendeten Tieres abtrennt und oberhalb der Windschutzscheibe des Lasters montiert, halte ich meine Nase zu und hoffe auf gutes Karma der Herde.

150 Kilometer weiter erreichen wir die erste Siedlung mit dem Namen Chicken. Ursprünglich sollte der Ort Ptarmigan heißen, benannt nach den hier ansässigen Alpenschneehühnern. Nur wusste keiner, wie der Name dieses Hühnchens genau buchstabiert wird, und man einigte sich kurzerhand auf Chicken. Das kleine Nest nimmt sich auch weiterhin selbst ordentlich auf die Schippe, und rings um einen Pub, dessen Decke vollends unter BHs und Baseballcaps verschwindet, stehen haushohe Hühner. Einwohner gibt es genau 35, und im Winter, wenn die Saisonarbeiter ausgeflogen sind, nur 15. Dann ist die Stadt von der Außenwelt abgeschnitten, denn bis hierhin kommt kein Schneepflug.

Dem rustikalen, humorvollen Charme erlegen, verbringen wir ein paar wunderschöne Stunden in diesem Ort. Ich genieße die Ruhe und Einsamkeit, Romy vor allem die leckeren hausgemachten Obstkuchen im Chicken Café und Thorben nebenan an

der Theke eine Auszeit bei einer Bierflatrate. Ich übernehme anschließend das Steuer, und werde eiskalt vom Straßenzustand erwischt. Die Teerstraße geht in eine Piste über, die von losem Schotter bis zu einer festgefahrenen Sanddecke alles bereithält.

Nach dem straffen Programm in Kanada haben wir jetzt nur noch eines im Sinn: uns zu entspannen. An wilden Flüssen nehmen wir uns viel Zeit für Verschnaufpausen, parken den Laster in den Gruben der Kiesbänke und lassen uns treiben. Die Tage beginnen dann, wenn wir es wollen. Wir schlüpfen in knappe Sommerkleidung, pflücken Blaubeeren und süße Hagebutten, angeln oder baden und essen um Mitternacht Frühstückspancakes. Luxus der einfachen Art.

Mit den näher kommenden Bergen treten auch die ersten Gletscher auf. Stahlblau blitzt der Worthington Glacier aus dem Felsengrau heraus und reicht fast bis an die Straße heran. Bevor ich mich auf den Aufstieg begebe, zwingt mich die Übelkeit wie jeden Morgen ins Gebüsch. Da ich bereits in Übung bin, erledige ich das schnell nebenbei und folge meiner Familie nach oben. Unterhalb des Gletschers öffnet sich eine strahlend blaue Höhle, aus deren dunklem Schlund ein Wasserfall herausschießt. Ich bin verzaubert, sehe den Lichtreflexen zu und Romy leckt derweil genussvoll am Eis und beschleunigt dadurch die Folgen der Klimaerwärmung.

Der Pass, dem wir folgen, windet sich durch einen Canyon mit zahlreichen Wasserfällen und wir erreichen Valdez, den nördlichsten Hafen der USA. Hier endet die Alaska-Pipeline und hier befindet sich auch die Verladestation für das Öl, das über 1300 Kilometer von den Ölfeldern der Prudhoe-Bay durch das Land gepumpt wird. Traurige Berühmtheit erlangte die Region durch das große Tankerunglück im Jahr 1989. Die Natur hat sich weitestgehend davon erholt und viele Bootstouren starten am Hafen zum Prince William Sound, einer Bucht des Golfs von Alaska, um Gletscher, Eisberge und die vielfältige Tierwelt zu bestaunen. Ich nutze die Gelegenheit für eine kleine Auszeit, steige alleine in ein kleines Ausflugsboot und gebe Thorben und Romy die Gelegenheit, gemeinsam ihre Vater-Tochter-Beziehung zu vertiefen.

Thorbens Leben war in den letzten Jahren hauptsächlich von Arbeit geprägt, da es in der Werbebranche durchaus üblich ist, nach einer Open-End-Arbeitswoche das Wochenende ebenfalls im Büro zu verbringen. Nach Feierabend kam sein Gedankenkarussell nur langsam zum Stillstand. Der Druck und sein Hang zum Perfektionismus schienen ihn völlig von der Außenwelt abzukapseln. Für die Familie blieb wenig Zeit, Romy fand er meist nur schlafend vor und erlebte ihre ersten Lebensmonate in Form von Fotos und Erzählungen. Nun lernt er meinen Alltag mit Romy langsam kennen – wir sind ein eingeschweißtes Team – und in großen Schritten erobert er eine wichtige Rolle in ihrem Leben.

Mit voller Fahrt voraus verlässt das Boot den Hafen, zieht vorbei an zahlreichen Fischkuttern, die ihre Schleppnetze hinter sich herziehen, und legt nur wenig später die erste Pause ein. Eine Gruppe Seeotter schwimmt, die Pfoten wie bei einem Gebet aneinandergelegt, gemütlich auf dem Rücken im Wasser. Angelockt von lautem Gebrüll der schroffen Küste treiben wir ans Ufer. Dort liegen Seelöwen – zu hunderten – in der Sonne und schubsen für einen Sonnenplatz den Nachbarn kurzerhand ins Wasser. Am Rand einer Höhle, die Felsen sind zum Greifen nah, beobachte ich kleine flinke Papageientaucher beim Nestbau. Nur den Buckelwal erwischen wir leider nicht mehr, er hat tief Luft geholt, ist abgetaucht und bleibt verschwunden.

Dafür treten die ersten schwimmenden, haushohen Eisberge in Erscheinung, knistern geheimnisvoll und kündigen den mächtigen Columbia Gletscher an. In der Bucht angekommen, sammeln sich die abgebrochenen Eisblöcke in einem riesigen Eisfeld und geben die arktische Kälte an uns ab. Ich fühle mich wie in einer Gefriertruhe, trotz dicker Winterkleidung. Den Motor abgestellt, gleitet das kleine Schiff vorsichtig weiter in das Treibeis hinein. Der Anblick der 10 Kilometer breiten, 50 Meter hohen, in verschiedensten Blautönen schimmernden Eiswand ist einfach unbeschreiblich. Unter Deck wärme ich mich auf und freue mich nach diesem tollen Tag wieder auf meine kleine Familie, die mich zurück im Hafen bereits winkend erwartet.

Am Ostufer des Fjords von Valdez treffen wir erneut auf die Lachse. An der Solomon Gulch Hatchery, einer Aufzuchtstation, werden die Fische an einem Wehr abgefangen, der Laich entnommen, dieser vor Ort aufgezogen und dann ins Meer entlassen, sodass sie nach etwa fünf Jahren, ihrem Naturinstinkt folgend, hierher zum Laichen zurückkehren, um dann zu sterben.

Diese Rückkehr können wir beobachten. Am Eingang der Fischtreppe zum Süßwasserfluss tummeln sie sich zu abertausenden im brodelnden, kristallklaren Wasser. Derart eingezwängt und bewegungsunfähig zwischen den Artgenossen können wir sie

direkt mit der Hand aus dem eiskalten Fluss fangen. Behalten fällt jedoch ohne Angellizenz unter Fischwilderei und wir entlassen sie wieder in das Wasser.

Auch die Tierwelt bedient sich hier an der leichten Beute. Über uns ziehen kreischende Möwenschwärme ihre Kreise und ein Weißkopfseeadler, das stolze Wappentier der USA, wartet im Kies auf den passenden Moment. Wir laufen weiter und entdecken am No Name Creek einen frischen Bärenabdruck in der Erde, in dem meine Stiefel mit Größe 38 verschwinden. Das flößt Respekt ein. An der nächsten Flussbiegung werden wir fündig und begegnen einer Schwarzbärenmutter, die ihren drei Jungen keine 30 Meter entfernt am anderen Ufer das Fischen beibringt.

Wir bleiben ruhig stehen. Eines der Kleinen ist, wie auch ich, schwer beeindruckt, wie schnell die Bärin mit ihren mächtigen Klauen Lachs für Lachs aus dem Wasser zieht. Der Rest des Nachwuchses tollt im Gras und klettert waghalsig auf die hohen Bäume. Mit ihrem kuscheligen Fell und den tapsigen Bewegungen sehen sie so süß aus, dass man einfach hingehen und die Kuscheltiere streicheln möchte. Man kann sich in diesem Moment nicht vorstellen, dass es gefährliche Tiere sind und vor allem eine Mutter mit Jungen sehr aggressiv werden kann. Viele Bären haben jenen Leichtsinn der Menschen bereits mit dem Leben bezahlen müssen und wurden erschossen. Eine halbe Stunde dauert dieses wunderbare Naturerlebnis. Gesättigt trottet die Familie zurück in den Wald und wir bleiben noch eine Weile sprachlos am Ufer stehen.

Hier verabschieden wir uns von der Küste, folgen dem 44 Kilometer langen Matanuska Glacier, der sich wie ein Fluss aus Eis am

Glenn-Highway entlang schlängelt, besuchen auf einer Farm eine Herde von Moschusochsen und erreichen mit Anchorage den nächsten Versorgungsposten. Die größte Stadt Alaskas gewinnt mit ihrem wirren Mix aus Hochhäusern und gesichtslosen, quadratischen Betonkästen mit Wellblechverkleidung keinen Schönheitspreis. Nirgends haben wir so viele Obdachlose und Alkoholiker gesehen, und das trübe Regenwetter, das seit der Küste über uns mitzieht, trägt dazu bei, meine Stimmung zu drücken. Erst am nahe gelegenen Lake Hood reißt der Himmel auf, wir schälen uns aus der dicken Winterkleidung und drehen eine Runde um den größten Wasserflughafen der Welt. Die Luft ist von einem ununterbrochenen Brummen erfüllt. Im Minutentakt starten und landen die kleinen Propellermaschinen mit ihren zwei langen Schwimmern am Rumpf, und ehe wir es uns versehen, haben wir den gesamten Nachmittag damit zugebracht, das bunte Treiben zu beobachten.

Ich wage zu behaupten, auf dem weiteren Weg in den Süden beginnt eine der schönsten Panoramastraßen weltweit. Die Küstenstraße führt parallel zu den Bahngleisen des Alaska Railway durch die Turnagain Mountains zur Kenai Halbinsel. An beinahe jeder Parkbucht genießen wir einen Weitblick auf die Meeresbucht mit einem täglichen Gezeitenwechsel, der den Wasserstand um bis zu 10 Meter sinken oder ansteigen lässt. Leider herrscht gerade Ebbe und verwirft die Chance, Belugawale zu beobachten. Hoch oben, am Hang einer Klippe in Ninilchik, zeugt eine hölzerne Kirche mit goldenen Zwiebeltürmchen von den einstigen russischen Wurzeln des Landes. Doch Russland musste aus Geldmangel aufgrund des Krimkrieges Alaska 1867 für sieben Millionen Dollar an die USA verkaufen. Von den Goldvorkommen wusste jedoch noch niemand etwas und das Geschäft stellte sich nur drei Jahrzehnte später als ziemliche Pleite heraus.

Am südlichen Ende der Küstenstraße eröffnet sich der prachtvolle Ausblick auf die Kachemak Bay. Die Gletscher und umliegenden schneebedeckten Bergketten am Horizont des Golfs von Alaska sind ergreifend und wir fahren wie magisch angezogen auf einem betonierten, sieben Kilometer langen Landstreifen bis an das Ende des Meeresarmes nach Homer Split in die Bucht hinein. Es entsteht bei mir das Gefühl, am Ende der Welt angekommen zu sein, denn weiter geht es nur mit dem Boot oder Flugzeug.

Im glanzvollen Abendlicht spazieren wir am Hafen entlang und bestaunen die Ausbeute der Hochsee-Angler, die ihren Fang vor aller Augen präsentieren und anschließend direkt vor Ort filetieren lassen. Der Ertrag ist so groß, dass uns Tagesausflügler bereits frittierten Heilbutt auf dem Tablett servieren und später leuchtend rote Seelachsfilets an den Laster liefern. Kurz darauf sammeln wir Holz und grillen den fangfrischen Fisch, sitzen im Kies, genießen im glanzvollen Abendlicht den Blick auf die Bucht und sind uns sicher: So gut und authentisch wird Lachs nie wieder schmecken.

Leider zieht in der Nacht ein heftiger Sturm auf und bringt Regen mit sich. Wir werden daran erinnert, wie extrem das Wetter in Alaska sein kann. Der Abschied fällt uns schwer, doch von nun an heißt es nur noch vorankommen.

Am anderen Ende der Halbinsel liegt Seward, dort besuchen wir Mitch Seavey, Iditarod Champion 2004, der uns nach einem Blick auf das deutsche Nummernschild wie alte Freunde begrüßt. Das Hundeschlittenrennen ist das größte sportliche Ereignis des Jahres, die Vorbereitungen für den Wettbewerb laufen bereits und ich begleite die Hunde zum Sommertraining, während Thorben und Romy lieber durch den Wald streifen. Da im Sommer Schlittenfahren nicht möglich ist, werden 16 der 60 Hunde in Zweierreihen vor ein umgebautes vierrädriges Gefährt gespannt. Das Gebell zur Begrüßung ist ohrenbetäubend, der Geruch narkotisierend. Wir drehen eine ausgedehnte Runde, kommen aber nie richtig in Fahrt, da die Hunde ständig mit ihrem Nachbarn in Kompetenzgerangel verfallen und einen neuen Partner bekommen. Da sind mir die kleinen Welpen in der Kinderstube des Areals lieber. Die lassen sich streicheln, kuscheln und stinken nicht.

Wir verlassen die Halbinsel über die Hatcher Pass Road, die sich durch das Hochland der Talkeetna Mountains windet, und legen vor dem höchsten Punkt eine kurze Pause ein. Direkt an der Straße rauscht ein schäumender Bach von einem Gletscher hinab und führt uns zu den filmreifen Überresten der stillgelegten Independence Goldmine.

Ein Rundweg führt hinauf durch ein ehemaliges Goldgräberdorf, von dem die meisten Gebäude derart einsturzgefährdet sind, dass wir nur einen Blick durch die glaslosen Fenster werfen. Über eine marode Holzbrücke steigen wir weiter das Hochtal hinauf bis zur eingestürzten Mine, die malerisch und filmreif am Berghang hängt.

Der weitere Weg über den Hatcher Pass zweigt auf eine geschotterte Wellblechpiste ab und führt auf 1184 Meter hinauf. Dunkle Wolkenfelder haften bereits an unseren Fersen, es kann jeden Moment anfangen zu regnen, aber die Wolken scheinen in den Bergketten hängen zu bleiben. Nicht weniger steil stürzt die Schotterstraße auf der anderen Seite den Berg hinunter, entlang des Willow Creek, dessen Flussufer unser Übernachtungsplatz wird. Auch nach einem endlosen Sonnenuntergang will es nicht richtig finster werden, aber das dunkle Samtblau kündigt Mitternacht an. Romy, unserer Nachteule, kommen die langen Sommerabende sehr gelegen, sie zögert ihr Schlafengehen weit über das Maß hinaus und ich erschrecke bei einem Blick auf die Uhr immer wieder, dass es trotz Helligkeit schon so spät ist.

Gewöhnlich sitzen wir alle vor dem Laster und wärmen uns am Feuer, aber heute liegt nur nasses Holz herum. Wir beide sitzen im Warmen und basteln am Esstisch, Thorben ist draußen und genießt sein Bier. Gerade gebe ich meiner schlafenden Tochter einen letzten Kuss, schleiche leise aus dem Bett, als mein Mann die Tür aufreißt und mir erzählt, wie toll die Milchstraße zu sehen sei. Ich geselle mich in die Dunkelheit dazu, starre auch nach oben. Es ist ein heller Streifen, der sich über den gesamten wolkenlosen Himmel zieht und wenig später in breiten grünen Wellen zu wabern beginnt. Unsere langgezogenen „Aaahhs" und „Oooohs" erinnern an die sonst erstaunten Ausrufe bei einem gelungenen Feuerwerk, stattdessen werden wir Augenzeugen der Entstehung von Nordlichtern bis zu ihrem plötzlichen Verschwinden. Das erste Mal im Leben hatten wir die Gelegenheit, dieses überirdische Wunder zu erleben, und werden es zeitlebens nicht mehr vergessen. Während es im Osten bereits wieder dämmert, liege ich noch lange wach im Bett, kann vor Aufregung nicht einschlafen und bin einfach nur dankbar, auf dieser schönen Erde zu sein und ihre Wunder hautnah erleben zu dürfen.

Auf dem Kurs nach Norden erhebt sich am Horizont der mächtige Mount McKinley aus der gelben Grassteppe. Mit 6194 Metern ist er der höchste Berg Nordamerikas und nur alle paar Tage zeigt er sich vollkommen wolkenfrei. Im nahe gelegenen Healy sichten wir einen alten Linienbus der Fairbanks Verkehrsbetriebe. Am rostigen grünen Blech lehnt ein weißer Klappstuhl, die Fensterscheiben sind zerbrochen. Im ausgeschlachteten Innenraum befinden sich ein Holzofen, ein kleiner Schrank und ein kaputtes Bett. Einige Postkarten kleben an den Wänden, geschrieben von Christopher Johnson McCandless alias Alexander Supertramp. Es ist die Requisite aus dem Film *Into the Wild*.

20 Meilen entfernt, mitten in der Wildnis, befindet sich der originale Magic Bus mit der Nummer 142, in dem der junge Aussteiger ein paar Monate gelebt hat und gestorben ist. Der Bus diente damals Arbeitern als Wohnsitz, sollte von der Baustelle wieder nach Healy geschleppt werden. Aufgrund der Umgebung erwies sich das jedoch als aussichtslos und so blieb er dort als Jagdhütte zurück. Mittlerweile zum Pilgerziel erkoren, versuchen viele, den schwer zugänglichen Bus zu erreichen. Die meisten scheitern wegen schlechter Ausrüstung, fehlender Vorbereitung oder mangelndem Orientierungssinn.

Ohne große Illusionen, dort anzukommen, da im August die Flüsse noch zu viel Wasser führen, wollen wir zumindest den ersten Wasserlauf erreichen, um ein Gefühl der letzten Wochen im Leben des Aussteigers nachempfinden zu können. Zubringer ist der Stampede Trail. Eine unbefestigte, kaum benutzte Straße, die auf den meisten Karten Alaskas nicht einmal eingezeichnet ist.

Konzentriert manövriert Thorben den Laster vorwärts, umfährt gekonnt große Löcher, die der Regen mit Wasser gefüllt hat, rutscht aus der Spur – und wir stecken fest. Nicht tief, aber es reicht, damit die Räder durchdrehen. Inmitten der unwegsamen Wildnis, 40 Kilometer von der Hauptstraße entfernt. Auf der Fahrt ist uns keine Menschenseele begegnet, was bedeutet, dass wir keine Hilfe zu erwarten haben. Wir sammeln Steine, verteilen sie unter den versunkenen Reifen und rollen wieder vorwärts – nur um erneut, und noch tiefer, im Schlamm zu versinken und mit dem Differenzial aufzusetzen. Die Sandbleche helfen nicht weiter und wir probieren es stattdessen mit der Schaufel. Fast knietief stehen wir im Dreck und buddeln, bis das Blech auf Eis stößt. Permafrost. Eine ganzjährige Eisschicht unter der Erde, die undurchdringlich ist. Selbst das warme Sommerwetter kann dem Dauerfrost nur oberflächlich etwas anhaben. Unter einer dünnen aufgetauten Schicht bleibt es eisig, weshalb Regenwasser nicht versickert und zahllose Pfützen bildet. Wenn das Unglück schon da ist, gesellt sich meist das Pech gern dazu. Der Sonnenschein wechselt in Regen und der Frosch versinkt noch tiefer im Wasser. Uns wird klar, dass wir Hilfe brauchen, um weiterzukommen.

Eine Gruppe von Touristen fährt mit mehreren Jeeps vorbei und sie versuchen, Hilfe zu schicken, verschwinden im Dickicht, nicht ohne selber fast stecken zu bleiben. Wie versprochen erscheint ein Geländefahrzeug und versucht erfolglos mit ungleichen Kräften acht Tonnen durch eine Tonne zu bewegen. Später probiert ein PS-starkes Monster sein Glück, reißt stoßweise am Stahlseil und versucht, den Laster durch Schaukeln frei zu bekommen. Doch die Reifen geben lediglich einen Schmatzer von sich und die Kuhle, in der sie versackt sind, ist wieder ein Stück tiefer geworden. Romy und ich sitzen derweil im Bett und es fühlt sich an, als ob ein LKW ungebremst in den Frosch kracht. Durch die Wucht öffnen sich alle Sicherheitsverschlüsse der Schränke und das ganze Geschirr samt allen lose herumstehenden Gegenständen fällt mit lautem Klirren und Scheppern auf den Boden. Für nichts. Ich wundere mich über meine Gelassenheit. Keinen Moment bin ich ängstlich, einzig das unüberschaubare Chaos aus Scherben, Kleidung und Resten der Spaghetti Bolognese programmiert meine gute Laune kurzzeitig auf Verärgerung um. Meine Tochter scheint

dagegen nichts aus der Ruhe zu bringen und man merkt, sie hat die abenteuerlichen Gene ihrer Eltern geerbt.

Nach Einbruch der Dunkelheit – mittlerweile ist der Laster seit zehn Stunden manövrierunfähig – erhellen zwei Scheinwerfer die schwarze Nacht. Der Gelbe Engel entpuppt sich als Caterpillar 420F, ein Bagger mit zwei Schaufeln. Die letzte Hoffnung. Daren, der Fahrer, packt seinen Whisky aus, und nach einem tiefen Schluck aus der Flasche zieht uns die kräftige Schaufel des Baggers in Sekundenbruchteilen leichtfertig aus dem Schlamassel, schleppt den Laster sechs Kilometer durch die aufgeweichte Piste und lässt uns erst auf festem Boden wieder los. Romy ist trotz der Aufregung einfach eingeschlafen. Wir sind auch unendlich müde, feiern aber noch die Rettung und danken dem Helden, der sich den vierstündigen Ausflug lediglich mit einem Spritzuschuss entlohnen lässt.

Wir haben daraus gelernt. Neugierde und Abenteuerlust sind noch immer ungebremst, wir ergänzen jedoch die Ausrüstung in Fairbanks um Plastikteller, Gummistiefel und einen kleinen SOS-Sender. Ab sofort schicken wir unsere GPS-Position selbst von den entlegensten Orten ins All und hoffen, nie den Notfallknopf drücken zu müssen. Die Liste der Erledigungen wird kürzer, und als die Vorräte wieder aufgefüllt sind, haken wir den letzten, den wichtigsten Punkt ab.

Die Suche nach einem Frauenarzt erweist sich als erfolglos. Mit Terminen in einer Woche ist uns nicht geholfen und Ultraschalluntersuchungen vor der 12. Schwangerschaftswoche sind nicht üblich. Erst im örtlichen Krankenhaus werde ich angehört, bekomme Blut abgenommen und die Schwangerschaft wird zur absoluten Gewissheit. Wir sehen zum ersten Mal das Baby in meinem Bauch. Die Angst vor Zwillingen hat sich zum Glück nicht bewahrheitet, dennoch verabschiede ich mich gedanklich von den Cocktails, die ich ursprünglich in der Karibik am Strand trinken wollte, und einigen anderen Plänen. Aber als uns die Ärztin die galoppartigen Töne des kleinen pulsierenden Herzchens vorspielt, schlagen meine Muttergefühle voll durch, meine Augen werden feucht und ich freue mich wahnsinnig auf das neue Familienmitglied. Am Zahlschalter passt sich mein Herz dem schnellen Rhythmus des Embryos an. Ein Ultraschall 800, eine Blutuntersuchung 750 Dollar. Eine Geburt in den Vereinigten Staaten würde uns ohne Komplikationen 25.000 Dollar kosten. Wir verwerfen diese Option so schnell, wie sie gekommen ist.

Die Ergebnisse des Labors erhalte ich kurz darauf per E-Mail – Es ist alles in bester Ordnung und einer Weiterreise steht nichts im Weg. Ohne Mutterpass und feste Praxis wird der logistische Aufwand jedoch um einiges höher sein. Ich kann dank der modernen Technik einen Schwangerschaftsratgeber auf meinen E-Book-Reader laden, frische dabei bereits Vergessenes auf und orientiere mich an den deutschen Mutterschaftsrichtlinien für Vorsorgen nach Datum und Umfang der Untersuchungen. Schon jetzt vermisse ich das Rundum-Sorglos-Paket einer Schwangerschaft in Deutschland. Schließlich helfen Krankenkassen, Hebammen und meist nur *ein* Arzt als Ansprechpartner. Mir wird klar, dass viel Eigeninitiative und Organisation von uns nötig sein wird, aber das Kind werden wir im wahrsten Sinne des Wortes schon schaukeln.

Im Laster erklären Thorben und ich Romy genau, was sie im Krankenhaus gesehen hat, dass ein kleines Menschlein in meinem Bauch heranwächst und sie bald jemanden zum Spielen bekommt. Sie freut sich sehr auf das Geschwisterchen und zeigt ihre Fürsorge, indem sie die verschriebenen Vitamintabletten in meinen Bauchnabel steckt, um das Baby zu füttern. Weniger gut findet Romy, dass ich sie abstille. Mit viel Protest tut sie ihrem Ärger kund, doch nach drei Tagen hat sie bereits vergessen, über zwei Jahre an Mamas Brust verbracht zu haben.

Panamericana – Der Anfang

Die nördlichste Straße des Kontinents mit dem höchsten Pass Alaskas führt durch Wälder und Tundragebiete über den 70. Breitengrad hinaus und endet an den Schranken zum Ölfördergebiet in Deadhorse. Sie dient als Versorgungsstrecke für die Ölfelder.

Der Dalton Highway gilt als eine der gefährlichsten Straßen Nordamerikas. Steinschläge, Schlaglöcher, Wildwechsel, plötzliche Winde, Eis, wilde Tiere und enge Kurven. Die Liste der Warnungen ist beachtlich, und trotzdem begeben wir uns auf die 600 Kilometer lange, raue und steinige Piste, ohne jegliche Versorgungsmöglichkeit oder Notrufsäulen. Hinter Fairbanks besichtigen wir ein offiziell zugängliches Teilstück der silberfarbenen Trans-Alaska-Pipeline und folgen dem Rohrsystem, das sich oberhalb des Highways bis in den äußersten Norden Alaskas entlang schlängelt. Schnell wechselt der Asphalt in gut fahrbaren Schotter und wir erkennen schon bald den wahren Zauber Alaskas. Die Blätter des Waldes rings herum sind gelb und rot. Herbstfarben, die man hier den Indian Summer nennt.

Wir überqueren den Polarkreis und rücken eine Jahreszeit weiter voran. Das Wetter ändert sich schlagartig, es beginnt zu regnen und der eisige Wind stürzt die Temperaturen in den einstelligen Bereich. Wir lassen die Baumgrenze hinter uns und tauchen in die karge Tundra ein, die geprägt ist von Gräsern, Moosen und Flechten.

Die *Oh Shit Corner*, in die fast alle zu schnell geraten und in denen regelmäßig Trucks die Ladung verlieren oder gar umkippen, meistern wir mit Bravour und quälen uns wenig später in Schrittgeschwindigkeit den Atigun-Pass hinauf. Es beginnt zu schneien und auf 1444 Metern überzieht eine Eisschicht den höchsten Punkt. Der Laster kommt gefährlich ins Schlittern und erst knapp vor dem Abhang erlangt Thorben wieder die Kontrolle zurück. Vorsichtig kriecht der Frosch auf der anderen Bergseite hinab ins Tal und hält am Straßenrand inmitten eines Winterwunderlandes. Hier erholen wir uns langsam von dem Schreck und bauen einen Schneemann, der den grimmig dreinschauenden vorbeirauschenden LKW-Fahrern ein Lächeln ins Gesicht zaubert.

Weiß gepuderte Berge erheben sich aus der sonst flachen Landschaft. Weit hoch im Norden verschwindet der Schnee gänzlich, über uns scheint unerwartet die Sonne und große Karibu-Herden streifen durch eine karge Grassteppe. Ab dem Sperrgebiet eskortiert uns ein Sicherheitsfahrzeug durch den Besitz der großen Ölfirmen wie Shell und BP nach Deadhorse, der Endstation. Der Name ist hier Programm und wir stehen staunend neben zusammengewürfelten Containerhäusern, Baumaschinen und Ölfässern. Hier gibt es rein gar nichts, außer Arbeit. Im einzigen Gemischtwarenladen mit deprimierender Auswahl erwerben wir ein begehrtes Souvenir, einen bunten Aufkleber mit der Aufschrift Dalton Highway Survivor, der dem mittlerweile schlammbraunen Laster einen Farbtupfer gibt.

Auf der Suche nach einer Toilette laufe ich aus Versehen in den falschen Container und stehe stattdessen inmitten der Kantinenküche der Arbeiter und erspähe einen Kuchen. Gleichzusetzen einem großen Goldnugget. Angesichts der Versorgungslage hier oben läuft mir bei dem Anblick des knallroten Gebäcks das Wasser im Mund zusammen und ich biete dem Koch mein letztes Hemd für ein Stück vom *Red Devil Cake*. Fünf Minuten später sitzen wir drei im Laster, lassen uns das Geschenk des Hauses schmecken und feiern Thorbens 31. Geburtstag.

In der Nacht machen sich die Tücken des Lasters bemerkbar: im Sommer ein Ofen, im Winter ein Kühlschrank. Noch mit der Kälte in den Knochen steigen wir am frühen Morgen in einen kleinen Bus, passieren die Sicherheitskontrolle und fahren bis zum Ufer des Artic Ocean in der Prudhoe Bay. Eine Landzunge führt ins Meer hinaus, am Steinstrand verrottet Treibholz, verrostete Zäune wiegen sich im Wind hin und her und verschwinden im Nebel. Hier notieren wir den nördlichsten Punkt unserer Reise. Die Startlinie unseres Projektes Panamericana, der bekanntesten Nord-Süd-Route der Welt.

Es ist keine einzelne durchgehende Straße von Alaska nach Feuerland, der Name steht für ein 45 000 Kilometer langes Straßennetz, das teilweise nur in der Trockenzeit befahren werden kann und mancherorts sogar ganzjährig gefährlich ist. Für uns ist sie ein roter Faden, der durch den amerikanischen Doppelkontinent führt, durch sämtliche Klima- und Vegetationszonen. Wir planen, immer wieder von der Route abzuzweigen, um die eindrucksvolle Vielfalt unseres Planeten und die Sehenswürdigkeiten neben der Strecke zu erleben. Die Traumstraße der Welt liegt zu unseren Füßen.

Romy und Thorben spazieren, eingepackt in die Winterjacken, am Wasser entlang, ich schäle mich derweil Stück für Stück aus meiner Kleidung und beginne erbärmlich zu frieren. Nur noch mit einem Bikini und einem Shirt bekleidet, beiße ich mehrmals die Zähne zusammen, renne los, springe ins Eismeer und bin nun ein neues und vor allem stolzes Mitglied im Polar-Bear-Club.

Von nun an bewegen wir uns in Richtung Süden. So lange, bis viele Monate später erneut der Weg vom Meer versperrt wird. Von der südarktischen See in Argentinien. Gelegentlich kommt uns ein schwerer Truck entgegen, lässt uns bremsen, weit nach rechts ausweichen und hoffen, dass die Windschutzscheibe heil bleibt. Nach zwei Tagen erreichen wir wieder die Zivilisation, sehen auf einen Steinschlag in der Scheibe und auf die schönste Strecke Alaskas zurück.

In North Pole heißen die Straßen Santa Claus Lane, Snowman Road und St. Nicolas Drive und die Straßenlaternen sind große, rot-weiß geringelte Zuckerstangen. Neben einer 16 Meter hohen Weihnachtsmann-Figur ist Santa Claus zu Hause und nimmt die Wunschzettel tausender Kinder entgegen. Er sitzt auf einem wuchtigen Sessel neben einigen Elfen, winkt Romy freundlich zu und bedeutet ihr, sich auf seinen Schoß zu setzen. Dass sie vor Angst in Tränen ausbricht, sei nichts Neues für ihn, erzählt er mir, als wir neben ihm sitzen und Romy immer noch schluchzend an einer Zuckerstange knabbert. Um 18 Uhr hat auch der Weihnachtsmann Feierabend, gesellt sich zu uns auf den Parkplatz, steigt später in seinen Rennschlitten, einen roten Pontiac, streicht sich den weißen Rauschebart zurecht und braust winkend und lachend davon.

Es ist mittlerweile Anfang September und in Alaska gehen die Lichter aus. Die ersten Frostnächte kündigen einen weiteren langen Winter an, die Campingplätze schließen und das Land fällt langsam in seinen Dornröschenschlaf.

Der Pfannenstiel Alaskas bildet einen schmalen Küstenstreifen am Pazifik, aufgesplittert in unzählige kleine Inseln und Fjorde mit Wäldern und Bergketten, und ist nur über den Seeweg der Inside Passage oder durch lange Umwege über Kanada zu erreichen. Aber der grandiose Chilkat Pass entschädigt uns für die langwierige Umleitung. Am gleichnamigen Fluss scheuchen wir fischende Grizzlys auf, die sich sogleich ein Wettrennen mit uns liefern. Wir staunen nicht schlecht und haben Mühe, bei 60 Kilometern pro Stunde der kurvigen Straße zu folgen, um mit den massigen Tieren auf gleicher Höhe zu bleiben. Ein einsamer Luchs schleicht durch rotgefärbte Beerensträucher, Elche stehen in den Lichtungen, verschwinden aber, aufgeschreckt durch die Lautstärke des Lasters, sofort zwischen den Bäumen. Was sich vor unseren Augen abspielt, ist besser als jede beschönigte National Geographic Dokumentation.

In einer einsamen Waldschneise bereiten wir unser Nachtlager vor, nicht ahnend, dass wir diesen Platz in nur fünf Minuten fluchtartig wieder verlassen müssen. Ein Tanklaster nutzt den weitläufigen Platz zum Wenden, und sowie er wieder verschwindet, beginnen unsere Augen zu tränen. Der Hals fängt an zu kratzen, wir können kaum noch schlucken und kämpfen mit einem übermächtigen Hustenreiz.

„Scheiße, was ist das?“, schreie ich panisch, versuche durch die Fenster zu erkennen, ob der LKW irgendetwas auf der Wiese abgelassen hat. Thorben springt aus dem Laster, läuft über den Platz und findet etwa zehn Meter entfernt in den tiefen Reifenabdrücken eine zischende Dose Bärenspray. Schwer hustend kommt er zurück, springt auf den Fahrersitz, wirft den Motor an, fährt so lange mit geöffneten Fenstern, bis die schlimmsten Beschwerden verschwunden sind, und erzählt mir stockend von dem ausgetretenen Gas.

Erst eine Viertelstunde später geht es uns besser und wir finden einen nicht weniger schönen Campingplatz. Dort hacken wir das bereitliegende Feuerholz und lauschen zusammen mit unserer ersten Reisebekanntschaft, Radu aus Rumänien, dem Knistern des lodernden Feuers. Er ist mit Fahrrad und Zelt auf der Panamericana unterwegs und wir verbringen einen geselligen Abend, teilen getrocknetes Elchfleisch, spannende Geschichten und sind gespannt, wann und wo sich unsere Wege wieder kreuzen werden.

Eine 15-minütige Überfahrt auf der nur wenige Kilometer breiten Meerenge des Lynn-Kanals befördert uns nach Skagway und erspart uns einen weiteren Umweg von 600 Kilometern. Wir erleben ein Stück Kreuzfahrt durch die Fjorde und reihen uns im Hafen der ehemaligen Goldgräberstadt zwischen drei Kreuzfahrtschiffe ein. Die Einwohnerzahl von 900 erhöht sich an diesem Tag um 6000 Menschen, gegen die wir genervt auf dem Broadway ankämpfen müssen. Der Spaziergang entlang der schönen Kulisse der unter Denkmalschutz stehenden Ortschaft fällt daher kürzer aus als geplant.

Wieder in Kanada, British Columbia, nehmen wir den Cassiar Highway nach Süden, zählen bis zum Ende des Tages dreißig Schwarzbären, die am Straßenrand die Sträucher nach Essbarem absuchen, und reisen erneut nach Alaska ein.

Hyder begrüßt uns mit einem kleinen Banner, das quer über die Straße gespannt ist: *Welcome to the friendliest ghost town in Alaska.* Die Holzhäuser im Wildweststil sind überwiegend unbewohnt, die Fenster vernagelt, die Farbe blättert ab und die Inschriften verwittern. Der Außenposten hat keinerlei Verbindung zu den USA und ist nur über Kanada zu erreichen. Der internationale Grenzübergang ist ohne Abfertigung und auch mit der Zeitzone nimmt man es nicht so genau. In der Alaska Time ticken die Uhren eine Stunde im Voraus. Einzig die dramatische Szenerie hält die Geisterstadt am Leben. Am Ende des Portland Canals, einem langgezogenen Fjord, gelegen, schaukeln Fischerboote und Holzflöße sanft dahin. In das flache Gewässer des Fish Creek zieht es tausende der größten Lachse der Welt und die letzten Nachzügler der Saison treffen sichtlich erschöpft von der anstrengenden Etappe flussaufwärts des Portland Canals ein. Eigens für dieses Spektakel wurde eine Aussichtsplattform errichtet, die von dutzenden Touristen bevölkert wird. Außerhalb der Saison spazieren wir jedoch vollkommen alleine auf hölzernen Planken über den Fluss und sind schockiert über die unzähligen toten Lachse, die bäuchlings auf der Oberfläche treiben. Ein Grizzly badet im Wasser, putzt sich gemächlich das Fell, rennt den Fluss auf und ab und spielt mit dem Essen. Er jagt die Fische von einem Ufer zum anderen, schnappt sich schließlich ein geschätztes 15-Kilo-Exemplar, und verschwindet – ab heute vielleicht für den Winterschlaf – im dichten Wald.

Hinter dem Fluss führt uns eine schmale Waldschneise kurvenreich den steilen Hang empor bis zum Salmon Glacier, der wieder auf kanadischem Gebiet liegt. Über 18 Kilometer fahren wir am Gletscher entlang und finden am Ende der Sackgasse einen außergewöhnlichen Aussichtspunkt mit Ausblick auf die Eismassen und Gletscherspalten. Hier machen wir wieder kehrt und verabschieden uns endgültig von Alaska. Mit vielen grandiosen Naturerlebnissen im Gepäck fällt uns der Abschied nicht leicht. Mit gemischten Gefühlen geht es zügig weiter gen Süden und wir verlassen kurz darauf auch das naturbelassene, ursprüngliche Kanada.

Nach den Wochen inmitten rauer Wildnis und menschenleerer Abgeschiedenheit tauchen wir in die kommerzialisierte Welt und eine glitzernde Großstadt ein: Vancouver. Einer eigentlich faszinierenden Mischung aus Manhattan, Hongkong und San Francisco. Zwischen Wolkenkratzern und Einkaufszentren quälen wir uns auf lärmenden Straßen durch den Stau, beobachten aalglatte hetzende Menschen, bepackt mit der Ausbeute vom Shopping und Jugendliche, die ihren Blick nicht vom Bildschirm ihres Smartphones abwenden.

Wir fühlen uns fehl am Platz. Wie auf einem fremden Planeten. Erst im Stanley Park kommen wir zur Ruhe. Die grüne Lunge der Stadt umfasst 400 Hektar und ist der größte Stadtpark Kanadas. An der langen Ufermauer haben wir die beste Sicht auf die Skyline und gehen, umgeben von Wald mit rund einer halben Million Bäumen, entlang eines groß angelegten Netzes von Spazierwegen bis zu einer Sammlung von Totempfählen am Brockton Point, die an die ehemaligen Bewohner des Parks erinnern. Bis zu zehn Meter ragen die neun Skulpturen – acht bunt bemalt und eine naturbelassen – in den Himmel und zeigen mystische Geschichten, welche einst von Indianerstämmen, den Ureinwohnern, in einen einzigen großen Baumstamm geschnitzt wurden.

Bereits zwei Tage später beschließen wir, Vancouver zu verlassen. Es zieht uns raus aus der Stadt, zurück in die Natur.

USA

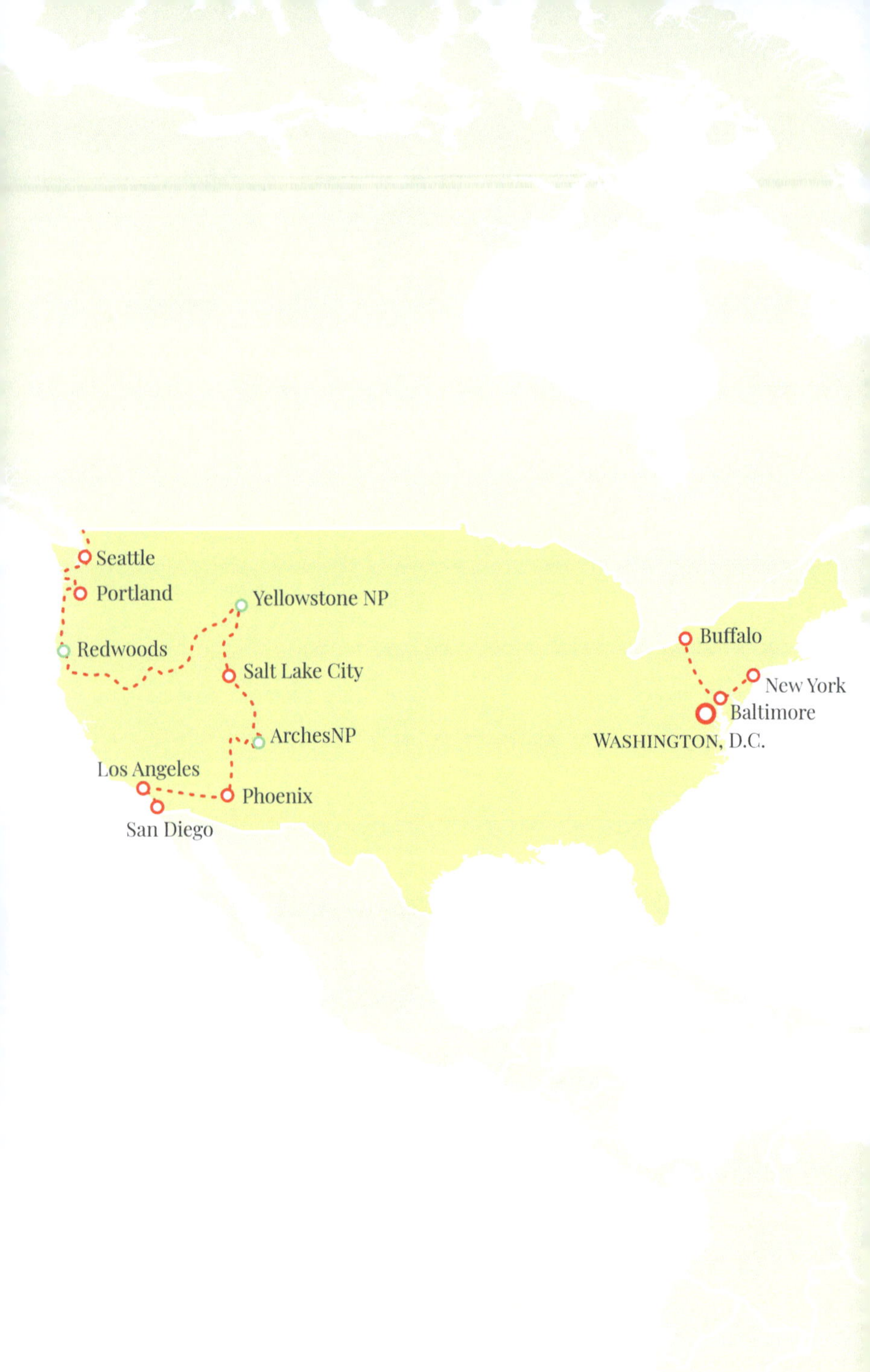
Seattle
Portland
Yellowstone NP
Redwoods
Salt Lake City
ArchesNP
Los Angeles
Phoenix
San Diego
Buffalo
New York
Baltimore
WASHINGTON, D.C.

Giganten im Nebel

Was haben wir nicht alles für Horrorgeschichten gehört über Touristen, die mit ihrem eigenen Fahrzeug in die USA einreisen wollten und von Grenzbeamten gnadenlos zurückgewiesen wurden. Sieht der Laster zu militärisch aus? Bekommen wir Probleme wegen der iranischen Visa in unseren Zweitpässen?

Tatsächlich geraten wir in ein Kreuzverhör und unser Frosch wird einer Fahrzeugdurchsuchung unterzogen. Mit knappen, einschüchternden Anweisungen fordern die Beamten Pässe und LKW-Schlüssel ein und schicken uns in ein Nebengebäude. Ahnungslos verharre ich dort mit Thorben und Romy einige Stunden und ärgere mich maßlos, fremde Menschen in unserem Zuhause zu wissen, die gerade alles unbeaufsichtigt durchwühlen.

Auf das Schlimmste gefasst, öffnet sich die Tür der Wartehalle und wir werden aufgefordert, umgehend den Parkplatz zu verlassen und weiterzufahren. In der Zwischenzeit verlassen mehrere Beamte den Laster und ich sehe nur noch, wie unsere Zitronen, die zwei Euro teure Paprika, Reis, Fleisch, Joghurts und Eier im Mülleimer verschwinden. Daran habe ich beim Einkauf heute Morgen überhaupt nicht gedacht. Auf dem Index stehen tierische Erzeugnisse, Milchprodukte und pflanzliche Materialien. Obst und Gemüse, welches nachweislich aus Kanada stammt, kann mitgenommen werden. Leider können wir keinen Kassenzettel vorzeigen, um die Herkunft unserer Lebensmittel zu beweisen und müssen heute noch einmal einkaufen gehen.

Ob unser Visum verlängert wird, danach fragen wir gar nicht erst. Von den 180 Tagen, die uns bei der persönlichen Vorsprache auf der amerikanischen Botschaft in München gewährt wurden, sind noch 60 Tage für die Lower 48 – die Bundesstaaten mit zusammenhängenden Landesgrenzen außer den vom Kerngebiet abgeschnittenen Hawaii und Alaska – übrig. Das Einreisedatum New York zählt und der Countdown wurde nicht durch den langen Aufenthalt in Kanada unterbrochen. Zwei Monate sind eigentlich viel zu wenig für den beeindruckenden und vielfältigen Westen der USA, doch wir kennen bereits einen Großteil, der sich von San Francisco, über Las Vegas bis nach Los Angeles erstreckt, und müssen nicht viel ungesehen ausfallen lassen.

Als ob der Teufel hinter uns her ist, rauschen wir an Seattle vorbei, halten nur kurz für einen Stopp im Supermarkt, lassen ganz Washington State links liegen und kommen erst an der Küste in Fort Stevens, Oregon, zum Stillstand. Der Frust ist mittlerweile verflogen und der Ärger über alle konfiszierten Lebensmittel hat sich auch gelegt.

So sitzen wir nun am Strand neben dem Schiffswrack der 1906 gestrandeten *Peter Iredale*. Vor uns versinkt die Sonne im Pazifik, färbt die letzten Minuten des Tages in ein warmes, rotes Licht und rückt alles wieder ins rechte Lot.

Mit einsetzender Ebbe spazieren wir am Cannon Beach, einem der vielen Seebäder der Küste, über den langen, breiten Sandstrand zum Haystack Rock. Der 72 Meter hohe Monolith besteht hauptsächlich aus Lavagestein, ist Brut- und Nistplatz für viele Seevögel und Fische und gibt bei Niedrigwasser die sonst verdeckte Wasser-

welt frei. Ganz entscheiden kann ich mich nicht, ob ich zu den Anemonen und Seesternen blicken soll oder zu den millionenschweren dekadenten Villen, die in bester Hanglage an der Klippe thronen.

Der Highway #101 gilt als eine der schönsten Küstenstraßen Nordamerikas. Das Kurvenparadies führt meist dicht an zerklüfteten Klippen entlang und bietet traumhafte, endlose Ausblicke auf den Pazifik. Dazwischen tauchen kleine Buchten zum Sonnenbaden auf, und wilde Strandabschnitte mit angeschwemmtem Treibholz verlocken für ausgedehnte Spaziergänge. Wir nehmen uns Zeit, beugen uns auch mal über die Klippen und entdecken Seelöwen, die in der wilden Brandung schwimmen und auf dem Felsvorsprung dösen.

Am Cape Meares bestaunen wir den Octopus Tree, der seinem Namen alle Ehre macht. Der Baum misst mehr als vier Meter in der Basis und die dicken Stämme erstrecken sich wie mächtige Tentakel einer Riesenkrake bis zu 105 Meter hoch. Die Wissenschaftler stehen immer noch vor dem Rätsel seiner Entstehung.

Malerisch gelegene Leuchttürme weisen den Schiffen den Weg an der rauen und nebelreichen Küste. Die Tücken bekommen wir hautnah zu spüren und teilweise raubt uns der plötzlich aufziehende Küstennebel jegliche Sicht. Zieht gleich wie dichter Rauch eines schwelenden Feuers an der Windschutzscheibe vorbei oder wabert bedrohlich vor uns auf den Straßen. Der allgegenwärtige Wind eröffnet zudem einen ersten Vorgeschmack auf den bevorstehenden Herbst.

Bald ragt der Sand mehrere Kilometer weit in das Landesinnere, an vielen Stellen bis an den Highway heran. Wir folgen einer nur mit Allrad zu bewältigenden Sandpiste in das langgestreckte Gebiet der bis zu 150 Meter hohen Oregon Dunes und parken auf einem ausgewiesenen, betonierten Areal inmitten der kleinen Sahara. Da die Dünen unter Naturschutz stehen, ist nur hier das Campen erlaubt. So klettern wir schnaufend die Dünen empor, springen mit weiten Schritten hinab in den riesigen Sandkasten, bauen die weltgrößte Sandburg und verbringen den Abend auf einem hohen Kamm. Von dort aus sehen wir den Fahrern der

Buggys, Quads und Geländemotorrädern zu, die das 30-Minuten-Achterbahnfahrt-Paket der unzähligen Anbieter gebucht haben und schnell und laut durch den Sand der Oregon Dunes National Recreation Area rasen.

Hinter der Grenze zu Kalifornien erwartet uns ein herrlich warmer Spätsommer. Die Bäume verdichten sich, nehmen an Höhe und Masse zu, bis wir uns inmitten der letzten Bestände der Redwood-Wälder befinden.

Redwoods gelten als die größten Pflanzen der Welt. Sie können ein Alter von 2000 Jahren erreichen, werden bis zu 100 Meter hoch und beeindrucken vor allem mit ihrem gewaltigen Durchmesser. In weniger als 200 Jahren haben europäische Einwanderer den Bestand rücksichtslos abgeholzt. 1902 deckte ein durchschnittlicher Baum den Materialbedarf von 22 Häusern ab. Nur etwa vier Prozent der einstigen Wälder blieben erhalten und auch der klägliche, aber faszinierende Rest wird vermarktet. In Form von extra ausgehöhlten Bäumen, die mit einem Auto durchfahren werden können, oder der zu einem Halbkreis verschmolzenen Baumgruppe, die als Hochzeitskapelle dient.

Sahnehäubchen des gesamten Naturschutzgebietes bildet die *Avenue of the Giants*: Seitenwege der Prachtstraße führen auf

schmalen Pfaden knapp zwischen den Mammutbäumen hindurch. Wir parken am Waldrand neben einem Giganten, der den Laster wie eine Spielzeugversion seiner selbst erscheinen lässt. Die Rucksäcke voll mit Proviant wandern wir hinein in einen Wald, der uns sofort in seinen Bann zieht. Die nackten Stämme steigen in den Himmel hinauf und öffnen sich erst weit oben zu einer gewaltigen Krone, durch deren dichtes Blätterkleid kaum Licht fällt. Den gesamten Tag besteigen wir schmale Pfade, durchwaten kleine Flussläufe, balancieren auf mächtigen Stämmen entlang, hören in der Ferne den Pazifik grollen und umarmen zum Abschluss den Giant Tree. Den mit einer Höhe von 112 Metern und einem Umfang von 17 Metern größten Baum der Welt. Spätestens als wir mit ausgestreckten Armen an dem warmen, roten Holz lehnen und uns eine halbe Fußballmannschaft zur Umrundung fehlt, kommen wir uns ziemlich klein vor.

Wir verlassen die Küste und durchfahren Nevada. Die Ortschaften an der Interstate sind wie die meisten Siedlungen in den Vereinigten Staaten geprägt von gesichtslosen Fassaden und hier zudem von Hotels und Casinos – selbst in den Tankstellen finden sich die Spielautomaten. Zwischen den Ansiedlungen zählen wir auf 300 Kilometern vier Haftanstalten und unzählige Warnschilder, keinen Tramper mitzunehmen. Bei anhaltend strömendem Regen geben wir weiterhin Gas was mit Romy mittlerweile super klappt – bis nach Idaho.

Dort begrüßt uns endlich die Sonne und eine endlos erscheinende Wüste wechselt abrupt in schwarze, vulkanische Landschaft über. Das Craters of the Moon National Monument umfasst drei riesige Lavafelder auf einer Fläche von über 800 Quadratkilometern und sein Name könnte nicht treffender sein: Entlang einer Loop Road rollen wir durch erstarrte Lavaströme, in denen Astronauten vor der Mondlandung trainiert haben, und dürfen überraschenderweise sogar anhalten und laufen, wie und wohin es uns beliebt. Wir besteigen schwarze Lavaberge, erforschen erkaltete Krater und klettern in Lavahöhlen auf der Suche nach Fledermäusen.

Mehr und mehr entfernt vom eigentlichen Südkurs Richtung Nordosten pendelt sich der Höhenmesser bei 2000 Metern auf dem riesigen Kessel eines Super-Vulkans ein. Dieser ist Grund für den langen Umweg. Forscher vermuteten vulkanische Aktivität, konnten aber den Kegel nicht finden – bis moderne Satellitenaufnahmen das Areal als einen einzigen Vulkan sichtbar machten: Yellowstone. Der älteste amerikanische Nationalpark und erster weltweit verzaubert uns bereits nach wenigen Metern entlang eines hölzernen Boardwalks.

Die Erde brodelt, zischt, pfeift und leuchtet in den buntesten Farben. In der weiten gelben Steppenlandschaft, eingerahmt von dichten Wäldern, steigen heiße Dampfwolken und Rauchfontänen aus den Spalten im Boden auf und Bisonherden ziehen durch die Nebelwand. Abgestorbene schwarze Bäume ragen mystisch wie abgebrannte Streichhölzer aus einem grauen Pool empor.

Frei in der Natur zu übernachten ist strengstens untersagt, daher müssen wir auf einen der beiden letzten geöffneten Campingplätze ausweichen und belegen den einzigen noch freien Platz. Schnell verziehen wir uns frierend in den Laster und schalten die Heizung ein. Der Herbst steht vor der Tür. Die klaren Nächte bringen Minustemperaturen mit sich, gehen in einen nebligen kalten Vormittag über und erst ab den Mittagsstunden können wir wolkenfreie sonnig-warme Tage genießen. Amüsiert beobachten Thorben und ich Camper, die die wenigen Meter zu den Toiletten mit dem Auto zurücklegen. Die Überraschung der anderen ist groß, als wir unsere Fahrräder und den Anhänger auspacken und damit zum Upper Geysir Basin starten. Bewegung ist keine amerikanische Leidenschaft. Die Region verläuft entlang des glitzernden Firehole River und weist die weltgrößte Konzentration an Geysiren auf. Die Luft ist erfüllt von Schwefelgeruch, der Schotterweg gesäumt von einer farbenfrohen Palette an Pools und bis zu 70 Grad heißen Quellen.

Der Morning Glory Pool gilt zu Recht als schönster und ist das Wahrzeichen des Parks. Das Becken ist kaum größer als ein Planschbecken, das ursprünglich weiße Ufer leuchtet durch den Einfluss von Bakterien braun und orange, wechselt ins Gelbe, wird

grün und verliert sich in einem glasklar leuchtenden Türkisblau, das scheinbar unendlich in dem sieben Meter tiefen Trichter verschwindet.

Gerade als wir am Grotto Geysir vorbeikommen, überrascht uns eine neun Meter hohe Fontäne aus einem weißen Kegel – einem verbliebenen Baumstumpf, der von Kalksteinablagerungen überdeckt wurde. Romy kommt das ziemlich bekannt vor und sie fragt, ob Nepomuk hier lebe. Ihr Lieblingsfilm ist Jim Knopf und Lukas der Lokomotivführer, die bei ihrer langen Reise auf einen kleinen Halbdrachen stoßen, der in einem dampfenden Vulkan wohnt. „Ja Romy, das hier ist das Land der Vulkane und seine Heimat. Mama, Papa und Du sind wie die Freunde Jim und Lukas. Wir bereisen die Welt und erleben viele Abenteuer", sage ich lachend zu meinem kleinen, staunenden Mädchen.

Berühmtester der rund 300 Geysire ist der Old Faithful, übersetzt Der alte Getreue, der mit einer Regelmäßigkeit von 75 Minuten ausbricht. Zusammen mit hunderten von Schaulustigen, den Finger auf dem Auslöser der Kamera, lauern wir auf das Ereignis des Königs. Die Nervosität aller ist förmlich spürbar. Pünktlich setzt sich der Alte gekonnt in Szene, spuckt eine kleine

Fontäne in die Luft, faucht mehrmals bedrohlich, legt eine langatmige Pause ein und beendet die Show mit einer 55 Meter hohen, mächtigen Dampfsäule.

Der wie eine große Acht angelegte 200 Kilometer lange Rundweg führt uns zur einsamen Westseite des Parks. Des Öfteren muss Thorben den Laster scharf abbremsen, um Bisons über die Straße laufen zu lassen. Während dieser Pausen beobachten wir mächtige Wölfe durch die Steppen streifen und Wapiti Hirsche im knietiefen Wasser der Seen stehen.

In dem von Bergen und Schluchten zerklüfteten Norden steigen wir hinab zu den Yellowstone Falls und bestaunen die in dem gelb verfärbten Sandstein tief ausgewaschenen V-förmigen Canyons. Gleich nebenan blubbern rhythmisch Schlammvulkane und am Dragons Mouth stößt das stinkende Matschloch, umschlossen von einem höhlenartigen Mund, lautes Röhren und Fauchen aus.

An einem Berghang kleben wie Wattebäusche die vielen kleinen schneeweißen Kalksteinterrassen der Mammoth Hot Springs. Ich kann es nicht fassen, dass die Natur ein so gewaltiges Schauspiel geschaffen hat, und stelle mir zum wiederholten Mal die Frage, ob das alles Wirklichkeit oder Werk eines kreativen Kopfes ist.

So hoch oben ist uns der Winter dicht auf den Fersen. Ein Ranger kündigt den ersten großen Schneefall an und die Straßen des Nationalparks werden in der folgenden Nacht wohl für die nächsten Monate gesperrt sein. Wir verlassen nach vier ereignisreichen Tagen den wohl schönsten Nationalpark der Vereinigten Staaten.

Der Pass stürzt herab, wir pendeln uns auf 1000 Höhenmetern ein und landen in Salt Lake City am großen Salzsee. „Wir werden uns gleich wie Korken auf der Oberfläche treiben lassen“, verspreche ich Romy. Doch der breite Strand ist bevölkert von Sandflöhen, die scharfkantigen Krusten des Ufers schneiden uns in die nackten Füße. Am Wasser angekommen umgibt uns der Tod. Verendete Vögel treiben umher und verbreiten einen unangenehmen Geruch. Enttäuscht ziehen wir uns zurück, stellen die Campingstühle vor dem Laster in den Sand und beobachten beim Abendessen, wie die untergehende Sonne den See und das weiße Salz in den schönsten Orangetönen strahlen lässt. So können wir doch noch mit einer guten Erinnerung an den großen Salzsee weiterziehen.

Canyonland

Mitten im Herzen des Bundesstaates Utah präsentieren die Nationalparks des Colorado Plateaus ganz großes Kino: den Wilden Westen der USA.

Sonne, Wind, Wasser und Eis haben in Jahrmillionen faszinierende Schluchten in den Boden modelliert und grandiose Sandsteinskulpturen geformt. Wir sind im Arches Nationalpark. Die Hitze flimmert über dem kargen Wüstenboden, aus dem sich kunstvolle Felsbögen von enormen Ausmaßen erheben. Die mehrstündigen Trails lassen wir ausfallen, da ich es mir aufgrund meiner Schwangerschaft nicht zutraue – was sich im Nachhinein als Fehler herausstellt! Denn nicht nur Entfernung, Steigung und Gefälle fließen in solch eine Berechnung ein, sondern auch die Kondition. Die festgelegen Wanderzeiten sind mehr als großzügig bemessen und scheinen für 300 Pfund schwere Amerikaner zu gelten, die sich am liebsten mit dem Auto bewegen. Ich bin nun in der 19. Schwangerschaftswoche, habe also schon die Hälfte geschafft, und die ersten Anzeichen von Kurzatmigkeit machen sich bemerkbar. Nach längeren Wanderungen sagt mein Körper stopp und zwingt mich mit unangenehmen Schmerzen in der Leiste zur Pause. Aber diese Spaziergänge hätte ich locker geschafft.

Der Schönste aller Felsbögen ist Mesa Arch im Canyonlands Nationalpark. Eine halbe Stunde klettern wir drei einen staubigen Trail entlang, einzig markiert von aufgetürmten Steinhaufen. Keuchend aufgrund der Hitze und dünnen Luft kommen wir oben an, und dort stockt uns der letzte Atem angesichts der Aussicht auf ein perfektes Bühnenbild. Der langgezogene flache Navajo Sandstein leuchtet tiefrot im Sonnenschein und zieht sich wie eine Brücke mit einer Spannweite von 30 Metern über unseren Köpfen entlang. Hinter ihm stürzt die Klippe 500 Meter tief hinab. Mit dem Bogen auf Augenhöhe rahmt er wie ein riesiges Fenster das Panorama der weiten Ebene mit den schneebedeckten La Sal Mountains am Horizont und dem darunter liegenden, von tiefen

Schluchten zerklüfteten dunklen Plateau mit den weißen Konturen der Sandstein-Kante ein.

Über einen nur für Jeeps ausgelegten Pistenweg verlassen wir den Canyon, holpern über tiefe Gräben ausgetrockneter Flussläufe. Mit Einbruch der Dämmerung erreichen wir die Abbruchkante des Massivs und fahren die letzten Meter dicht an den Felsen gedrängt. Romy schläft bereits und bekommt von alledem nichts mit. Der knapp neben uns tief fallende Abhang treibt mir den Angstschweiß aus allen Poren, während Thorben seelenruhig den viel zu großen Laster Stück für Stück nach unten manövriert.

Bis auf einen aufgerissenen Hinterreifen ist alles noch einmal gut gegangen. Den wechselt Thorben am nächsten Tag. 120 Kilo müssen erst vom Dach runter und anschließend wieder hinaufbefördert werden. Da ich ihm in meinem Zustand keine große Hilfe bin, hat er ordentlich zu schleppen und beschließt zwischen Schimpfen und Schwitzen, in einer freien Minute den längst überfälligen Kran auf das Dachgestell zu montieren. Dieser ermöglicht es ihm dann ohne helfende Hände, die schwere Last nur noch über eine Seilwinde nach oben zu ziehen.

Der Colorado River ist unser ständiger Begleiter und mit dem Newspaper-Rock, einem mächtigen Felsen mit etwa 650 eingravierten Figuren, Symbolen und Zeichen der früheren Ureinwohner, erreichen wir Navajoland. Es ist das größte Indianerreservat der ehemaligen Einwanderer aus Kanada in den USA und wird selbst verwaltet und regiert. Wir tauchen in eine vollkommen andere Welt ein. Viele der hier ansässigen Menschen sind noch immer tief mit den alten Traditionen verwurzelt und leben in Rundbauten aus Holz und Steinen – in den für mich deprimierenden Städtchen jedoch in Blechbaracken und alten Wohnwagen, das Eigentum stets von hohen Stacheldrahtzäunen umgeben.

Die Stimmung ist eigenartig. Die *First Nations* sind verhalten, stets unter sich und beäugen die scheinbar ungewollten Fremden skeptisch, obwohl die Gelder aus dem Tourismus die Haupteinnahmequelle sind. Bedenkt man, dass die Armut im Reservat der in einem Dritte-Welt-Land gleicht und über die Hälfte der rund 270.000 Einwohner im Gegensatz zu dem Rest der Vereinigten Staaten unterhalb der Armutsgrenze leben, ist das Verhalten und die daraus resultierende Mutlosigkeit nachvollziehbar. Schenkt man ihnen jedoch ein ehrliches Lächeln, erntet man sofort ein herzliches „Ya´at´eeh“. Ich grüße euch.

Am einzigen Bundesstaaten-Vierländereck der USA ist es uns möglich, auf allen vieren stehend, gleichzeitig in Utah, New Mexico, Colorado und Arizona zu sein. Beherrscht wird die Ebene auf dem Colorado-Plateau vom Monument Valley, ein heiliger Ort der Navajos und Apachen, mit seinen mächtigen Monolithen. Hier rauchte einst der Häuptling der Indianer Friedenspfeife und für die westliche Welt posierte ein Cowboy zu Pferd mit einer Marlboro im Mundwinkel. Heute rollen stündlich geführte Jeep-Touren hindurch.

Der Frosch holpert über die Abbruchkante der Ebene und wir verbringen den Tag einsam zwischen Tafelbergen und Felsnadeln, picknicken auf roten Dünen und bewundern am Rande der Klippen die einzigartige Kulisse in der weiten Halbwüste. Über uns ist ein wolkenverhangener Himmel, der ab und zu die Sonne durchblitzen und die Felsen rot leuchten lässt.

Mit der eigenwilligen Gesetzgebung des Reservats können wir uns nicht so recht anfreunden. So wurde schon von Campern das Wohnmobil konfisziert, da es auf Privatgrund stand und somit automatisch der Besitzer wechselt. Auf einem Campground sind wir auf der sicheren Seite und haben einen Stellplatz, der einer Filmkulisse gleicht. Die Aussicht oberhalb des Tals auf einen schnurgeraden Highway, der direkt auf die Tafelberge zuläuft. Der Sonnenuntergang gleicht einem kunstvoll gemalten Porträt und in der Nacht hören wir das Rauschen des Herbstwindes und das Jaulen der Kojoten.

Am Ufer des Lake Powell legen wir eine mehrtägige Pause ein, um die Erlebnisse der letzten Wochen sacken zu lassen und wieder Kraft zu schöpfen. In der Vergangenheit wurden ganze 96 Canyons

überschwemmt und künstlich miteinander verbunden, wodurch eine unvergleichliche Wasserlandschaft mit Kanälen und Buchten entstand. Es ist viel mehr als nur ein Stausee. Eine bizarre Landschaft aus Felsen und Wasser mit 3000 Kilometern Küstenlinie.

Ich genieße meist nur den Sonnenschein, streichle über meinen sich langsam wölbenden Bauch und freue mich, Romy von der kurzen Leine lassen zu können. Keine Gefahr durch Klippen oder Felsspalten, Stracheldrähten oder Scherben. Hier kann sie rennen und buddeln, mit Papa über den See paddeln oder im herrlich warmen, flach abfallenden Wasser baden.

Jede Nacht ziehen von Westen her grollende Gewitterwolken heran. Die zuckenden Blitze lassen den nachtschwarzen Himmel taghell und die graugelben Klippen um uns herum geisterhaft erscheinen. Das Ende der fernen nächtlichen Schauer gibt den Startschuss zur Weiterfahrt und öffnet für uns die Tore zum

Antelope Canyon. Ein Navajo, der auf seiner hölzernen Flöte traditionelle Melodien spielt, führt uns in das zauberhafte Geheimnis des Tsé bighánílíní. An den Ort, wo das Wasser durch die Felsen strömt.

Über eine schmale Treppe steigen wir in die enge, 40 Meter tiefe Felsspalte hinab ins Ungewisse. Dorthin, wo gewaltige Sturzfluten, die nach heftigen Gewittern oder Regenfällen hindurch schäumen, in mehreren tausend Jahren die Canyonwände geformt haben. Es entstanden sanft geschwungene und auch messerscharfe Felskanten. Wir zwängen uns durch die enge Schlucht und hinter jeder der vielen Kurven taucht ein neues Bild abstrakter Skulpturen auf. Um die Mittagszeit fallen die Lichtstrahlen der Sonne durch den schmalen Spalt und färben die eben noch beigen Wände glühend rot und orange. Ein magisches Schauspiel aus Licht und Schatten.

Nur einen Steinwurf entfernt führt uns der Pfad an einem unscheinbaren Parkplatz über eine Kuppe bis an den Rand einer Schlucht und des berühmtesten Lochs aller Zeiten: den Grand Canyon. Auf rund 450 Kilometern Länge hat der Colorado River eine 16 Kilometer breite und rund 1,6 Kilometer tiefe Rinne gegraben. Ein negatives Gebirge. Wir stehen an der ungesicherten Abrisskante, zusammen mit Touristen aus aller Welt, die leichtsinnig waghalsige Selfies schießen, und blicken auf den Horseshoe Bend, wo das blaugrün schimmernde Band des Flusses hufeisenförmig seine 360-Grad-Kurve um den Canyon schlängelt.

Nach vier Fahrstunden zieht sich die kurvenreiche Straße durch große Felsdurchbrüche inmitten von grünen Fichtenwäldern. Wir erreichen Bryce Canyon, der eigentlich gar keiner ist. Die Erosion formte Gesteinsformationen zu bizarren Säulen und Türmen, die wie Felsnadeln zu tausenden aus der Landschaft ragen. Unzählige Trails führen durch die bizarren Skulpturen und ich verliere mich regelrecht in diesem Wunderland. Eigentlich wollte ich nur mal kurz spazieren gehen, habe keinen Proviant, lediglich meine Kamera dabei und kehre erst viele Stunden später, sehr durstig, aber auch unendlich begeistert zum Laster zurück.

Nur keine Eile

Wir verlassen das große Plateau im Herzen des Wilden Westens, rollen durch dichte grüne Wälder, überqueren die letzte Hochebene und finden eine noch nie gesehene Landschaft vor. Wie aus dem Nichts tauchen zu beiden Seiten des Highways riesengroße Saguaro-Kakteen auf, mischen sich vermehrt unter die Bäume, verdrängen sie gänzlich und verbreiten einen Hauch von Mexiko.

Phoenix, im Tal der Sonne gelegen, ist erst mit der Erfindung der Klimaanlage zu einer Metropole angewachsen und seither ein Eldorado für Senioren, um dort die Wintermonate oder gleich ihre ganzen letzten Lebensjahre zu verbringen. Noch nie haben wir so viele Campingareale gesehen. Bei einem Autoservice finden wir endlich einen neuen Ersatzreifen und überbrücken die Wartezeit bis zur Lieferung auf dem einzigen familienfreundlichen Campingplatz mit Pool, der Gästen unter 55 Jahren, und vor allem Kindern, Einlass gewährt.

Der Reisealltag ist mittlerweile soweit fortgeschritten, dass ich Werktage vom Wochenende nicht mehr unterscheiden kann, Tage und Wochen ineinander verschmelzen und zu einer einzigen großen Zeitblase werden. Datum und Uhrzeiten sind nicht mehr wichtig für mein Dasein. Es ist ungewohnt und fühlt sich phantastisch an. Das ist Freiheit und ich bin angekommen. Jetzt lebe ich einfach, nehme die Tage, wie sie kommen, und plane nicht. Wir essen, wenn wir Hunger haben, schlafen, wenn wir müde sind, und füllen den Tag mit angenehmen Dingen. Der Rest ist zweitrangig, schmückendes Beiwerk und kann jeden Tag bis morgen warten. Hätte Thorben mich nicht erinnert, wäre der entspannte Tag im Whirlpool einer wie jeder andere gewesen und nicht mein 37. Geburtstag.

Mit Goldfield besuchen wir eine gut erhaltene Westernstadt aus den Goldgräberzeiten. Als 1890 hochwertiges Golderz gefunden wurde, siedelten sich schnell die ersten Glücksritter an, bis nach nur fünf Jahren die Ader versiegte und die Siedlung als Überbleibsel vergangener Tage einsam und verlassen im Nirgendwo verblieb. Staubige Wege führen an Saloons, Geschäften, dem Gefängnis und einer hölzernen Kirche vorbei. Jeder Blick in ein Fenster, durch Staub und Glas hindurch, erzählt eine andere Geschichte, erweckt die alten Zeiten wieder zum Leben. Viele der Einrichtungsgegenstände stehen noch so da, als seien die Bewohner gerade erst gegangen, nur die verrosteten Oldtimer aus den 30er Jahren sprechen eine andere Sprache. Wir drehen noch eine Runde mit der historischen Eisenbahn, ziehen dann, mit neuen Reifen ausgestattet, weiter über die alten, kurvenreichen Apachenpfade zu leuchtend blauen Wüstenseen, den Superstition Mountains, bis weit in die Mojave-Wüste hinein.

Fast übersättigt vom Anblick der vielen Steine, sind wir überzeugt, bereits alle möglichen Variationen zu kennen und werden im Yoshua-Tree-Nationalpark eines Besseren belehrt. Die Schöpfung scheint unendlich. Trotz der Nähe zu Los Angeles ist die touristische Infrastruktur unterentwickelt und wir fahren ganz nach unserem Geschmack auf unbefestigten Straßen. Das Landschaftsbild der Wüste ist geprägt von seinem Namensgeber, dem 18 Meter hohen Joshua Tree, dessen einzigartige Gestalt mit den dünnen, nach oben gerichteten Ästen an den zum Himmel betenden Propheten Joshua erinnert. Ausgedehnte Spaziergänge führen uns durch wuchtige, rundgeschliffene Granitfelsen zu blühenden Kakteenwiesen, die nach dem vorangegangenen Regen bunte Farbtupfer zwischen die grauen Felsen setzen. Wir genießen absolute Ruhe und sind alleine mit uns und der weiten unberührten Natur.

Einige Tage später stehen wir vor Los Angeles im Stau und die nächsten 100 Kilometer herrscht ein rauer Ton im Fahrerhäuschen. Da die Großstadt mehr in die Breite als in die Höhe gebaut wurde, ist es schwer, sie zu umfahren, und die Auswirkungen des Verkehrschaos sind kilometerweit zu spüren.

Der Campingplatz in Anaheim, ein einfacher, asphaltierter Parkplatz, geht mit umgerechnet 60 Euro für die Nacht in die Geschichte der teuersten Stellplätze ein, dafür ist Disneyland in Laufweite – die Mutter aller Vergnügungsparks und ein Paradies

für Romy. Eis essen, Karussell fahren, prächtige Paraden der Disney-Stars beobachten und Micky Maus höchstpersönlich die Hand schütteln. Dieses Versprechen haben wir Romy am Tag der Abreise gegeben und es ist in Erfüllung gegangen.

Viel Aufregung und Action für eine Zweijährige, doch mit 99 Dollar pro Person ein teurer Spaß. Aber wenn das Kind noch am Abend glänzende Augen hat, sind wir ebenfalls glücklich und zufrieden und haben alles richtig gemacht. Als ich mit ihr im Bett liege, erzähle ich Romy von der nächsten Überraschung. Den Pinguinen in Argentinien. Das ist zwar noch ein langer Weg bis dorthin, aber so ist es für sie verständlicher, warum wir so weit fahren.

San Diego ist Endstation. Im berühmten Zoo besuchen wir die Hauptattraktion, die Pandabären, schweben mit der Seilbahn über den riesigen Dschungel der Anlage und ziehen weiter zum Navy Pier. Dort staunen wir nicht schlecht, als wir den imposanten Flugzeugträger *USS Midway* besichtigen. Das Schiff ist so riesig, dass ich mir immer wieder vor Augen führen muss, nicht in einer großen Museumshalle mit Hubschraubern und Kampfflugzeugen, sondern auf einem schwimmenden Monstrum aus Stahl zu stehen. Eine eindrucksvolle Erfahrung, selbst für einen Pazifisten wie mich. Vor der Unconditional Surrender Statue – die als Erinnerung an das Ende des Zweiten Weltkrieges einen Kuss zwischen einem Matrosen und einer Krankenschwester abbildet – nehmen

Thorben und ich uns ein Beispiel und küssen uns ebenfalls und beenden hier den Reiseabschnitt USA. In zwei Wochen laufen die Visa aus.

Nirgendwo ist ein Roadtrip bequemer und entspannter zu absolvieren als in den Vereinigten Staaten. Supermärkte liegen mit schier unermesslichem Angebot quasi auf dem Servierteller, Wäscheservice gibt es überall zum Dumpingpreis, die Infrastruktur ist hervorragend, dazu kommen perfekte Campingmöglichkeiten und grandiose Naturhighlights im Land der unbegrenzten Möglichkeiten. Wir verlassen ein Amerika mit netten und aufgeschlossenen Menschen, denen durch die negative mediale Darstellung in der restlichen Welt größtenteils unrecht getan wird, sehnen uns aber nach Kultur, Architektur, Geschichte und geschmackvollem Essen.

Der Laster bekommt eine neue Versicherung, der Alibi-Geldbeutel wird mit abgelaufenen Kreditkarten und einem geringen Geldbetrag gefüllt, eine kaputte Kamera ins Fahrerhaus gelegt und an der Eingangstür ein großes Warnschild mit der Aufschrift *Achtung vor dem Hund* angebracht.

Wir sind bereit für Exotik und Abenteuer und tauchen ein in das verhasste, gefährliche Mexiko, vor dem uns jeder Amerikaner gewarnt hat. Je näher wir der Grenze kommen, desto eindringlicher werden wir darauf hingewiesen. Gewalt, Entführungen und ein brutaler Drogenkrieg, in dem jährlich tausende Menschen ermordet werden.

Mexiko

Tijuana
Punta la Gringa
Bahía Tortugas
Playa El Requeson
Mazatlán
La Paz
Tequilla
Ocampo
MEXICO CITY
Merida
Cancún
Celestún
Chetumal
San Christobal

Schöne neue Welt

San Diego – Tijuana. Etwa 250 000 Menschen überqueren täglich den verkehrsreichsten Grenzübergang der Welt und trotzdem weiß keiner der Grenzbeamten recht, wohin mit uns. Sind wir LKW? Nein. Wohnmobil? Nein. Reisebus? Nein. Doch! In die längste Schlange dürfen wir uns einreihen, vor uns Reisebusse, vollgestopft mit Mexikanern und Gepäck bis unter das Dach.

Gemeinsam betreten wir das kleine Büro am Straßenrand und werden von drei jungen, außerordentlich hübschen Mexikanerinnen mit langen schwarzen Haaren und knallroten Lippen empfangen. Einzig ihre schwarzen Uniformen mit Namensschild, die kaum ihre Kurven kaschieren, lassen sie uns als Grenzbeamte erkennen. Ich konzentriere mich voll und ganz auf die Lippen der Damen. Nicht nur, weil sie so schön anzuschauen sind, ich hoffe auch, mehr von dem Gesagten verstehen zu können. Thorben und ich sprechen kein einziges Wort spanisch, und wie wir es uns schon gedacht haben, wird ab Mexiko kein Wort englisch mehr gesprochen.

Wir schlagen uns wacker und nach kürzester Zeit sind die Pässe eingestempelt, die Touristenkarten ausgestellt und der Aufenthalt von 180 Tagen ist bewilligt. Nur der Frosch, der wird nicht durchgelassen und ist Opfer der mexikanischen Gründlichkeit. Schon drei Mal musste er durch die Röntgenmaschine gefahren werden und immer noch schüttelt der Beamte mit dem Kopf. Ich sitze derweil mit Romy auf dem schattenlosen Parkplatz unter einer gnadenlos brennenden Sonne und muss zusehen, wie Thorben den Laster komplett ausräumt, samt Batterien, und alles um uns herum ausbreitet. Erst dann finden sie, dass es nichts zu finden gibt, und unser Laster darf für die nächsten zehn Jahre im Land bleiben.

Was macht man nun mit den Informationen aus unzähligen Reiseblogs? Dort wird empfohlen, sich mindestens 300 Kilometer vom Grenzgebiet, in dem Drogenkuriere und Waffenschmuggler ihren

Geschäften nachgehen, zu entfernen. Man solle durchfahren, ohne anzuhalten. Ignorieren wir diese Ratschläge oder beherzigen wir sie? Nach 100 Kilometern finden wir es nur noch lächerlich und steuern den erstbesten Stellplatz am Pazifik an. Das Meer ist überall frei zugänglich, nicht versperrt oder verbaut wie in Kalifornien. Und noch etwas fällt sofort auf. Es ist farbenfroher, lauter, chaotischer und schmutziger. Einfach authentisch und damit genau das, was uns schon so lange gefehlt hat in der reichen, sterilen US-amerikanischen Welt.

Vor den Geschäften stehen schäbige Lautsprecher, aus denen von morgens bis abends Musik dudelt. Wir müssen unseren Blick schärfen für Schilder mit Gewichts- und Höhenbeschränkungen, Häuserdächer und Stromleitungen, die tief und weit auf die Fahrbahn ragen. Enge Gassen, die sich als Hauptstraße herausstellen und durch die Städte führen, und Busse, deren Felgen mit weit herausstehenden Metallstacheln bestückt sind, um beim Spurwechsel das Recht auf Vorfahrt zu erzwingen.

Mit Freude bestaunen wir das Angebot im Supermarkt: frisches Obst und Gemüse, gutes Weißbrot mit Konsistenz, Fleisch ohne Wasserzusätze, Joghurt mit Fettanteilen, Kuchen, bunte Törtchen.

Wir liegen den Rest des Tages am Strand, beobachten die Ausbeute der Austernfischer, essen Tacos bis zum Abwinken und feiern, noch am Leben zu sein. Bienvenidos a Mexico – Wir sind gekommen, um zu bleiben.

Die Baja California hängt wie ein dünner Zipfel am US-Bundesstaat Kalifornien und ist eine zwischen 45 und 170 Kilometern schmale und 1300 Kilometer langgezogene Halbinsel. Die rund drei Millionen Einwohner verteilen sich größtenteils auf die Städte Tijuana, La Paz und Ensenada. Der bescheidene Rest findet sich verstreut entlang der Mex 1, der einzigen Hauptverkehrsstraße, die im Zickzackkurs durch ein Gebirge führt, welches den Pazifik und den Golf von Mexiko trennt.

Der Norden, den wir in den ersten Tagen durchfahren, ist kahl, eintönig und flach, einzig das Guadalupe Tal, Mexikos wichtigstes Weinanbaugebiet, färbt die trockene Wüstenlandschaft in einen

Hauch von Grün. Die Straßen sind in einem guten Zustand, nur gewöhnungsbedürftig schmal, und mit dem Fahrstil der Mexikaner müssen wir uns ebenfalls erst vertraut machen. Überholt wird, wo immer die Straße etwas breiter ist, egal ob in einer engen Kurve oder vor einer unübersichtlichen Kuppe.

Im mittleren Teil der Baja durchfahren wir die wunderschöne Cataviña-Wüste. Eine Landschaft wie aus einem mexikanischen Bilderbuch, in der Yuccas, Agaven und vor allem die größten Kakteen der Welt das Landschaftsbild prägen. Wir spazieren durch den botanischen Garten mit mehr als 100 verschiedenen Kaktusarten und es ist ein Wahnsinnsgefühl, neben einem Cardón zu stehen, dessen gigantische, mit Stacheln übersäte Säulen es auf über 20 Meter Höhe bringen und wie Orgelpfeifen in den Himmel wachsen. So vorsichtig wir auch sind, die spitzen Stacheln der niedrigen Kakteen scheinen uns anzuspringen, zerkratzen unsere Beine und bohren sich in die Schuhsohlen. Es ist wahrlich kein Spielplatz für bewegungssüchtige Kleinkinder und so verbringen wir den restlichen Nachmittag vor dem Laster, setzen die Zange an, ziehen lange Stacheln aus den dicken Reifen vom Frosch und unseren Schuhsohlen und genießen in sicherer Entfernung diese unwirkliche Landschaft.

Die wenigen Orte sind lieblos und ärmlich, die Menschen aber freundlich und lebensfroh – und stolz auf die überschaubaren Sehenswürdigkeiten der Halbinsel. Hauptattraktion ist das Whale-Watching, wenn zahlreiche Arten wie Grauwale, Buckelwale, Finnwale und Blauwale zwischen Ende Dezember und März zu sehen sind. Spektakulär ist auch die Gezeitenwasserfontäne im kleinen Örtchen La Bufador. Hier schießt an einer steilen Klippe regelmäßig ein Wasserstrahl 30 Meter in die Luft empor.

Wir konzentrieren uns auf das Wesentliche der Baja California: Entschleunigung und die mexikanische Küche. Es schmeckt uns so gut, dass ich sogar zweimal täglich koche. Wie in jedem Land passen wir uns den heimischen Gerichten an und essen hier das dünne mexikanische Fladenbrot in allen Variationen. Gefüllt mit Tomaten, Koriander, Rindfleisch und einer Sahnecreme oder gebacken mit Hühnchen oder Thunfisch und Mais, Oliven und Käse. Mit Kleinkind haben geregelte Mahlzeiten absolute Priorität, und wann immer wir Hunger haben, halten wir auch gerne an kleinen Straßenrestaurants und entdecken neue fantastische Gerichte, für die am Ende selten mehr als zehn Euro auf der Rechnung stehen. So sitzen wir nicht nur einmal auf wild zusammengewürfelten Plastikstühlen in einer kleinen Wohnung, die zum Straßenlokal umfunktioniert wurde. Neben uns läuft der Fernseher und beschallt uns lautstark mit einer mexikanischen Seifenoper. Die Toiletten sind im Nebenraum, unbeleuchtet und nur durch einen bunt gemusterten Duschvorhang vom Essbereich abgetrennt. Einer Klobrille sind wir das letzte Mal in den USA begegnet, das Waschbecken funktioniert nicht. Wasser schöpft man bei Bedarf mit einer kleinen Schüssel aus einem Fass. Der Mann des Hauses entspannt sich auf dem

Sofa, während die Frau frisch kocht und nach und nach leckere landestypische Spezialitäten wie Tortillas, Enchiladas, Bohnenmus, Reis und Salate auf unseren Tisch in ihrem Wohnzimmer stellt. Und immer dazu eine Cola, als vorbeugende Maßnahme gegen Montezumas Rache.

Seit Mexiko ist Romy nirgendwo das einzige Kind. Weder am Strand noch auf dem Campingplatz oder hier im Restaurant. Sie spielt sofort mit jedem Kind, das sie entdeckt, und wird von allen Seiten mit Liebe überschüttet. Nicht nur eine Bekanntschaft haben wir ihr zu verdanken. Die Menschen empfangen uns herzlich und zuvorkommend und Romy ist immer und überall gerne gesehen.

Mit der Bahía de los Ángeles, am hintersten Zipfel der kleinen Bucht Punta La Gringa, erreichen wir einen einsamen, traumhaften Platz und beginnen nun endgültig mit der Entspannung. Doch gerade hier in der absoluten Abgeschiedenheit treffen wir auf so viele Reisende wie noch nie.

Jan und Marita sowie ein weiteres Schweizer Pärchen namens Anita und Roger reisen wie wir an das Ende der Welt in Patagonien. Jan ist Banker, Marita Pharmareferentin. Das Motto ihrer Reise lautet *1000 Tage Honeymoon*, und tatsächlich sind sie direkt nach der Eheschließung in ihren weißen Mercedes Sprinter namens Indi gestiegen, losgefahren und haben bereits das erste Drittel der Hochzeitsreise hinter sich.

Anita arbeitet in einem Reisebüro, Roger als Informatiker – zumindest dann, wenn sie nicht mit ihrem Mogli, einem Bucher Duro, die Welt erkunden. Sie geben für ihre Langzeitreisen immer wieder alles auf, verschwinden ein paar Jahre und beginnen dann erneut ganz von vorne, bis die Reisekasse voll genug ist für das nächste Abenteuer.

Die Chemie stimmt und wir verstehen uns auf Anhieb. Die Campingtische werden vor den Fahrzeugen zusammengestellt und die geselligen Tage beginnen schon beim Frühstück mit Avocados, Obst, Brot, Maiscornflakes und frischgepresstem Orangensaft. Trotz des süßen Nichtstuns wird es nie langweilig und wir bleiben ein paar Tage gemeinsam hängen. Nur Romy,

schon immer scheu gegenüber Älteren, kann mit dem bunten Haufen Erwachsener nichts anfangen und verkriecht sich am liebsten in Mamas Arme und verlangt meine vollste Aufmerksamkeit.

Vor uns tummeln sich zwischen den vorgelagerten kleinen Inselchen Delfine, Haie, Thunfisch-Schwärme und nur wenige Meter vor unserer Nase dreht ein kolossaler Walhai seine Runde. Möwen kreischen sich gegenseitig an, Pelikane stürzen sich auf der Jagd nach Fischen in die Wellen. Die Reste am Ufer locken Geier und Kojoten an, die im Schatten unserer Fahrzeuge lauern. Bis spät in die Dunkelheit sitzen wir draußen, tauschen bei einem guten Tropfen Baja-Rotwein Reiseerlebnisse aus und bestaunen das nächtliche Phänomen am Strand: fluoreszierende Wellen in der ansonsten stockfinsteren Nacht.

Nach ein paar Tagen kribbelt die Entdeckerlust wieder, wir ziehen weiter und überqueren nach einer vorgeschriebenen Unterboden-Desinfektion die landeseigene Grenze zum südlichen Teil der Baja California, der von einem riesigen Grauwalskelett am Straßenrand markiert wird. Palmenoasen säumen den Wegesrand und führen uns erneut an den Golf von Kalifornien. Eine traumhafte Bucht reiht sich an die nächste, die Entscheidung, an einem Ort zu bleiben, fällt schwer, bis sich an der Bahia Conception das Paradies eröffnet: eine seichte, türkisfarbene Bucht. Ab hier werden Windeln überflüssig und Romy trägt nur noch Sonnencreme und Hütchen. Unter der schattenspendenden Palapa, einer an zwei Seiten offenen Hütte aus Palmwedeln, faulenzen wir am Playa el Requeson, baden im glasklaren, warmen Wasser und bleiben schon wieder hängen. Lange sind wir nicht alleine, denn auch unsere neuen Freunde haben den Platz entdeckt.

Angespornt von den heimischen Fischern, die jeden Morgen aufs Meer hinausfahren, versuchen Thorben und Jan ebenfalls ihr Glück. Leider vergebens, und die Trigger-Fische auf unserem abendlichen Grillrost sind Geschenke und stammen aus dem üppigen Fang der Mexikaner.

Meine Schwangerschaft verläuft bis auf einen Magen-Darm-Infekt und die in einer Klinik der Vereinigten Staaten von Amerika diagnostizierten Nierensteine problemlos. Doch in so abgelegenen Gebieten wie hier verleitet mich ein Zwicken im Bauch schneller in die Sorge, nicht rechtzeitig einen Arzt erreichen zu können. Geht es dem Baby gut und entwickelt sich alles normal? Ich kann die nächste Untersuchung kaum abwarten und so zieht es uns nach einer Woche weiter. In der Zwischenzeit ist mein Bauch jedoch so weit gewachsen, dass ich plötzlich nicht mehr hinter das Steuer passe und auf den Beifahrersitz verbannt werde.

Ohne Termin oder lange Wartezeit begrüßt mich die Ärztin einer unscheinbaren Praxis in Loreto, die nur erkennbar an einem großen Ultraschall-Werbebanner an der Außenfassade ist. Die Schwangerschaft verläuft wunderbar, nur scheint das Baby schon etwas älter zu sein, als anfangs berechnet, und es bleiben uns nur noch drei Monate Zeit. „Es un barón!“, sagt sie schließlich. Dank der Beschriftung auf den Straßenschildern, der Plakate in den größeren Ortschaften und der stockenden Gespräche mit Einheimischen haben wir bereits ein paar Brocken spanisch gelernt, doch so gut sind unsere Kenntnisse noch nicht, und wir werfen ihr fragende Blicke zu. Sie umkreist die Genitalien auf dem Bildschirm, ergänzt es mit: „Tiene dos cojones“, und nun erkennen wir es auch. Es wird ein Junge! Die Untersuchung unterscheidet sich nicht im Geringsten von der in den USA, und zu unserer weiteren Freude

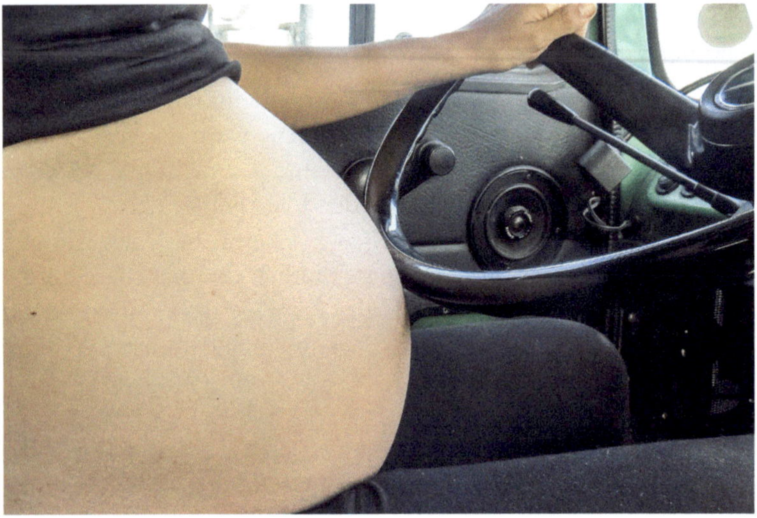

zahlen wir nur 800 Mexikanische Pesos, umgerechnet 37 Euro. Im Anschluss schlendern wir noch eine Weile durch den schönen, von Jesuiten gegründeten Küstenort. Die Promenaden der kopfsteingepflasterten Altstadt sind geschmückt mit bunten Fähnchen, welche allesamt an der zentralen Missionskirche zusammentreffen, zur Turmspitze führen und fröhlich im Wind wehen. Wir lassen unsere Wäsche waschen und finden endlich einen Supermarkt, der ein umfangreicheres Angebot aufweist als die sonst ansässigen Tante-Emma-Läden.

Bis zur Landesgrenze kamen wir unterwegs noch häufig an großen Supermärkten vorbei, aber auf mexikanischem Boden gibt es nur wenige und dort versperren uns Parkplatzeinfahrten mit einer maximalen Einfahrtshöhe von 2,5 Metern die Durchfahrt. Die Straßen rings herum sind verstopft, also wird aus den Großeinkäufen nichts mehr. Wir kaufen daher ab sofort dort ein, wo auch die Einheimischen ihre Besorgungen machen. In kleinen Geschäften besorgen wir uns Konserven, Teigwaren, Getränke, Reinigungsmittel und einzeln eingeschweißte Windeln. In speziellen Lebensmittelläden gibt es Fleisch, Fisch sowie Backwaren und an den unzähligen Verkaufsständen am Straßenrand Obst und Gemüse.

Die letzte Strecke gen Süden folgt einem Rundkurs. Hoch oben auf den Klippen von El Pescadero erwartet uns nicht nur eine grandiose Aussicht auf den Strand und den Pazifik – während des Frühstücks zieht eine Herde von Grauwalen direkt vor uns am Ufer vorbei. Aufgescheucht durch die lauten Schläge der Flossen stürmen wir an den Klippenrand und beobachten, wie sie sich immer wieder mit großen Sprüngen aus dem Wasser erheben und sich anschließend langsam in die Lagunen zurückziehen, um dort ihre Jungen auf die Welt zu bringen.

An einem abgelegenen Strand der Touristenhochburg Cabo San Lucas nimmt mich ein Fischer mit an Bord und gemeinsam umrunden wir bei sanftem Wellengang den El Arco, einen Felsbogen, unter dem der Pazifik und der Golf von Kalifornien aufeinandertreffen. Dieser wird auch *Das Ende der Welt* genannt, weil von diesem Punkt aus eine gerade Linie nach Süden auf das nächste erreichbare Festland triff. Die 12 000 Kilometer entfernte Antarktis.

Hier nimmt die Halbinsel ihr Ende und führt uns auf der Ostroute Richtung Fährhafen in La Paz. Die landschaftlich äußerst reizvolle Strecke verläuft direkt oberhalb des Meeres und bietet sensationelle Ausblicke, liegt jedoch abseits der Mex 1 und ist wie alle Nebenstraßen auf der Baja nicht asphaltiert. Die harten Stöße der Bodenunebenheiten sind für mich mittlerweile doppelt schmerzhaft und ich beschließe, dass diese holprige Piste vorerst die letzte in der Schwangerschaft sein wird. Für 20 Kilometer brauchen wir fast zwei Stunden, werden aber für alle Mühen entschädigt. Die Bahia Los Frailes liegt im Nationalpark Cabo Pulmo und ist ein weitläufiger Strand, eingefasst von imposanten Felsen. Wir halten direkt am Ufer, bis zufällig nach und nach unsere Freunde eintrudeln, sich noch ein fremdes Pärchen aus Deutschland dazugesellt und wenig später neun Reisende fröhlich zusammen sitzen. Nie fahren wir gemeinsam oder besprechen eine Route, aber immer wieder kreuzen sich wie zufällig unsere Wege. Die Welt kann so klein sein und es ist ein schönes Gefühl, nicht ganz allein zu sein. Es ist nur schade für Romy, dass Thorben und ich anscheinend die einzigen Overlander mit Kind sind. Doch das betrübt nur mich, denn sie scheint nichts zu vermissen und spielt vergnügt mit der Border Collie Hündin Lucy von Fabian und Julia, welche ihre Lehrämter für ein Sabbatical-Jahr unterbrochen haben.

Es ist mittlerweile Dezember. Ich stelle mit Entsetzen fest, dass wir bereits seit vier Wochen auf der Baja California sind, und wir entscheiden uns schweren Herzens aufzubrechen. Ich möchte nur noch ein letztes Mal zwischen den Felsspalten des Korallenriffs schnorcheln, tauche erneut in eine schillernde Welt voller bunter Fische ein, die ich sonst nur in Aquarien sehe, verteile meine Tortillas an die blau leuchtenden, gelb-schwarz gestreiften und schwarzen Fische mit gelben Flossen und vergesse schon wieder die Zeit.

Rendezvous mit Monarchen

Der Frosch ist fest auf dem Deck einer rostigen, wenig vertrauenserweckenden Fähre verankert und Punkt 16 Uhr verlassen wir den Hafen mit Kurs Richtung Mazatlán aufs mexikanische Festland.

Gestern standen wir am Playa Tecolote, der Wind blies uns den Sand um die Ohren und nur der aus unseren Fahrzeugen gebaute Schutzwall wehrte die schlimmsten Auswirkungen des Hurrikans Sandra ab. Mittlerweile hat die Fähre ihre Höchstgeschwindigkeit erreicht, und je weiter wir uns vom Land entfernen, desto mehr schaukeln die Ausläufer des Sturms uns hin und her. Ich beende das Abendessen in der Kantine mitten im Hauptgang, klettere die wackeligen Leitern vom Oberdeck hinunter, erreiche von heftiger Übelkeit geplagt den Frosch und lege mich ins Bett. Doch hier wird alles nur noch schlimmer. Die Federung des Lasters verstärkt das Schaukeln, die sich linker Hand befindenden Turbinen blasen heiße Luft in unsere geöffneten Fenster und die Ladung Ziegen aus dem rechts stehenden LKW verbreitet einen unangenehmen Geruch und blokt um ihr Leben.

Noch nie war ich so froh, nach der 16-stündigen Überfahrt des Grauens wieder festen Boden unter den Füßen zu haben.

Der Bundesstaat Sinaloa gelte als besonders gefährlich, warnten uns die Einwohner auf der Baja California und auch das Auswärtige Amt schlägt Alarm. Hier ist die organisierte Kriminalität zuhause, besonders aktiv im Drogen- und Menschenhandel. Unser Bauchgefühl rät uns weiterzufahren. In das Hochland Mexikos.

Von Meereshöhe an schraubt sich eine enge, kurvenreiche Straße hinauf auf über 1000 Meter in den Bundesstaat Jalisco. Zwischen den Bergen zeigen sich die ersten Agaven, gehen bald in weitläufige, hübsch angelegte blaue Plantagen über und kündigen das Zentrum des Nationalgetränkes an: Tequila. Hier dreht sich alles um den Schnaps, jeder will dasselbe und auch wir lassen uns nach dem Motto *Einer kann nicht schaden* in einem Restaurant auf der großen Plaza an der Kirche das scharfe Getränk, ohne zu zögern, die Kehlen herunterrinnen. Um ehrlich zu sein, bleiben zwei halbgeleerte Gläser auf dem Tisch stehen. Thorben schmeckt

es nicht und ich lasse lieber Vorsicht walten, freue mich aber nach fast drei Jahren Abstinenz über diesen kleinen Schluck Alkohol.

Serpentine um Serpentine bringt uns der Frosch höher in die Berge, das Land wird grün und grüner, kein Ort weit und breit, keine Menschenseele. Die Straße führt durch dichte Wälder und schließlich ist alles um uns herum dunkel. Die Nacht ist hereingebrochen, Nebel zieht auf, das Navi verliert das Signal, der Asphalt wechselt in Piste. Wir irren durch die Dunkelheit und verharren schließlich auf 3000 Metern bei Eiseskälte hinter einer freistehenden Mauer, neben einem Fluss und machen die Erfahrung, dass sich Temperaturen nicht unbedingt an den Jahreszeiten orientieren, sondern an der Höhenlage.

Am frühen Morgen sind die Pfützen gefroren und wir können nur vermuten, wo wir uns befinden. In Ocampo. Ausgestattet mit Wanderstiefeln und einem gut gefüllten Rucksack steigen wir mit den ersten Sonnenstrahlen den Berg hinauf. Es ist unglaublich, wie sich 3000 Höhenmeter auf die Kondition auswirken. Schon die kleinste Steigung wird mit Atemnot bestraft. Gesattelte Pferde am Waldrand lassen mich aufjubeln und die kräftigen Tiere tragen uns die restlichen 500 Höhenmeter über Stock und Stein.

Ganz oben auf diesem Berg sollen dichtgedrängt auf wenigen Hektar Bergwald rund eine Milliarde Monarchfalter überwintern, die eine 4000 Kilometer lange Anreise aus dem Osten Kanadas hinter sich gebracht haben. Noch völlig außer Atem blicken wir nach oben und können nur Laub in den Bäumen entdecken, das vereinzelt aus den Kronen Richtung Boden segelt. Erst beim zweiten Hinsehen entpuppen sich die fallenden Blätter und die dichten Laubtrauben an den Ästen als orange-schwarze Schmet-

terlinge. Als langsam die Sonne durch die Baumkronen zu uns auf den Waldboden dringt, kehrt Leben in die Falter zurück, sie flattern herum und setzen sich auf unsere Köpfe, Schultern und Hände, um sich im Sonnenschein zu wärmen.

Thorben bemerkt nach einiger Zeit, dass der Aufstieg zu schnell war. Mit beginnenden Kopfschmerzen und Übelkeit machen sich bei ihm die ersten Anzeichen der Höhenkrankheit bemerkbar. Wir beeilen uns mit dem Abstieg und wählen diesmal den offiziellen Weg über tausende Stufen bergab. Romy hat immer noch einen Monarchen auf ihrer Hand sitzen und möchte ihn gerne mit in den Laster nehmen. Am Ausgang hält uns aber ein Aufseher zurück und sie muss ihn abgeben, sonst wären ja nur noch 999 999 999 Schmetterlinge übrig.

Der Laster verliert stetig an Höhe, wir pendeln uns gemächlich auf 2300 Metern ein und Thorben fühlt sich schlagartig besser.

In Tula, der Hauptstadt der Tolteken, besichtigen wir unsere erste Ruinenstätte und sind mächtig beeindruckt. Auf einer fünfstufigen Pyramide stehen vier fast fünf Meter hohe Atlanten, die Krieger in voller Rüstung darstellen und einst als Säulen das Dach des Tempels von Quetzalcoatl abstützten. Von der Pyramide des Morgensterns haben wir einen fantastischen Weitblick und können bereits die ersten Ausläufer von Mexiko City ausmachen.

Die genaue Einwohnerzahl der mexikanischen Hauptstadt ist unbekannt, gewiss ist nur, die größte Stadt der Welt mit etwa 20 Millionen Menschen soll in respektvollem Abstand umfahren werden. Wir kommen reibungslos voran, doch auf dem Autobahnring, der den Verkehr um die Metropole herumführt, verpassen wir vor lauter Aufregung eine Abzweigung und geraten immer weiter in den Sog des brodelnden Kessels, stehen im beginnenden Feierabendverkehr und werden gnadenlos mitgezogen. Mexiko City erlebt jeden Tag den Verkehrskollaps, regelmäßig bilden sich kilometerlange Staus. Autoabgase machen den Einwohnern der Millionenmetropole das Atmen schwer, und deshalb ist festgelegt, dass nur fahren darf, wer an diesem Tag die richtige Endziffer des Nummernschildes hat. Thorben und ich wissen beide nicht, ob wir überhaupt fahren dürfen oder uns gerade strafbar machen. Wir sind genervt und angespannt. Zusätzlich ist es heiß und laut im Fahrerhaus, deshalb bahnt sich zwischen uns der übliche Streit an, wenn wir eine große Stadt anfahren.

Erst am späten Nachmittag gelingt es uns völlig gestresst, über kleinste Nebenstraßen den Campingplatz von San Juan de Teotihuacán zu erreichen. Endlich angekommen, ist der Streit wie immer sofort vergessen und wir verbringen den Rest des Tages in der kleinen grünen Oase, faulenzen und lecken unsere Wunden.

Nur wenige Gehminuten entfernt erheben sich zwei Pyramiden über Teotihuacán – eine Grabstätte und das religiöse Zentrum des alten Amerikas. Die Azteken staunten nicht schlecht über die verlassene Ruine und erkoren sie zum neuen Reich. Dieses Volk war überzeugt, dass es nur überirdische Wesen gewesen sein konnten, die derartig Prachtvolles errichtet haben, und gaben der Stätte den Namen, den sie heute noch trägt: Heimat der Götter. Am nördlichen Ende der Hauptachse wächst die gewaltige Mondpyramide förmlich in den Himmel. Über alte, unregelmäßig angelegte Steinquader besteigen wir sie, wobei ich mich sicherheitshalber barfuß auf allen vieren fortbewege, und haben in 45 Metern Höhe einen herrlichen Blick über die mehrere Kilometer lange Anlage und die sie umgebenden Berge.

Auf der Straße der Toten spazieren wir zur Sonnenpyramide, dem Star der Ruinenstadt. Mit 200 Metern Seitenlänge und 70 Metern Höhe ist sie die drittgrößte Pyramide der Welt. Beim besten Willen schaffe ich es nicht, bei der dünnen Luft 248 Stufen zu steigen. Für mich ist Schluss und ich mache es mir mit Romy im Schatten der alten Steine gemütlich, streichle stattdessen über den dicken 8-Monats-Bauch und lasse mir von Thorben später jede Einzelheit erzählen.

Zurück am Stellplatz, der Dreh- und Angelpunkt für Reisende aus allen Ländern der Welt ist, stoßen wir auf geparkte Fahrzeuge von alten Bekannten der Indienreise und lernen neue Menschen kennen, die unsere geplante Route über den Haufen werfen. Mit den jung gebliebenen Althippies Kalle und Gisela sowie Erika und Uwe, die für ein Jahr auf dem nordamerikanischen Kontinent unterwegs sind, werden Erfahrungen ausgetauscht und Erlebnisse weitergegeben. Ein Tipp klingt so verlockend, dass Thorben und ich spontan auf die Besichtigungen der geschichtsträchtigen Kolonialstädte verzichten und weiter gen Osten fahren.

Entlang dieser Strecke sollte uns eigentlich der ehrfurchtgebietende Vulkan Popocatépetl begegnen, der ist aber unter der Smogglocke der Hauptstadt abgetaucht. Kleine Dörfer gleiten an uns vorbei und über eine schmale Schotterstraße tasten wir uns tausend Meter hinab in die enge Schlucht Barranco de Tolantongo. Zwischen den grauen, staubigen Bergen erwartet uns wie versprochen das kleine Naturwunder: ein türkisfarbener Fluss, der sich eine tiefe Schlucht in den Felsen gegraben hat. Ein Geheimtipp, der in keinem Reiseführer zu finden ist, nur für die Einheimischen ein beliebtes Ausflugsziel.

Wir reihen uns zwischen den bunten Zelten am Ufer ein, lauschen den lateinamerikanischen Rhythmen der gutgelaunten Menschen, die in großen Gruppen beieinander sitzen und gemeinsam das Wochenende feiern. Wir schwimmen in dem heißen Fluss, lehnen uns an die Steine der kleinen terrassenförmigen Becken und genießen die Massage des herabfließenden Wassers. Von der Neugierde getrieben, folgen wir im Anschluss dem Lauf in Richtung Quelle, spazieren vorbei an meterhohen, rot blühenden Christsternen und schwer tragenden Bananenstauden und gelangen nach vielen Stufen bergauf in das Geheimnis des Berges: die Grutas Tolantongo hinter einem Wasserfall. Hier stürzt das heiße Wasser über versteckte Höhlen hinunter in eine riesige Grotte und bahnt sich seinen langen Weg durch die Schlucht.

Wo Männer fliegen

Waren wir nicht gestern noch frierend am Arctic Circle? Kaum liegt der tropische Wendekreis hinter uns, ist die Luft feucht und schwer und die ersten Moskitos zeigen sich. Ich bin erstaunt, wie schnell sich Landschaft, Klima, Dörfer und Leute seit dem Verlassen des Hochlandes verändert haben.

Statt ausgedörrter Halbwüste mit Kakteen und Agaven prägen nun Palmen und tropische Gewächse die Vegetation. Es riecht modrig, die Straße eilt vorbei an Zuckerrohr-, Bananen- und Kaffeeplantagen, die Häuser werden bunter und die Straßen voller. Das Leben findet mehr und mehr draußen statt, Händler stehen am Straßenrand und verkaufen die regionalen Waren direkt zum Autofenster hinein. Für einige Kilometer Obst, dann Nüsse, frische Camarones, große stark duftende Vanilleschoten und dann eine ganze Weile nur Zeitungen – auf denen uns großflächig die Bilder von blutüberströmten Leichen des mexikanischen Drogenkrieges präsentiert werden. Ich gerate bei Romys Nachfragen in große Erklärungsnot und schiebe ihr schnell ein Stück der gerade erst erworbenen süßen Mandarinen in den Mund.

Inmitten von grünen Hügeln, die einst lange Zeit vom Dschungel verschlungen waren, werden wir Zeugen eines Fruchtbarkeitsrituals der Totonaken. Tanzend bewegen sich vier Männer, bekleidet mit roter Hose, weißem Hemd, einem roten Band um die Hüfte sowie einem Kopfschmuck aus Federn, auf einen 30 Meter hohen Pfahl zu, begrüßen und umkreisen ihn mehrmals. Anschließend klettern sie bis auf einen drehbaren quadratischen Rahmen unterhalb der Spitze hinauf und setzen sich auf dessen Ecken.

Die Flieger symbolisieren die Elemente Erde, Luft, Wasser und Feuer und beginnen, das Universum zu beschwören. Unterdessen steigt Mann Nummer fünf – die Sonne – bis ganz nach oben, setzt sich gen Osten auf die Spitze und beginnt, auf der *Chirimiá* zu spielen, einer kleinen Flöte mit Trommel, während sich die vier Winde auf der nun drehenden Plattform lange Seile

um den Unterleib wickeln. Es wird still und plötzlich lassen sich die tollkühnen Voladores-Flieger einer nach dem anderen kopfüber in die Tiefe fallen. Uns bleibt kurzzeitig das Herz stehen. Doch die dicken Seile fangen den freien Fall auf, anmutig kreisen die Männer mit ausgestreckten Armen dreizehn Runden um den Pfahl, schwingen langsam aus und gleiten behutsam auf die Erde nieder.

Wir streifen weiter, an Bäumen und Grünpflanzen vorbei, die einst unser Zuhause verschönerten. Nur dass diese hier um ein Vielfaches größer sind. Fleißige Arbeiter stutzen den tropischen Garten, um die erst zum Teil freigelegte UNESCO-Weltkulturstätte El Tajín nicht binnen kürzester Zeit wieder an den alles verschlingenden Dschungel zu verlieren.

Das architektonische Highlight der Ruinenanlage ist die Pyrámide de los Nichos, eine Pyramide mit 364 fensterförmigen Nischen, die sich über das sechsstufige, 25 Meter hohe Bauwerk verteilen und zusammen mit dem Tempel auf der Spitze die 365 Tage des Sonnenjahres symbolisieren. Gedanklich hänge ich noch bei den Vogelmännern und muss nun über solch astronomische und mathematische Meisterleistungen in einer Zeit 200 vor Christus staunen. Wir umrunden den Bau und platzen förmlich in die nächste Zeremonie hinein, die auf dem ehemaligen Ballspielplatz stattfindet. Einst wurde hier mit den Hüften ein Kautschuk-Ball durch einen hochgelegten Ring befördert und der Verlierer den Göttern geopfert. Heute stehen, streng getrennt nach Geschlechtern, Männer und Frauen je in einer Reihe, zu ihrer Mitte ein bunt geschmückter Opfertisch. Andächtig und leise murmeln die Menschen zu Gitarren- und Geigenklängen geheim-

nisvolle Verse und folgen danach weihrauchschwenkenden Frauen Richtung Ausgang.

Mit dem Ziel Costa Esmeralda folgen wir ein ganzes Stück der mexikanischen Golfküste bis zum schönsten und einzig zugänglichen Strandabschnitt der sonst mit Sümpfen zergliederten Ufer. Aber wir haben Pech: Nur wenige Stunden zuvor hat ein Unwetter den gesamten Strand weggespült und so ziehen wir weiter. Wieder in den Urwald.

Wir bahnen uns den Weg über eine enge abenteuerliche Schneise durch die grüne Hölle. Die Fahrspur ist gerade so breit wie unser Laster und offenbart manchmal erst auf den zweiten Versuch die Fortsetzung des Weges über dicke Wurzeln, durch das tunnelartige Blätterdach und herabhängende Lianen. Nach einem guten Kilometer Fahrt und ein paar weiteren Kratzern im Lack erreichen wir oberhalb der Lagune einen Traumplatz mit bestem Seeblick. Keine Menschenseele ist zu sehen, wir liegen wenig später auf dem Steg am See, genießen den Sonnenschein, eine angenehme Brise und lauschen aufmerksam den Geräuschen der Natur. Aus allen Himmelsrichtungen zwitschern Vögel die unterschiedlichsten Melodien, über unseren Köpfen, im Wohnzimmer der Affen, wird eine rege Unterhaltung geführt und hoch oben am Himmel drehen rote Aras ihre Kreise und übertönen laut krächzend die Geräuschkulisse.

In einem Land, wo das ganze Jahr über das Klima nahezu unverändert bleibt, sind bunte Girlanden über den Straßen, dunkelrote Weihnachtssterne in den Fenstern und bunte Piñatas an den Verkaufsbuden wichtige Indikatoren dafür, dass Weihnachten naht. Kurz vor dem Fest beginnen die *Posadas*. Bunte Umzüge stellen die Herbergssuche von Maria und Josef nach, begleitet werden die laut dröhnenden Partywagen von Groß und Klein. Alle sind sie auf den Beinen und ziehen tanzend und singend durch die Straßen.

Dieses Jahr haben uns weder der Adventskalender noch ein Kranz mit Kerzen oder Lebkuchen langsam auf die besinnliche Zeit des Jahres vorbereitet. Zwangsweise in Weihnachtsstimmung versetzt, schmücke ich gemeinsam mit Romy eine kleine mitgebrachte Plastiktanne und am Abend feiern wir in knapper Bekleidung eine Stille Nacht, die dieses Jahr alles andere als ruhig ist. Man kann sich nicht vorstellen, wie laut die Ruhe im Dschungel brüllt.

Tags darauf steigen wir mit einem Passagier mehr an Bord – Romys Weihnachtsgeschenk, ein spanisch sprechender Plüschaffe – und verlassen das Dschungelcamp.

Die Campingplätze werden immer seltener, aber damit haben wir kein Problem, da wir lieber frei stehen. Nur an den Abschied von Wäschereien mag ich mich nicht so recht gewöhnen. Die nächsten Nächte verbringen wir an außergewöhnlichen Orten wie einem Kinderheim, das für Reisende seine Tore öffnet, oder auch an PEMEX-Tankstellen des staatlichen Mineralölkonzerns, 24 Stunden überwacht von der Polizei.

Auf der Straße erweisen sich die Staatsdiener nicht als unsere Freunde und Helfer – korrupte Polizisten sind an der Tagesordnung. Eines Vormittags erscheint ein übergewichtiger, schnauzbärtiger Polizeibeamter am Seitenfenster und gibt selbstgefällig zu verstehen, dass unser Auspuff zu viel qualmt. 50 Dollar Strafe. „Natürlich tut er das, wenn er noch nicht warmgelaufen ist", erwidert Thorben ruhig mit seinen neu erworbenen Brocken spanisch. Sie diskutieren, was wegen der Sprachbarriere ziemlich mühsam ist, während Auto für Auto, das vorgeschriebene Tempolimit weit überschreitend, an uns vorbeirast. „Wir kommen mit auf das Polizeirevier und bezahlen dort." Das ist unser letztes Wort. Damit hat er nicht gerechnet, ermahnt uns, in Zukunft die Gesetze zu beachten, und braust davon. So ähnlich passiert es uns noch viele Male und meist können wir ab elf Uhr den Countdown zählen, bis der nächste Polizist mit ein paar Pesos für sein Mittagessen rechnet.

Von Meereshöhe windet sich die Straße auf 2100 Meter. Ein Kraftakt für den Frosch, der nach jedem *Topes* erneut Reisegeschwindigkeit aufnehmen muss. Seit der Ankunft in Mexiko haben wir unzählige davon überfahren, und je weiter wir in den Süden gelangten, desto häufiger tauchten sie auf.

Topes sind rund zwanzig Zentimeter hohe Bodenschwellen, die sehr effektiv für Geschwindigkeitsbegrenzung sorgen und sich nicht nur an Dorfeingängen, sondern auch auf Autobahnen und besonders gerne im Nirgendwo befinden. Also an Stellen, wo es überhaupt keinen Sinn macht. Meist werden sie durch Hinweise am Straßenrand angekündigt, jedoch häufig nur die Erste und nicht die kurz darauf folgende. Manchmal gibt es aber auch Schilder ohne *Topes* oder, noch schlimmer, *Topes* ohne Schilder.

Doch am hinterhältigsten sind die Schwellen, die im langen Schatten der Bäume verschwinden, wenn die Sonne zu tief steht. Wir lernen unsere Lektion schnell. Wenn mit 50 Stundenkilometern der acht Tonnen schwere Laster bedenklich laut dagegen schlägt, mit der Vorderachse abhebt und krachend in die Federn fällt, passiert das gleiche Sekunden später mit den Hinterreifen und drückt den Frosch tief in jede einzelne Blattfeder. Das tut weder Maschine noch Mensch gut. Immer weiter dringen wir in das Hinterland vor, wo Mexikos indianisches Herz unüberhörbar pocht. Hier haben wir endgültig die Welt der Mayas und leider auch das Zentrum der lästigen Hindernisse erreicht. Die Bodenschwellen sind in jedem lateinamerikanischen Land anzutreffen, doch wie gut, dass Mexiko Land der *Topes* genannt wird und es bald wieder besser wird.

Das kühle Bergland wird hauptsächlich von den Mayas bewohnt, die eine fremde Sprache sprechen und das Leben nach eigenen Gesetzen und Traditionen ausrichten. Vor allem in den abgelegenen Regionen verhalten sich die Dorfbewohner Touristen gegenüber gleichgültig, teilweise aber auch ablehnend bis feindlich. Die Luft ist frisch und bei angenehmen 25 Grad spazieren wir durch San Juan Chamula, dem religiösen Zentrum. Flanieren am Friedhof vorbei, dessen teilweise schon verrottete Kreuze von Müll überhäuft zu sein scheinen. Erst auf den zweiten Blick entpuppen sich die Plastikflaschen und vertrockneten Kiefernzweige als Grabbeigaben für die Verstorbenen. Am Straßenrand sitzen Frauen und kleine Mädchen, stricken und sticken wunderschöne farbenfrohe Kleider, Decken und Tücher, wobei sie selbst eine dezente, aber sehr interessante Tracht tragen. Einen langen schwarzen Fellschlauch, mit einem dicken Gürtel zum Rock gebunden, und eine weiße bestickte Bluse. Die Männer hüllen sich in weiße Wolltuniken, weiße Leinenhosen und tragen breitkrempige Strohhüte.

Auf dem großen Marktplatz im Ortskern herrscht reges Treiben, das einen wahren Genuss für Augen und Gaumen darstellt. Peperonis in den unterschiedlichsten Farben, Größen und Schärfen liegen ausgebreitet auf dem Boden. Avocados, Gurken, Tomaten, Melonen, Äpfel, Orangen und sogar Bananen und Trauben sind in kleinen Schälchen kunstvoll zu Pyramiden aufgetürmt.

Die katholische Kirche Templo de San Juan bildet das Herzstück der Gemeinde, ist von außen bis auf die bunten farbenfrohen Malereien des Kirchenportals schneeweiß und steckt im

Inneren voller geheimnisumwobener, seltsamer, religiöser Praktiken. Wir halten eine Genehmigung der Stadtverwaltung in den Händen und dürfen die düstere Kirche betreten. Es gibt keine Bänke, Beichtstühle oder gar eine Kanzel. Stattdessen ist der nackte Fliesenboden von Kiefernnadeln fast gänzlich verdeckt, die einen aromatischen Duft verströmen. Auf unzähligen Tischen brennen hunderte von Kerzen und tauchen den Raum in ein geheimnisvolles Licht. Auf dem Boden verteilt sitzen Grüppchen von Männern und Frauen neben leeren Flaschen, denen ein Schamane beiwohnt und Gebete murmelt. Ein lebendiges Huhn wird zuerst über Kerzen, dann über die Mitbetenden gekreist, um ihm dann den Hals umzudrehen. Als Teil der rituellen Handlung wird Coca-Cola getrunken und das Rülpsen soll die bösen Geister vertreiben. Die Luft ist schwer erfüllt von Weihrauch und treibt uns zusammen mit großem Hunger auf Hühnchen raus auf die Straße und in das nächstbeste Restaurant. Eine Karte suchen wir vergebens. Wozu auch, es gibt dort tatsächlich nur eine klare Brühe, in der dicke Kartoffeln und ein Hühnerbein mit Krallen schwimmen. Während Romy ihres genussvoll abnagt, sind Thorben und ich bereits vom Anblick satt.

Wieder im Laster qualen wir uns durch die engen Innenstadtgassen von San Cristobal, haben zuvor eine entspannte Umgehungsstraße herausgesucht – und finden sie einfach nicht. Die Beschilderung ist eine Katastrophe oder fehlt gänzlich. Sackgassen. Einbahnstraßen. Thorben und ich verlieren den Überblick und wollen nur noch eines: raus! Und steuern stattdessen unwissend direkt auf das Zentrum der kleinen Kolonialstadt zu. Die Häuser rücken immer näher zusammen, der Frosch kommt nur haarscharf an den schrägen Ziegeldächern vorbei und unter tiefhängenden Kabeln hindurch. Vor uns wechseln Hunde und Fußgänger die Seiten, Verkaufsbuden verhindern mehr und mehr ein Durchkommen, bis wir inmitten eines von Menschenmassen wimmelnden Marktes stehen. Thorben beginnt zu schwitzen und wird noch stiller als sonst. Er muss den großen LKW da durchbringen, komme, was wolle. Am besten ohne an einem Stand hängenzu-

bleiben oder jemanden umzufahren. Ich hänge derweil bis zur Hüfte aus dem Beifahrerfenster heraus und warne meinen Mann laut schreiend vor den Hindernissen neben, über und unter uns. Als alles nichts mehr hilft, springe ich aus dem Fahrerhaus, laufe vorneweg, warne die Menschen, räume einen Stand beiseite und navigiere Thorben zentimeterweise durch das Chaos. Wie ein Fischschwarm teilen sich Besucher vor uns, streifen am Laster vorbei, um sich dahinter wieder als kompakte Masse zu schließen. Wäre die Straße nur fünf Zentimeter enger oder der Frosch fünf Zentimeter breiter gewesen, hätte er die Hauptstraße luftdicht verschlossen.

Vom Befahren der Mex 199 wurde uns aus Sicherheitsgründen abgeraten. Straßenblockaden, Räuber und indianische Rebellen. Wir sind bereits auf der kurvenreichen Strecke nach Palenque unterwegs, quälen uns die Serpentinen hinauf und wieder hinunter, als ich plötzlich auf einem kleinen Schild lese, dass wir gerade auf genau dieser *verbotenen Straße* unterwegs sind. Mir wird etwas mulmig zumute und ich erwarte hinter jeder Kurve das Schlimmste, vor allem dann, wenn uns entgegenkommende Autos Lichthupe geben. Bei einer Militärkontrolle werden wir auf Waffen durchsucht, die üblichen *Topes* zwingen uns andauernd zum Anhalten und schließlich versperrt eine über die Fahrbahn liegende Schnur, die direkt vor der runden Schnauze des Lasters nach oben gezogen wird, unseren Weg. Die Sekunden verstreichen gefühlt wie Stunden und ich halte Ausschau nach bewaffneten Männern, die gleich aus den Büschen springen und uns überfallen werden. Stattdessen klettert ein kleiner Junge lächelnd am Fahrerfenster hinauf und möchte seinen Kokosnusssaft verkaufen. Wir fahren weiter, ohne Getränk. Bei dieser Art von Marketing ist uns der Appetit vergangen.

Am späten Abend stehen wir in der feuchten Wärme der Tropen an den Cascadas Agua Azul, lassen den kurzen Rest des Tages ausklingen und blicken am Ufer des Rio Yax auf acht Stunden Fahrtzeit zurück – für 150 Kilometer mit 534 *Topes.*

Über breite Steindämme stürzt der Fluss inmitten der tropischen Vegetation nach unten, verliert durch unzählige Wasserfälle an Höhe, um im Regenwald von Chiapas als Flüsschen zu verschwinden. Wir baden ausgiebig im eiskalten klaren Wasser, denn einer richtigen Dusche sind wir schon lange nicht mehr begegnet. Nach 45 Minuten Fahrt spazieren wir unter dem 30 Meter hohen, frei fallenden Wasserfall Misol-Ha hindurch und begrüßen erneut die willkommene Abkühlung in dem heißen und schwülen Klima.

In den letzten Ausläufern des Dschungels klettern wir auf die Ruinen von Palenque und erkunden nach Lust und Laune stockdunkle Gänge im Inneren des Palastes.

Von den anderen Touristen ernte ich erstaunte Blicke, die sich schwer deuten lassen. Mein Bauch ist mittlerweile nicht mehr zu übersehen und eine Hochschwangere stellt man sich wohl eher auf dem Sofa liegend als bei Exkursionen zu den Hinterlassenschaften der alten Maya vor. Ein Daumen nach oben signalisiert mir unmissverständlich Respekt, meist von Menschen, die schwer schnaufend mit den unterschiedlich hohen Stufen zu kämpfen haben.

Ganz oben belohnen nach dem schweißtreibenden Aufstieg ein laues Lüftchen und der beeindruckende Ausblick auf die Anlage und eine sattgrüne Landschaft unsere Mühen. Ich sitze auf dem nackten kühlen Felsgestein und bin glücklich und dankbar. Über eine Schwangerschaft, die im Gegensatz zu meiner ersten mit Romy problemlos und beschwerdefrei verläuft und mich in meinem Tagesablauf kaum einschränkt. Mein Mut weiterzureisen wurde belohnt und das macht mich außerdem sehr stolz. Die wenigen Augenblicke des Zweifels, wirklich das Richtige zu tun, und die Angst vor Komplikationen in abgeschiedenen Gebieten sind vergessen und ich blicke weiter gut gestimmt in die Zukunft und gen Osten. Dort sticht bereits die platte yucatecische Halbinsel hervor. Unsere Domizil für die nächsten Wochen.

Es war eine weise Entscheidung, die Anlage in den Morgenstunden zu erkunden. Mittlerweile umringen Händler die Bauwerke mit Masken, T-Shirts und Maya-Kalendern, versperren uns zusammen mit Touristenströmen den Weg zum Ausgang.

Ein erster Vorgeschmack auf die Riviera Maja, das beliebteste Urlaubsparadies von Mexiko.

Gekommen, um zu bleiben

Yucatán ist flach wie ein Brett. Die Hitze knallt vom Himmel, die Luft steht still und über uns gibt es kein schützendes grünes Dach mehr, das Schatten spendet. Die Gassen der Dörfer sind leer, die Häuser nur noch ärmliche Hütten mit Strohdach. Hinter geöffneten Türen liegen Menschen in Hängematten und halten in dunklen, leeren Räumen Siesta. Man mag gar nicht auf die Bremse treten, geschweige denn aussteigen – sondern am liebsten immer in Bewegung bleiben, um nicht in der Sonne zu schmelzen. Hier lieben wir die Morgenstunden, wenn der Tag langsam erwacht, die Kühle der Nacht ihren letzten Atem aushaucht und Bewegung noch Spaß macht.

Zum Sonnenaufgang besteigen wir ein Motorboot und lassen uns im Höllentempo über den breiten Rio Celestún fahren. Auf modrigen Holzpfählen sitzen Kormorane und Pelikane, Fischer schaukeln in ihren Nussschalen umher und ziehen Netze voller Camarones aus dem Wasser. Wir biegen in einen Seitenarm – der Motor verstummt – und gleiten lautlos in das Naturschutzgebiet hinein. Fast zum Greifen nah stelzen pinkfarbene Flamingos durch das seichte Gewässer, mit ihren krummen Schnäbeln immer auf der Suche nach kleinen Krebsen und Algen, die ihren unbändigen Hunger stillen und ihnen nebenbei ihre schöne Farbe bescheren, denn der Farbstoff der Garnelen lagert sich in den Federn der Vögel ab. Zwischen dem dichten Geflecht der bizarren Pflanzenwelt taucht unser Boot eine schmale Öffnung hindurch und wir erforschen auf engen Flusspfaden die Mangrovenwälder.

Die Straßen sind in einem hervorragenden Zustand, das Fahren ist sehr entspannt, fast langweilig. Keine aufregenden Landschaften, keine Serpentinen, keine Schlaglöcher. Abseits der schnurgeraden Hauptstraße besuchen wir etliche der unzähligen Sehenswürdigkeiten dieser Region. Trotz der Hitze waren die alten Mayas fleißig

und wir finden nirgendwo auf unserer Reise so viele Ruinen auf einem Haufen wie hier.

In Uxmal verzückt uns die formvollendete, wuchtige Pyramide des Zauberers mit ihren abgerundeten Ecken und einer extremen Steigung von fast 60 Grad. Die ruhige und ungestörte Umgebung sorgt dafür, dass ich mich noch besser in die Vergangenheit hineinversetzen kann, als dieser Ort in seiner vollen Blüte stand.

Als ich vor der Pyramide des Kukulcán in Chichén Itzá stehe, gelingt mir das nicht. Rund zehntausend Besucher strömen tagtäglich zu der gleichnamigen Stätte – die zu den sieben Weltwundern der Moderne gehört –, blicken in den Schlund steinerner Schlangenköpfe am Fuße der 91 Stufen und bewundern die gut erhaltenen Schlachtszenenreliefs und Totenkopfverzierungen der umliegenden Tempel. Es ist eine wunderschöne Tempelanlage, büßt leider aufgrund der Masse von Touristen einiges an Charme ein.

Wegen der langen Trockenperioden auf der Halbinsel ist Wasser ein knappes Gut. Das Land besteht zu einem großen Teil aus porösem Stein, auf dessen Oberfläche der Regen sofort versickert und sich in unterirdischen Flüssen und Seen sammelt. Bricht über solch einer mit Süßwasser gefüllten Höhle die Decke ein, entsteht eine Cenote. Für die Mayas waren dies heilige Stätten, an denen sie ihre Rituale ausführten, bei denen Regen, Fruchtbarkeit und Menschenopfer im Vordergrund standen.

Jetzt begeistern sie jedermann zum Abkühlen. Die Anzahl dieser Kalksteinlöcher entlang der Hauptstraße Richtung Riviera Maya ist enorm, die Variationen ebenfalls. Glitschige, steile Treppen führen hinab in den Untergrund von Samula und eröffnen uns einen fantastischen Ausblick. Die Höhlendecke ist nur zum Teil eingestürzt und durch die kleine Öffnung wachsen die Wurzeln eines Baumes direkt ins Innere. Über uns fallen die gebrochenen Lichtstrahlen ins Dunkle auf die Oberfläche, lassen das Wasser in unzähligen Blautönen leuchten, zeichnen die Felsformationen nach und geben eine glasklare Sicht in 15 Meter Tiefe frei. Aufgrund meiner eingeschränkten Bewegungsfreiheit ängstigen mich der glitschige Einstieg und die haltlosen Felswände. Meine Tochter schreckt weder das eiskalte Wasser ab, noch vermisst sie ihre im Laster vergessenen Schwimmflügel. Quietschvergnügt klammert sich Romy wie ein kleines Äffchen an Papas Rücken und genießt ihr Lieblingselement.

Die Cenote Cristalino ist komplett freigelegt und liegt zwischen Felsen und Mangroven. Hier schwimmen Romy und Thorben in die Höhlen hinein, von deren Decken Stalaktiten bis zur Wasseroberfläche herabhangen, während ich am Ufer sitzend die Beine im Wasser baumeln lasse und mir kleine Fische an den Füßen knabbern. Die letzte Pediküre ist lange her und meine Füße habe ich schon ewig nicht mehr gesehen.

Heute beginnt die 33. Schwangerschaftswoche – wenn ich mich auf den letzten der sich ständig ändernden Geburtstermine der wechselnden Praxen verlassen kann – und wir haben es fast pünktlich nach Cancún geschafft. Lediglich 100 Kilometer trennen uns noch vom Krankenhaus meiner Wahl. Die Besichtigung wird zeigen, ob wir hierbleiben oder zurück nach Mérida ins Landesinnere müssen. Dort gibt es eine weitere Geburtsklinik.

Kneifen geht nicht mehr. Kein Flugzeug würde mich jetzt noch an Bord lassen. Neugierig brechen wir auf, lassen uns vom Navi bequem ins Zentrum der Stadt navigieren.

Mein zuständiger Arzt ist zeitgleich der Klinikinhaber, spricht überraschenderweise englisch und ich stecke den Notizzettel mit den spanischen Fachbegriffen und dem Wörterbuch wieder zurück in meine Handtasche. Die linke Wand über dem wuchtigen Holzschreibtisch des Chefbüros ziert ein großes gerahmtes Bild eines Kaiserschnittes. Bei der Frage nach einer Spontangeburt entgleisen ihm augenblicklich die Gesichtszüge. Mexiko gehört mit einer unglaublichen Kaiserschnittrate von 90 Prozent zu den traurigen Spitzenreitern weltweit. Da ich zwar keine Rundum-Sorglos-Auslandskrankenversicherung aus Deutschland habe, aber eine Kreditkarte zücken kann, blickt Dr. Cortés auf seine goldene Armbanduhr, macht eine exotische Ausnahme und riskiert in den nächsten Wochen seinen Nachtschlaf.

Nach der Führung durch das Hospital Galenia, den Kreißsaal, die angeschlossene Kinderklinik und das Einzelzimmer mit Meerblick habe ich ein gutes Gefühl. Hier soll unser Sohn geboren werden. Der Arzt betreut mich ab sofort, macht alle Vorsorgeuntersuchungen, wird zur Geburt gerufen und führt auch die Nachsorge durch. Eine Hebamme werde ich nicht zu Gesicht bekommen. Die gibt es weder hier noch im Rest von Mexiko. Urin- und Bluttest, Blutdruckmessung, vaginale Untersuchungen, Abtasten, Gewichtskontrolle und Homöopathie ebenfalls nicht.

Seit 2015 breitet sich das Zika-Virus in Mittel- und Südamerika rasend schnell aus und nur durch Zufall habe ich in der Zeitung von den schweren Missbildungen des embryonalen Gehirns erfahren. Seit Mexiko sind meine Füße zerstochen und ich kann eine Infektion nicht ausschließen. Die Angst kann er mir nach der Untersuchung nehmen, mit der Nachfrage zur Anti-D-Prophylaxe wegen meiner sehr seltenen Blutgruppe stoße ich allerdings an seine Grenzen. Die ist so selten, man scheint sie hier gar nicht zu kennen. Ich werde bis zum Labor durchgereicht und erkläre dort, mein Körper könne Antikörper gegen das Baby entwickeln, wenn sein Rhesusfaktor positiv ist. Nur die Spritze garantiert, dass es gesund auf die Welt kommt. Irgendwann habe ich sie soweit, das Serum wandert in den Oberarm und mein Spanisch in Bezug auf medizinische Fachbegriffe ist um ein Niveau gestiegen.

Am späten Nachmittag erreichen wir die Karibikküste und müssen erst einmal feststellen, dass es unmöglich ist, wild am Strand zu campen. Die Küste ist hunderte von Kilometern lang, aber die wenigen Zugänge zum Wasser sind nur über die Küstenstädte zu erreichen und verbaut von Häusern, Hotels und Restaurants. Wir mieten uns daher auf dem Campinglatz Mecoloco ein. Das Meer ist hier nur wenige Schritte entfernt, der Pool direkt vor der Lastertür. Wichtigstes Kriterium ist eine stabile Internetverbindung.

Unter den schattenspendenden Bäumen sitzend, klemmen die Laptops auf unserem Schoß und die Tasten glühen heiß. Wir suchen ein Apartment. Das habe ich mir gewünscht – und doch zu einfach vorgestellt. Der Geburtstermin liegt mittlerweile bei Anfang März, plus vier Wochen Schonzeit für mich und meinen kleinen Jungen. Mitten in der Hauptsaison eine bezahlbare Unterkunft für zweieinhalb Monate zu finden, erweist sich als bisher größte Herausforderung der gesamten Reise. Eine Einzimmerwohnung in Downtown, ein Gästeraum bei der Oma, ein Luxusappartement für 2000 Euro, eine fensterlose Unterkunft? Das sind die einzig möglichen Optionen. Es scheint darauf hinauszulaufen, auf dem moskitogeplagten Campingplatz zu bleiben, aber damit möchte ich mich nicht abfinden.

Nach einigen Tagen erfolgloser Recherche probiere ich es ein letztes Mal, fülle die Suchmaske aus und klicke auf Suchen. Mein Herz klopft, ich starre auf die sich langsam öffnende Seite – und es erscheint tatsächlich ein passendes Angebot. Ich kann es kaum glauben, lasse einen unüberhörbaren Freudenschrei los und bestätige, ohne groß zu zögern oder zu überlegen, mit zitternden Fingern die Buchung und danke allen guten Geistern für so viel Glück. In zwei Wochen können wir umziehen.

Die letzten Tage bis dahin verbringen wir wieder 100 Kilometer weiter südlich. Der neue, uns bereits vertraute Stellplatz liegt traumhaft unter den sich im Wind wiegenden Palmen und nur wenige Meter trennen uns vom weiß leuchtenden Karibikstrand Xpu-Ha. Eine frische Brise weht uns ins Gesicht und kühlt die 35 Grad warme Luft ein wenig ab. Und am schönsten ist die

Tatsache, dass wir uns den Übernachtungsplatz mit vielen alten liebgewonnenen und neuen sympathischen Bekannten teilen. Jeden Tag trudeln neue Overlander ein und unser Gesprächsstoff kennt kein Ende. Vor allem das heiße Thema Verschiffung von Panama nach Kolumbien ist in aller Munde.

Wenn die Hitze zu groß wird, laufen wir zehn Meter, stürzen uns in die sanft schäumenden Wellen und baden im warmen türkisblauen Wasser. Haben wir Durst, müssen wir uns nur nach einer herumliegenden Kokosnuss bücken. Bei Hunger strömen wir alle geschlossen zum Pick-up von Pan Comido, der deutsches Brot, Laugenstangen, Brezeln und Kuchen direkt auf den Campingplatz liefert. Wie ausgehungerte Raubtiere streifen alle um das Auto herum, warten in der langen Schlange und schlagen ordentlich zu. Wir sind uns alle einig: Die einfachsten Dinge sind die besten. Hier und jetzt ist es für mich eine Scheibe Brot mit Butter.

An diesem traumhaften Strand haben wir vor drei Wochen Silvester gefeiert und uns von 2015 verabschiedet. Ab heute sagen wir für kurze Zeit dem Leben auf der Straße Lebewohl, und auch den netten Bekanntschaften, von denen wir einigen auf dieser Reise leider nicht mehr begegnen werden. Für mehrere geht die Reise nach Norden, andere haben es eilig, weiter in den Süden zu fahren. Aber wir sind uns sicher, mit den langsam und gemütlich Reisenden wird sich ein erneutes Treffen ergeben und mit den anderen spätestens mit der Rückkehr nach Deutschland.

Bis in den späten Nachmittag zieht sich der Abschied, mehrmals liegen wir uns in den Armen und das ein oder andere Tränchen wird vergossen. Schließlich rollen wir doch noch vom Platz und verlassen fünfzehn in Reihe stehende, winkende, liebenswerte Menschen.

Früher gab es auf der schmalen Landzunge zwischen dem Karibischen Meer und der Laguna Nichupté in Cancún nur Mangroven, Palmenwälder und einige kleine Fischerdörfer der Maya-Nachfahren. Mittlerweile ist Cancún der wohl bekannteste Badeort in Yucatán. Am sogenannten Hotelstrip mit seinen traumhaften Sandstränden und dem türkisblauen Wasser befinden sich rund 150 Hotels, unzählige Einkaufszentren in allen erdenklichen Architekturstilen und das rauschende Nachtleben. Für die zumeist amerikanischen Gäste steht hier das Motto *Beach & Fun* im Vordergrund.

Aufgeregt warten wir beim Pförtner der Anlage Condominio Brisas am Ende der Landzunge, fernab von Touristenburgen und Trubel, auf unseren Vermieter. Haben wir ohne Vorbesichtigung die Katze im Sack gekauft? War es ein Fehler, sich auf einen Zufall zu verlassen? Wir betreten die große, überwachte, von Zäunen abgeriegelte Wohnanlage für Besserverdienende, laufen am Meer entlang in Richtung Pool und stehen wenig später in der Wohnung. Zwei Zimmer, sagenhafte 60 Quadratmeter groß, ein Wintergarten mit Terrasse und Blick auf die Lagune – und der Frosch parkt direkt unter uns. Die Anlage hat die besten Jahre schon hinter sich, aber es ist alles da und so günstig wie versprochen. Ich bin einfach glücklich und zufrieden. Mein Bauch wird nicht mehr zwischen Tisch und Kühlschrank steckenbleiben, ich muss keine eineinhalb Meter mehr in den Wohnkoffer hochsteigen und habe das erste Mal seit neun Monaten wieder eine richtige Toilette.

Wir ziehen mit unserem Hab und Gut in die Wohnung um und verbringen den Rest des ersten Tages in einem Bett, das so groß ist wie der gesamte Wohnraum im Laster. Romy stellt in wenigen Minuten alles auf den Kopf und in jedem kleinsten Winkel liegt ihr Spielzeug verstreut. Es ist also alles wie zuhause und die Umstellung für sie läuft ohne Probleme. Nur die Eigenart der Klimaanlage, wie in allen tropischen Ländern auf Blizzard eingestellt, verkraftet sie nicht und ist wenig später erkältet. Da gondelt man durchs verregnete Kanada, fährt bis zum Eismeer, durchquert die Canyons in den USA, verbringt Wochen in der Wüste der Baja California und dem Dschungel Mexikos und wird letztendlich von einer kleinen Maschine in den eigenen vier Wänden niedergestreckt.

Nun sind wir Teil einer Gemeinschaft in einer zum größten Teil aus Ferienwohnungen bestehenden Anlage. Jedes Jahr verbringen hier viele betuchte Rentner aus den Vereinigten Staaten von Amerika die Wintermonate, um der kalten Jahreszeit zu entfliehen. Besonders angetan haben es uns Bob und Madeline, und auch umgekehrt gefällt es den beiden Senioren, Romy mit Naschereien zu verwöhnen oder sie gar zu einem Spaziergang an den Strand mitzunehmen. Das genießen wir als Eltern natürlich besonders. Liebevolle Menschen, die sich gerne Zeit für sie nehmen und ihr Aufmerksamkeit schenken. Und Thorben und mir die ersten 15 Minuten der Reise in ungewohnter Zweisamkeit.

Fluch und Segen zugleich ist für mich das WLAN. Unterwegs stürzten wir regelrecht zum Hotspot im McDonald´s oder zur Rezeption des Campingplatzes, um die E-Mails zu checken. Das *Ohne* haben wir nie vermisst – eher genossen, nicht ständig erreichbar zu sein oder *nur mal schnell was nachzuschauen*. Zu viel Zeit haben wir in der Vergangenheit damit verschwendet und müssen uns nun ermahnen, die Balance zu halten und nicht wieder in den alten Trott zu verfallen.

Aber auch wir Reisenden werden von Büroarbeiten nicht verschont und die Steuererklärung ist fällig. Auf der Terrasse, an einem herrlichen sonnigen Nachmittag wie heute, geht alles flott und beschwingt von der Hand und durch die Möglichkeit der elektronischen Übertragung liegt nun alles dem Finanzamt zur weiteren Bearbeitung vor.

Viel Zeit verbringen wir mit Skypen. Dank einer ungewohnt guten Verbindung können wir mit Freunden und Familie von Angesicht zu Angesicht sprechen und erfahren, wie ihr Leben in der Zwischenzeit verlaufen ist. Überzeugt davon, dass bei Daheimgebliebenen in einem Jahr nicht viel Veränderung stattfindet, sind wir erstaunt über viele unvorhergesehene Ereignisse. Wir kommen kaum noch mit und sind trotz der Reise etwas betrübt, nicht daran teilhaben zu können. Es gab Trennungen, Hochzeiten, Geburten und neue Schwangerschaften. Ein Zeichen dafür, dass sich die Welt zu Hause auch ohne uns weiterdreht.

Sonne, Strand und Sehenswürdigkeiten ziehen jedes Jahr rund zwanzig Millionen Touristen auf die Yucatán-Halbinsel, ein halbes Dutzend davon kennen wir persönlich und so begrüßen wir fast tagaus, tagein Freunde aus Deutschland in unserem neuen Heim. Die Wiedersehensfreude ist groß und es fühlt sich an, als wäre der Abschied erst gestern gewesen. Alle helfen, wo sie können, und bringen uns Dinge mit, zu denen wir auf dem amerikanischen Kontinent, insbesondere Mexiko, sonst keinen Zugriff haben: einen neuen E-Book-Reader, eine Ersatzkamera, ein deutsches Kinderbuch, Penaten Creme und sogar ein Geschenk von der Oma aus Deutschland. Romys Babyschale und ihre alte Babykleidung wurden kurzerhand als Tauchgepäck deklariert und nun sind wir bestens gerüstet für den nächsten Nachwuchs.

Die Zwangspause wirft den ursprünglichen Plan durcheinander, noch vor Beginn der heißen Monate Zentralamerika hinter uns zu lassen. Die letzten Reisenden ziehen weiter gen Süden, aber nicht, ohne noch spontan bei uns an die Tür zu klopfen. Nacheinander trudeln unsere Freunde von der Straße ein – erst Anita und Roger, dann Marita und Jan. Dann sind wir allein, bilden das Schlusslicht der Karawane.

Der letzte Monat zu dritt hat begonnen und bis zur Geburt nutzen wir die Zeit, um die Gegend zu erkunden. Playa del Carmen ist die am schnellsten gewachsene Stadt Mexikos. Trotz der vielen Touristen, die sich hauptsächlich am Strand und an der parallel dazu verlaufenden Shopping- und Restaurantmeile Quinta aufhalten, herrscht hier eine entspannte Atmosphäre. Kleine Stände verkaufen typische mexikanische Snacks und wir entscheiden uns für frische heiße Churros – ein Fettgebäck aus Brandteig, das in einer Zucker-Zimt-Mischung gewälzt wird. Durch Zufall landen wir in einem deutschen Biergarten, die Besitzer Manfred und Susanne begrüßen uns herzlich wie alte Freunde und verwöhnen uns mit dem leckersten Essen jenseits von Deutschland: Rouladen, Spätzle mit dunkler Bratensoße und Rotkraut. Endlich können meine Schwangerschaftsgelüste kurzzeitig gestillt werden und ich genieße den Geschmack von Heimat auf der Zunge.

Direkt am Hafen ragt das prunkvolle Portal Maya empor, in dessen Mitte sich Frauen und Männer in stolze Krieger, Eulen und Jaguare verwandeln. Die Darsteller schlüpfen teils in kostbare Stoffe oder nur in einen Lendenschurz, verzieren Körper und Gesicht mit traditionellen, bedrohlich wirkenden Mustern und legen Schmuck aus Knochen und Steinen und imposante Federkronen an. In einer Feuerschale züngeln rote Flammen, Trommelklänge und Flötenmusik erschallen. Die Tänzer erreichen bald einen ekstatischen Zustand, verwandeln sich nach und nach in Jaguare und Eulen, vollziehen Menschenopfer zu Ehren des Sonnengottes. Uns weht derweil von indigenen Schamanen Rauch ins Gesicht, um schlechte Geister zu vertreiben. Was für ein schaurig-schöner Einblick in die alte Mayakultur.

Neben Playa del Carmen ist die Isla Mujeres ein lohnendes, nahes Ausflugsziel. Vom Puerto Juarez fahren wir mit der Expressfähre auf die acht Kilometer lange und nur etwa 100 Meter breite Insel der Frauen. Neben traumhaften Sandstränden und einer Schildkrötenstation, in der die jungen Reptilien aufgepäppelt und später wieder ins Meer entlassen werden, verbreiten die waschblauen, ockerroten und pastellfarbenen Häuser des kleinen Hauptortes ein karibisches Flair. Am Hafen schauen wir den Fischern über die Schulter, die fangfrische Garnelen schälen, den Tinten-

fisch an den Felsen weichklopfen, um uns kurz darauf die zerkleinerten Meeresfrüchte, mariniert mit Limettensaft, verfeinert mit Koriander, Zwiebeln und Tomaten als *Ceviche Mixta* zu servieren.

In den Gassen werden wir Zeugen einer der prächtigsten Paraden der Halbinsel Yucatán. Auch in Mexiko wird Karneval gefeiert, und der ist berühmt für ausgelassene Straßenfeste mit Musik, Tanz und farbenprächtigen Umzügen. Jeder Tanzgruppe voran fährt ein bunt geschmückter Karnevalswagen, dessen Ladefläche mit meterhohen Lautsprechertürmen bestückt ist und der den Jungs und spärlich bekleideten Mädchen unter kräftigen Bässen der Musik ordentlich einheizt. Elegant wird marschiert und verführerisch werden die Hüften im Takt von Samba, Salsa und Merengue geschwungen. Von überallher erklingt Musik. Ein wahnsinniges Spektakel aus Lautstärke, Tanz, Lebensfreude und Farbenpracht.

Wir sind vier

Ich liege unter einem Sonnenschirm an der Riviera Maya, streichele fleißig meinen kugelrunden Bauch und sammle Kraft für die bevorstehende Geburt. Blicke ich über die dicke Kugel, sehe ich meine kleine Romy, die abwechselnd mit den Kindern der Anlage und den heimischen Leguanen ihren Spaß hat.

Und Thorben? Der spielt *Tetris*. Mit einem Beifahrersitz, einem Kindersitz und einer Babyschale. Viele Möglichkeiten gibt es nicht, alle Personen im Fahrerhaus unterzubringen. Letztendlich einigen wir uns darauf, dass Romy in unserer Mitte ein Stück nach hinten rutscht, und das Baby nach unten versetzt zwischen ihre Beine kommt. Eine perfekte Lösung, wenn *Mann* sie erkannt hat.

Am Nachmittag steht ein weiterer Vorsorgetermin an, und kaum sind wir zurück in unserem Apartment, beginnen die Wehen. Ich zweifele noch eine Weile, ob es eventuell am Fisch liegt, den Thorben gefangen hat, oder an den Kaktusblättern, die ich dazu angebraten habe. Als kein Zweifel mehr besteht, dass das Baby einfach vier Wochen zu früh kommt, rast Thorben mit uns die 25 Kilometer zurück in die Klinik. Ein Pfleger schickt mich auf eine Liege in die Notaufnahme und dann beginnt die lange Zeit des Wartens. Auf meinen betreuenden Arzt, dem alle Zuständigkeit obliegt.

Es ist später Abend, als ein sichtlich müder Dr. Cortés erscheint. Wenige Stunden zuvor haben wir noch darüber gescherzt, wann ich am besten seine Nachtruhe störe, und heute ist es soweit. Ich erwarte eigentlich einen Wehenschreiber, bekomme aber nur einen Tropf mit Wehenbeschleunigern und mit einer Art Häkelnadel die Fruchtblase aufgestochen.

Die Wehen werden heftiger, und während ich Runde für Runde um das Krankenbett meines Zimmers drehe, spielt mein Arzt auf seinem Handy, blickt im Wechsel auf die Uhr und zu mir, spielt weiter und verabschiedet sich anscheinend stillschweigend von einer erholsamen Nacht. Thorben und Romy treibt der Hunger ins nahe gelegene McDonald's, und während die beiden ihre Burger mit Pommes essen, werde ich in den Kreißsaal verlegt und bringe das neue Familienmitglied auf die Welt: Leeven Ramón, ein wunderschöner, kerngesunder Junge. Leider schlagen die deutschen Gene des neuen Mexikaners durch, seine Temperatur ist zu niedrig und er wird für gefühlt endlose Stunden unter die Wärmelampe der Babystation gelegt.

Ich liege derweil mutterseelenallein im Kellergeschoss und kann mein Glück mit niemandem teilen, da für Romy wegen einer Infektionsgefahr der Zutritt nicht gestattet ist und Thorben sie natürlich nicht alleine lassen kann. Doch auch das geht vorbei und am späten Nachmittag treffen wir alle vier in meinem Zimmer zusammen, freuen uns über dieses kleine Wunder, das seit seiner Entstehung alles auf den Kopf gestellt hat, aber mit der Geburt eine unsichtbare Lücke füllt.

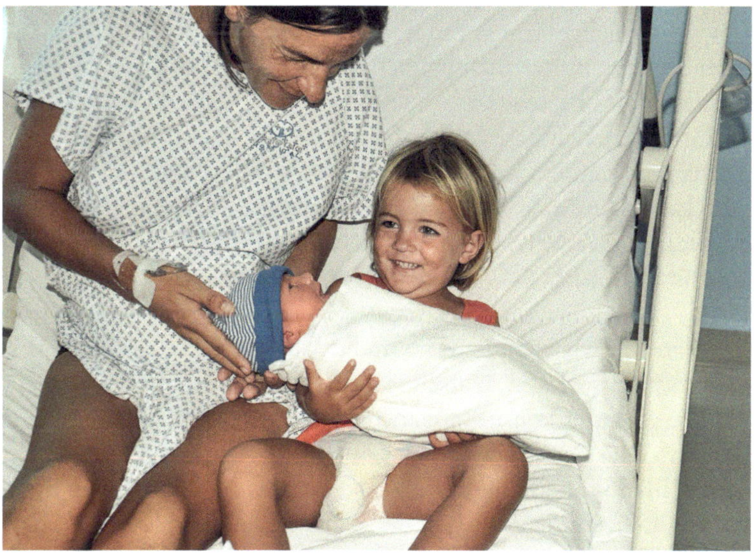

Kennenlernen und gemeinsam kuscheln – nichts möchten wir jetzt mehr, als alle Aufmerksamkeit und Zeit dem Neugeborenen zu widmen. Leider müssen Eltern für ihr Baby wichtige Behördengänge absolvieren und notwendige Formalien erledigen. Auch hier in Mexiko.

Auf dem Standesamt stehen wir in einer Schlange, die bis weit auf die Straße hinausreicht, und erhalten am vergitterten Schalter des Containergebäudes einen Termin für die Warteliste. In drei Wochen dürfen wir erneut vorsprechen und die Dokumente beantragen – oder wir bezahlen eine spezielle Bearbeitungsgebühr, dann könnte es etwas schneller gehen. Thorben verschwindet im Chefzimmer, 50 Dollar wechseln die Hosentasche, Levi unterschreibt mit seinem Fußabdruck und eine halbe Stunde später stehen wir wieder unter der gleißenden Sonne und halten die Geburtsurkunde in der Hand.

Im Instituto Nacional de Migración, dem Einwohnermeldeamt, ziehen wir nicht wie von Deutschland gewohnt eine Wartenummer, sondern spielen *Reise nach Jerusalem.* Die Stühle sind aufsteigend mit Zahlen beschriftet und nach jedem Aufruf rutschen alle einen Sitz weiter. Bei Platz eins angekommen, drückt Levi seine blaugefärbten Fingerchen auf die Urkunde und ist keine zwei Stunden später auch offiziell mexikanischer Staatsbürger und Besitzer eines Reisepasses.

Grundsätzlich haben alle Mexikaner immer vier Namen. Zwei Vornamen, gefolgt vom Nachnamen des Vaters und der Mutter. Mit Leeven Ramón haben wir alles richtig gemacht, nur in der bürokratischen Verwirrung des Beamten endet dieser nun auf Schmitt-Schmitt.

Es ist mittlerweile Ende März und der Mietvertrag läuft aus. Wir sind startklar, nur der deutsche Pass von Levi ist immer noch nicht da. Der Honorarkonsul in Cancún hat seinen Teil zügig erledigt. Ob nun die Botschaft in Mexiko Stadt oder die Behörden in Deutschland schlafen – wir wissen es nicht. Im Nachhinein kann ich von Glück reden, noch in der Stadt geblieben zu sein.

Da der überwiegende Teil der Bevölkerung in Mexiko katholisch ist, stellt die Semana Santa neben Weihnachten das wichtigste religiöse Fest des Jahres dar. Bei den Prozessionen werden der Kreuzweg und die Auferstehung Jesu Christi in Festzügen authentisch nachgespielt. Am Playa Delfines, unweit von unserem Zuhause entfernt, versammeln sich am heutigen Karfreitag hunderte Menschen am Strand, um sich die Veranstaltung anzusehen. Untermalt wird die Darstellung mit romantischer, teils dramatischer Musik und selbst ich als Heide verfolge wie gebannt unter der sengenden Sonne das Leben Jesu Christi bis hin zur blutigen Kreuzigung.

Ich schließe mich dem Heiland an und blute plötzlich so stark, dass mich Thorben sofort und ein paar Stundenkilometer schneller als erlaubt ins Krankenhaus bringt. Das Personal ist von diesem Zustand noch nicht beeindruckt und lässt mich stundenlang ausharren, während das Blut pausenlos meine Beine hinunterläuft. Blutungen im Wochenbett hat jede Frau, doch hier muss erst der Blutdruck rapide sinken und der Zustand lebensbedrohlich werden, damit etwas unternommen wird. Auf dem Weg zum Badezimmer breche ich zusammen, und das ist der Startschuss, Dr. Cortés anzurufen.

„Das war ganz schön knapp", meint er zu Thorben, der vollkommen durch den Wind ist, ein Neugeborenes auf dem Arm und Romy an der Hand hält, während ich zur Notoperation im Fahrstuhl verschwinde. Dass er in Anbetracht des nahenden Feierabends bei der Geburt Reste der Plazenta in meiner Gebärmutter vergessen hat, davon erzählt er nichts.

Am 31. März ziehen wir von der Hotelzone nach Downtown um. Dort wohnt Martin zusammen mit seiner Frau Paula und seinen Kindern Martin Cito und Elena in einem verwunschenen, von Blumen bewachsenen Haus mit kühlem Innenhof und einem kleinen Pool im Garten. Eine unverhoffte Oase inmitten des hektischen Zentrums. Vor einiger Zeit fragte uns ein Autofahrer im üblichen Stau von Playa del Carmen nach Cancún, ob wir einen Stellplatz suchen würden. Im Nachhinein stellten sich der hilfsbereite Mann und Thorbens Chat-Bekanntschaft aus einem Allrad-Forum als ein und dieselbe Person heraus, und so kommt es nun, dass wir Obdach bei den Costas bekommen.

Die Familie hat es sich zur Aufgabe gemacht, Overlandern eine Anlaufstelle zu bieten, um ihre Fahrzeuge abzustellen, und bei jeglichen Problemen weiterzuhelfen. Kostenfrei, ohne Hinterge-

danken. Einfach, weil es ihnen Spaß macht, Menschen kennenzulernen und deren Abenteuern zu lauschen. So verbringen wir eine ganze Woche mit einer nicht ganz normalen mexikanischen Familie, kochen gemeinsam in ihrer Küche, essen zusammen an dem großen Esstisch auf der Terrasse, schwimmen in ihrem Pool und sind ein Teil ihres Lebens.

Wir werden mit Spielzeug für die Kinder überhäuft, bekommen einen großen Deckenlüfter für den Frosch geschenkt und Paula besorgt mir einfach alles, was für die Weiterreise fehlt und bisher einfach nicht aufzutreiben war – sei es ein Regenschirm als Sonnenschutz oder Anissamen für Levis Bauchschmerzen. Sie spielt stundenlang mit Romy, schaukelt Levi in den Schlaf und nebenbei umsorgt sie noch andere Reisende, die zum Brunchen vorbeikommen, hilft einem Paar, ihr Auto zu verkaufen, und beherbergt Menschen, die ein paar Tage bis zum Heimflug überbrücken müssen.

Der Himmel hat uns die Costas geschickt. Helfer in allen Notlagen und gute Seelen, die wir als Freunde verlassen. Unsere Dankbarkeit gegenüber den beiden ist nicht in Worten auszudrücken!

In wenigen Tagen laufen die Visa aus und Levis Pass hat endlich seinen Weg zu uns gefunden. Bevor wir weiter Richtung Süden fahren, wird er beim Kinderarzt geimpft, noch einmal gründlich durchgecheckt und bei der Gelegenheit frischen wir Großen auch gleich alles auf. Drei Monate haben wir hier verbracht und waren auf unseren Reisen noch nie so lange an einem Ort. Während

Cancún als Badeort weltweit bekannt ist, weiß kaum ein Urlauber über das ursprüngliche Herz der Stadt Bescheid. Dort, wo man alle öffentlichen Einrichtungen, kleine Parks und den Parque de las Palapas findet, in dem sich die Einheimischen an unzähligen bunt bemalten Ständen durch die mexikanischen Köstlichkeiten schlemmen und die Kinder Karussell fahren.

Uns werden die Zona Hotelera und Downtown, betrunkene Spring-Break-Touristen, Langzeiturlauber, Einheimische und neue Freunde, Urlaubsfeeling und normales Leben in der mexikanischen Stadt als ganz besonderer Lebensabschnitt in Erinnerung bleiben.

So angenehm die Monate in der Stadt waren, so gut tut es, wieder unterwegs zu sein. Das Vibrieren des Motors zu spüren, über Straßen zu rollen und das Land an uns vorbeiziehen zu sehen – einfach den unbändigen Entdeckungsdrang sättigen. Nur zu gerne tauschen wir alle Annehmlichkeiten gegen den kleinen Wohnkoffer und rutschen etwas enger zusammen. Denn jetzt sind wir zu viert unterwegs. Um etwas mehr Platz im Bett zu bekommen, haben wir an der vorderen Längsseite ein gepolstertes Brett angebracht und schlafen ab sofort alle quer darin. Die neue Sitzverteilung im Fahrerhaus passt wunderbar – wobei sich nach den ersten Fahrkilometern herauskristallisiert, dass unser mexikanischer Passagier großen Appetit hat und am liebsten Vollzeit an der

Quelle verbringt. Das Beifahrerfenster bleibt ab sofort nur halb geöffnet, denn die Straßen nach Süden versprechen, holprig zu bleiben. Ich bin gespannt, wie alles weitere verläuft und sich Levi als jüngster Overlander so macht.

Noch ein kurzer Halt an den Ruinen von Tulum, deren größtes Gebäude auf einem Felsen steht und über den weißen Sandstrand und das türkisblaue Meer hinausragt, ein Bad in der Laguna Bacalar inmitten der schönsten Blautöne des kristallklaren Wassers, und schon sind wir am südlichsten Zipfel vom Bundesstaat Quintana Roo. Hier ernten wir reife Ananas vom Straßenrand und sagen nach sechs Monaten nicht *Adios*, sondern *Hasta luego*. Wir kommen wieder und werden unserem kleinen Mexikaner ein unglaublich vielfältiges Land zeigen, bestehend aus Wüsten, Kolonialstädten, Vulkanen, dichtem Dschungel, Traumstränden und Ruinen. Wir haben die mexikanische Küche genossen, die ein Fest für die Sinne ist, und dazu freundliche Menschen getroffen, die uns jederzeit und überall willkommen geheißen haben.

BELIZE

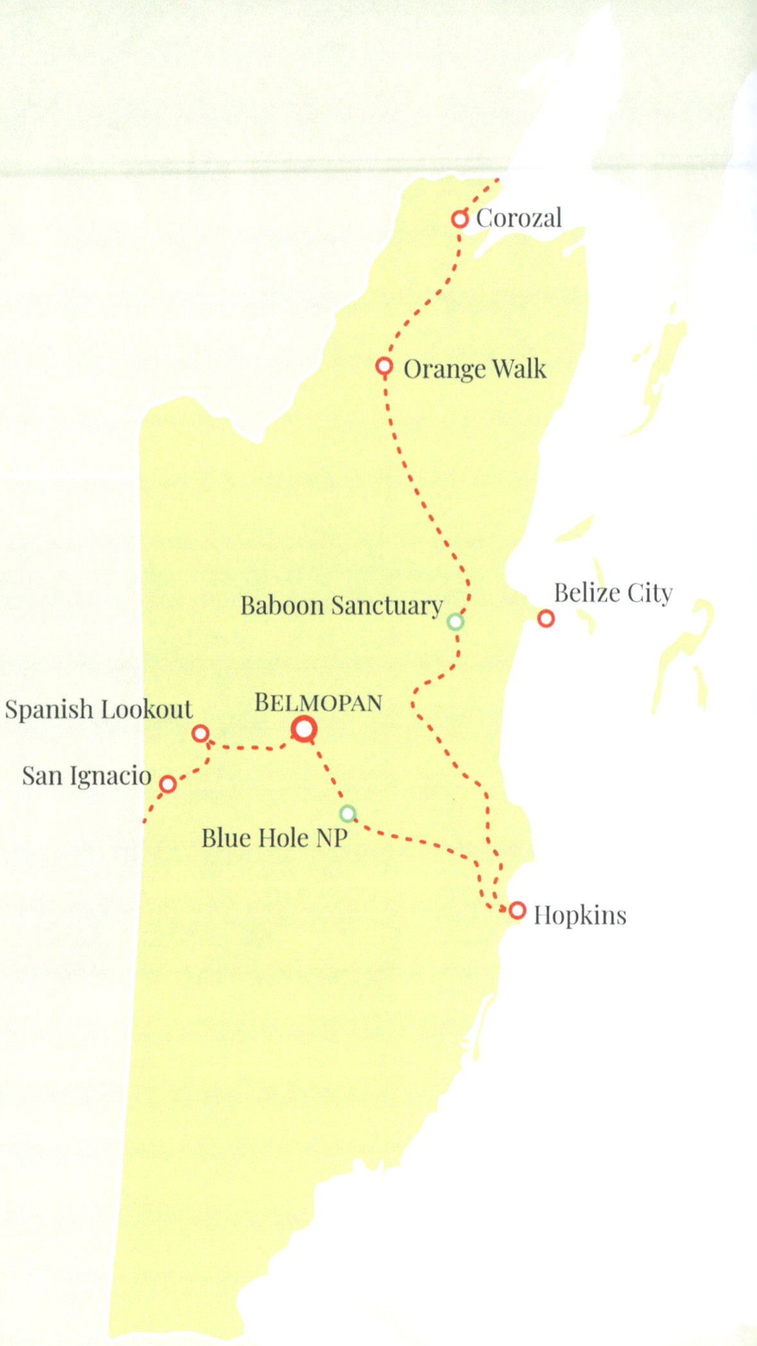
Corozal
Orange Walk
Belize City
Baboon Sanctuary
BELMOPAN
Spanish Lookout
San Ignacio
Blue Hole NP
Hopkins

You better Belize it!

Ganz Mittelamerika wurde von Spanien kolonialisiert – bis auf einen schmalen Landstrich zwischen Mexiko, Guatemala und Honduras. Das kleine Land Belize bildet eine Ausnahme und ist Teil des Vereinigten Königreichs von Großbritannien. Hier ist fast alles anders als im übrigen Zentralamerika. Es wird englisch gesprochen, Kilometer heißen Meilen, getankt wird in Gallonen. Fahren dürfen wir weiterhin auf der rechten Seite, dank Hurrikan Hattie, der große Teile des Landes und die meisten Autos zerstört hat. Da es einfacher war, rechtsfahrende Autos aus den Nachbarländern einzuführen, hat man hier sozusagen die Seiten gewechselt.

Die Grenzstation ist extrem weitläufig und trotz eines detaillierten Leitfadens für die Abwicklung der zentralamerikanischen Grenzübergänge in einem Spezialreiseführer verlieren wir die Übersicht und irren ratlos im Niemandsland herum. Endlich an der Passkontrolle angekommen, fülle ich bergeweise Einreisepapiere aus, die mir bei der Hitze am Arm kleben bleiben. In der Abfertigungshalle gibt es keinerlei Sitzmöglichkeiten, deshalb ziehe ich mich mit Levi in ein Nebenzimmer zurück und stille ihn auf einem kleinen Sofa zwischen Alkohol, Zigaretten und anderen Geschenken. Dass ich hier Sachen sehe, die nicht mit rechten Dingen zugehen, stellt sich heraus, als ein Beamter hereinstürmt und uns auf dem schnellsten Wege vor die Tür befördert.

Die *Fumigación*, eine mehr oder minder notwendige Desinfektion des Lasters, entfällt für uns. Zu gefährlich für die Kinder. Wir bezahlen für nichts und bekommen die notwendige Quittung für den Schlagbaum, der weiterhin geschlossen bleibt. Immer noch versucht ein inoffizieller Beamter 15 Dollar Einreisegebühr von uns zu kassieren, und blockiert die Durchfahrt. Von offizieller Seite wissen wir bereits, dass unser neuer Freund auf eigene Rechnung arbeitet, bekommen aber keinerlei Unterstützung seitens der Polizisten. Irgendwann geben wir auf und wollen nur noch weiter, bezahlen mürrisch das erstes Schmiergeld der Reise und rollen über die Grenzlinie. Die erste von den sieben Ländern Zentralamerikas. Das kann ja heiter werden. Wir hoffen auf das Beste und machen uns auf das Schlimmste gefasst.

Zentralamerika ist berüchtigt für langwierige Grenzübergänge. Im Gegensatz zu Europa hat hier nichts seine Ordnung. Theoretisch heißt es: Ausreisestempel im Pass abholen, danach das Auto im Zoll ausführen. Im Einreiseland folgt der neue Stempel im Pass und die Formalitäten für das Fahrzeug werden geregelt. Eine Autoversicherung wird abgeschlossen, der Laster desinfiziert. In der Praxis gibt es keine Hinweisschilder und wir verbringen einen Großteil der Zeit mit Suchen. Und Warten. Und wir müssen den Beamten erklären, was sie machen sollen. Diese sind meist nicht mit den Gesetzen vertraut oder gar mit der Bedienung eines Computers. Unumgänglich sind die Kopien. Von der ersten Seite im Pass, dem Einreisestempel, den Fahrzeugpapieren, dem Führerschein, der gerade abgeschlossenen Autoversicherung. Die undurchsichtigen Anforderungen unterscheiden sich von Land zu Land, die Anzahl der Kopien ebenfalls. Und im schlimmsten Fall gibt es keine Kopierstube.

Corozal, die erste Stadt nach der Grenze, liegt an der Bucht von Chetumal und vermittelt uns ein gänzlich anderes Bild von Belize. Ja sind wir denn etwa in Jamaika gelandet, ist mein erster Gedanke. Aus windschiefen, eingeschossigen Holzhäusern und den wenigen herumfahrenden Autos dröhnt in schmerzender Lautstärke Reggae von Bob Marley.

Die meisten Menschen sind mit dem Fahrrad unterwegs, dem wichtigsten Fortbewegungsmittel, und sie sind schwarz wie die Nacht. Ein Drittel der Einwohner des Landes sind Kreolen, Nachfahren afrikanischer Sklaven. Und sie zeigen sich entspannt, offen, supercool, freundlich und fröhlich.

Eine Ruckelpiste führt uns an Zuckerrohrplantagen vorbei, weiter nach Westen in den Dschungel bis zu Shane´s Camp oberhalb des Lamanai-Rivers. Shane und seine Familie haben

zusammen mit anderen Landbesitzern das Schutzgebiet Community Baboon Sanctuary ins Leben gerufen, um Boden, Natur und ihre Bewohner, vor allem die Brüllaffen, die Baboons, in Einklang zu bringen und zu schützen. Laut Shane gibt es hier an dieser Stelle im Fluss keine Krokodile und wir verschaffen uns zuallererst im Lamanai River Erleichterung von der Hitze. Markdurchdringende Schreie locken uns zu der oberhalb gelegenen Rastaoase. Es sind Brüllaffen, die in den Spitzen der Bäume turnen und direkt über unserem Laster ihr Unwesen treiben. Einer baumelt an der Hinterpfote, ein junger wandert eine Liane entlang, während ein dritter unbekümmert auf einem Ast sitzt und sich von uns mit schmackhaften Blättern füttern lässt. Shanes Schwestern bekochen uns mit typischer Landeskost, und unter einem schattenspendenden Cashewbaum lassen wir uns Reis mit Kokosraspeln oder auch mit schwarzen Bohnen und ein winziges Stück Hühnchen schmecken und müssen immer noch darüber lachen, dass Othello, eine kleine Katze, die uns gerade um die Beine streift, von jedem nur O gerufen wird. Wenn das nicht lässig und entspannt ist. Das Radio läuft auf Dauerschleife, und am Abend singt Bob Marley zum zehnten Mal No Woman, No Cry. Auch das Brüllen der Affen scheint nicht enden zu wollen. Die Baboons zählen, nach dem afrikanischen Löwen, zum zweitlautesten Säugetieren der Welt und die Nacht wird daher wohl sehr kurz für uns werden.

Wir fahren weiter nach Hopkins und das kleine Städtchen am Meer gaukelt uns vor, in Afrika zu sein. Die morschen Holzhütten stehen auf Stelzen, zwischen den einzelnen Brettern sind breite Ritzen und die Farbe blättert langsam ab. In der roten staubigen Erde spielen Kinder mit einem kaputten Fußball, um sie herum freilaufende Hühner, und durch die Luft schwirren harmonische Trommelklänge. Die Piste endet mit den Palmen am Strand. Wir fallen aus der Tür des Fahrerhäuschens, laufen wenige Meter und schwimmen kurz darauf in einer türkisfarbenen Badewanne. Ich folge dem allgemeinen Grundsatz *Go Slow* und beziehe die Hängematte unter einer Palapa. Bunte Fischerboote liegen am Ufer, unbeachtet von den Besitzern, die an der Strandbar die Hüften kreisen lassen. Zu Bob Marley, was sonst. Außer dem Barkeeper arbeitet nur noch ein Strandhändler, der ein großes Tuch vor meine Füße legt und seine Handarbeiten darauf ausbreitet. Anschließend legt er sich in die Hängematte zu meiner rechten und schläft ein. Trying to make a Dollar, *unBELIZEable*!

Ich schaukele meinen Sohn im Arm, der, wie es sich für ein Neugeborenes gehört, kurz darauf schon wieder selig schlummert. Ach wie bin ich glücklich, den kleinen Kerl zu haben. Und zu sehen, dass entgegen einiger Zweifel alles problemlos funktioniert. Levi schläft vorbildlich, trinkt gut, nimmt ordentlich zu und in den Wachphasen verzaubert er uns mit seinem sonnigen Gemüt.

Zu den Gesprächen der oft älteren Reisenden im Rentenalter, die es einfach nur toll finden, dass wir schon in jungen Jahren den Schritt zum Aussteigen gewagt haben, gesellen sich nun neue Themen. Auf die Frage, ob ich das Kind im Laster geboren habe, antworte ich lachend mit: „Auf die Arbeit, die ganze Sauerei wegzuwischen, habe ich keine Lust gehabt." Danach folgt meist: „Ist es denn nicht schwierig, mit einem Baby zu reisen?"

„Das Anstrengendste daran ist die Last der Verantwortung für so ein kleines hilfloses Menschlein, die wir als Eltern tragen. Egal ob auf Reisen oder zuhause in der gewohnten Umgebung." Es gibt wohl keine bessere und einfachere Zeit als die ersten Lebensmonate, weil die kleinen Geschöpfe fast den ganzen Tag schlafen und neben viel Zuwendung, die meist aus Nähe besteht, nur gestillt und gewickelt werden wollen. Wir haben Selbstvertrauen und lassen uns diese Zuversicht von nichts und niemandem nehmen. Romys Kinderarzt in Deutschland hat uns vor der Reise gewarnt, mit einem Kleinkind in die Tropen zu gehen. Nach Levis Geburt

habe ich mir darüber erneut den Kopf zerbrochen, im Internet noch mehr Gründe gefunden, um zu zweifeln, denn dort wird auf fast allen Seiten davon abgeraten. Unzureichende ärztliche Versorgung, schlechte Hygiene-Bedingungen, Gesundheitsrisiken, Belastungen durch das Klima.

Entgegen meiner Befürchtungen geht es beiden Kindern prima und sie scheinen die Temperaturen besser wegzustecken als Thorben und ich.

Mit sinkender Sonne fallen auch die Temperaturen. Die Lebensgeister sind geweckt und wir spazieren durch das freundlichste Dorf von Belize. Wir schauen Dominospielern über die Schultern, schwatzen mit den Dorfbewohnern am Gartenzaun und werden mit einer festen Umarmung verabschiedet. Wie überall im Land ist der kleine Supermarkt im Dorf in chinesischer Hand und die Inhaber nutzen ihre Monopolstellung gnadenlos aus. Die Lebensmittel sind teurer als in Deutschland, die Qualität ist dafür um einiges schlechter. Zwischen den schlimmsten Plastikprodukten für den Haushalt durchwühlen wir die staubigen Regale und lachen über abgelaufene Lebensmittel jenseits des Jahres 2013. Mit leeren Händen kehren wir zurück und wundern uns noch immer, wie sich die Bevölkerung, von der Rund ein Drittel unter der Armutsgrenze lebt, das leisten kann.

Thorben trinkt noch einen Rum an der Strandbar, die Kinder schlafen bereits, eingelullt von sieben rauschenden Ventilatoren, und ich mache die Nacht zum Tag und jage Sandmücken. An der gesamten Decke und auch überall auf den Wänden sitzen kleine schwarze Fliegen. Zu hunderten. Zu tausenden. Und so winzig, dass sie problemlos durch die feinen Löcher der Moskitonetze vor unseren Fenstern eindringen können. Trotz meines Einsatzes wachen wir am nächsten Morgen mit juckenden Einstichen auf, die mich meine Beine blutig kratzen lassen. Vor dem Laster zieht eine Ameisenkolonie von Palme zu Palme und verteidigt ihr weitläufiges Revier mit schmerzhaften Bissen, der Strand ist so heiß, dass unsere Füße brennen, und von der leichten Seebrise ist keine Spur mehr. 26 Grad hatten wir heute früh um acht, jetzt geht es auf Mittag zu, die Temperatur pendelt sich bei 38 Grad ein und die feuchte Luft macht uns das Atmen schwer.

Erst der Fahrtwind bringt die nötige Abkühlung. Wir ziehen weiter, durch die Berge, kaum 200 Meter hoch, und für uns seit Monaten die größten Erhebungen überhaupt. Die gesamte vierzig Kilometer lange Strecke, einst ein Ausläufer der Maya Mountains, besteht aus Orangenplantagen, deren reichhaltige Ernte von völlig überladenen LKWs zur Fabrik befördert wird.

Mit dem Dschungel erreichen wir das Herz von Belize und verbringen die Nacht am Blue Hole Nationalpark, dessen mit eiskaltem Wasser gefüllte Kalksteinkrater eine willkommene Abkühlung bieten. Keine Meile weit davon entfernt beginnen wir den nächsten Tag mit einem Schokoladen-Workshop bei Lamanai-Chocolate. Das offene Feuer lodert bereits und wir können direkt mit dem Rösten der getrockneten Samen der Kakaofrucht beginnen. Den Teil übernimmt Romy. Als ob sie nie etwas anderes gemacht hätte, wendet sie unermüdlich die Bohnen auf der Metallplatte mit einem langen Holzstock. Anstrengend und zeitintensiv ist das anschließende Schälen und Mahlen, da dürfen wir dann wieder ran. Mit einem Stein reiben wir über die Ausbeute, bis nach und nach ein Brei entsteht, aus dem sich das Kakaofett löst. Die Masse vermischt mit Wasser, Zucker und

Sahne schmeckt extrem lecker und sehr intensiv und ist nicht mit der handelsüblichen Schokolade zu vergleichen, die wir sonst naschen. Der süße Duft scheint bis in den Laster zu wabern, denn kaum setze ich zum Trinken an, meldet der kleine dicke Mexikaner über das Babyphon an, dass er ausgeschlafen hat und nun hungrig ist.

Kurz vor der Grenze zu Guatemala kreuzt eine Kutsche unseren Weg. Die Zügel werden von einem Mann mit langem Rauschebart in altmodischer Latzhose und Strohhut gehalten. Seine junge Frau trägt ein züchtiges bodenlanges Baumwollkleid mit weißer Schürze und ein Häubchen auf dem Kopf. Die Augen der beiden Kinder sind hellblau und die Haare strohblond. Wir sind in Spanish Lookout, einer riesigen Mennonitengemeinde. Die deutschen Auswanderer stellen die Nahrungsmittelversorgung des Landes sicher und haben das Monopol für die Landwirtschaft. Dass sie gute Farmer sind, ist unschwer an ordentlich bewirtschafteten Felder, gut genährtem Vieh auf den Weiden und den geraden, sauberen Straßen zu erkennen. Und das völlig ohne Einsatz von

Maschinen. Scheu und zurückgezogen richten sie ihr Leben nicht nach Gesetzen, sondern nach der Bibel und lehnen moderne Technik ab – besonders konservative Mennoniten sogar Alkohol, Kartenspielen und Musik. Da sie bekannt für ihren Fleiß und ihr handwerkliches Geschick sind, zieht es uns nicht nur zum Staunen in die Gemeinde, sondern auch zum fälligen Ölwechsel. Vom Plattdeutsch, Plautdietsch, verstehen wir kein Wort, aber die Arbeit bekommt einen Daumen nach oben.

GUATEMALA

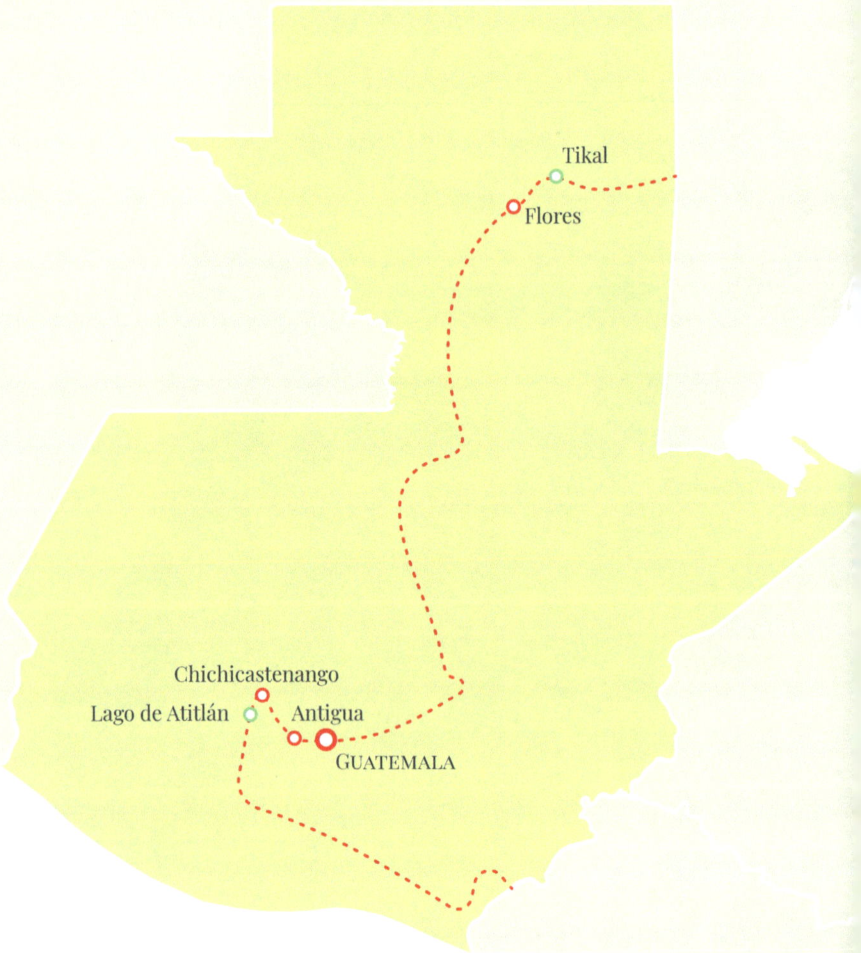
Tikal
Flores
Chichicastenango
Lago de Atitlán
Antigua
GUATEMALA

Gnade von Maximón

Wir rollen durch den *Fumigación*-Tunnel und nähern uns dem gelb-schwarz gestreiften Schlagbaum. Das Schild *Bienvenidos en Guatemala* steht in unmittelbarer Nähe. Um uns herum herrscht reges Treiben: Marktstände, Garküchen, Geldwechsler und eine kilometerlange Autoschlange in die Gegenrichtung. Schnell und unkompliziert landen die Stempel in unseren Pässen und ich ziehe mich mit den Kindern in das 40 Grad warme Fahrerhaus zurück. Die Außentemperaturen sind ähnlich, dafür kann ich den Trubel besser überblicken. Eine Stunde lang blicke ich auf eine blau-weiß-blaue Fahne, die schlaff nach unten hängt, halte ein quengeliges Baby im Arm, versuche, eine trotzige Zweijährige bei Laune zu halten, zähle die Minuten und schmore in meinem eigenen Saft dahin. Armer Thorben, denke ich zur Aufmunterung. Sein Job wird noch anstrengender sein. Ist er aber nicht. Mein Mann hat es sogar ziemlich gut: Korrekte und freundliche Beamte nehmen die Daten für den Laster auf, erstellen die Papiere, und nebenbei läuft in dem klimatisierten Raum auf drei großen 40-Zoll-Fernsehern das Topspiel der spanischen Fußball-Liga. Einzig die fehlenden Einfuhr-Aufkleber für die Windschutzscheibe stoßen ihm sauer auf. Es wurde schlichtweg vergessen, sie nachzubestellen. Diese Nachlässigkeit wird uns später noch 50 Dollar Strafe bei einer Straßenkontrolle kosten.

Direkt nach dem Grenzübergang ändert sich abrupt die Landschaft. Anfangs fahren wir über raue Schotterpisten durch ein tropisches Hügelland, kurz darauf an seitlich steil aufragenden Felswänden entlang. Ich erwarte, statt der spärlichen Überresten des Regenwaldes erste dichte Baumbestände zu erblicken – schließlich heißt Guatemala übersetzt Land der Bäume. Doch wir finden lediglich gerodete, teils noch brennende traurige Überreste vor.

Den Luxus von flächendeckenden Campingplätzen haben wir mit Mexiko hinter uns gelassen, aber auch an modernen Nomaden, wie wir es sind, geht der technische Fortschritt nicht spurlos vorbei. Ein Handy zur Kommunikation und Navigation ist obligatorisch und seit kurzem nutzen wir gerne eine neue App, die uns ohne Internetzugang Stellplätze in der wilden Natur vorschlägt. Direkt an den Ruinen von Tikal, dem größten Zeremonialzentrum des damaligen Mayalandes, finden wir einen sicheren, idyllischen Platz für die Nacht.

Es ist 4:30 Uhr, stockfinster und ein unbekanntes Geräusch erfüllt die Stille im Laster. Der Wecker klingelt. Leise ziehe ich mich an, fülle die Wasserflasche, schnappe mir einen Müsliriegel, stecke den noch schlafenden Mexikaner in meine Bauchtrage, schalte die Stirnlampe an und folge einem Trampelpfad hinein in den dichten Regenwald. Hoch über mir schwingen sich Klammeraffen von Ast zu Ast als gebe es keine Schwerkraft, neben mir raschelt es unentwegt im Unterholz. Ich schwitze bereits nach dem ersten Kilometer aus allen Poren, komme bei jedem Hügel mehr und mehr ins Schnaufen. Gerade als sich das Tageslicht zu erkennen gibt, verlasse ich den von Schlingpflanzen, Lianen und riesigen Ceiba-Bäumen verwachsenen Trampelpfad und erreiche barfüßig und mit blasenübersäten Sohlen den Grand Plaza im Zentrum.

Erschöpft stelle ich den schweren Rucksack ab, lege mein mittlerweile sechs Kilo schweres Baby auf eine kleine Decke und lasse mich auf die weiche Wiese sinken, auf der ein einsamer Pfau zwischen den hochaufragenden Tempeln erscheint und uns neugierig mustert. Der Morgennebel wabert noch um die schwarzgrauen Pyramidenspitzen, die in den dichten Gipfeln der Bäume verschwinden. Eine wahrhaft mystische Atmosphäre.

Das frühe Aufstehen hat sich gelohnt. Angelockt von einem ohrenbetäubenden Konzert der erwachenden Tierwelt, besteige ich mit letzten Kräften Tempel I, bleibe auf halbem Wege, in Höhe der Baumkronen, stehen und beobachte Papageien, die an roten Früchten knabbern, und farbenprächtige Tukane, die in den Bäumen sitzen und mit den mächtigen Schnäbeln klappern. Oben angekommen kann ich mir ein Bild der gewaltigen Anlage und vom gesamten Nationalpark mit 576 Quadratkilometern machen. Vor meinen Augen erhebt sich der gegenüberliegende Tempel des Jaguars 50 Meter steil in die Höhe. Ich mustere die steinerne Fassade, aufgebrochen von den Wurzeln der Urwaldriesen, die umfangreichen Ornamente und Bemalungen, die durch den Regen fast weggewaschen und nur noch schemenhaft zu erkennen sind. Mit sprachloser Begeisterung stehe ich vor den Hinterlassenschaften dieser alten Kultur und begrüße die ersten Sonnenstrahlen.

Guatemala – das steht laut Auswärtigem Amt für Raub, Vergewaltigung, Entführung, Fahrzeugdiebstahl und Mord. Die Menschen sind sehr arm und die Hemmschwelle für Gewalt ist niedrig.

Beim Durchfahren der Dörfer fällt auf, dass jedes männliche Familienmitglied stolzer Träger einer Machete ist. Nicht um damit Reisende zu attackieren, sondern um mit dem traditionellen Werkzeug Brennholz zu hacken und sich den Weg durch den sonst undurchdringlichen Dschungel zu bahnen. Maschinen sucht man hier vergebens, das Leben bedeutet schwere, körperliche Arbeit. Mit großen Holzbündeln auf dem Rücken quälen sich alte Männer und selbst kleine Jungs die ausgetretenen Bergpfade hinauf und winken uns mit dem großen, scharfen und tödlichen Instrument

in der Hand freundlich zu. Vermeintliche Schusswechsel stellen sich als herunterfallende Mangos heraus, die mit einem lauten Knall auf die Blechdächer krachen.

Einzig erkennbare Gefahr für Leib und Leben sind die Duschen. So genannte *Suicidal Showers.* Anders als bei einem Boiler kam jemand auf die geistreiche Idee, den Durchlauferhitzer direkt in den Duschkopf zu bauen und diesen sozusagen unter Strom zu setzen. Da bei Nachttemperaturen von 30 Grad niemand von uns scharf auf warmes Wasser ist, ahmen wir die Guatemalteken nach und baden vor dem Schlafengehen in den eiskalten Flüssen. Neben spielenden Kindern, Frauen, die ihre Wäsche waschen, und Menschen, deren dunkle Haut langsam unter dem weißen Schaum eines Shampoos verschwindet.

Der kleine Ort Flores liegt auf einer Insel im Petén-Itzá-See und ist über einen Damm mit dem Festland verbunden. Ein Taxiboot bringt uns vom gegenüberliegenden Berg in die schöne bunte Altstadt. Wir machen Rast unter dem Schatten einer Palme und es ist so unglaublich heiß, dass wir zuschauen können, wie unser Eis zerfließt. Wir beschließen daher, den Tag lieber in der Hängematte des Hostels zu verbringen.

Guatemalas goldene Mitte hat es in sich. Die Straßen verdienen ihren Namen nicht, sind in keinem guten Zustand. Es gibt Länder, da unterscheidet der fahrbare Untersatz darüber, ob man die Straße verlassen und querfeldein fahren kann. In Guatemala macht es keinerlei Unterschied, welches Auto man hat. Die Hauptverbindungsroute ist eine von Millionen Schlaglöchern durchzogene Schotterpiste, auf der ausnahmslos jeder durchgerüttelt wird.

Nicht nur die Kraterlandschaft mit Maiskörnern am Fahrbandrand, welche die Bauern nach der Ernte zum Trocken ausgelegt haben und denen wir immer wieder ausweichen müssen, sondern auch die Hitze macht uns immer mehr zu schaffen. Bei Temperaturen von 40 Grad sind die Fenster heruntergekurbelt, wir wünschen uns eine geschwärzte Frontscheibe und beeilen uns, das kühlere Hochland zu erreichen.

Kurz vor Guatemala Stadt überraschen uns tadellose Asphaltstraßen. Die Hauptstadt und größte Stadt Zentralamerikas bietet einen bewegenden Anblick. Wellblechhütten, Dreck, Smog im Norden – im Osten protzige Villen, Wolkenkratzer und Shoppingmalls. Wir parken den Laster hoch über der Stadt zwischen einem Hubschrauberlandeplatz und einer lebensgroßen Plastikkuh. Über uns weht eine rot-weiße Fahne. Wir folgen einem Bernhardiner zur originalgetreuen Schweizer Berghütte und lassen uns zum Abendbrot Bratwürste, Kartoffelsalat und Erdinger Weißbier servieren.

Fast übergangslos gehen die Ausläufer von Guatemala Stadt in die ehemalige Hauptstadt Antigua über. Diese wurde durch heftige Erdbeben mehrfach komplett zerstört, wieder aufgebaut, und zu Recht zum UNESCO-Weltkulturerbe ernannt. Das alte Kolonialstädtchen verzaubert uns sofort. Grob gepflasterte Straßen zwischen gewaltigen Kirchen, Kathedralen und bunten Häusern, gemütliche Hinterhofrestaurants und Bauernmärkte, wo die verschiedensten Obst- und Gemüsesorten kunstvoll in geflochtenen Körben aufgetürmt sind. Hier im Hochland werden die Traditionen noch am Leben gehalten und die Frauen und Mädchen tragen fast ausnahmslos einen knöchellangen Rock bestehend aus mehreren Stoffbahnen. Das Prunkstück der Tracht ist eine gewebte Bluse, reich bestickt mit traditionellen Mustern, und auf dem Halsausschnitt prangt das Chichicastenango-Sonnen-Motiv.

Die Maya-Männer dagegen haben ihre herkömmlichen Trachten leider gegen Jeans und T-Shirts eingetauscht.

Die Vielfalt nimmt uns in ihren Bann und wir geben uns der Trödelei hin – dank dem angenehmen Klima mit kühler, frischer Luft auf 1600 Metern Höhe. Drei Vulkane umschließen die Stadt und ziehen jegliche Aufmerksamkeit auf sich, wenn sie zwischen den kleinen Gässchen am Horizont auftauchen.

Auf der Suche nach einem Übernachtungsplatz enden wir auf dem Hof der Touristenpolizei zwischen dem Fußballplatz und konfiszierten Fahrzeugen. Hier fühle ich mich sicher, als Thorben zur Geisterstunde aufbricht und mich mit den Kindern das erste Mal für längere Zeit alleine lässt. Nach 60 Minuten Fußweg beginnt er den anstrengenden Aufstieg und erreicht drei Stunden später und 1800 Meter höher den Gipfel des Vulkanes Acatenango. Er steht Auge in Auge mit dem stets rauchenden, gefährlich brodelnden und grollenden Fuego, der prompt eine furchteinflößende Lavafontäne in den schwarzen Nachthimmel empor schleudert. Zeitgleich rüttelt es bei uns am Laster. Überrascht sehe ich auf die Uhr. Eigentlich soll Thorben doch erst in etwa zwei Stunden zurückkommen? Der Frosch schaukelt weiter, ich stürze aus dem Bett und schaue aus allen Fenstern. Niemand ist zu sehen. Mit einem Schlag wird es mir klar: Das ist ein Erdbeben! In einer der vulkanisch aktivsten Gegenden der Welt keine Seltenheit.

Nach einer quälenden Tagesfahrt durch bergiges Land rollt unser Laster auf einem 2600 Meter hohen Bergkamm entlang und dichter Nebel zieht auf. Alles, was vor uns ist, können wir nicht mehr erkennen. Wir orientieren uns nur noch an den schemenhaften Rücklichtern des Vordermanns und den Schweinwerfern des Autos hinter uns. Eine Fahrbahnmarkierung gibt es nicht. Häuser und Dörfer gleiten wie Geistererscheinungen an uns vorbei. Wenig später zweigt die Straße ab, wird schmäler und führt uns knapp an den Felswänden Serpentine für Serpentine steil nach unten. Neben uns stürzt ein gewaltiger Wasserfall in die Tiefe und gelegentlich erhaschen wir einen Blick in das Tal.

Der Lago de Atitlán, Aushängeschild für Guatemalas natürliche Schönheit, empfängt uns eingeschnürt von perfekt geformten Vulkanen und Silber glitzerndem Wasser. In Panajachel schlagen wir auf einer großen Wiese am Ufer unser Lager für die nächsten Tage auf. Die umliegenden Dörfer sind auf dem Landweg nur beschwerlich zu erreichen und wir machen es wie die Einheimischen hier. Wir steigen in ein Boot. Am Himmel bauen sich derweil bedrohliche Regenwolken auf. Es beginnt zu regnen und zu stürmen. Hohe Wellen schlagen gegen die Bootswand, das Wasser spritzt hinein. Wir verstecken uns unter einer Plastikplane, die wir kaum über unseren Köpfen mit den Händen festhalten können, springen von Welle zu Welle und die heftigen Schläge erinnern uns an übersehene *Topes* auf den Straßen von Mexiko. Der letzte Aufschlag zieht einen langen Riss durch den Bug, der sich Millimeter um Millimeter seinen Weg zu unseren Füßen bahnt. Meine Angst steigt, was ich mir vor den Kindern nicht anmerken lasse. Levi schläft zum Glück, und Thorben lenkt Romy mit lustigen Geschichten ab. Vollkommen nass und durchfroren steigen wir in San Marcos aus, trinken einen warmen Tee und nehmen das nächste Boot zurück zum Laster. Über uns tobt bereits ein mächtiges Gewitter, lange Blitze zucken über den dunkelgrauen Himmel und der Donner gleicht Kanonenschlägen, die von den umliegenden Vulkanen hundertfach zurückgeworfen werden. Wir erzählen uns Witze, um uns von dem drohenden Tod abzulenken – und verbringen den Abend dick eingekuschelt im

Bett. Ständig kehren die Gedanken an das Abenteuer zurück und jetzt, da wir in Sicherheit sind, können wir auch wieder darüber schmunzeln und haben eine aufregende Geschichte im Gepäck.

Am nächsten Tag versuchen wir unser Glück erneut und überqueren den See. Bei klarer Sicht entdecken wir teure Villen und noble Häuser an den Hängen und Kliffen kleben. Ich verstehe die Welt nicht mehr. Guatemala ist ein sehr armes Land und hier protzen reiche Ausländer am schönsten See der Welt.

Mit Santiago Atitlán erreichen wir ein Mayadorf, das sich das einheimische Flair am stärksten erhalten hat. Frauen in farbigen Trachten fertigen mit Hüftwebstühlen ihre Kleidung oder reinigen ihre Wäsche im Wasser des Sees, Kinder betteln um ein paar Quetzales, die Währung Guatemalas. Wir schlendern durch die kleinen Gassen, besuchen die kolonialzeitliche Kirche am Hauptplatz und werden von rhythmischem Klatschen von dort weggelockt. An den vielen Garküchen wird Teig geknetet, schwungvoll von einer in die andere Hand geworfen und in Form gebracht, was diese unverwechselbaren klatschenden Geräusche erzeugt. Ein junges Mädchen wirft die kleinen runden Fladen auf eine heiße Platte, wickelt kurz darauf einen davon in eine Serviette und reicht mir diesen frischen und noch sehr heißen Maistortilla, den ich mir schmecken lasse.

Für den eigentlichen Grund, dieses Örtchen zu besuchen, kaufe ich in einer kleinen Tienda Venado-Rum und Payaso-Zigaretten und frage mich bei den Einheimischen durch, wo Maximón zuhause ist. Ein junger Mann weiß

Bescheid und bringt mich mit seinem Tuk-Tuk in einen Hinterhof am Ortsrand, wo uns wilde Straßenhunde anspringen und versuchen, die Reifen zu zerbeißen.

Hier wohnt Maximón, die hochverehrte Gottheit. Guatemalteken aller Schichten bringen der Statue Opfergaben und bitten um ihren Segen. Sie wohnt im Haus eines Mitglieds der Maya Bruderschaft und zieht jedes Jahr an einen anderen Ort um. Wir betreten einen kleinen dunklen Raum und wohnen einer gerade stattfindenden Zeremonie bei. Der Heilige sitzt auf einem Holzstuhl, wird umringt von flackernden Kerzen und mit Blumen gefüllten Vasen und ist eine in bunte Seidenschals gehüllte Holzfigur mit schwarzem Anzug, Krawatte, Cowboystiefeln, Sonnenbrille und einem breiten Hut. In der Ecke steht ein Bett, in das die Puppe jeden Abend zum Schlafen gelegt wird.

Der kettenrauchende Alkoholiker qualmt vor sich hin, sein Pate reicht ihm gelegentlich einen Aschenbecher und klopft die Asche ab. Ist die Zigarette ausgeraucht, wird Schnaps nachgekippt und der nächste Glimmstängel in den Mund geschoben. Ein Priester schreit sich in Ekstase, schwenkt Weihrauch und segnet einen Gläubigen, der von einem Tuch über dem Kopf verhüllt wird. Ich hinterlasse Maximón seine Lieblingsgeschenke, stimme ihn damit gnädig und bin gespannt, was mir die Opfergaben bringen werden.

Nach ein paar entspannenden, erfrischenden Tagen bei angenehmen 25 Grad am Tag und 15 Grad in der Nacht sind unsere Batterien wieder aufgeladen und der Entdeckungsdrang ist zurückgekehrt.

Bereit, noch tiefer in das Hochland und das kulturelle Herzstück vorzudringen, erklimmen wir über nicht enden wollende Kurven Höhen von 2700 Metern. Es geht auf und ab, durch Wälder und tief eingeschnittene Täler. An den Aufstiegen und kurz vor Kurven werden wir regelmäßig von Chicken Bussen in halsbrecherischem Tempo und mit gefährlichem Fahrstil überholt.

Die *Hühnerbusse* sind ausrangierte US-amerikanische Schulbusse, sehr bunt angemalt und befördern schnell und günstig Mensch und Tier, dicht zusammengedrängt, von A nach B. Blank polierter Chrom touchiert fast unser Heck, auf dem Kotflügel leuchtet ein roter Feuerblitz auf – dann rauschen lange Fensterreihen und die Gesichter der Menschen dahinter an unserem Fahrerfenster vorbei. Wir blicken auf rote Sternchenrückleuchten und lesen gerade noch den Schriftzug *Jesus liebt Dich* auf der Heckscheibe, bevor das rollende Kunstwerk verschwindet und seine Achterbahnfahrt fortsetzt.

Noch eine letzte steile Abfahrt und dann haben wir es geschafft, unfallfrei durch den Verkehr zu kommen und unseren Laster im trostlosen Hinterhof eines Hotels zu parken. Thorben stellt den

Motor ab und ich notiere einen neuen Rekord: satte zwei Stunden für zwanzig Kilometer.

Sonntags findet hier in Chichicastenango, liebevoll Chichi genannt, Guatemalas größter und farbenprächtigster Markt statt. Im Morgengrauen bauen die Händler ihre Stände in dem gesamten Ortskern auf, während sich die engen Gassen mit Bauern aus dem Umland füllen, die in gebückter Haltung auf Kopf und Schultern riesige Säcke voller Obst, Gemüse, Handarbeiten und Blumen schleppen. Zwiebeln, Tomaten, Ananas, Melonen, getrocknete Fische, Koriander, gebrauchte Schuhe und Handys, bemalte Masken und gestickte Stoffe werden auf Planen ausgebreitet. Die Stufen der offiziell katholischen Kirche Iglesia de Santo Tomás sind über und über mit Blumen und Blütenblättern bedeckt, indigene Vorbeter schwingen Rauchfässer und singen magische Worte, mit denen sie ihre Vorfahren ehren.

Ein farbenfrohes, zauberhaftes Treiben, während auf einem Hügel südlich der Stadt Opfer dargebracht werden. Der Pascual Abaj, ein Schrein zu Ehren des Erdgottes der Mayas, liegt idyllisch unter Kiefern und bietet einen herrlichen Ausblick auf die Stadt und auf den bunten Friedhof, der zwischen den grauen Hütten fröhlich hervorsticht. Wir kommen leider zu spät, denn nur die rauchende Asche, Schnapsflaschen und Überreste eines geopferten Huhns zeugen noch von dieser Zeremonie.

Mit der Regenzeit wieder dicht im Nacken verlassen wir schweren Herzens Guatemala Richtung Südosten und verabschieden uns von der Welt der Maya.

El Salvador & Honduras

TEGUCIGALPA
Ruta de las Flores
SAN SALVADOR
Laguna de Alegria
San Lorenzo

Ein Quickie mit den „Bösewichten“

In El Salvador hat sich die Mordrate seit 2014 verdoppelt. Durchschnittlich 18 Menschen pro Tag. Für Honduras verspricht der Reiseführer eine 20-mal höhere Mordrate als in den USA: Alle 74 Minuten stirbt hier ein Mensch einen gewaltsamen Tod. Nicht gerade paradiesische Zustände für Overlander. Wer von den beiden Bösewichten momentan auf Platz eins der Liste der gefährlichsten Länder Zentralamerikas ist, schwankt ständig hin und her. Eins steht fest: Wir müssen hier durch.

Auf den letzten Metern in Guatemala treffen wir auf Manfred und Dagmar sowie auf Marcelo, Laura und ihre beiden Kinder Bruno und Lucas, acht und elf Jahre alt. Wir beschließen, gemeinsam stark zu sein und das Abenteuer im Konvoi in Angriff zu nehmen. Sichtlich entspannter sitzen wir in einer großen Runde, werfen die Lebensmittelvorräte zusammen für ein fürstliches Abendessen und haben uns bis tief in die Nacht viel zu erzählen.

Manfred, Inhaber eines Computerfachgeschäftes, hatte mit 50 die Nase voll, verkaufte das Geschäft. Seine Frau Dagmar ist Jugend- und Heimerzieherin und hat den Beruf vorübergehend an den Nagel gehängt, um mit ihrem Manni in einem kleinen Toyota Hilux mit Aufbau, liebevoll Puppenstube genannt, entlang der Panamericana zu fahren.

Noch minimalistischer sind Marcelo, Laura, Bruno und Lucas unterwegs. In einem Toyota Landcruiser mit Dachzelt und einer Küche im Kofferraum. Die gebürtigen Uruguayer haben ihr Leben in Georgia, USA, aufgegeben und vollziehen den Umzug samt Hund in die alte Heimat auf dem Landweg.

Eine Konstellation von unterschiedlichsten Menschen, die im normalen Leben mit ihren Eigenarten, Interessen und Aktivitäten wohl nie zusammengefunden hätten und aufgrund der widrigen Umstände zu Freunden werden.

Über den obligatorischen Grenzfluss erreichen wir El Salvador – das kleinste Land in Mittelamerika mit der größten Bevölkerungsdichte. Die Grenzstation direkt an der großen Brücke ist klein, übersichtlich und leer. Weder Schlepper noch Grenzbeamte sind zu sehen. Die haben gerade Mittagspause. Und wir haben die Wahl: draußen in der Hitze zu schmoren oder in dem kleinen Büro schockgefrostet zu werden. Vier Stunden später werden wir per Handschlag und mit dem Hinweis verabschiedet, nicht unsere Arme aus den fahrenden Autos zu halten. Das sei ein Erkennungszeichen der Gangs. Vorsichtshalber sperren wir die Türen ab, bevor wir losfahren.

Doch statt uns in Angst und Schrecken zu versetzen, grüßen uns herzliche, freundliche Menschen winkend am Straßenrand. Bei der ganzen Winkerei muss sich Thorben konzentrieren, nicht links eine Bananenstaude vom Marktstand zu reißen oder mit dem rechten Außenspiegel einen bunten BH von der Wäscheleine mitzunehmen. Abgesehen von Guatemala und Chiapas in Mexiko hat amerikanische Mode die einst von Trachten dominierte Kleidung in Zentralamerika vollends abgelöst und so kommen wir auch hier nur an Jeans, Shirts mit englischen Schriftzügen und

vielen weißen Hemden vorbei, die zum Trocknen auf den Büschen liegen, sogar an Bäumen hängen und von der harten Arbeit der Frauen zeugen.

Seit Mexiko kennen wir die betonierten Waschbecken in den Vorgärten, aber dass Frauen in einem Rinnsal neben der Fahrbahn ihre Wäsche waschen, lässt mich schlucken. Natürlich sind ihnen Waschmaschinen bekannt, aber es fehlt nicht nur am Geld, sondern auch am Strom in den Häusern. Ich bin mit der Handwäsche für vier Personen regelmäßig überfordert und wünsche mir beim Bearbeiten der schmutzigen Kinderkleidung sehnsüchtig meine Waschmaschine zurück. Besonders dann, wenn sich das kalte Wasser auf der Haut anfühlt wie tausend Nadelstiche und die Knöchel schmerzen. Dann fühle ich mich mit all diesen Frauen verbunden. Doch ich klage nicht. Dazu habe ich kein Recht, weil wir es uns erlauben können, durch solch arme Gegenden zu reisen und nach unserer Rückkehr wieder eine Waschmaschine auf uns wartet, die ich nur befüllen muss.

Mittlerweile rollen wir entlang der Ruta de Las Flores, El Salvadors Aushängeschild, die entlang einer schönen Berglandschaft und vorbei an vielen kleinen Kolonialstädtchen führt. Bis dicht an den Straßenrand stehen die von Früchten strotzenden Bäume. Wir müssen nur den Arm aus dem Fenster halten und können Cashewnüsse, Kakaobohnen, Bananen mit orangenem Fruchtfleisch und butterweiche Avocados pflücken. Bei den sonnengereiften Mangos dauert die Entscheidung etwas länger, denn wir haben die Wahl zwischen fünf verschiedenen heimischen Sorten.

Gegen 18 Uhr wird es mittlerweile schlagartig dunkel – in diesen Breitengraden fast ohne Dämmerungsphase. Tag für Tag beginnen wir alle daher spätestens gegen 16 Uhr damit, einen sicheren Übernachtungsplatz zu finden. Ratlos steuern wir nach mehreren erfolglosen Versuchen ein großes Schwimmbad an und fragen um Erlaubnis. Ein mit Schrotflinte bewaffneter Wachmann bittet uns, ohne zu zögern, herein, verschließt das massive Tor und präsentiert uns stolz die leere, weitläufige Anlage mit freier Platzwahl.

Gemeinsam mit Manni und Daggi besuchen Levi und ich tags darauf die nahe gelegene Ausgrabungsstätte und UNESCO-Welterbe Joya de Cerén – das Pompeji Amerikas. Bei mehreren Vulkanausbrüchen um 535 nach Christus wurde die kleine Siedlung unter einer etliche Meter dicken Ascheschicht begraben, erst 1976 wiederentdeckt und seitdem schön gestaltet. Wir sehen die freigelegten Überreste der damaligen Dorfstruktur und eine Schwitzhütte. Auch vor der Hütte ist die Luft heiß wie ein Föhn und ich wünsche mich zu Romy und Thorben, die gerade die Rutschen des Schwimmbades testen.

Über den Highway machen wir ordentlich Strecke, umfahren großräumig die Hauptstadt San Salvador und sehen das erste Mal in großen Lettern Panamericana auf einem Straßenschild stehen. Da die Route durch 14 bis 19 verschiedene Staaten führt, ist sie von einer einheitlichen Beschilderung weit entfernt und nennt sich in jedem Land anders.

Vorbei an dem kleinen Bergdörfchen Berlin quälen wir unsere Fahrzeuge die Serpentinen zur Laguna de Alegria hinauf. Inmitten des Vulkankraters auf 1300 Metern Höhe liegt der malerische

smaragdgrüne Kratersee. Dicke Nebelschwaden hängen in den Bergen und es riecht nach Schwefel. Lange dauert es nicht, bis unsere drei Fahrzeuge die Bewohner des Nachbardorfes anlocken, die sich zu uns gesellen und nicht entscheiden können, was nun faszinierender ist: die unbekannten Fahrobjekte oder die blonden, blauäugigen Kinder, Romy und Levi.

Bei sternenklarem Himmel fallen die Temperaturen auf 15 Grad und wir sitzen seit Kanada das erste Mal wieder vor einem wärmenden Lagerfeuer. Ein Hauch von Freiheit liegt in der Luft, angesichts der vielen eingezäunten Stellplätze an Restaurants oder Hotels in den letzten Tagen. Wir schlafen alle wie die Murmeltiere, eingewickelt in dicke Decken, und starten am nächsten Morgen frisch und erholt zur Grenze.

Dort erwartet uns eine sechs Kilometer lange Warteschlange und die ersten Grenzhelfer und Geldwechsler rennen freudig auf uns zu, umringen die Fahrzeuge und wollen uns überzeugen, dass es schier unmöglich ist, die Grenze ohne professionelle Hilfe zu überqueren. Und tatsächlich sind die Formalitäten für Ausreise und Einreise verwirrend, sodass wir uns trotz der perfekt spanisch sprechenden Freunde Laura und Marcelo einen Schlepper für zwanzig Dollar gönnen müssen. Fünf lange Stunden sitzen wir auf dem Bordstein, beobachten die vorbeiziehenden Kühe und beneiden einen Trucker, der selig und unbekümmert auf dem Boden schläft. Wie gut, dass wir unsere Wohnung auf Rädern dabei haben, in der wir kochen, spielen und in die wir uns zurückziehen können.

Erneut bekommen wir eine Warnung mit auf den Weg: Nicht anhalten und auf direktem Weg nach Nicaragua fahren. Die Lage hat sich in den letzten Wochen ziemlich zugespitzt und die Jugendbanden – Maras genannt – aus El Salvador wurden in den Norden, nach Honduras vertrieben. Jetzt wissen wir also, wer momentan Bösewicht Nummer eins ist. Keine drei Monate zuvor galt El Salvador als das wilde Pflaster und die Grenzen waren für Touristen geschlossen. Nach der langen Grenzprozedur hat jedoch keiner von uns Lust, geschweige denn Energie und Nerven, mit Vollgas durch das Land zu fahren. Wir beschließen, uns nicht einschüchtern zu lassen, gemütlich den Konvoi durch das Land zu lenken und am nächsten Hotel anzuhalten.

Die Armut ist unvorstellbar und wir werden mit Zuständen konfrontiert, die erkennen lassen, dass wir uns am Rande der uns so gewohnten Zivilisation bewegen. Achtzig Prozent der Bevölkerung lebt unter der Armutsgrenze, fast jeder Zweite der acht Millionen Honduraner lebt von weniger als 1,25 Dollar am Tag. Die Häuser am Wegesrand bestehen aus geflochtenen Äste, aus Lehm oder sind aus Wellblech und Plastikfolie gefertigt. Meist ist es nur ein Raum, vor dessen Öffnungen Tücher befestigt sind. Stromleitungen fehlen und die Wasserversorgung ist in der Luxusvariante eine Handwasserpumpe auf der festgestampften Erde des Grundstücks. Müll und Abfall liegen wild verstreut, dazwischen laufen Hühner und Schweine frei herum. Das wichtigste Hauptverkehrsmittel sind Pferde, während Ochsengespanne als Transportmittel für schwere Lasten dienen.

Am meisten verstören uns Zäune, die das Land wie ein großes Gefängnis wirken lässt. In den reicheren Ansiedlungen sehen viele Häuser aus wie Festungen. Zäune und Stacheldraht umgeben die

Grundstücke – manchmal auch Mauern, die zum Schutz vor Einbrechern mit Glasscherben bestückt sind. Die eigentlichen Gebäude sehen eigentlich recht hübsch aus, erinnern aber durch die vergitterten und abgedunkelten Fenster an Foltergefängnisse.

Hinter den Gitterstäben der Kioske stehen Verkäufer und reichen den Kunden die Ware durch ein kleines Fenster heraus. Vor Supermärkten und Banken steht uniformiertes Wachpersonal mit Schrotflinten. LKWs werden mit einem bewaffneten Beifahrer abgesichert. Die Vorsicht ist groß, aber wie kann man nur mit dieser dauerhaften Angst leben?

Wie zum Hohn parken wir unsere Fahrzeuge im Innenhof eines Luxus-Hotels. Meterhoch umzäunt und überwacht. Für europäische Verhältnisse ist es eine in die Jahre gekommene Mittelklasse-Unterkunft, in der Landeskategorie beträgt der Übernachtungspreis für ein Zimmer 50 Dollar. Für die Mehrheit der Bevölkerung ein ganzes Monatsgehalt.

Der heutige Tag war mit weit über 40 Grad der heißeste der gesamten Reise und mit der untergehenden Sonne hoffen wir auf Abkühlung – und werden enttäuscht. Die schwüle, siedende Luft hängt wie eine Glocke über uns, ist feucht und schwer. Fast zu dick zum Atmen. Für einen geringen Aufpreis zur Parkgebühr dürfen wir in den Pool, doch das Wasser hat Körpertemperatur.

Wie gelähmt sitzen wir bis spät in die Nacht auf dem Bordstein des Parkplatzes unter den Bäumen, sind todmüde und können trotzdem nicht schlafen, da wir innerlich kochen. Sieben Ventilatoren laufen mit einem ohrenbetäubenden Klappern auf Hochtouren, das Bettlaken ist feucht. Das Holz der Möbel im Laster dehnt sich aus, Schubfächer klemmen plötzlich und Türen lassen sich nicht mehr öffnen oder schließen.

Ich lege mich wie immer zwischen Levi und Thorben in meine eigenen 50 Zentimeter Bett und könnte in dieser Nacht jedes Mal einen Mord begehen, wenn mich einer der beiden eigentlich geliebten Menschen berührt. Wie noch nie in all den Monaten vermisse ich eine Klimaanlage. Aber Dinge, die man nicht ändern kann, muss man akzeptieren und auch diese Nacht werde ich überstehen. Morgens um fünf Uhr werde ich von der aufgehenden Sonne und dem eigenen Schweiß geweckt. Auch die Nacht wird mit 38 Grad und einer fast 100-prozentigen Luftfeuchtigkeit wohl unschlagbar in die Geschichte eingehen.

Laura rasiert ihren Hund kahl und ich verpasse Levi einen luftigen Drei-Millimeter-Schnitt. Wir besteigen nur in Unterwäsche gekleidet den Laster und fahren, sämtliche Fenster heruntergelassen, heraus aus dem Hitzekessel Richtung Grenze.

Eine unglaubliche Dürre zeichnet die Landschaft und macht den Menschen das Leben noch schwerer. Und trotzdem begegnen uns die Leute stets freundlich lächelnd, nie klagend. Nach nur wenigen Tagen verlassen wir das heiße Pflaster von Zentralamerika und ärgern uns, nicht auf unser Bauchgefühl gehört zu haben. Durch die negative Berichterstattung fiel es uns schwer, die reelle Gefahr einzuschätzen, und wir haben uns zu stark verunsichern lassen. Die Situation in den Armenvierteln der Städte ist garantiert gefährlich, mit Sinn und Verstand im Gepäck sind es aber auch El Salvador und Honduras definitiv wert, intensiver entdeckt zu werden.

NICARAGUA

Cañon del Somoto
Esteli
Matagalpa
Leon
Poneloya
MANAGUA
Volcán Masaya
Granada
Ometepe
Playa Maderas

Das Tor zur Hölle

Wie aus dem Nichts taucht auf der kleinen Bergstraße die Grenzstation auf. Erst mit Abgabe der Fahrzeuge und Führerscheine als Pfand kommt der Ausreiseprozess ins Laufen. Wir klopfen uns von Fenster zu Fenster, in der Hoffnung hinter dem verdunkelten Glas jemanden anzutreffen. Nach fast zwei Stunden bekommen wir eine Antwort: Die Mittagspause ist beendet. Für die Kopie des gerade erhaltenen Stempels warten wir erneut eine Stunde, bis auch hier die Teller geleert sind.

An der *Fumigación* zu Nicaragua verschließen wir alle Fenster, verlassen den Frosch und verschanzen uns im vorgeschriebenen Wartebereich. Ein vermummter Arbeiter umringt mit einem Sprühgerät die Fahrzeuge und desinfiziert jeden kleinsten Millimeter. Was dann geschieht, lässt mir die Gesichtszüge entgleiten. Er wechselt sein Arbeitsgerät und schultert eine Art Kanone, öffnet die Fahrertür und donnert mit einem lauten Knall eine Ladung Gift in unsere Wohnung. Als sich die riesige weiße Wolke verzogen hat, dürfen wir wieder einsteigen. Wir öffnen die kurz zuvor geschlossenen Fenster, um das rauszulassen, was eigentlich auch draußen bleiben sollte.

Als die Dame am Schalter der Zolleinfuhr Baujahr, Farbe und Marke der Fahrräder inklusive des Dreirades verlangt, lassen wir uns lachend die kuriosesten Namen einfallen, rollen schließlich nach weiteren vier Stunden vom Hof und atmen erst einmal tief durch.

In nicht einmal einer Woche vier Länder und acht Grenzübergänge. Das schlaucht und geht ins Geld: Ausreisegebühren, Einreisegebühren, Versicherungen, Helfer, Schmiergeld und Verluste beim Geldtauschen in die neue Währung. In den nächsten Wochen ist damit erst einmal Schluss. Für Nicaragua nehmen wir uns Zeit.

Wir betreten nicht nur ein neues Land, vor unseren Augen breitet sich eine ganz andere Welt aus. Es ist grün. Wiesen und

Sträucher strahlen in satten Farben, die Bäume stehen in orangener Blüte. Und von Dreck und Müll ist weit und breit keine Spur mehr.

In weiches Abendlicht getaucht führt uns die schmale Piste an ein Flussufer und wir dürfen auf der großen, unebenen Wiese eines Bauern parken. Die Autos der Freunde stehen an der gemütlichen Palapa – wir bleiben beim Wenden etwa dreißig Meter entfernt in der aufgeweichten Grünfläche stecken. Nichts geht mehr, die Hinterräder drehen durch und wühlen sich immer tiefer ins Erdreich. Statt uns auszuruhen, schaufeln wir bis weit in die Dunkelheit hinein, verwandeln die Wiese in ein matschiges Schlachtfeld und verbringen die Nacht alleine in Schräglage.

Am Morgen wachen wir auf und überlegen als erstes, wo wir uns befinden. In welchem Land? An welchem Ort? Ein Blick aus dem Fenster verrät uns, das wir auf einem Acker stehen. Ein Ochse zieht gerade einen Pflug über die ehemalige Wiese und der Bauer bedankt sich herzlich für unsere Mithilfe am Vorabend. Er meint, gegen Nachmittag werde die Sonne den Matsch austrocknen, und dann könnten wir versuchen, wieder Grip zu bekommen. Die Zeit dazwischen nutzen wir für einen Ausflug in die nahe gelegene Somoto-Schlucht. Ein Guide versichert, dies sei mit Baby machbar, also steige ich auch auf die Ladefläche des Pick-ups.

Die ersten paar hundert Meter spazieren wir auf einem Trampelpfad durch den Dschungel, am Flussufer erschweren rutschige Kiesel und später große Felsen das Vorankommen. Ich schlage mich wacker und komme mit Levi in der Bauchtrage gut hinterher. Am Eingang der Schlucht verbreitert sich der Fluss und wird tiefer. Der Guide packt die Schwimmwesten aus und übergibt mir diese zusammen mit einer großen Plastiktüte. In diese soll Levi rein, während wir, rücklings im Fluss treibend – ich mit dem Baby auf dem Bauch – die erste Wasseretappe bezwingen. Bis die Gruppe langsam hinter der Biegung der Felsschneise verschwindet, winke ich ihnen hinterher und bin erleichtert, das Abenteuer abgebrochen zu haben. Möglich ist ja fast alles, nur zu keinem Preis werde ich mein Kind in einen Sack stecken und einer unnötigen Gefahr aussetzen. Zusammen mit dem zweiten Guide laufe ich um den Canyon herum, wir nähern uns in der schweißtreibenden Mittagshitze der Grenze zu Honduras und passen die Schwimmer an der nächsten Schlucht ab, die mit ihren bunten Westen zwischen den dunklen Felsen bereits aus weiter Ferne zu sehen sind. Dort stehen bereits Reifenschläuche für die zweite Flusspassage. Auch für mich und Levi. Lachend bedanke ich mich, laufe mit meinem Kleinen zum Camp zurück und manövriere den Laster durch heftiges Aufschaukeln auf festen Boden zurück.

Gegen Abend füllt sich der Platz, alle sind wohlbehalten und begeistert wieder zurück, aber auch nass und erschöpft. Seit einer Woche sind wir nun schon im Konvoi unterwegs, inzwischen nicht aus Gründen der Sicherheit, sondern weil das gemeinsame Reisen einen fröhlichen, angenehmen Eigenrhythmus entwickelt hat. Auf der Straße fährt jeder sein Tempo, oft verlieren wir uns aus den Augen, doch spätestens am Ende des Tages finden wir immer wieder zueinander, bauen ein gemeinsames Lager auf und essen an den zusammengestellten Klapptischen. Auch heute sitzen wir an der langen Tafel und aufgeregt wird über den Ausflug erzählt. Hierbei höre ich Geschichten von zehn Meter hohen Abseilpassagen, Sprüngen in tiefe Wasserlöcher, Überquerungen von Stromschnellen und der ein oder anderen Wasserschlange.

Ohne dass ich es bemerkt habe, ist damit bei meiner Tochter eine erstaunliche Wesensveränderung einhergegangen. Ich sitze gerade auf unserer Eingangsstufe und stille Levi, als Daggi Romy an die Hand nimmt und beide gemeinsam in dem kleinen Hilux verschwinden. Körperkontakt und manchmal sogar Gespräche mit anderen sind bei ihr eine heikle Angelegenheit, doch mit Hilfe einer sehr einfühlsamen Sozialarbeiterin hat sich klammheimlich sowas wie ein kleines Türchen bei ihr geöffnet. Heimlich spähe ich durch den Eingang in die Wohnkabine und beobachte, wie beide als eingeschweißtes Team Vanillepudding kochen. Mein Herz hüft vor Freude und ich entferne mich unbemerkt wieder nach Hause.

Rund um Estelí spielen Landwirtschaft und Viehzucht eine große Rolle und die sanften Berghügel werden hauptsächlich als Anbaufläche für Tabak genutzt. Hier schmelzen unsere Schuhsohlen vom heißen Asphalt, später flüchten wir vor Fliegen, die sich binnen kürzester Zeit zu hunderten im Laster ausbreiten, und auch am nächsten Stellplatz kommen wir nicht zur Ruhe. Für uns als Naturfreunde sind Maikäfer echte Sympathieträger, doch wir sitzen sehr ungünstig im Obstgarten – der Einflugschneise zu einer Lichtquelle – und werden von den unzähligen brummenden, unbeholfenen Fliegern umschwirrt. Einige prallen gegen uns, andere verfangen sich in unseren Haaren. Irgendwann wird es so unerträglich, dass wir in den Laster wechseln müssen und die Käfer daraufhin im Minutentakt gegen die erleuchteten Fensterscheiben klatschen.

Die Berge von Matagalpa sind unser nächstes Ziel. Nicht wegen der wunderschönen, tropischen Umgebung, nicht wegen der idyllischen Lage inmitten der Kaffeeplantagen. Uns ist nur eines wichtig: Temperaturen, die tagsüber nicht unsere Bewegungsfähigkeit lähmen und uns in der Nacht endlich wieder schlafen lassen. Nach drei Tagen haben wir genug Kraft getankt und fühlen uns fit genug, um das Tiefland weiter zu erkunden. Ein gutes Basislager für die Highlights im Westen Nicaraguas ist das kleine

Örtchen Poneloya. Doch hier lässt es sich nur am Playa Las Peñitas aushalten, wenn der Pazifik eine kühle Brise mitbringt und die großen Wellen bis weit auf den Strand spritzen. Es ist so heiß hier, dass ich nasse Tücher vor die offenen Fenster hänge. Dadurch fällt die Temperatur schlagartig um ein paar Grad. Dass dafür die Luftfeuchtigkeit steigt, nehme ich in Kauf. Wir wechseln ständig zwischen Hängematte und Strand und steigen mehrmals am Tag in eine mit Wasser gefüllte verrostete Tonne – die Duschen funktionieren nicht.

Nur 45 Kilometer entfernt erhebt sich der junge Vulkan Cerro Negro aus der hügeligen Lavalandschaft. 800 Meter hoch, pechschwarz und aktiv. Laura, Daggi und ich schnallen uns schwere Rucksäcke samt zwei Meter langen Holzbrettern auf den Rücken, klettern über scharfkantige Lavabrocken und kämpfen uns durch die weiche Asche bis auf die Spitze hinauf. Die Aussicht ist überwältigend: Über uns bildet der blaue Himmel, getupft mit weißen Wölkchen, einen krassen Kontrast zu der kargen Landschaft. Wir werden umringt von Vulkanen und weitläufigen Lavafeldern, die gesprenkelt sind von grünen Flecken. Stück für Stück holt sich die Natur das zurück, was ihr einst gehörte. Vor

unseren Füßen steigt Rauch in die Höhe, der Boden am Kraterrand ist brennend heiß, das Loch dunkel und unheimlich. Es scheint das Tor zur Hölle zu sein. Meine, nein die Aufregung aller steigt, denn gleich surfen wir drei zum ersten Mal in unserem Leben den Hang eines Vulkanes hinab. Ich ziehe Overall, Schutzhandschuhe und Brille an, besteige das mitgebrachte Brett und rase die 800 Meter der schwarzen Piste mit einem Gefälle von 45 Grad hinab. Das Gefährt schleift wie über grobkörniges Sandpapier, Steinchen und Staub wehen mir ins Gesicht. Wie berauscht fliege ich förmlich mit 60 Stundenkilometern über die letzte Kuppel ins Ungewisse und lande Sekunden später sanft und heil auf meinen Füßen. Unten angekommen sehen wir die steile Wand hinauf, dann in unsere grinsenden, schwarzen Gesichter. Die Vulkansteinchen und den feinen Staub in Haaren, Ohren und auf jeder freien Stelle der Haut nehmen wir mit, um noch eine Weile an das berauschende Gefühl erinnert zu werden.

Die nahe gelegene Kolonialstadt Leon raubt uns fast den Atem. Die drückende, schwüle Hitze wird wie in einem Backofen von Hauswänden und Asphalt reflektiert und ist so heiß wie ein Föhn. Wir nehmen die Herausforderung an, ich verstecke mich mit Levi

unter einem dunklen Regenschirm und wir schlendern durch die mit derbem Kopfstein gepflasterten Gassen. Auf dem blätternden Putz der Fassaden können wir in Form von dramatisch gestalteten politischen Wandgemälden der Revolutionskämpfe in den Jahren 1978/1979 die Geschichte der Stadt wie in einem Bilderbuch anschauen. Stumm und farbenfroh erzählen die Wände vom Sieg über die gewalttägige Herrschaft des Diktators.

Leon ist voller Leben, strahlt eine unglaubliche Power aus, und die Menschen strotzen nur vor Selbstbewusstsein. Den Mittelpunkt bildet der Parque Central mit der Kathedrale Basilica Catedral de la Asuncion, die zugleich auch als größte und älteste in Zentralamerika gilt.

Das Besondere an dieser ist nicht das Innenleben, sondern das, was sich hoch oben befindet. Hinter einer kleinen Tür bitten wir um Einlass und bekommen den geheimen Weg zugeflüstert. Über enge Stufen klettern wir auf das Dachgewölbe, ziehen unsere Schuhe aus und betreten den Himmel auf Erden. Das strahlend weiße Kuppeldach gleicht einem Traum aus 1001 Nacht, die Helligkeit hat solch eine Anmut und erweckt den Eindruck, über den Wolken zu schweben. Da geraten sowohl der Ausblick auf die Kirchen der Stadt, die vielen umliegenden Vulkane als auch der schöne Sommerhimmel zur Nebensache.

Einsame Straßen führen in eine immer karger werdende Landschaft, ein unglaublich blau-weißer Himmel glänzt stetig über uns und wir erreichen den Vulkan Masaya – den aktivsten Feuerspucker in ganz Zentralamerika. Mehrere Wochen war der Nationalpark gesperrt und ist erst seit gestern wieder zugänglich. Der Zufahrtsweg endet direkt am Krater und wir werden darauf hingewiesen, wegen der noch hohen Aktivität in Fluchtrichtung zu parken. In der Luft liegt ein beißender Schwefelgeruch und aus dem Schlund quellen graue Schwaden, die sich als grün-gelbliche Schicht um den Kraterrand abgelagert haben. An der kleinen Mauer aus braunem Vulkangestein blicken wir in die runde Öffnung und entdecken die wild brodelnde, feuerrote Lava. 15 Minuten haben wir Zeit, wie paralysiert in das flüssige Feuer zu starren, bis uns ein Wachmann darauf hinweist, aus gesundheitlichen Gründen wieder zu fahren.

Wir übernachten am Süßwasser-Kratersee in der Lagune Apoyo, – dem angeblich tiefsten Punkt Zentralamerikas – und besuchen Granada, die älteste Kolonialstadt des Landes. Den Stadtkern mit seinen wunderschön restaurierten, kunterbunten Kolonialbauten und barocken Kirchen erkunden wir in einer Pferdekutsche, genießen cremiges italienisches Eis in einem der unzähligen schattigen Innenhöfe und kühlen uns an wasserspeienden Brunnen in den Parks ab. Anhand der Männer, die in den Straßen abseits des repräsentativen Zentrums in zerschlissener Kleidung auf dem Boden liegen, werden die sozialen Probleme des Landes deutlich. Drogenverkäufe auf offener Straße beobachten wir nicht, aber der Konsum ist unverkennbar. Granada ist eine Perle, doch der Funke springt nicht über. Mein Herz habe ich bereits an Leon, den ungeschliffenen Diamanten, verloren.

Hinter Rivas biegen wir ein letztes Mal vom Hauptkurs ab und erreichen nach 30 holprigen Kilometern die wunderschönen Sandstrände von Maderas, die sich in kleinen Buchten verstecken. In den von hohen Felsen eingerahmten, muschelförmigen Becken wachsen die Kokospalmen bis an den Strand und hohe Wellen brechen sich wenige Meter, bevor sie auf den goldenen Sand treffen. Wir verbringen herrliche Tage, steigen auf das Surfbrett und fischen. Am letzten Abend steht der Grill im Sand, wir lauschen dem unaufhörlichen Brausen der Brandung des Pazifiks und nehmen Abschied von Nicaragua.

Die Zeiten bewaffneter Konflikte und erbitterter Bürgerkriege sind lange vorbei, doch das Land erholt sich nur langsam davon. 70 Prozent der Bevölkerung leben unterhalb der Armutsgrenze, 30 Prozent gelten als unterernährt. Trotz der schwierigen Zeiten sind die Menschen liebenswert, freundlich und offen. Mitten im touristischen Aufschwung ist das Land noch rein, unverbraucht und natürlich, überrascht mit seiner Vielfalt und ist hervorragend zu bereisen. Die restliche Strecke führte uns kilometerlang am Lago de Nicaragua entlang, dem größten Binnensee in Zentralamerika mit mehr als 400 Inseln, bis zu Nicaraguas berühmten, reichen Nachbarn: Costa Rica.

COSTA RICA

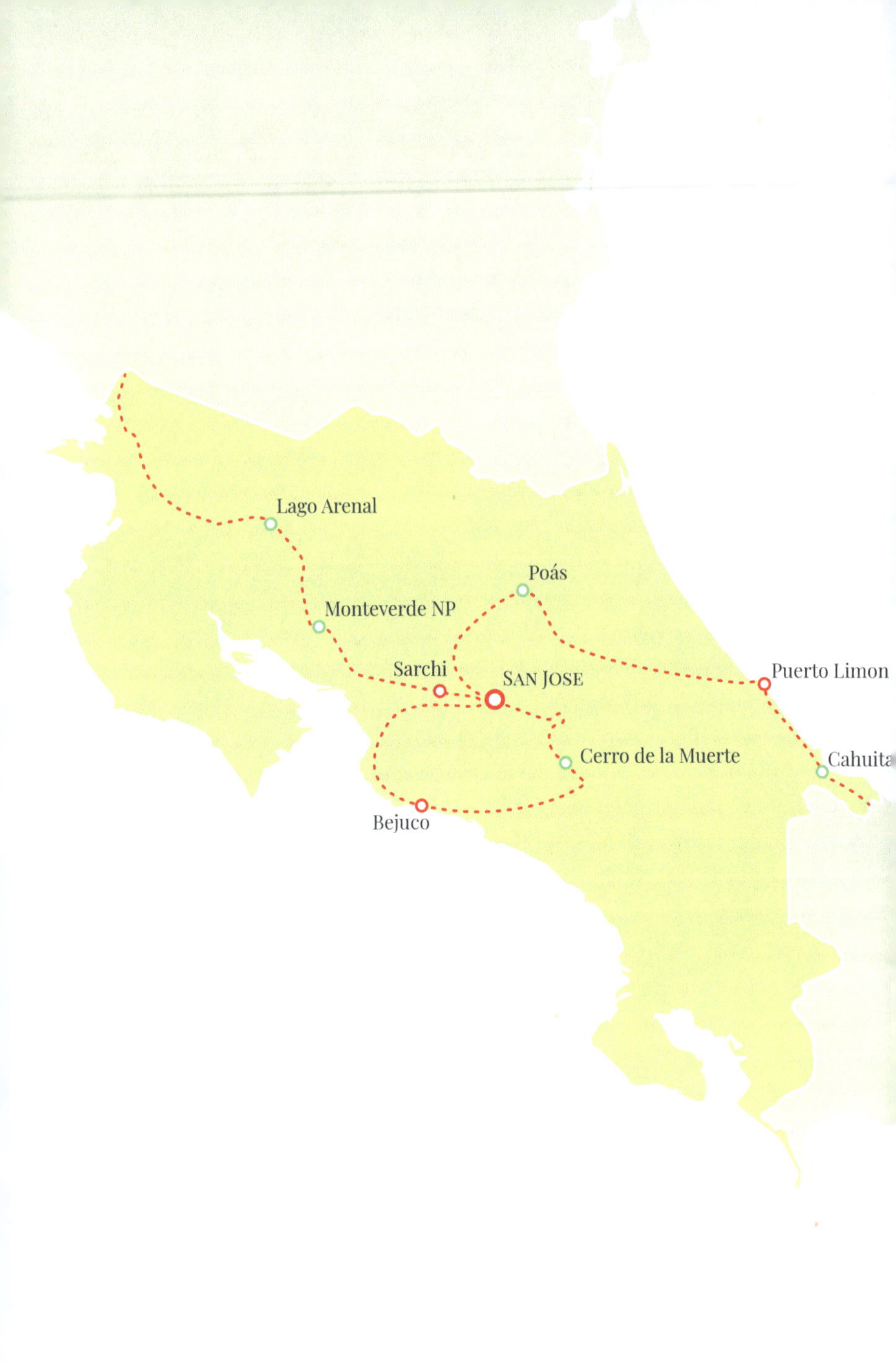
Lago Arenal
Poás
Monteverde NP
Sarchi
SAN JOSE
Puerto Limon
Cerro de la Muerte
Cahuita
Bejuco

Reich und Schön

Pura Vida ist das Motto Costa Ricas. Das pure Leben. Das kleine Land ist mit 500 000 Tier- und Pflanzenarten ein Paradies der Artenvielfalt und über ein Viertel der Fläche steht unter Naturschutz. Das Klima unterscheidet sich nicht von den Nachbarländern und alle besitzen die gleichen kulturellen Wurzeln, trotzdem hat Costa Rica eine vollkommen andere Entwicklung eingeschlagen.

Das Land ist ein Heiliger inmitten von Banditen und zieht jährlich zwei Millionen Besucher an. Nur den über Land Reisenden wird es schwer gemacht – der Grenzübergang gilt als der mühsamste. Der Tag ist gerade am Erwachen und wir stehen vor dem Zollgebäude zwischen LKWs, Reisebussen, Händlern und Touristen und müssen den gesamten Inhalt des Lasters zur Kontrolle auf dem Parkplatz ausbreiten. An der Röntgenmaschine warten wir geschlagene zwei Stunden das Ende der Mitarbeiterschulung ab und die Laune aller Beteiligten hat bereits zur Mittagszeit seinen Tiefpunkt erreicht. Thorben wirft das Handtuch, übernimmt die Kinderaufsicht und überlässt mir den Rest. Dabei sind wir gerade erst aus Nicaragua ausgereist und die Einreise nach Costa Rica steht uns noch bevor. Ich beginne am Zollgebäude, arbeite mich zum Versicherungsbüro durch, das am anderen Ende des Geländes liegt, besuche die Kopierstube und pendle zwischen diesen Stationen unzählige Male hin und her. Bereit zur Abfahrt muss ich feststellen, dass aus Thorbens Nationalität Alemania ein Albania geworden ist, und starte den gesamten Vorgang erneut. Kurz vor Einbruch der Dunkelheit werfe ich mein durchgelaufenes Paar Schuhe in den Müll, steige in den Laster und gebe das Zeichen zur Weiterfahrt.

Unsere erste Anlaufstelle ist die Finca Cañas Castilla von Schweizer Auswanderern. Die Lage ist traumhaft: weitab der Zivilisation, inmitten von dichtem Wald mit einem tierischen Unterhaltungsprogramm. Klammerschwanzaffen turnen und hangeln sich von Baum zu Baum, balzende Truthähne rennen durch unseren Vorgarten und Riesenkröten tummeln sich in solchen Massen, dass wir fast drauftreten. In der Nacht geben unermüdliche Zikaden ein ohrenbetäubendes Konzert und abertausende blinkende Glühwürmchen lassen die Dunkelheit zauberhaft erleuchten.

Über unserem Laster liegt das Wohnzimmer eines Faultiers und das macht seinem Namen alle Ehre. Stundenlang sitze ich mit Levi im Campingstuhl, starre in das Baumgeäst und kann nur eine einzige Bewegung ausmachen: das Kauen der Blätter. Fast wie in Zeitlupe bewegt sich die kleine, beige, behaarte Schnauze, zwischendrin schläft es einfach ein, um kurz darauf wieder zu essen. Auch wir gönnen uns die gute Küche vor Ort, lassen uns Roulade, Spätzle und Sternfruchtsaft servieren und schlucken auch zum Abschied recht langsam, als die Rechnung auf dem Tisch liegt.

Das Land zieht aus dem Tourismus ordentlich Kapital. Die Preise sind astronomisch hoch und bewegen sich stets weiter nach oben. Solange der Tourist zahlt, wird an der Preisschraube gedreht. Nicht umsonst wird Costa Rica wohl auch die Schweiz Zentralamerikas genannt. Enttäuscht stellen wir fest, dass einige Aktivitäten nicht bezahlbar sind oder wir diesen Wucher nicht unterstützen wollen. Einzig ums Einkaufen kommen wir nicht herum und werden in den großen Supermärkten, welche die kleinen Läden verdrängt haben, ordentlich zur Kasse gebeten.

Die Hitze der Provinz Guanacaste macht uns so sehr zu schaffen, dass wir die hochgelobte Küstenregion auslassen. Schweren Herzens verabschieden wir uns von Manni und Daggi und ziehen nur noch mit Laura, Marcelo und ihren Kindern weiter. Unsere Reisepläne harmonieren weiterhin, wir verstehen uns wunderbar und es wird wohl so weitergehen, bis wieder für einen von uns der Weg in eine andere Richtung führt.

Über eine miserable Piste quälen sich Frosch und Toyota an das westliche Ufer des Lago Arenal. Auge in Auge mit dem schlafenden Vulkan Arenal, der von der Form her zu Recht als perfekter

Vulkan angesehen wird, kampieren wir zwischen wildem Zuckerrohr und beobachten tagein, tagaus das Wolkenspiel an der Spitze des Kegels. Die Stühle und die Spieldecke der Kinder richten wir beinahe stündlich neu aus, je nachdem, in welche Richtung die Truppe fleißiger Blattschneideameisen marschiert.

Da die Uferstraße eine der schönsten Fahrstrecken seit langem ist und für ordentlich Fahrvergnügen sorgt, nehmen wir einen Umweg in Kauf und umrunden den größten See Costa Ricas vollständig. Aufgrund der Regenzeit sind einige Straßen weggespült, dafür bieten sich umso mehr Flüsse zum Durchqueren an. Genau das wollen wir. Mit hochgekrempelten Hosen laufen Laura und ich voran und weisen den Fahrzeugen eine geeignete Spur durch die tiefen Flussbecken. Eine wenig vertrauenserweckende Holzbrücke mit abenteuerlich zusammengehämmerten Querbrettern und einer Fahrspur aus Längsleisten bietet ein tolles Fotomotiv. Da abgeschnittene grüne Zweige auf der Straße, die die Funktion eines Warndreiecks in Zentralamerika erfüllen, fehlen, wissen wir, dass die Brücke befahrbar ist. Aber wir trauen uns nicht und durchfahren erneut das kalte Wasser.

Sattgrüne Wiesen ziehen vorbei, grasende Simmentaler-Kühe und gut organisierte Landwirtschaftsbetriebe – wir fühlen uns wie in der alten Heimat. Würden die üppigen Wälder nicht vor Feuch-

tigkeit dampfen und Tukane direkt vor der Windschutzscheibe entlangfliegen, bestünde ernsthaft Verwechslungsgefahr. Die Frage, ob die Vögel trotz des großen Schnabels fliegen können, ist somit auch beantwortet. Wir mühen uns über schlechte Straßen hinauf auf Höhen bis zu 1800 Metern und erreichen die Bergnebelwälder des Reserva Monteverde.

Das Schutzgebiet liegt an den Hängen des Gebirgsmassivs der Cordillera de Tilaran im Zentrum Costa Ricas und gilt als der meist besuchte Nationalpark des Landes. Im Morgengrauen betreten wir mit Regenjacke und schweren Schuhen eine legendäre, wuchernde Urwelt, die von zahlreichen Wanderwegen durchzogen ist. Über 2500 Pflanzenarten, 100 verschiedene Säugetiere, etwa 400 Vogelarten und 120 Reptilien sind hier heimisch. Es ist ein Erlebnis für sich, durch so eine Landschaft zu streifen. Uns umgibt sattes Grün in allen nur vorstellbaren Nuancen, wir riechen dunkle, modernde Erde, hören das Rauschen eines Wasserfalls und das Knarren alter Stämme. Eine Zauberwelt aus Licht, Schatten und geheimnisvollen Geräuschen. Gespenstisch bewegen sich die Blätter, ohne einen einzigen Windhauch. Ein schmaler matschiger Pfad führt uns durch modrigen Unterwuchs, bestehend aus Farn, Moos und Kräutern, während nur noch eine bescheidene Restmenge des Tageslichts zu uns durchdringt. An zahlreichen von Lianen umrankten Stämmen wachsen unterschiedlichste Orchideen und Bromelien, in deren Blatttrichtern sich Regenwasser ansammelt.

Allmählich erreichen wir nebelumhüllte Höhen und eine schauklige Hängebrücke, die eine tiefe Schlucht überspannt und zwischen den Baumkronen zu schweben scheint. Ein zweiter artenreicher Wald, ein neuer, üppiger Lebensraum. Nur anhand der Geräuschkulisse können wir erahnen, dass an diesem Ort die unterschiedlichsten Vögel leben – sehr gut versteckt durch die dichte Vegetation. Kaum zu übersehen sind die winzigen Kolibris, die in Scharen pfeilschnell an die Nektarstationen schwirren, um vom Zuckerwasser zu trinken.

Von Zeit zu Zeit begegnen uns in den ländlichen Gebieten der zentralen Hochfläche noch Ochsenkarren auf den Straßen. Als die Nachfrage nach Kaffee auf dem Weltmarkt anstieg, begann die Ära der berühmten, bunten Ochsenkarren, die für den Transport der Kaffeesäcke an den Pazifik benötigt wurden. Die anfangs noch roh gezimmerten, einfachen Holzwagen bekamen mit der Zeit bunte Räder und später eine farbliche Gestaltung des gesamten Gefährtes. In der Blütezeit des frühen Kaffeeanbaus waren bis zu 10.000 dieser Gespanne unterwegs, was mit sich brachte, dass die *Carreta* die Herzen des Volkes eroberte und für Kultur, Arbeit, Geduld, Beharrlichkeit und Bescheidenheit – im Bemühen, das Ziel zu erreichen – steht und bis heute ein Symbol von Costa Rica ist. Sarchí, ein Ort im Norden der Provinz Alajuela, ist die Heimat der fröhlich bunt bemalten Ochsenkarren. In einem kleinen Handwerksbetrieb schauen wir den Künstlern über die Schulter, die mit ruhigen Pinselstrichen orange als Grundfarbe einsetzen und mit filigranen Schwüngen grüne, gelbe, rosa, blaue und weiße kunstvoll-geometrische Blumenmuster auf das Holz zaubern.

Will man weiter nach Osten oder von Norden nach Süden reisen, führen alle Wege über San Jose, der Hauptstadt mitten im Dschungel. Schon vor den Toren nimmt der Verkehr zu und wenig später stehen wir im Stau. Das tägliche Verkehrschaos legt alles lahm, und das liegt nicht nur an der Rush Hour, sondern vielmehr an den *Ticos*, den Einwohnern Costa Ricas. Autofahren ist nicht ihre Stärke, dafür können sie sehr gut drängeln und bestehen beharrlich auf ihr Recht. Der tägliche Regenguss von 14 bis 17 Uhr lässt Gullys überlaufen, Rinnsteine verwandeln sich in reißende Bäche und runden das Chaos perfekt ab.

Etwa drei Monate ist es her, dass wir die Möglichkeit hatten, uns richtig zu versorgen, und auch die Liste für Reparaturen ist seitdem lang geworden. In der größten Shoppingmall der Stadt gönnen wir uns deutsches Brot, Gewürzgurken, Schweizer Käse und italienische Salami für eine Brotzeit, nach der wir schon so lange schmachten, und halten am Abend unseren reparierten Laptop in den Händen, welcher nun schon zum fünften Mal den Geist aufgegeben hat.

Ramona, meine ehemalige Arbeitskollegin, besuchte uns damals in Cancún und gab uns den Rat, in San Jose bei ihrer besten Freundin vorbeizuschauen. Die Adresse führt zu einem Anwesen in Heredia, das von einer hohen Mauer umzogen und für uns Außenstehende daher nicht auszumachen ist. Da wir die Eigentümer nicht kennen, klingeln wir zaghaft und werden von Ramonas Freundin Ale freudestrahlend in Empfang genommen. Kurz darauf sitzen wir mit Laura, Marcelo, Lucas und Bruno und der ganzen Familie in der Küche und stoßen mit Würzburger Riesling auf unser erstes Jahr auf der Straße an. Ales Eltern Alex und Eva entpuppen sich als unglaublich großzügige Gastgeber und machen uns allen den Aufenthalt unvergesslich. Sie entführen uns auf eine Krokodilsafari am Rio Tárcoles und laden uns zu typischer Tico-Küche mit Reis, Bohnen und viel Fleisch ein. Nachdem unser Laster und der Toyota auf Hochglanz poliert sind, folgen wir ihnen in ein streng bewachtes Resort an den Pazifik, wo das Paar mehrere Wohnungen besitzt, und beziehen ein Appartement, das uns die Sprache verschlägt. Die 150 Quadratmeter große Suite könnte das Cover einer Hochglanzzeitschrift unter dem Titel Schöner Wohnen für Millionäre zieren.

Es ist erstaunlich, wie bescheiden wir mit der Zeit geworden und dabei trotzdem glücklich sind. Heute sind wir froh, wenn es irgendwo eine Dusche gibt, selbst wenn es nur spärlich aus einem dunklen Loch in der Wand rieselt und um uns herum Frösche hüpfen und Käfer krabbeln. In unserer Suite ist allein die Duschkabine so groß wie der Wohnraum im Laster. Vom Himmelbett und der freistehenden Badewanne im Schlafzimmer aus sehen wir

das Meer, das Wohnzimmer ist bestückt mit einem traumhaft weichen Teppich, einer riesigen Couch und dem neuesten Flachbildfernseher inklusive Surround-Anlage. Auch die Küche ist purer Luxus und mit allem ausgestattet, was sich mein Köchinnenherz wünscht. Doch ich traue mich gar nicht recht, das Inventar anzufassen, aus Angst, etwas zu beschmutzen oder gar kaputt zu machen. Am liebsten baden wir im eigenen Pool am Pazifik oder sitzen herausgeputzt auf der Couch, bestaunen die kostbaren Güter und spielen *reich und schön* in einem Apartment, das für drei Tage 1000 US-Dollar kosten würde – für Thorben und mich ein monatliches Reisebudget.

Nach vier Tagen Luxus ziehen wir 50 Kilometer weiter südlich in ein ganzes Haus, das Alex für uns organisiert hat: eine vierwöchige Auszeit in unmittelbarer Nähe zu den Traumstränden des Nationalparks Manuel Antonio, wo die Regenwälder bis an die Strände reichen. Geschenkt. Außer der Regenzeit haben wir keine Termine und für die bevorstehende Organisation der Verschiffung von Panama nach Kolumbien kommt uns das sehr gelegen. Absolut sprachlos nehmen wir das Angebot an. Mit einer Flasche Wein, Pralinen und vielen Dankeschöns können wir nur annähernd unsere Freude über diese Herzlichkeit, Gastfreundschaft und Hilfsbereitschaft zum Ausdruck bringen.

Jetzt sind wir Bewohner eines Hauses am Pazifik inmitten eines tropischen Gartens, haben eine große Dachterrasse, zwei Schlafzimmer, zwei Badezimmer, eine voll ausgestattete Küche, einen Wohn- und Essbereich und eine Waschmaschine. Es geht uns richtig gut und wir zelebrieren das *Pura Vida* in Vollendung. Das Tempo ist runtergeschraubt, der Moment wird genossen – ganz ohne Fahrerei, ohne Besichtigungen. Wir machen Urlaub von der Reise. Der Kopf wird wieder frei für neue Eindrücke und wir bereiten uns mit Freude auf die nächsten Etappen vor. Gelegentlich gehen wir eine Runde am Strand spazieren, verausgaben uns mittags im Pool, von dem Romy, Bruno und Lucas und auch Levi gar nicht genug bekommen können, und kochen, wenn pünktlich ab dem späten Nachmittag der Regen auf das Blechdach trommelt, im Wechsel deutsche und uruguayische Gerichte. Nur einmal haben wir eine 90-minütige Meinungsverschiedenheit, als Mexiko gegen Uruguay im Copa América spielt. Kurzzeitig gesellt sich auch noch Radu dazu, den wir in Kanada getroffen haben. In den zehn Monaten seit unserer letzten Begegnung hat er 12 000 Kilometer mit dem Fahrrad zurückgelegt und ordentlich aufgeholt.

Es ist alles perfekt, bis Post aus Deutschland unsere Stimmung trübt. Das beantragte Elterngeld wird abgelehnt. Ebenso das Kindergeld. Das müssen wir zudem rückwirkend bis zum Tag der Abreise zurückbezahlen.

Mit dem Kindergeld sollen Familien durch die finanzielle Belastung einen Sozialausgleich erhalten, das Elterngeld ist dafür da, um laufende Kosten wie Essen, Windeln, Kleidung und Spielzeug zu decken, während man nicht arbeitet, sich stattdessen um den Nachwuchs kümmert und die Zeit als Familie gemeinsam verbringt, um ganz füreinander da zu sein. Berechnet von meinem vorherigen Einkommen habe ich mir diese Leistung verdient erarbeitet und bin davon ausgegangen, dass es egal ist, wo man sich um das Baby kümmert. Ein großes Loch reißt sich in die Reisekasse – dieses Geld war fest eingeplant. Das Apartment und die Geburt in Mexiko sowie die teuren Impfungen und ungeplanten

Anschaffungen haben uns ein kleines Vermögen gekostet. Wir studieren die gesetzlichen Regelungen, erfüllen alle Voraussetzungen für den Bezug und können keinen Grund finden, der mir diese Leistung verweigert.

Mexiko ist der Knackpunkt. Für unseren derzeitigen Lebensstil ist schlichtweg noch keine konkrete Regelung verabschiedet worden und Levis Geburtsort hat die Ämter dazu verleitet, unseren Wohnsitz nach Mexiko zu verlegen. Der Kopf raucht und wir sind verzweifelt, denn fern der Heimat ist es viel schwieriger, mit den Behörden und Anwälten zu kommunizieren. Nur in der Zeit von ein bis zehn Uhr morgens erreichen wir jemanden telefonisch, sofern der Apparat ganztags belegt ist. Ansonsten beschränkt sich das Zeitfenster nur auf die Nachtstunden. Auf die Schnelle lässt sich kein Anwalt finden und wir stehen vor der Entscheidung, die Reise abzubrechen oder das Konto mit roten Zahlen zu belasten. Sollen wir nach Südamerika gehen? Wir lassen es darauf ankommen, denn wer aufgibt, hat bereits verloren. Jetzt können wir ja nur noch gewinnen und buchen das Frachtschiff nach Kolumbien.

Einen Tag vor der Abreise dekorieren wir am frühen Morgen die Wohnung mit vielen bunten Luftballons, füllen eine Piñata mit Süßigkeiten, die wir nach dem Genuss eines Stück Schokoladenkuchens mit unseren Freunden an einer Palme am Strand aufhängen. Nicht nur in Mexiko, auch in den südlicher gelegenen Ländern freuen sich die Kinder auf dieses Geburtstagsgeschenk. Mit einem Stück Treibholz darf Romy so lange auf die Figur aus Karton klopfen, bis Süßigkeiten und ein kleines Geschenk in den Sand fallen. Das Aufschieben der Abfahrt hat sich gelohnt, und an ihren dritten Geburtstag wird sich Romy bestimmt noch lange erinnern.

Drei Wochen Urlaub reichen. Unser Hab und Gut kommt in den Laster zurück und nimmt seinen alten Platz wieder ein. Es ist ein seltsames Gefühl, Laura, Marcelo und die Jungs zurückzulassen. Sie hat das Reisefieber noch nicht gepackt. Zwei gemeinsam verbrachte Monate sind eine lange Zeit – dementsprechend kurz wird die Verabschiedung, um keine Emotionen aufkommen zu lassen. Wir sehen uns wieder. In Südamerika.

Das Schöne an Costa Rica ist, dass Berge und Meer, Hitze und angenehmes Klima nur wenige Fahrstunden voneinander entfernt sind. Eben noch an der Küste gewesen, schlängeln wir uns kurz darauf zurück auf eine Straße, die nicht schlechter sein könnte. Enge, extreme Steigungsraten, die Fahrbahn voller Schlaglöcher und wohl genau aus diesem Grund eine der gefährlichsten Passagen der Panamericana. Mit dem Cerro de la Muerte, dem Gipfel des Todes, erreichen wir auf 3338 Metern den höchsten Punkt der Traumstraße.

Der Südflanke des Vulkans folgend, besuchen wir den Irazú, Costa Ricas größten Feuerspucker. Während der kleinere Turrialba gerade mächtig Rauch und Asche in die Luft empor schleudert, schläft der gefährlichste und unberechenbarste von allen jedoch. Murrend bezahlen wir für den Nationalpark pro Person 20 Dollar Eintritt plus Parkgebühr, spazieren dick eingepackt durch schwarze Vulkanerde und beugen uns erwartungsvoll am Rand des Kraters nach unten, um den hochgelobten giftgrün leuchtenden Kratersee mit eigenen Augen zu sehen. Aber einen See gibt es nicht mehr und auch die Sicht auf Karibik und Pazifik ist nicht möglich. Eine steife Brise weht uns um die Ohren und bringt eine Wolkendecke mit sich. Auch der Vulkan Poás versteckt sich und wir belohnen uns ernüchtert mit Vulkan-Erdbeeren, die hier überall verkauft werden. In der Nacht werden die warmen Zudecken ausgepackt. Es ist kalt und wir frieren. Was wir zu Hause überhaupt nicht mögen, versetzt uns hier in einen Freudentaumel.

Wir atmen noch einmal kräftig von der klaren Luft und machen uns auf den Weg zur Karibikküste. Nebel wabert durch die Baumwipfel, unzählige Wasserfälle stürzen aus dem dichten Regenwald in die Tiefe und schon zur Mittagsstunde stehen wir mit den Füssen im weichen Sand, den damals Christoph Kolumbus überwältigt betrat und daraufhin Costa Rica den Namen *Reiche Küste* verlieh. Richtige Karibikstimmung kommt für uns in

Cahuita auf, als wir den gleichnamigen Nationalpark besuchen. Der Park trumpft mit einem kilometerlangen Wanderweg auf, der zwischen Traumstrand und dichtem Regenwald entlangführt. Bei 30 Grad und fast 100-prozentiger Luftfeuchte ist es ein zehrender Kraftakt, die Kinder zu tragen. Romy sitzt auf Thorbens Schultern und will nicht laufen, Levi hängt in meiner Bauchtrage und kann es noch nicht. Er hat mittlerweile den Dreh vom Rücken auf den Bauch raus, doch der nächste Schritt wird in unbekannter Ferne zuerst das Krabbeln sein. Es ist menschenleer, dafür strotzt die Umgebung nur vor Tieren. Krächzende Aras sitzen auf den Ästen, Kapuzineraffen präsentieren eine haarsträubende Vorführung kühner zirkusreifer Sprünge und handtellergroße blaue Schmetterlinge schwirren an unseren Köpfen vorbei. Schon nach kürzester Zeit ist uns schwindlig, da keiner mehr weiß, ob es oben oder unten interessanter ist. Kleine Reptilien laufen uns fast über die Füße, auf den Pflanzen sitzen gefräßige, schwarze Heuschrecken und hellblaue, gepunktete Frösche. Während sich bunte Krabben im dichten Untergrund verstecken, kleben an den Baumrinden verpuppte Käfer, aus denen bald nach und nach Zikaden schlüpfen. Für uns ist es der schönste Fleck des Landes, der zur Überraschung keinen Eintritt kostet.

Das erste Mal fühlen wir uns in diesem Land nicht wie Geldbeutel auf zwei Beinen. Mit diesen Eindrücken verlassen wir Costa Rica – ein Land, das die Erwartungen hoch steckt, und auch erfüllt.

PANAMA

Colon
PANAMA CITY
Piedra Pintada
Boquete
David
Nueva Gorgona

Oh, wie schön ist Panama!

Der Grenzübergang Sixaola ist abgelegen und so unscheinbar – wir fahren fast daran vorbei. Auf costaricanischer Seite verläuft die Abfertigung zügig, und so rollen wir nur eine Stunde später über eine alte Eisenbahnbrücke und werden in Panama vom schwer bewaffneten Militär fröhlich winkend empfangen. Mal sehen, ob hier die Bürokratie genauso reibungslos funktioniert. Was uns anfangs in helle Aufregung versetzt hat, ist mittlerweile zur Routine geworden.

Am Schalter der Migration bemerkt der Beamte Thorbens fehlenden Ausreisestempel. Ich laufe über die Eisenbahnbrücke zurück nach Costa Rica, bezahle die Ausreisesteuer im Supermarkt und stelle mich erneut am Ende der Schlange an. Wieder in Panama bewegen wir uns hektisch zwischen den Containern des Zolls hin und her, denn ohne Kfz-Versicherung dürfen wir nicht weiterfahren. Leider verfügt keiner über eine Internetverbindung und ich spaziere erneut über die Eisenbahnbrücke nach Costa Rica. In der ansässigen Apotheke gibt es neben dem üblichen Sortiment tatsächlich einen KFZ-Versicherungsvertrag für den Laster. Aber auch hier funktioniert kein Internet. Das erhalten wir kurz darauf vom Handy der Putzfrau.

Wir brauchen korrekte Angaben im Zollpapier. „Das ist wichtig, da das Fahrzeug Panama über den Seeweg verlassen wird“, erkläre ich der Dame am Schalter und wundere mich, wie ruhig ich bin und wie leicht mir das Spanisch mittlerweile über die Lippen geht. „Es fehlt die Motornummer auf den Einfuhrpapieren.“ Die überforderte Dame ist sehr bemüht und streicht versehentlich die Chassisnummer. Sie sitzt im Trockenen, ich stehe im Regen und rede mich um Kopf und Kragen. Schließlich reicht sie mir die Formulare durch das Fenster, ich erledige ihren Job, setze meine Unterschrift darunter und atme durch. Die Grenzen Zentralamerikas haben nicht uns geschafft, wir haben sie geschafft.

„In Panama“, sagte der Kleine Bär, „ist alles viel schöner, weißt du? Denn Panama riecht von oben bis unten nach Bananen.“ So steht es in Janoschs Kinderbuch geschrieben. Und tatsächlich: Uns schlägt süßlicher Bananenduft entgegen. Von einem kleinen Pick-up, der unter der Last von Bananen fast verschwindet.

Der Regenwald geht in kilometerlange Plantagen über und im Vorbeifahren beobachten wir den gesamten Prozess der Ernte: Stauden, die in blaue Plastiktüten hineinwachsen, vom Feld an langen Stahlseilen in die Fabriken am Straßenrand gezogen, dort in Bananenkisten verpackt werden und anschließend in den LKWs von Chiquita verschwinden.

Immer wieder erhaschen wir schöne Ausblicke auf das Inselarchipel vor der Karibikküste und tauchen abwechslungs- und kurvenreich erneut in den Regenwald ein.

Dass Panama ein kleines Land ist und sich wie eine Schlange zwischen den beiden Amerikas windet, merken wir, als vor uns wenig später der Pazifik auftaucht. Die Ost-West-Ausdehnung beträgt maximal 178 Kilometer.

In David, einem Verkehrsknotenpunkt und einer Versorgungsstation, decken wir uns nach den letzten Tagen der Abgeschiedenheit wieder mit Lebensmitteln ein, besuchen Carta Vieja, die größte Rumfabrik des Landes, und fliehen anschließend erneut vor der Hitze in die Bergwelt. Die Lage in den Bergen, eine wunderbare Aussicht und ganzjährig frühlingshafte Temperaturen sind der Grund, warum die Gegend vor einigen Jahren zum viertbesten Altersruhesitz weltweit erkoren wurde. Seitdem sicherten sich Scharen von Rentnern aus aller Welt Berggrundstücke und bewohnen nun riesige Lodges und moderne Villen in der vielgepriesenen Landschaft. Im Nordwesten Panamas wohnen die Ärmsten des Landes in einfachen offenen Holzhütten mit Strohdach, in denen Hängematten das einzige Mobiliar darzustellen scheinen. Die Kinder laufen barfuß und halbnackt umher, die Frauen stehen bis zur Hüfte im kalten Fluss und bearbeiten ihre Wäsche mit großen Seifenstücken auf den Felsen. Die Männer beackern den fruchtbaren Boden von Hand und die *Gunnera Insignis*, riesige Blätter an einem langen Stiel, werden, wie der spanische Name *Sombrilla de Pobre* es sagt, von den armen Menschen als Sonnen- und Regenschirm genutzt. Hier in Boquete geben hochgezogene Zäune kaum einen Blick auf die Anwesen frei und niemand steht mehr an der Straße und winkt uns freundlich entgegen.

Wir verlassen die schnurgerade vierspurige Zubringerstraße, überqueren eine wackelnde, knarrende Hängebrücke und werden von einem Erdrutsch zum Anhalten gezwungen. Die restliche Strecke laufen wir durch Matsch und klettern über Felsbrocken – bis zu den Los Pozos del Cadera, die sich weit verstreut auf der

sattgrünen Wiese einer Lichtung im dichten Wald befinden. Die kleinen Felslöcher werden von unterirdischen Quellen mit heilendem Thermalwasser gespeist. Und sind leider kochend heiss. Also genau das Richtige nach einem einstündigen Marsch. Wir wählen uns das kälteste aller Becken aus, garen kurz bei 40 Grad und springen dann doch lieber in den neben uns rauschenden kalten Fluss.

Wieder auf der Interamericana, der einzigen Verbindungsstraße Richtung Panama City, quälen wir uns entlang einer 89 Kilometer langen Baustelle. Riesige Schlaglöcher und breite Risse durchziehen die Hauptstraße und wir legen am Nachmittag einen Baustellen-Stopp ein. Durch Zufall landen wir im Campamento Evangélico La Buena Esperanza bei den Schweizer Auswanderern Erika und Heinz und parken auf dem riesigen Gelände der evangelischen Jugendherberge ein, die für Camper immer eine offene Tür hat. Die beiden versorgen uns mit frischgebackenem Vollkornbrot, waschen unsere Wäsche und erzählen uns spannende Geschichten aus ihrem Leben als Missionare. Ich schaue Erika dabei zu, wie man am besten die leckeren Yucca-Wurzeln zubereitet, und lerne, mit Ammoniak die Stiche von Skorpionen zu behandeln. Romy ist von einem Gebäude total fasziniert: Der Boden ist grob verputzt, das Wellblechdach wird von vier Pfosten getragen und nur eine große Tafel lässt erkennen, dass es sich um ein Klassenzimmer handelt. Hier verbringen wir zwei den Abend und ich gebe ihr den ersten Schulunterricht. Während die Sonne zwischen den Palmen verschwindet, sitzt sie, nur mit einer Unterhose bekleidet, auf einer wackeligen Bank, hat ihren kleinen Spielzeugkoffer, in dem dutzende winzige Kröten quaken, vor sich abgestellt und beobachtet gebannt, wie das kleine Stück Kreide in meiner Hand große weiße Buchstaben auf den grünen Hintergrund zaubert.

An der langgezogenen Pazifikküste versuchen wir fast vergebens, einen Platz am Meer zu ergattern. Die gesamte Region ist von Hotels zugebaut und die Zugänge sind durch Zäune versperrt. In Santa Clara haben wir Glück und stehen am Strand mit

dem vielversprechenden Namen Malibu. Hier ist es ganz nach unserem Geschmack, doch leider bekommen wir die Tücken der Regenzeit hautnah zu spüren: grauer Himmel, gewaltige Gewitterfronten und sintflutartige Regengüsse. Auch der beste Laster ist nur so stark, wie sein schwächstes Glied es erlaubt – das ist in unserem Fall eine Schwachstelle am Heck. Die Schweißnaht ist auf einer der vielen Pisten gebrochen und seitdem senkt sich der Koffer millimeterweise bei Erschütterungen. Durch einen Spalt tropft jetzt das Wasser ungehindert und gnadenlos in unser Bett, und seit Panama sitzen wir fast täglich nachmittags am Rückfenster und fangen den Regen mit Tassen und Handtüchern auf.

Die lange Pause in Costa Rica straft uns nun gleich doppelt mit den Folgen. Der Frosch stand ungünstig im Regenwald geparkt und die Cucarachas fanden in unserem Laster ideale Lebensbedingungen. Wohlfühltemperaturen über 20 Grad, Nahrungsmittel und Wasser. Die paradiesischen Zustände führten dazu, dass die sozialen Insekten die Zeit nutzen, um eine große Familie zu gründen. Seit Mexiko sind die daumengroßen Schaben ein ständiger Begleiter, aber die Tatsache, dass sie uns nun in der Nacht mit ihrer außergewöhnlichen Geschwindigkeit über das Gesicht laufen, ist neu. Die Kakerlaken sind Meister des Versteckspiels und verbergen sich in allen denkbaren Spalten, Ritzen und Fugen. Während ich meine beiden schlafenden Kinder in den Armen wiege, räumt Thorben alles hinaus, zerlegt die Stauräume, verweist die Großfamilie des Hauses und ich kann spät in der Nacht erleichtert das Licht löschen. Ab sofort sind wir wieder nur zu viert im Laster.

Der Abstecher nach El Valle, einem kleinen Bergdorf, das in einem erloschenen Vulkankrater liegt, wird von einem Anruf jäh unterbrochen. Gerade als wir vor den Steinmalereien Piedra

Pintada stehen, teilt uns die Reederei mit, dass unser Schiff in fünf Tagen am Hafen ablegt. Wir wandern auf dem von Wasserfällen gesäumten Pfad zurück und geben Gas Richtung Hauptstadt. Vier Tage haben wir Zeit, in Panama City den Papierkram für die Verschiffung zu bewältigen und den Frosch im 80 Kilometer entfernten Colon abzugeben.

Über die riesige Stahlbrücke Puente de las Américas überqueren wir den Panamakanal und erreichen die Metropole. Dank des 1914 fertiggestellten Kanals ist sie die reichste Stadt Mittelamerikas und begrüßt uns mit einem einzigartigen Verkehrschaos. Eine Stunde für acht Kilometer bis zum Balboa Yachtclub. Der Name des Stellplatzes klingt vielversprechend – ist es aber nicht. Die Seitenstraße, in der wir parken, ist laut und dreckig und den Strom müssen wir uns nach Einbruch der Dunkelheit von einer Laterne abzapfen. Nicht sehr anspruchsvoll, aber es ist ein guter zentraler Ausgangspunkt für die anstehenden Erledigungen der Verschiffung. An dem Baum vor unserer Eingangstür baumelt ein alter Autoreifen, und wie es wohl viele Reisende vor uns getan haben, schaukelt einer, während der andere die Papiere ausfüllt.

Am nächsten Morgen erscheinen wir mit dem Laster beim Policía Técnica Judicial zur Inspektion, holen mittags die Ausfuhrgenehmigung bei DIAN ab und fahren an das andere Ende der Stadt, um in einem eisig klimatisierten Büro der Schiffsagentur Barwil einer Agentin 1300 Dollar in die Hand zu drücken. So viel kostet der Spaß. Etwa die Hälfte der Verschiffungskosten von Deutschland nach Kanada.

Und das alles wegen 90 Kilometern Straße, die zwischen Panama und Kolumbien fehlen. Der Schrecken jedes Panamericana-Reisenden. Die weltberühmte Straße von Fairbanks in Alaska nach Ushuaia in Feuerland führt nicht nahtlos von Nord- nach Südamerika, sondern endet abrupt in dem kleinen Dorf Yaviza am Río Chucunaque in der Provinz Darién. Ab hier gibt es nur noch bergiges Urwaldgebiet und undurchdringliche Sümpfe ohne staatliche Kontrollen, dafür voll von giftigen Tieren. Zudem ist es die Hauptroute für Drogentransporte und das Rückzugsgebiet der

Guerilla-Bewegung FARC. Bis weit nach Kolumbien hinein führt kein Weg, und erst wenigen Expeditionen ist es gelungen, dieses schwer zugängliche Terrain auf dem Landweg zu durchdringen. Die geplante Trasse durch den Regenwald, in dem drei weitgehend isolierte indigene Völker leben, scheitert auch an den damit einhergehenden Schäden an der in weiten Teilen noch unberührten Natur.

Für uns bedeutet dieser erzwungene Umweg gewaltigen organisatorischen Aufwand, der viel Geld und Zeit kostet, um auf der Panamericana in Südamerika weiterzufahren. Schon bei den Reisevorbereitungen waren wir damit beschäftigt, und eigentlich kommt es bei jedem Zusammentreffen mit anderen Overlandern, die von Nord nach Süd oder von Süd nach Nord unterwegs sind, zu Diskussionen und dem Austausch von Informationen darüber, wie man diese Hürde am besten überwindet. Viele Reisende berichten von Einbrüchen in die Fahrzeuge, Schäden und Diebstahl während der Verschiffung. Wir schließen den Durchgang von Führerhaus und Wohnkabine mit einer Trennwand, verschenken alle verderblichen Lebensmittel und packen Wertsacken, Spielzeug und Kleidung für die nächsten zwei Wochen in beide Rucksäcke.

Zum Sonnenaufgang machen wir uns auf den Weg ins 80 Kilometer entfernte Colon an die Atlantikküste. Unser Reiseführer beschreibt die Stadt als gefährlichen Slum: Haben Sie keinen dringenden Grund hierher zu kommen, dann umfahren Sie die Stadt. Kriminalität ist ein ernstes Problem. Es ist nicht nur möglich, sondern wahrscheinlich, dass Sie überfallen werden. Sogar mitten am Tag! Riesige Containerberge weisen uns den Weg zum Zoll, wo alles zügig verläuft. Auf einem Schrottplatz vor dem Hafengelände setzt Thorben mich mit den Kindern und dem Gepäck neben zwielichtigen Gestalten ab, ich lasse mich in den Staub sinken und beobachte mit schwerem Herzen durch den löcherigen Zaun, wie der Laster seine letzten Meter in Mittelamerika fährt und zwischen den Containern verschwindet.

Pünktlich zum einsetzenden Regen marschieren wir aus dem Hafengelände – mein Mann und ich haben je einen schweren

Rucksack zu tragen – mehrere Taschen und zwei Kinder, und erreichen verschwitzt und nass bis auf die Knochen das Busterminal im schäbigen Stadtzentrum. Hier ist auch nichts schön. Dreck, Armut, Hunger und ein penetranter Geruch regieren. In den Bus darf ich erst einsteigen, nachdem Thorben mir auf Anweisung des Fahrers ein Deo für meinen modrig riechenden Rucksack gekauft hat, und wir lassen uns nach Panama City zurückchauffieren, wo wir in einem betagten Hotel mit Blick auf die Skyline und einem Pool auf dem Dach ein Zimmer gemietet haben.

Die beeindruckende Skyline der Hauptstadt erinnert mit ihren Wolkenkratzern, von denen 22 höher als zweihundert Meter sind, eher an Manhattan oder Shanghai. Aufgrund der liberalen Bankengesetze hat die Glitzerwelt der Finanzen hier ihren Sitz und die Gegensätze könnten nicht größer sein. Nirgendwo sonst erleben wir ein extremeres Zusammenprallen von luxuriösem Wohlstand und bitterer Armut. Zwischen Shopping Malls, 104 ansässigen Banken und Autohäusern aller bekannten Luxusmarken hausen verwahrloste Menschen in erbärmlicher Trostlosigkeit. Es stinkt nach Verzweiflung. Wir sehen Wohnblöcke, von denen die Farbe abblättert und die mit Graffiti beschmiert sind. Fensterscheiben gibt es fast nirgendwo mehr, nur noch dunkle

Öffnungen im maroden Mauerwerk. Aus ihnen heraus oder von den Balkonen hängt die Wäsche zum Trocknen.

Was mit Kindern nicht immer so optimal läuft, sind Stadtbesichtigungen. Die erzeugen Stress und schlechte Laune. Umso freudiger begrüßen wir den sich parallel zu der großen Avenida Balboa erstreckenden Park mit einem paradiesischen Spielplatzangebot. Hier sitzt Levi das erste Mal in einer Schaukel, fliegt lachend von Schwung zu Schwung auf die Skyline zu und genießt alles – außer die Aussicht.

Wir flanieren die Uferpromenade entlang und erreichen die auf einer Landzunge in der Bucht gelegene Altstadt Casco Viejo. Das Gebiet wurde 2003 zum UNESCO-Welterbe erklärt und wir schlendern durch die Gassen des halb verfallenen, halb modernisierten Stadtteils. Immer wieder bieten kleine Parks mit wasserspeienden Brunnen ein schattiges Plätzchen zum Abkühlen und ich beobachte wundersam gekleidete Frauen vorbeieilen, die meine ganze Aufmerksamkeit erregen. Sie tragen bunte Blusen und Wickelröcke, die dunklen Haare sind kurz geschnitten und teils verdeckt von einem gemusterten Tuch, die Nase ist am Septum gepierct, Arme und Beine geschmückt mit auffallend buntem Perlenschmuck. Unter Aufsicht von Thorben spielen die Kinder weiter im Brunnenwasser, ich folge den Frauen und finde alle

vereint auf einem kleinen indigenen Markt am Ende der Altstadt wieder. Im Norden Panamas liegen hunderte von Eilanden im Karibischen Meer, unter anderem die San-Blas-Inseln, Heimat der Kuna-Indianer. Lange Zeit waren sie von der Außenwelt abgeschnitten und nutzen jetzt den Tourismus als Einnahmequelle. Molas nennen sich die Kunstwerke, die aus Stoffresten bestehen, in bis zu sieben Lagen miteinander vernäht werden und durch Heraustrennen und Umnähen von einzelnen Flächen ein Motiv ergeben. Die Bilder stellen eine Mischung aus traditioneller Kuna-Kultur mit Einflüssen der modernen Welt dar, und genauso wirken auch die stolzen Frauen auf mich. Sie könnten geradewegs vom Laufsteg kommen und den neuesten Modetrend tragen – und wirken andererseits wie aus einer fremden Welt.

Ein Taxi bringt uns günstig und stressfrei in die nördlichen Ausläufer der Stadt. Haben wir zuvor die Panamesen als rücksichtsvolle Autofahrer kennengelernt, ändern wir unsere Meinung in der Hauptstadt komplett. Hier wird aggressiv gefahren, gedrängelt, gehupt und gnadenlos überholt. So erstaunt es mich auch nicht, dass ich kaum unbeschädigte Fahrzeuge sehe. Wir beobachten die kuriosesten Unfälle und stehen wenig später selber mit einer Reifenpanne auf dem Highway. Doch wir haben Glück und erreichen genau zum richtigen Zeitpunkt den Panamakanal, der sich über 80 Kilometer vom Pazifik bis zum Atlantik erstreckt und zu den architektonischen Weltwundern der Moderne gehört.

Die Schleusen bilden zweifellos das technische Meisterstück des Kanals, und die beste Chance, ein passierendes Schiff anzutreffen, ist zwischen neun und zehn Uhr morgens oder 15 und 17 Uhr nachmittags. Auf der Besucherterrasse der Miraflores-Schleusen beobachten die Durchquerung gleich zweier Schiffe. Ein kleiner Katamaran und ein großer Frachter nähern sich langsam und werden von elektrisch angetriebenen Lokomotiven sicher in die engen Kammern geführt. Der Stufenunterschied wird mit einer Flutung von rund 200 Millionen Litern Wasser ausgeglichen und die Schiffe entfernen sich nach rund einer Stunde langsam in das offene Meer.

Die künstliche Wasserstraße zu überqueren kostet rund 48 000 Dollar, bei riesigen Kreuzfahrtschiffen bis zu 400 000 Dollar. Und doch ist das Einsparpotential auf der verkürzten Strecke enorm, weil die Schiffe sonst einen wochenlangen, gefährlichen Umweg um das Kap Hoorn nehmen müssten. Seit der Eröffnung der Schleuse im Jahr 1914 haben mehr als eine Million Schiffe aus der ganzen Welt den Kanal passiert und dies spült seit dem Jahr 2000, als der Kanal von den USA an Panama übergeben wurde, rund drei Milliarden Dollar in die Staatskassen. Den Preis dafür haben rund 28 000 Arbeiter bezahlt, die an den Folgen von Malaria und Gelbfieber verstarben.

Die Zeit ist gekommen, um Abschied zu nehmen. Wir baden ein letztes Mal im Pool und steigen wenig später in das Flugzeug nach Kolumbien in Südamerika. Der überstürzte Aufbruch gleicht der Ausreise. Schnell. Zentralamerika, es geht doch.

KOLUMBIEN

Tayrona NP
Santa Marta
Minca
Cartagena
Medellin
Guatape
Villa de Leyva
Valle de Cocora
BOGOTA
Desierto de Tatacoa
Mocoa

Freiheit für den Frosch

Die hohen grünen Berge der westlichen Kordilleren unter uns sind das erste, was wir von Kolumbien sehen. Gehört haben wir viel mehr – vor allem negatives. Kolumbien galt als eines der gefährlichsten Länder der Welt und viele Jahre traute sich kaum jemand hierher. Heute, Jahre später, gelten weite Teile als harmlos, das Auswärtige Amt stuft es aber immer noch als gefährlich ein und rät von einem Besuch ab.

Nach nur anderthalb Stunden Flugzeit setzt die Maschine der VivaColombia zur Landung an und parallel dazu hört Levi mit dem Schreien auf und schläft friedlich in meinen Armen ein. Empfangen werden wir wie gute Freunde. Nicht nur am Flughafen überraschen uns die freundlichen, hilfsbereiten Menschen, auch unser Gastgeber hat den Tisch für das Frühstück gedeckt und sogar für unser Baby Gläschen und Milch bereitgestellt.

Die Zeit ohne den Laster verbringen wir in einem privat vermieteten Appartement eines typisch roten Ziegelhochhauses in der Millionenstadt Medellín und sind nicht traurig darüber, sondern gespannt auf die ehemalige Mordhauptstadt Nummer eins, die 2012 zur innovativsten Stadt der Welt gekürt wurde. Kaum angekommen, klingelt es an der Tür und vor uns stehen Marita und Jan und strahlen bis über beide Ohren. Nicht nur wegen des Wiedersehens. Bei Kaffee und Kuchen schwärmen sie in den höchsten Tönen von Kolumbien.

Pablo Escobar und sein Medellín-Kartell kontrollierten in den 80ern über 80 Prozent des Kokainhandels und haben in den besten Jahren bis zu 1,5 Millionen US-Dollar am Tag verdient. Als die kolumbianische Regierung mit den USA über die Auslieferung von Drogenhändlern debattierte, erklärte Escobar dem Staat offiziell den Krieg und bezahlte seinen Anhängern 2000 US-Dollar für jeden toten Polizisten. Im Dezember 1993, kurz nach seinem 44. Geburtstag, wurde er vom Militär auf offener Straße erschossen und das Kartell zerfiel.

Wir starten unsere Reise durch Kolumbien an Escobars Grab, das sich außerhalb der Stadt Medellín auf dem Friedhof Jardines de Monte Sacro befindet. Ein eigenartiges Gefühl, vor der erst kürzlich neu gestalteten letzten Ruhestätte des mächtigsten und brutalsten Drogenhändlers zu stehen, auf dessen Befehl hin so viele ihr Leben lassen mussten.

Die wohl größte Attraktion der Stadt ist der herausgeputzte Plaza Botero in der Innenstadt. Zu Füßen des Palacio de la Cultura sind unter freiem Himmel 23 bronzene Monumentalskulpturen des Künstlers Botero ausgestellt, die einen hohen Wiedererkennungswert haben: Allesamt sind sie dick, rund und nackt. Hunde, Katzen, Pferde und Menschen. Romy streichelt den Hund, und ich berühre das pummelige, längst blank gefummelte Geschlechtsteil eines dicken Mannes, von dem man sagt, es bringe Glück. Als wir eine Straße falsch abbiegen, zeigen sich die Schattenseiten des Alltags in Medellín. Hier ist keine Spur mehr von fliegenden Händlern, Touristen oder bewaffneten Polizisten. Wir sehen Obdachlose im Müll wühlen, in den Hauseingängen stehen Prostituierte, auf dem Boden liegen Junkies und rauchen Joints oder spritzen Heroin, dazwischen sitzen ältere Herren auf den Bänken für einen Plausch. Obwohl der Platz sicher nicht als ungefährlich gilt, wirkt alles ganz entspannt.

Einzigartig der Stadt ist die Metro. Sie ist nicht nur die einzige in ganz Kolumbien, sondern auch ein Teil des Traums eines besseren Medellíns. Vor lauter Stolz lässt niemand der Bewohner auch nur einen Krümel auf den Boden der Stationen fallen. Sobald wir mit unseren Kindern das gut gefüllte Bahnabteil betreten, erheben sich zeitgleich alle anderen Passagiere und bieten uns ihren Sitzplatz an. Das passiert nicht nur einmal. Wir fahren viel mit der U-Bahn und sind jedes Mal aufs Neue überwältigt von dieser Zuvorkommenheit. Fast schon zur Normalität gehört es, wenn ein lautes „Aiiiii que lindo" erschallt, sobald wir erscheinen. Kolumbianische Frauen sind sehr kinderlieb und familienorientiert. Unser blondes Baby zieht alle Aufmerksamkeit auf sich und genießt es sichtlich, wenn eine heißblütige Kolumbianerin vor

Verzückung aufschreit, in die Hände klatscht und diese ausbreitet, um Levi in den Arm zu nehmen und zu küssen.

Am Stadtrand steigen wir in die Seilbahn um und fahren 30 Minuten in den fast 1000 Meter höher gelegenen Stadtteil Santo Domingo. Steil geht es den Berg nach oben und aus der Luft betrachtet lassen sich die Treppenlabyrinthe zwischen den heruntergekommenen Fassaden und Wellblechdächern ausmachen. Die Elendsviertel am Hang des Kessels werden durch die Seilbahn direkt an das Zentrum im Tal angebunden – die stundenlangen, beschwerlichen Auf- und Abstiege entfallen und die Armen der

Stadt, die gleichzeitig auch den Großteil der Bevölkerung bilden, können nun nach vielen Jahren endlich am städtischen Leben teilnehmen. Die Seilbahn schaukelt bis zum Gipfel, wo die Wolken an den dunkelgrünen Hängen kleben, führt über eine sanft geschwungene karge Bergwelt und endet im Arví Park mit niedrig wachsenden Nadelbäumen und Büschen. In einer Umgebung, die dem Schwarzwald gleicht, vereint sich alles friedlich. Arme und Reiche sitzen mit der Familie zum Picknick zusammen oder gehen spazieren.

Wenige Stunden vor dem Abflug nach Cartagena erfährt Thorben, dass der Laster stattdessen im 300 Kilometer entfernten Santa Marta ankommt. In letzter Minute bekommen wir einen Ersatzflug, verlassen die Stadt des ewigen Frühlings Richtung Norden und steigen an der Karibikküste wieder aus, die uns mit erdrückender Hitze und Schwüle empfängt. Unser Hotel ist in Laufweite zum Hafen und schließt sich unmittelbar an eine große Bühne an, auf der das Fiesta del Mar zur Hochform aufläuft und uns mit ohrenbetäubender Musik begrüßt.

Mit ausgestelltem Bill of Lading, dem Frachtdokument, beginnt nun das Kapitel Entladung des Lasters. Wir stehen auf Abruf bereit, eilen mehrmals täglich zum Hafen, geben Unterschriften ab und holen neue Genehmigungen ein. Dazwischen versuchen wir verzweifelt, eine kolumbianische Autoversicherung zu erhalten – aber niemand will mehr an Ausländer vermitteln. Nach vier Tagen ist immer noch kein Ende in Sicht, der Frachter mit unserem Frosch hat Verspätung und wir müssen die Buchung des Hotels verlängern und weitere schlaflose Nächte überstehen. Die Lautsprecher der Bühne reichen aus, um ein Stadion zu beschallen, und die Schallwellen sind so extrem, dass unsere Fensterscheiben im Takt klappern. Die Stimmung auf den Straßen ist ausgelassen, es wird getanzt, gesungen und der Alkohol fließt in Strömen. In gleicher Lautstärke geht es weiter bis um sechs Uhr früh.

Nach drei Wochen auf hoher See und einem Umweg durch die Karibik ist der Laster endlich da. Wie sehr ich mich freue, unser Zuhause wiederzusehen. Alles ist unversehrt, die Inspektion

verläuft problemlos und mit der Ausfuhrgenehmigung in der Hand kehre ich ins Hotel zurück, um unser Gepäck umzuladen. Doch Thorben liegt mit einem Virus flach und Levi fiebert als Folge der Impfauffrischung in Medellín. Wir beschließen, noch eine Nacht zu bleiben. Aber am nächsten Tag ist die Ausfuhrgemigung für den Hafen nicht mehr gültig und eine neue können wir erst zwei Tage später bekommen. Alle Schalter sind wegen der Fiesta geschlossen. Mein Mantra: Ich habe Nerven, die alles ertragen können. Was nicht mehr zu ändern ist, ist nicht mehr zu ändern! Dieses hat sich seit Belize von Land zu Land mehr in mein Gehirn gebrannt, läuft mittlerweile automatisch im Hintergrund ab und hindert mich an einem Amoklauf. Wir bleiben also noch, und da die Fiesta nahtlos in ein Strandfestival übergeht, beziehen wir als bessere Alternative ein anderes Hotel in einer ruhigeren Seitenstraße.

Fast eine Woche nach Ankunft des Lasters betrete ich mit unzähligen Taschen, einem Sicherheitshelm und viel zu großen Sicherheitsschuhen das Hafengelände, springe auf den Fahrersitz und verlasse fluchtartig den abgesperrten Bereich. Sieben Tage Verwirrung und undurchsichtige, nervenaufreibende Prozeduren, 32 Kopien und 297 Dollar Abgaben sind genug. Wir sind um Jahre gealtert, die Fingernägel abgekaut.

In dem auf 600 Metern gelegenen, kleinen, verwunschenen Bergdörfchen Minca in der Sierra Nevada, dem größten Küstengebirge der Welt, herrschen heiße, aber trockene Tage, kühle

Nächte und eine himmlische Ruhe. Hier wollen wir Kraft tanken, müssen uns den Weg zu einem Stellplatz aber hart erkämpfen. Die Stromkabel der kleinen Ansiedlungen hängen so tief, dass Thorben mit den Leitungen in der Hand auf dem Dach balancieren muss, während ich langsam den Laster durch die ausgewaschenen, schlammigen Pfade manövriere.

Bestens gelaunt stellen wir uns auf entspannte Tage ein – bis wir den Koffer öffnen. Unsere ständig feuchten Kleidungsstücke und die Matratze, die dank der hohen Luftfeuchtigkeit in Zentralamerika nie vollständig trocken wurden, haben in den zwei Wochen auf dem Schiffsdeck bei geschlossenen Fenstern, Stockflecken und Schimmel angesetzt. Der Laster stinkt erbärmlich, alles ist dreckig. Wir werfen die Tür mit einem lauten Knall wieder zu, spazieren in den Dorfkern und machen uns anschließend mit klarem Kopf an die Arbeit. Matratze, Kleidung, eigentlich alles räumen wir hinaus und breiten uns auf der Wiese am Berghang aus. Mit der blauen Kinderbadewanne schleppen wir Wasser von einer Quelle heran, Romy weicht alles ein, Thorben stampft mit dem Wäschestampfer und ich hänge die saubere Wäsche an der Leine auf, die zwischen Laster und einer Palme gespannt ist. Erst in den späten Abendstunden ist es vollbracht. In der Nacht weht eine frische Brise von den schneebedeckten Bergen Richtung Küste durch den Koffer, trägt die letzten unangenehmen Gerüche fort und trocknet die Wäsche im Handumdrehen.

Endlich ist das Thema Verschiffung Geschichte, wir können jede Menge neue Erfahrungen mitnehmen und starten in das Abenteuer Südamerika mit dem eigenen Fahrzeug.

The only risk is wanting to stay

Bevor wir endgültig in die Berge verschwinden, fahren wir noch eine Abschiedstour an der Küste entlang. Am Playa Los Ángeles, einer kleinen Bucht hinter dem Tayrona Nationalpark, das ein 120 Quadratkilometer umfassendes Naturschutzgebiet und Heimat der weißgekleideten Tairona Indianer ist, finden wir einen perfekten Stellplatz zwischen dicht bewachsenen Hügeln und dem feinsandigen Palmenstrand. Wir haben eine phantastische Rundumsicht, ausgehend von den Traumstränden, an deren Ufern rundgeschliffene Felsbrocken verweilen, über türkisfarbenes Wasser bis hin zur Sierra Nevada. Ich bin mir sicher, hier muss das Paradies sein. Unsere einzige Sorge besteht darin, von einer herabfallenden Kokosnuss getroffen zu werden.

Richtung Westen ändert sich das Landschaftsbild schlagartig, große Salzfelder und ärmliche Besiedlungen wechseln sich ab. Abfallberge türmen sich entlang des Küstenstreifens, Menschen laufen barfuß hindurch und suchen nach Dingen, die sie noch

verwenden können. Hunde und Geier rangeln um den stinkenden Müll, daneben spielen Kinder im Dreck und werden von Fliegenschwärmen umringt. Erst im Hinterland an der weitläufigen Lagunen- und Sumpflandschaft der Ciénaga del Totumo wird es wieder sehenswert und wir verbringen eine mückenreiche Nacht.

Eine alte Treppe aus Holz und Lehm führt uns am nächsten Morgen zum zwanzig Meter hohen Krater El Totumo hinauf, und anstatt in brodelnde Lava sehen wir in dickflüssige, grau-braune Brühe, die der aktive Vulkan fortwährend aus etwa 2300 Metern Tiefe nach oben befördert. Am Anfang braucht es Überwindung, in die warme, breiige Masse zu steigen, und ich muss mir einiges einfallen lassen, Romy auch zu überzeugen. Dem Schlamm wird eine heilende Wirkung nachgesagt und so baden wir kurz darauf in einer Mischung aus Schwefel, Kalium, Magnesium und Jod. Und man geht einfach nicht unter, ganz gleich ob man über die Einstiegsleiter in den zwei Meter tiefen Krater klettert oder vom Rand hineinspringt. Wie ein Korken treiben wir an der Oberfläche, um uns herum steigen blubbernde Gasbläschen aus dem Erdinneren herauf und nach einer kurzen Eingewöhnungszeit macht es saumäßig Spaß, sich im Dreck zu suhlen. Für fünf Dollar pro Dusche – einem tröpfelnden Gartenschlauch – sind wir irgendwann auch wieder sauber und machen noch einen Abstecher in die alte Kolonialstadt Cartagena.

Diese ist die von Touristen am meisten frequentierte Stadt Kolumbiens, liegt direkt am Meer und das Klima ist, wie bereits in Mittelamerika, einfach atemberaubend und umwerfend. Erbarmungslos brennt die Sonne vom wolkenlosen Himmel und sorgt für Temperaturen um 40 Grad. Die hohe Luftfeuchtigkeit lässt die gefühlte Temperatur noch ansteigen und macht es unseren Körpern fast unmöglich, zum Abkühlen Schweiß zu verdunsten.

Die historische Altstadt der ehemals wichtigsten Hafenstadt Südamerikas, die der günstigen Lage am Meer ihren Reichtum verdankt, wurde zum Schutz vor Piraten fast vollständig von einer elf Kilometer langen und meterdicken Festungsmauer umschlossen und ist nahezu uneinnehmbar. Der von der UNESCO zum Weltkulturerbe erklärte Stadtkern ist geprägt von herrschaftlichen

Häusern entlang der engen Kopfsteinpflastergassen. Die kräftigen Farben der Fassaden wechseln sich ab mit strahlendem Weiß und farbenfrohen Wandgemälden. Hölzerne, blumenbewachsene Balkone, teils mit reich verzierten Geländern ragen über die Straße. Verkaufsstände, typische karibische Musik und Restaurants hauchen der Altstadt Leben ein. Lange halten wir der brutalen Hitze nicht Stand, landen in einem schattigen Hinterhof zum Mittagessen und beschließen, Abschied zu nehmen. Abschied von neun Monaten Hitze und Feuchtigkeit. Temperaturen, die den Kühlschrank nur noch müde stottern lassen, durch die sich der Klebstoff von Klebebändern an den Scheiben verflüssigt, die Versorgungsbatterien nur noch wenig Leistung von sich geben und wir selber maximal mit halber Leistung funktionieren und kaum schlafen können.

Eines haben wir schnell gelernt: Sich vor der Kälte zu schützen ist möglich, nicht aber vor der Hitze. Die muss man ertragen. Seit nun fast einem Jahr haben wir Sommer. Keine Jahreszeit liebe ich mehr und mein ganzes Leben lang wünsche ich mir bereits im Herbst wehmütig die warmen, hellen Monate zurück. Nun kommt die Ernüchterung. Ich vermisse die vier Jahreszeiten, sogar der verhasste dunkle Winter fehlt mir. Körper und Geist schreien förmlich nach der kalten besinnlichen Zeit, die mir in der Vergangenheit nicht schnell genug voranschreiten konnte und doch Teil meines Lebens ist.

Die kühlen Temperaturen in den Bergen lassen noch einige Stunden hinter dem Steuer auf sich warten. Mit dem Blick auf die Höhenanzeige des Navigationsgerätes feiern wir jeden Meter nach oben – und jedes Grad nach unten. Schnell steht fest, dass wir mit Kolumbien, im Gegensatz zu den Ländern

Zentralamerikas, ein Land von enormer Größe bereisen. Ein ganzer Fahrtag bedeutet auf der Landkarte nur wenige Zentimeter, unser letztes Reiseland Panama hätten wir in derselben Zeit einmal durchquert.

Kilometerfressen macht hungrig und die kleinen Restaurants neben der Hauptstraße locken uns zur Mittagspause. Bestand in den letzten Monaten die Mahlzeit eines Lokals aus Reis, Bohnen, Bohnen, Reis und mit viel Glück einer kleinen Portion Fleisch, entpuppen sich regelmäßig die Fernfahrerlokale als wahre Gourmettempel. Beginnend mit einer schmackhaften Suppe, beobachten wir, wie der Koch auf einem riesigen mit Holz befeuerten Ofen in der offenen Küche die bestellte Mahlzeit vorbereitet und uns Reis, Nudeln, Pommes, Gemüse und viel Fleisch auftischt. Da bekommt sogar mein Stillkind Levi große Augen und darf nun neben der Beikostration aus Avocado und Papaya täglich zerdrückte Kartoffeln und Gemüse essen. Zusammen mit den Getränken und dem Obstnachtisch bezahlen wir weniger als zehn Euro, sind für den restlichen Tag gesättigt und des Lasters Küche wird in Kolumbien kalt bleiben. Auf Kochen haben wir keine Lust mehr. Es rentiert sich nicht, wenn Straßenküchen die Kosten für die Zutaten einer Mahlzeit im Supermarkt unterbieten.

Zurück auf der Panamericana erwarten uns in kurzen Abständen Mautstationen, die für eine Straße im schlimmsten Zustand horrende Gebühren verlangen. In manchen Dörfern haben es sich die Bewohner zur Aufgabe gemacht, die tiefen, fast schon grubenartigen Löcher mit Erde zu füllen, um bei den Autofahrern eine Nebeneinnahme einzustreichen. Sie sitzen mit ihren Schaufeln am Straßenrand und halten hoffnungsvoll die Hände den passierenden Fahrzeugen entgegen, die wie auch wir in ihrer Verärgerung nicht noch einmal zur Kasse gebeten werden möchten. Der Laster quält sich ächzend die Serpentinen hoch und nach vier Tagen erreichen wir auf 2200 Metern das Hochland der Kordilleren.

In Guatapé, einem malerischen Örtchen, schlagen wir am Ufer des Stausees unser Lager auf und wechseln als Erstes auf Winterkleidung um. So sitzen wir bei 25 Grad am Strand, haben

Wollmützen auf, frieren und freuen uns darüber. Es ist Wochenende und das Dörfchen verwandelt sich in eine Partymeile. In Kolumbien wird gerne und laut gefeiert, das steht fest. Partyboote ziehen an uns vorbei und die Promenade verwandelt sich in einen Rummelplatz. Ein Süßigkeitenstand reiht sich an den nächsten, bergeweise türmen sich klebrig-süße Leckereien auf den Auslagen, und für die Unterhaltung sind Karussells und Hüpfburgen aufgebaut. Wir verschwinden in die kleinen engen Gassen und entdecken ein Kolumbien wie aus dem Bilderbuch. Die bunten Häuser schmücken handbemalte Keramiken, sogenannte *Zócalos*, von Menschen und Tieren, die bildlich und farbenfroh das Leben des jeweiligen Besitzers beschreiben. Höhepunkt von Guatapé ist der El Peñon, ein 220 Meter hoher, freistehender Monolith, auf dessen Spitze der angeblich schönste Ausblick der Welt zu genießen ist. Den müssen wir uns hart erkämpfen. Die vielen schweißtreibenden Stufen winden sich wie ein Reißverschluss den abgerundeten schwarzen Felsen hinauf und die Höhenlage von 2500 Metern macht sich mit jedem Schritt bemerkbar. Levi wird mit jedem Schritt schwerer, ich lege unendlich viele Pausen ein und liebäugele mit den Sauerstoffflaschen, die auf jeder Etage bereitstehen. Atemberaubend ist auch die 360-Grad-Aussicht auf der Plattform – der letzten Stufe mit der Nummer 740. Vor uns liegt eine Seenlandschaft mit all ihren kleinen, dicht bewachsenen Inseln. Ob es die schönste Aussicht der Welt ist, kann ich noch nicht beantworten.

Guatapé und Villa de Leyva, eine Kolonialstadt am östlichen Bergzug Cordillera Oriental, trennen nicht nur 400 Kilometer, wir müssen zwei der drei Andenkordilleren mit über 3000 Metern Höhe, die sich von Norden nach Süden durch Kolumbien ziehen, bezwingen. Ein Auf und Ab, das entscheidet, ob man das Land immer noch liebt. Am Ende des ersten Tages schaffen wir es bis in das heiße Tal hinab und 600 Höhenmeter der zweiten Gebirgskette. Die Straße wechselt in eine immer schmäler werdende Piste und verschwindet abschnittsweise unter Steinschlägen oder wurde durch Erdrutsche weggerissen. An den Abhängen kleben auf wundersame Weise gehämmerte Bretterbuden und Hütten aus Plastikplanen der hier heimischen Menschen. Dahinter geht es steil bergab. Tiefe Schlaglöcher, große Felssteine und dicker Schlamm lassen uns häufig nur in Schrittgeschwindigkeit vorankommen, aber wir werden durch ein wunderschönes Panorama für alles entschädigt. Mit unseren zweieinhalb Metern füllen wir die gesamte Breite der Strecke aus und es gibt keine Chance, irgendwo stehen zu bleiben. Es dämmert kurz, und wie in diesen Breitengraden üblich, wird es auf Knopfdruck dunkel. Und wir schaukeln immer noch bergauf. Die Grundregel, aus Sicherheitsgründen nie bei Nacht zu fahren, wird gebrochen – dafür bleibt uns der schwindelerregende Blick in die nur wenige Zentimeter neben mir abfallende Schlucht erspart. Bei 3800 Metern erreichen wir den höchsten Punkt und die erste Möglichkeit, stehen zu bleiben, fallen todmüde ins Bett und lassen uns von den hier oben herrschenden eiskalten Winden in den Schlaf schaukeln. Früh am Morgen überqueren wir unseren ersten Pass mit 4000 Metern und haben es geschafft. Nach einer Stärkung mit einem kolumbianischen Schlachtteller, der den ganzen Tisch ausfüllt und einen Querschnitt durch sämtliche essbaren Bestandteile eines Schweins enthält, reihen wir uns mit einem Stein im Magen in den Megastau nach Villa de Leyva, welcher auf ein verlängertes Wochenende hinweist.

Das kleine Städtchen scheint aus allen Nähten zu platzen. Häppchenweise arbeiten wir uns mit Hilfe der Dorfpolizei durch die vollgestopften schmalen Gassen, müssen Menschenmassen und parkenden Autos ausweichen und ein Blick auf den Marktplatz gibt uns Recht: Es gibt wieder etwas zu feiern. Das *Festival de Cometas*, worunter man hier einen Wettkampf im Drachensteigen versteht, versetzt die kleine Stadt in einen Ausnahmezustand.

Der Hauptplatz, die Plaza Major, ist mit 120 mal 120 Metern die größte Plaza in Kolumbien und über und über mit einheimischen Touristen, meist aus der nahe gelegenen Hauptstadt Bogota, gefüllt, die ihre Drachen steigen lassen. Wir müssen aufpassen, Romy mit ihrem neuen Fluggerät nicht im bunten Gedränge aus

Jung und Alt zu verlieren, und bestaunen das Farbenspiel der lustig am Himmel schwebenden Figuren. Bis tief in den Abend lassen wir uns von dem Trubel mitreißen und schlendern noch durch die gepflasterten Straßen der Altstadt, die sich seit 1954 unter Denkmalschutz befindet und aus einheitlichen, zweigeschossigen weiß getünchten Häusern besteht. Zurück am Marktplatz lassen Thorben und ich uns in der legendären *Dorfkneipe* Currywurst und deutsches Bier schmecken und staunen über Levi, dem mein alkoholfreies Hefeweizen für umgerechnet 8 Euro gut zu schmecken scheint.

Nur wenige Kilometer weiter in Zipaquirá, das um einige Meter höher gelegen ist, erreichen wir die berühmteste Sehenswürdigkeit Kolumbiens: eine unterirdische Salzkathedrale, die mit einer Fläche von 8500 Quadratmetern zu den größten religiösen Bauwerken der Welt gehört. Von den Touristenmassen ist am späten Nachmittag keine Spur mehr und ich bekomme eine Einzelführung in das ausgebeutete Salzbergwerk. 180 Meter unter der Erde öffnen sich die Gänge zu einem riesigen Gewölbe, das der Bergbau hinterlassen hat. Gedämpftes blaues Licht umhüllt das grob aus den Salzfelsen gehauene Kirchenschiff und ein meterhohes Kreuz hinter dem Altar. Vierzehn Stationen des Kreuzweges verteilen sich auf die ehemaligen Abbaustollen, modern interpretiert von bekannten Künstlern. Je tiefer ich in das Erdinnere eindringe, desto erstaunter bin ich über die Atmosphäre der Lichtspiele. Ich freue mich über den ungewöhnlichen Umstand, ganz alleine an einem Ort zu sein, wo sich sonst bis zu 4000 Besucher gleichzeitig aufhalten – nur die Souvenirmeile und der Popcornstand verstören mich.

Die Nacht verbringen wir ein paar Straßen weiter auf einer Mischung aus Wertstoffhof und Parkplatz für Busse und LKWs, der unangefochten auf Platz eins der schlimmsten Stellplätze rutscht. Es ist laut, dreckig und zu allem Übel werde ich beim nächtlichen Toilettengang noch von einem Hund gebissen. Die allgegenwärtigen Straßenhunde gesellen sich endgültig zu den negativen Begleiterscheinungen einer Reise abseits der touristischen Pfade.

Erneut steht uns eine Überquerung der Zentralkordilleren bevor. Die Berge hinunter, schwitzen im Tal und im Schneckentempo wieder hinauf. Voll beladene LKWs, die noch langsamer als wir den Berg hochkriechen, sind auf der engen und kurvenreichen Strecke schlecht zu überholen und der Vorgang wird jedes Mal zum Nervenkitzel.

Überall im Land sehen wir Straßenhändler, die ein Holzgestell mit mehreren Thermoskannen voll Kaffee, Milch, Zucker und winzigen Plastikbechern hinter sich durch die Straßen herziehen und den typischen kolumbianischen Tinto verkaufen – für Thorben als Kaffeeliebhaber eine geschmackliche Grenzerfahrung. Keiner schmeckt, obwohl man doch bei Kolumbien neben Kokain als Erstes an Kaffee denkt.

Im *Kaffeedreieck* machen wir uns auf die Suche nach dem Grund. Nahe Manizales verlassen wir die Hauptstraße, fahren durch die riesigen Kaffeeplantagen und lassen uns an einer der vielen Farmen nieder. Pünktlich um 9:30 Uhr am nächsten Morgen sitzen wir in einer kleinen Küche neben den Feldern und bekommen eine Stunde Theorieunterricht in der Geschichte des schwarzen Goldes. Zu trinken gibt es natürlich Kaffee und die Tassen haben den Aufdruck *Café de Colombia*. Wir steigen im Anschluss einen Hang hinab, zwängen uns durch die engen Reihen der immergrünen Kaffeesträucher und pflücken die roten reifen Früchte, die in der kompletten Länge eines Zweiges wachsen. Roh schmecken die Bohnen zuckersüß und erinnern noch nicht an den späteren Geschmack. In der nahe gelegenen Fabrik wird die Ausbeute in großen Becken gewaschen und eine Mühle trennt die Schale von den Kernen. Das anschließende Wasserbad entscheidet, was

Premium und was zweite Wahl ist: Die Guten sinken nach unten. Nach dem Trockenprozess wird die Restschale entfernt und Bohne Premium verlässt das Land zum Export zum Hauptabnehmer Deutschland, wo sie vor Ort geröstet werden. So entstehen am Ende aus fünf Kilo Kaffeefrüchten 100 Gramm Kaffee und nun wissen wir auch, warum er in Kolumbien nicht schmeckt. Alles zweite Wahl.

Auf dem Rückweg durch die Plantage verliert Romy ihren Schuh, und beim Suchen verliere ich Romy in dem Labyrinth. Ohne Schuh, dafür mit Romy, fahren wir weiter ins Valle de Cocora.

Es ist schwierig, in Kolumbien Lebensmittel zu kaufen. Die Straßenränder sind voll mit Männern, Frauen und Kindern, die einfach nur herumstehen oder das verkaufen, was gerade da ist. Die Augen offen zu halten lohnt sich. Die Fruchtvielfalt im Land ist einfach unglaublich und es schleichen sich völlig unbekannte Sorten ins Angebot, die uns geschmacklich umhauen, denen wir aber leider nie wieder begegnen. Die dunkelbraunen, eingeschweißten quaderförmigen Päckchen auf wackligen Holztischen verwirren uns. Die werden doch nicht? Nein! Die verkaufen kein Kokain, das ist *Panela*, verkochter Zuckerrohrsaft und der beliebteste Zucker in Kolumbien. Es gibt viele kleine Geschäfte, die ihre Waren über den Tresen hinweg verkaufen, Gemüsehändler sowie Fleischer, aber einen richtigen Supermarkt suchen wir bisher vergeblich. Also sind wir auf die begrenzte Auswahl der kleinen Stände angewiesen und müssen auf der Touristenmeile in Salento, dem ältesten Ort der Region, neue Schuhe kaufen. Damit steht einer Wanderung durch den Parque Nacional natural Los Nevados nichts mehr im Weg.

Die grüne Wiese ist eingebettet in die 15 000 Kilometer lange Gebirgskette der Anden und führt uns geradewegs an den Rand eines geheimnisvollen Nebelwaldes, der sich bis in die Berge erstreckt. Auf den Lichtungen gibt der Wald Ausblicke auf eine unendliche Vielzahl an Palmen frei, die wie Zahnstocher von

Riesen aussehen und über alles andere hinweg in den Himmel und darüber hinaus zu ragen scheinen. Die Wachspalme kann bis zu 60 Meter hoch werden, zählt damit zu den größten der Welt und ist gleichzeitig der Nationalbaum Kolumbiens. Selten ist eine Wanderung so mystisch und abwechslungsreich und selbst der einsetzende Regen, der in lautlosen Fäden vom Himmel fällt, rundet den Tag zur Vollkommenheit ab.

Statt dem geraden Verlauf der Panamericana zu folgen, überqueren wir wie im Zickzackkurs erneut die Kordilleren. Kaum vorstellbar, wie sich die Landschaft verändert. Nach einem 150 Kilometer langen Umweg, um den breiten Rio Magdalena zu überqueren, sind wir schlagartig umringt von bunt blühenden, meterhohen Kakteen und kleinen Sträuchern in der Wüste. Der eher unbekannten Desierto de la Tatacoa. In der 330 Quadratkilometer großen Trockensavanne haben über die letzten Jahrhunderte Wind und Regen eine dramatische Struktur geschaffen: Gebirgslandschaften aus steilen Schluchten und abgeflachten Tafelbergen. Weil die Berge im Osten die Wolken abregnen lassen, bleibt die Tatacoa-Wüste vom Niederschlag verschont, wird jedoch immer wieder von herunterschießenden Wassermassen aus den Bergen heimgesucht, die kleine Canyons in die harte rote und graue Erde gegraben haben. Wir passieren schmale Tunnel und abenteuerliche Brücken ohne Brüstung oder Gewichtsangaben, genießen die Pistenfahrt, Landschaft und vor allem die Einsamkeit.

Kleine Quellen sprudeln an einigen Stellen aus dem Boden, lassen Palmen wachsen und füllen natürliche Pools. Das Thermometer kratzt an der 40-Grad-Marke und wir machen das Beste daraus. Faul kühlen wir uns über Stunden in einer riesigen Badewanne ab, lauschen dem Rascheln der Bananenblätter und verbringen unter einem mit silbernen Punkten übersäten Sternenhimmel einen gemütlichen Abend. Zur Geisterstunde zieht ein lauer Wind auf, der Himmel verdichtet sich und wir hören, als wir bereits im Bett liegen, den Regen auf unser Dach tropfen und die Bewohner jubeln.

Je weiter wir nach Süden kommen, desto höher und steiler werden die Anden. Die vierte und letzte Überquerung zeigt nach 50 Kilometern 15 Grad weniger an. Wir schrauben uns in ständigem Wechsel bergauf und bergab durch eine atemberaubende Landschaft aus sattem Grün, dicht bewachsenen Bergen und Schluchten mit reißenden Flüssen im Quellgebiet der drei größten Ströme Kolumbiens. Obwohl die FARC nach einem 50 Jahre währenden Bürgerkrieg erst vor kurzem den Friedensvertrag mit der Regierung unterzeichnet hat und eigentlich nicht

mehr mit Anschlägen gerechnet werden muss, ist noch überall Militär präsent. Die Kontrollen sind immer überaus freundlich, und wenn der jeweilige Daumen bei den Militaristen am Straßenrand hochgehalten wird, wissen wir, dass die Strecke bis zum nächsten Posten abgesichert ist.

Etwas außerhalb des Ortes San Augustin treffen wir durch Zufall wieder auf unsere Freunde Manni und Daggi. Die Welt ist so klein, die Freude dafür umso größer. Gemeinsam besuchen wir die Stadt und verbringen dort den gesamten Folgetag, um die zum UNESCO-Weltkulturerbe gehörenden archäologischen Fundstätten zu erkunden. Vor ungefähr 5000 Jahren lebten in der Region zwei indigene Völker, die aus Lavastein und Basalt Statuen wie maskierte Ungeheuer, Jaguare, Schamane oder heilige Tiere wie Adler oder Frosch sowie Grabanlagen und Erdwälle schufen. Zu hunderten platziert in den Wäldern, gehören sie heute zu den bedeutendsten und geheimnisvollsten Funden des Kontinents.

Die nächste Südetappe zieht sich wegen Erdrutschen und wahnsinnigen Autofahrern, die an jeder möglichen und unmöglichen Stelle überholen, in die Länge. Die größte Gefahr in Kolumbien liegt nicht bei den Rebellengruppen, sondern im Straßenverkehr und in den Naturkatastrophen, die diese Gegend immer wieder heimsuchen. Nur wenige Monate nach unserem Aufenthalt fordern heftige Überschwemmungen und gewaltige Erdrutsche mehrere hundert Todesopfer. Drei Andenflüsse haben sich nach starkem Regen in reißende Ströme verwandelt, spülen fast die Hälfte der 40 000-Einwohner-Stadt Mocoa weg, die Panamericana ist verschüttet und unpassierbar.

Erschöpft parken wir am Straßenrand und meine Energie reicht gerade noch aus, um zwischen den Schuttbergen des letzten Unglücks einen Geburtstagskuchen für Thorben zu backen. Die handtellergroßen Spinnen in den Bäumen um mich herum sehe ich zum Glück nicht.

In aller Eile feiern wir alle am Frühstückstisch Thorbens 32. Geburtstag und brechen gemeinsam mit Manni und Daggi auf zur Etappe *El Trampolín de la Muerte*, Kolumbiens Todesstraße. Die bisherige Route haben wir extra so gelegt, um die einzige Verbindungsstraße von Mocoa nach Pasto fahren zu können. Wir freuen uns, dass es nicht regnet und Thorben seinen Ehrentag auf dem *Sprungbrett in den Tod* verbringen kann.

Der Name steht für eine enge Piste entlang steiler Abhänge mit Kurven und Furten und ist traurig berühmt für zahlreiche Unfälle, bei denen jährlich rund 500 Menschen ihr Leben lassen. Es gibt keine Leitplanken und nichts würde einen freien Fall in die Tiefe aufhalten, sollten wir wegrutschen. Die Strecke durch unberührte nebelverhangene Wälder ist wunderschön und fahrtechnisch herausfordernd, denn hinter jeder Kurve steckt eine neue Überraschung. Herabfließende Bäche und Wasserfälle müssen durchfahren werden und an den schmalsten Stellen fordert uns der wenige Gegenverkehr, meist Lastwagen, zu abenteuerlichen Rangiermanövern heraus. Doch wir haben Glück und fahren auf der rechten Spur an der Felswand entlang. Auf der einen Seite ragt der Fels steil in die Höhe, auf der anderen Seite fällt die Straße hinab ins Verderben. Fahrfehler werden hier nicht verziehen, doch Thorben ist wie immer die Ruhe selbst. Nur an den steilen Aufstiegen sehe ich kleine Schweißperlen an seiner Stirn aufblitzen. Er hat Angst – vor einem leeren Tank! Mit 250 Litern haben wir vorgesorgt, doch bei Steigungen verschwindet der Diesel in den hinteren Teil des Behältnisses. Nämlich genau in die entgegengesetzte Richtung der Treibstoffansaugung, und dann kommt der Frosch ordentlich ins Stottern.

Auf der Spitze des Andenrückens befinden sich eine Polizeistation sowie eine winzige Ansammlung von Häusern. In einem kleinen Restaurant, das mehr einem Bretterverschlag gleicht,

sitzen wir mit Manni und Daggi auf wackeligen Plastikstühlen und essen den besten Käsekuchen unseres Lebens, danken an der Kapelle am Straßenrand für den Schutz und rollen am späten Nachmittag die letzten Meter auf Asphalt bis zur Laguna de la Cocha.

Das Örtchen El Puerto erinnert mit seinen Blumengirlanden, bunt bemalten Schnitzereien, Holzbrücken und Wasserkanälen ein bisschen an Holland – das Wetter an Irland. Hier regnet es bis auf drei Monate im Jahr praktisch immer und so sitzen wir am Abend vor dem Kamin eines Restaurants und essen gegrillte Forelle, genannt *Trucha*, die noch vor kurzem munter in dem Bergsee schwamm. Der Sauerstoffanteil der Luft ist so gering, dass unsere Dieselheizung nicht anspringt, die Temperaturen auf 2800 Metern Höhe im Sturzflug Richtung Gefrierpunkt sinken und wir in der Nacht unter einer mehrlagigen Schicht aus Decken liegen.

Ecuador ist zum Greifen nah, doch bevor wir Kolumbien endgültig *Adiós* sagen, machen wir noch einen Abstecher zu dem Wallfahrtsziel Santuario de Las Lajas – einem Ort der wunderbaren Begegnungen. Eine nagelneue Schweizer Gondelbahn befördert uns gemächlich talabwärts in den Canyon. Dort dient die berühmte Kirche im neugotischen Stil als 45 Meter hohe Brücke über einen Bach, dessen Wasser heilig sein soll. Erbaut wurde sie, nachdem 1754 einem taubstummen Mädchen Jungfrau Maria begegnet war und dieses daraufhin wieder hatte sprechen können. Nebst diesem Wunder soll es noch viele weitere gegeben haben, wenn man den Tafeln glaubt, die einen auf dem Weg hinunter zur Kirche begleiten. Jedes Jahr, besonders in der ersten Septemberhälfte, pilgern Scharen von Menschen aus Kolumbien und Ecuador zur Kirche, um Heilung zu erbitten.

Mit so viel Gottes Segen rollen wir nach fast zwei Monaten auf den Grenzhof, erhalten an der Migration den Kinderbonus und verlassen nach nicht einmal fünf Minuten ein Land, das uns so unglaublich in seinen Bann gezogen hat. Kolumbien hat sich verändert und das schlechte Image, das dem Land anhaftet, ist nicht mehr gerechtfertigt. Die Landschaft und umso mehr noch die einzigartigen Menschen haben uns begeistert und wir haben uns auf Anhieb wohl gefühlt. Die Kolumbianer sind aufgeschlossen, herzlich und hilfsbereit und ihre Einstellung zu Kindern ist einfach nur wunderbar.

Ein Spruch auf Touristenplakaten bringt das Ganze treffend auf den Punkt: *El unico riesgo es que te quieras quedar!*

ECUADOR

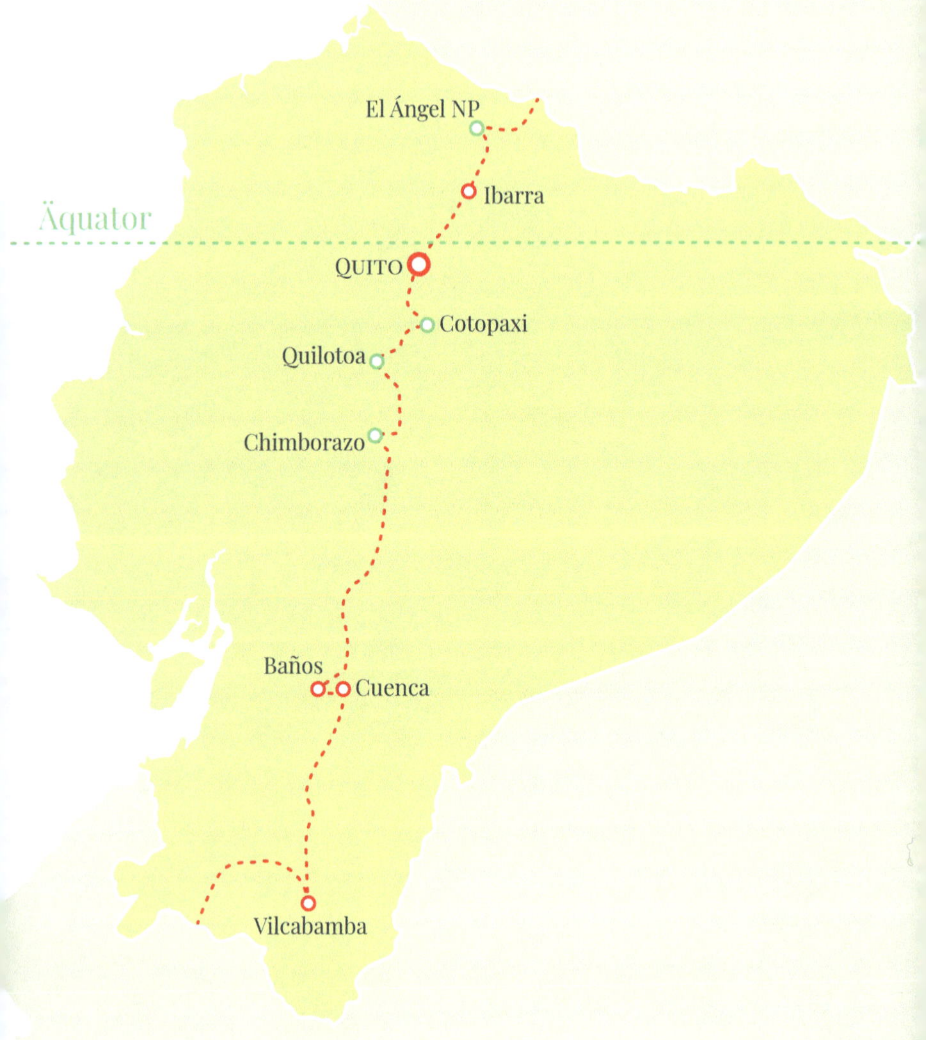
Äquator
El Ángel NP
Ibarra
QUITO
Cotopaxi
Quilotoa
Chimborazo
Baños
Cuenca
Vilcabamba

Bis zur Mitte der Welt

Mit einem lachenden und einem weinenden Auge starten wir in das nächste Abenteuer. Ecuador, Land Nummer zwölf. Wir freuen uns über die professionelle Abwicklung ohne lästige Kopien und eine kostenfreie Autoversicherung. An der Tankstelle geraten wir beim Blick auf die Anzeige an der Zapfsäule regelrecht aus dem Häuschen: Für einen US-Dollar pro Gallone fließt gerade der Diesel in die Tanks, umgerechnet zwanzig Eurocent pro Liter, billiger als Wasser und ein unschlagbarer Preis entlang der gesamten Panamericana. Wir sparen auf einen Schlag 600 Euro ein.

Die Straßen nach der Grenze sind wie ausgewechselt. Vierspurig und besser in Schuss als in Deutschland. Abseits des Asphalts ist die Landschaft weit und offen, nichts ist mehr eingezäunt oder eng besiedelt. Kein Bauch ist mehr im Weg, ich stille weniger, seit Levi selber trinken kann, und nutze die Gelegenheit, mich das erste Mal wieder hinter das Steuer zu setzen. Es ist ein sanfter Einstieg ins Fahren, den ich mir in Zentralamerika nach so langer Abstinenz nicht zugetraut hätte. Dort sind die Straßen eng, voller Menschen und Tiere und der Verkehr ist chaotisch.

Ohne Umwege fahren wir 140 Kilometer bis zur Finca Sommerwind nahe Ibarra. Direkt an der Lagune Yahuarcocha gelegen, mit einem herrlichen Blick auf die Vulkane. Viele sind über 4000 Meter hoch, einige über 5000 Meter und einer misst sogar mehr als 6000 Meter. Sie stehen nicht im Bergmassiv, sondern ragen als einzelne Kegel majestätisch in den Himmel und tragen manchmal auch eine weiße Kappe. Die deutschen Auswanderer Patricia und Hans haben hier ein Paradies für Overlander geschaffen, auf das wir uns schon seit Wochen freuen: Warme Duschen, Waschmaschine, Wi-Fi, Gemeinschaftsküche und eine Werkstatt mit Schweißgerät. Am Wochenende verkauft das Café Leckereien wie Schwarzwälder Kirschtorte, Vollkornbrot und Currywurst, dazu organisiert Hans gemeinsame Grillabende, Arzttermine und Ersatzteilbeschaffungen. Alles für eine Gebühr von fünf Dollar pro Tag, pro Person. Wir parken neben unseren Freunden Manni und Daggi, lassen den Motor verstummen, bleiben hängen und genießen.

Die Finca ist gut besucht. Bekannte und unbekannte Reisende kommen und gehen, somit gibt es wieder jede Menge Gesprächspartner, mit denen fleißig Landkarten, Tipps und Erfahrungen ausgetauscht werden können. Es wird nie langweilig und wir begegnen sogar unseren langjährigen Bekannten Petra und Stefan, die Thorben und ich vor sechs Jahren auf der Überlandreise nach Indien kennengelernt haben, während der Frosch – damals noch in Besitz von Till und Amelie – direkt neben ihrem riesigen weißen MAN-Kat unter den Palmen von Goa parkte.

Tagsüber verwandeln Thorben und Manni den schönen Stellplatz in ein Schlachtfeld, indem sie fleißig an den Fahrzeugen basteln. Für die laute Flex bietet sich das Wochenende an, da direkt gegenüber eine Autorennstrecke liegt und dort ordentlich Gas gegeben und Krach gemacht wird. Der Frosch hat jetzt dank viel Zeit und Hilfe endlich einen Kran auf dem Dach, und auch ein anderes Problem wird gelöst. Unsere Dieselstandheizung, die ihren Dienst eingestellt hat: Dicke Abgaswolken kommen aus dem Auspuff, es stinkt, doch es bleibt kalt. Während wir uns durch langsames Aufsteigen an die dünne Luft bei über 2000 Metern gewöhnt haben, streikt die Technik einfach. Thorben schraubt, baut aus, und holt sich Rat bei Stefan, einem wandelnden Lexikon in Sachen Reisemobil. Stunden später ist alles wieder verbaut und die Heizung läuft sogar noch besser als am ersten Tag.

Während die Männer beschäftigt sind, rollt ein weißer Mercedes Westfalia mit Dresdner Kennzeichen auf den Hof. Ulli und Ralf, eine OP-Schwester und ein Anästhesist, haben sich ein Jahr Auszeit genommen und nutzen die Vorschulzeit ihres fünfjährigen Sohns Karl, um mit ihm durch Südamerika zu fahren, dem Alltag und den festgefahrenen gesellschaftlichen Strukturen zu entfliehen und wieder einen Blick fürs Wesentliche zu bekommen. Seine Lehrbücher haben sie dabei und unterrichten ihn täglich ein paar Stunden selbst. Ersatzoma Daggi und ich hüten die Kinder, wobei Romy von früh bis spät mit ihrem neuen Spielkameraden unterwegs ist und nur zum Essen kurz vorbeischaut. Nicht dass für unser Mädchen ein Tag verstreicht, ohne mit anderen Kindern zu spielen, aber nach eineinhalb Jahren auf Reisen ist es für sie die erste Möglichkeit, sich auf Deutsch zu unterhalten. Levi hingegen ist glücklich, wenn am Morgen die Haustür für ihn aufgeht, die große Decke ausgebreitet wird und er den Inhalt der kleinen Spielzeugkiste über sich ausschütten kann. Doch auch er wird langsam flügge und versucht zu krabbeln, was für mich bedeutet, in Zukunft ständig aufspringen und aufpassen zu müssen.

Ich gönne mir mal wieder eine familienfreie Auszeit und fahre mit Daggi nach Otavalo zum großen Samstagsmarkt. Pünktlich zum Sonnenaufgang hupt unser Taxi vor dem Tor und fährt uns zum Busbahnhof. Für den Fahrpreis gilt die Faustregel: Eine Stunde für einen US-Dollar, sprich 55 Eurocent. Über den Fahrplan des Busses entscheiden die zugestiegenen Personen. Ist er voll, fährt er los. Auch während der Fahrt wird um neue Gäste geworben, der Co-Pilot hängt sich zu der geöffneten Tür hinaus und schreit lauthals das Fahrtziel durch die Straßen. Hier klärt sich zudem das System der öffentlichen Busse. An bestimmten Punkten hält er an einem unscheinbaren Stempelautomat zwischen den Häuserecken und die Einnahmen werden gesichert. Bezahlt wird nicht nach Passagieren, sondern nach Runden. Das erklärt, warum alle in Eile sind. Unterwegs steigen im fliegenden Wechsel Händler ein und aus, verkaufen Eis, Getränke oder Süßigkeiten. Es wird also nicht langweilig.

Am äußeren Ortsrand von Otavalo angekommen, startet unser eigentlicher Marktausflug. Um sechs Uhr morgens beginnt der Viehmarkt und endet bereits nach drei Stunden. Fasziniert von dem fremden Treiben, stehen Daggi und ich eine Weile abseits, bevor wir uns in das Gedränge wagen. Wir tauchen in eine für uns völlig fremdartige Welt ein. Hier ist nichts touristisch, sondern alles authentisch.

Überall blökt, quiekt und muht es. Kühe stehen neben Schweinen, Schafen, Pferden und Lamas. Die Tiere wechseln den Besitzer, werden über den schlammigen Platz gezerrt, auf die Ladeflächen von Pick-ups verfrachtet oder wie Haustiere an der Leine nach Hause geführt. Der Markt ist nichts für schwache Nerven und Tierschützer bekämen bei diesem Anblick wohl eine Krise. Direkt daneben sind Stände aufgebaut, die gegrilltes Spanferkel anbieten. Mit Tomate im Maul, Chilischoten in den Ohren und Petersilie auf dem Kopf.

Kleiner werden die Tiere an der nächsten Ecke. Hier ist es beschaulicher – aber nicht weniger skurril. Hühner liegen paarweise an den Beinen zusammengebunden achtlos auf dem Boden, bunte Küken sind in Kisten gestapelt, Hasen werden im

Sechserpack an den Ohren herumgetragen, kleine Hundewelpen sitzen in Pappkartons und Meerschweinchen warten in Körbchen auf ihren neuen Besitzer, der höchstwahrscheinlich seinen Kochtopf damit füllen wird. Nebenbei erfreuen wir uns an den prächtigen Trachten der Otavaleños. Die Frauen schmücken sich mit der traditionellen Bekleidung aus einem langen dunkelblauen Wickelrock, einer kunstvoll bestickten weißen Bluse und vielen enganliegenden Goldketten. Ein zusammengefaltetes Tuch auf dem Kopf dient als Hut. Die Männer tragen weiße knöchellange Hosen mit Bügelfalte, Poncho und Hut, unter dem ein langer geflochtener Zopf hervorlugt. Ich bin begeistert, wie traditionell das eigentlich fortschrittliche Land noch ist.

Nachdem wir genug Tiere gesehen haben, ziehen wir voll mit neuen Eindrücken zum Stadtzentrum, das heute ein einziger, riesiger Platz zum Handeln ist. Bis weit in die Seitengassen hinein erstrecken sich die Marktstände, belegen beide Straßenseiten bis auf die Fahrbahn mit Geschirr, Drogerieartikeln, Werkzeug, Obst und Gemüse für die einheimische Bevölkerung. Im Zentrum, am Big Poncho Market, gibt es extra für Touristen einen großen Kunsthandwerksmarkt. In den umliegenden Dörfern weben Indigene wunderschöne Stoffe und verkaufen sie hier als Decken, Mützen und Ponchos, neben Schmuck, Antiquitäten und Bildern. Besonders die Tücher haben es mir angetan. Seit Mexiko sind Kinderwagen Mangelware und das Tragen der Babys gehört zum Alltag. Sie werden hermetisch abgeschottet in dicke Kunststoffdecken eingewickelt und in den Armen gehalten. Keine Straße ist eben, dazu 30 Zentimeter hohe Bordsteinkanten. Es ist ein ständiges Auf und Ab und für einen Kinderwagenschieber ein Graus. Wir haben es schon längst aufgegeben und Romys Buggy auf dem Dach des Lasters verzurrt. Mit der hiesigen dargebotenen Technik mag ich mich jedoch auch nicht anfreunden. Die Kinder werden in den knallbunten Tüchern zu Bündeln verschnürt auf dem Rücken getragen, seitlich ragen Kopf und Füße heraus. Unsere müden Beine tragen uns noch bis zum Plaza Bolivar, wo wir gemeinsam mit den Einheimischen auf den Grünflächen des Parks entspannen, bevor es wieder zurück nach Ibarra geht.

Die unkomplizierte Stadt mit 140 000 Einwohnern bietet zwar keine Highlights, hat aber schöne Ecken und nimmt uns sofort mit ins Leben auf. Wir verschmelzen mit den unterschiedlichsten Kulturen und Hautfarben, die hier friedlich zusammenleben. Neben dem beschaulichen Altstadtkern finden wir Supermärkte nach amerikanischem Standard vor, wie wir sie seit Wochen nicht mehr gesehen haben. Das Angebot ist schier grenzenlos: frische Baguettes neben Semmeln und verführerischen Kuchenstückchen, die Fleischabteilung lockt mit Bratwürsten, Schinken und Leberkäse und die Käsetheke scheint überzuquellen. Camembert, Parmesan, Gouda. Auch Nutella ist im Sortiment, das wir nach einem Blick auf das Preisschild aber im Regal stehen lassen. Der Luxus hat einen hohen Preis, die Importzölle sind astronomisch und so kosten 200 Gramm der Nuss-Nougat-Creme knapp zehn Dollar. Schön ist, dass wir auf vieles verzichten können und trotzdem fast nichts vermissen. Wir sind ständig in Bewegung, beschäftigt und erleben immer Neues – doch richtiges Brot, genießbare Wurst und guter Käse sind Mangelware, da kommt trotz der guten lokalen Küche Heimweh auf. Nach einem Jahr Abstinenz ernähren wir uns die nächsten Tage ausschließlich von deutschen Brötchen mit echter Butter, Camembert und Schinken. Und es ist für uns der kulinarische Himmel auf Erden.

Im örtlichen Krankenhaus bekommt Levi die zweite Impfauffrischung und macht zusammen mit seiner Schwester einen Höhencheck. Nach vielen Recherchen im Internet komme ich zu dem Schluss, einen Experten zu fragen. Deutsche Ärzte finden, dass bei 2000 Metern die letztmögliche Grenze erreicht ist. Mit der Höhenkrankheit ist nicht zu spaßen: Zeigen sich die ersten Symptome der vielfach gefürchteten Soroche wie Erbrechen, Schwindel, Dauerkopfschmerz und Herzrasen, sollte umgehend in tiefere Lagen zurückgekehrt werden, um schwere, ja sogar tödliche Schäden zu vermeiden. Ab 5000 Metern ist der Sauerstoffpartialdruck nur noch halb so hoch wie auf Meereshöhe und die geringe Sauerstoffversorgung und der verminderte Druck in den Lungenbläschen haben zur Folge, dass sich vermehrt Wasser aus den Blutgefäßen im umliegenden Gewebe einlagert und ein Lungen-

oder Gehirnödem entstehen kann. Die Diagnose der Ärztin ist kurz und deutlich: „Ihre Kinder sind kerngesund und können problemlos in die Höhe – wenn Sie langsam aufsteigen.“ Dies gleicht meiner Meinung, denn auch im Andenhochland leben Kinder und Babys.

Unser Körper sucht Mittel und Wege, um mehr Sauerstoff zu bekommen, der Organismus passt sich nach und nach der Belastung an und bildet mehr rote Blutkörperchen. Entscheidend ist aber nicht die absolute Höhe, sondern die Anpassung zum Höhenunterschied. Die goldene Regel ist, ab 2500 Metern bei jeder folgenden Übernachtung die letzte Übernachtungshöhe um nicht mehr als 250 Meter zu überschreiten, langsam an Höhe zuzunehmen und an reichlich Flüssigkeitsvorrat zu denken. Zur endgültigen Beruhigung kaufen wir ein Messgerät, um in den extremen Höhenlagen von Peru und Bolivien den Sauerstoffgehalt im Blut und den Puls messen zu können.

Als auch der letzte Overlander die Finca verlassen hat – Manni und Daggi machen einen Abstecher auf die Galapagos Inseln –, wir uns auf 2200 Metern lange genug in der Höhe akklimatisiert haben, begibt sich auch der Frosch nach zwei Wochen Stillstand wieder auf die Reise und rollt einige Kilometer zurück in den hohen Norden. Dort steigen wir eine Kalksteinhöhle hinab und trauen unseren Augen kaum. Ein reißender Fluss bahnt sich durch die Grotte von La Paz und mittendrin steht eine kleine Kapelle, an deren Decke die Fledermäuse kreisen. Ich entzünde neben den riesigen Stalagmiten eine Kerze und werde überragt von der in einem Blumenmeer wachenden Skulptur der Jungfrau Maria. Gesegnet spazieren wir ein paar Meter weiter, ziehen uns aus und baden in heißen Quellen vulkanischen Ursprungs mit Blick auf den Canyon.

Der Laster steht auf dem Parkplatz der Kathedrale und hier werden wir auch die Nacht verbringen. Romy ist ausgepowert und liegt schon im Bett, Levi braucht zum Runterkommen noch einen Spaziergang mit Papa. Weit kommen die beiden nicht, sie werden umringt von einer ecuadorianischen Großfamilie. Neugierig stellen die Leute viele Fragen und beginnen, die ersten Handyfotos zu schießen. Ich merke, dass sie einen Blick in den Frosch werfen wollen, öffne die Tür und die Familie stellt sich in einer langen Reihe auf und begehrt Eintritt. Vater, Großmutter, Tante und Urenkel, alle sind sie sprachlos und begeistert von unserem kleinen Zuhause und ich mache eine Führung. „Hier schlafen wir, das ist der Kleiderschrank, dort kochen wir und unter dem Waschbecken, da ist der Kühlschrank versteckt." Das ist nichts Neues für uns – nur die Anzahl der Personen ist ungewohnt. Ihnen dagegen dürfte der Anblick bekannt vorkommen. Wohnraum in Ecuador ist für den Großteil knapp. Man lebt, isst und schläft im selben Raum, dicht aneinandergedrängt, und empfindet das nicht unbedingt als Übel. Im Gegenteil: So ist Familie. Zusammen mit den Frauen sitze ich in der Sitzecke, wir essen Kekse und freuen uns über diese Begegnung, die uns immer in Erinnerung bleiben wird. Später schließen wir die Tür und unser Baby, nicht böse über die Verzögerung, kann endlich seinen wohlverdienten Schlaf bekommen.

Zurück durch den Canyon fahren wir wieder über abenteuerliche Pisten, wenige Zentimeter neben uns stürzt der Hang mehrere hundert Meter tief in die Schlucht, an deren Grund sich der reißende Fluss windet. Wir arbeiten uns bis weit nach Westen in die Abgeschiedenheit der Berge des Nationalparks Al Angel vor. An der 15 Kilometer langen Pflasterstraße stören wir uns nicht im Geringsten, da die Landschaft für alles entschädigt. Am Straßenrand wiegen hohe Gräser im Wind und wechseln kurz darauf in einen einzigartigen Staudenwald der Mönchsgewächse.

Die *Frailejónes* haben dicke, fleischige Blätter, die rosettenförmig in einem dichten Kranz um den meterhohen Stamm wachsen. Auf 3800 Metern, dem höchsten Punkt des erloschenen Vulkans Chiles, verlassen wir den Laster dick eingepackt in Pullover, Schal, Mütze und Wanderstiefel und werden von einem zutraulichen Andenfuchs begrüßt. Eine Eintrittsgebühr gibt es nicht – in Ecuador sind alle Nationalparks kostenlos zugänglich. Über einen drei Kilometer langen Wanderpfad spazieren wir durch die herrliche Landschaft, Romy streichelt die weichen filzartigen

Blätter der *Frailejónes*, hält sie lachend über ihren Kopf und sieht wie ein Kaninchen aus. Levi trage ich das erste Mal auf meinem Rücken. Nicht als verpackte Wurst, sondern in einer bequemeren Variante, die dank Amazon Deutschland noch rechtzeitig ihren Weg nach Ibarra zum Postfach der Finca Sommerwind gefunden hat. Jetzt kann er seine Nase in den Wind halten, die Umgebung beobachten und sieht nicht nur ausschließlich seine Mama, kann aber weiterhin meine Nähe genießen.

Meine Schritte werden matter und die Trinkpausen häufen sich. Die Höhe macht sich gnadenlos bemerkbar. Über eine ellenlange Treppe kämpfen wir uns Stufe um Stufe nach oben, die nicht gleichmäßig, sondern unterschiedlich hoch und tief sind, und längst marschiert jeder nur noch nach seinem eigenen Rhythmus. Mit schwirrendem Kopf erreichen wir den Aussichtspunkt, immer noch nach Luft schnappend, und genießen die Aussicht auf die Laguna el Voladero. Die vereinzelten Sonnenstrahlen lassen das Wasser inmitten der Bergwelt schwarz erscheinen und die Blätter der Mönchsgewächse hellgrün aufleuchten. Eine sagenhafte Landschaft, von deren Existenz wir im Ansatz gar nichts wussten.Nebel zieht auf und lässt die Lagune langsam verschwinden. Ein bitterkalter Wind weht uns um die Ohren. Ein Klima, das die *Frailejónes* zum Wachstum benötigen und das die Einzigartigkeit dieser Landschaft ausmacht.

Am Lago San Pablo entdecken wir einen Spielplatz am Seeufer, an dem viele Kinder des Dorfes spielen. Ein in die Jahre gekommenes Karussell dreht sich quietschend im Kreis, die Kinder kreischen vor Freude und nehmen Romy sogleich in ihre Mitte auf. Ein etwa zehnjähriges Mädchen gesellt sich zu mir auf die Decke, nimmt mir wortlos den kleinen, zahnenden Levi ab, als wolle sie mir zeigen, wie man, ohne mit der Wimper zu zucken, ein von Schmerzen geplagtes Baby bei Laune hält. Bei ihren zwei Geschwistern habe sie einiges gelernt, erzählt sie mir, und fragt mich, warum ich nur zwei Kinder hätte. Ich bin sprachlos über solch eine Selbstverständlichkeit der Hilfe und über meinen kleinen Jungen, der scheinbar alles vergessen hat, nicht mehr quengelt und klagt, sondern freudestrahlend im Arm seiner neuen Freundin zappelt.

Über eine fantastische Panamericana rasen wir die Berge hinab in den Süden und starren wie gebannt auf die Anzeige des GPS-Gerätes. Fast im Sekundentakt nähern wir uns der geografischen Breite N00°00'00.000. Welch berauschendes Gefühl, den Äquator zu überqueren. Erst 40 Kilometer später bringen wir den Frosch am Denkmal Mitad del Mundo zum Stillstand, können verschnaufen und feiern.

Wilde Tänzer mit wundersamen Masken und Verkleidungen ziehen durch die Gassen, begleitet von einer marschierenden Kapelle, die für europäische Ohren in sehr schrägen Tönen musiziert. Wir fühlen uns geehrt, folgen der Prozession und sammeln fliegende Bonbons auf. Doch der eigentliche Grund für die Feierlichkeit ist die Jungfrau de las Mercedes. In jedem Dorf gibt es einen Dorfheiligen, für den einmal im Jahr ein großes Ehrenfest veranstaltet wird. An diesem Tag folgt die Menschentraube einem tragbaren Altar mit der Figur der Dorfpatronin, angeführt von einem Mann, der selbstgebastelte Raketen in die Luft schießt.

Die Nacht verbringen wir vor einem 30 Meter hohen Monolith, dessen vier Seiten genau nach den Himmelsrichtungen ausgerichtet sind. Die auf der Spitze aufgestellte Kugel symbolisiert die Erde, der Metallring um sie herum den

Breitengrad Null. Auf einer dicken gelben Linie zu Füßen des Monuments laufen wir anderntags von der Nord- zur Südkugel und stehen mit gespreizten Beinen zeitgleich auf beiden Hälften der Erde. Auch Levi zeigt, was er kann. Auf der Finca Sommerwind hat er fleißig geübt und darf nun aus eigener Kraft den Äquator überqueren. Dank moderner GPS-Systeme hat sich herausgestellt, dass sich der wahre Mittelpunkt der Welt 200 Meter weiter nördlich befindet. Dort im Museum Intiñan bekommen wir eine Demonstration in der Herstellung von Schrumpfköpfen und experimentieren mit den physikalischen Phänomenen am Äquator. Wir stellen ein rohes Ei hochkant auf einem Nagel ab und lassen Wasser auf der Nordhalbkugel links drehend im Abfluss verschwinden, auf der Äquatorlinie senkrecht und auf der Südhalbkugel im rechten Strudel. Durch die schwächere Gravitation wiegen wir hier einige Gramm weniger als sonst wo auf der Welt und stehen pünktlich um 12 Uhr mittags auf unserem eigenen Schatten. Schutz vor der Sonne findet sich nirgends.

Wir schließen das Kapitel Nordhalbkugel ab und starten in neue Abenteuer auf der südlichen Seite des Planeten. Wir wechseln von Sommerzeit zu Winterzeit, die Schatten werden wieder länger und die Nächte kürzer.

Die Straße der Vulkane

Im Jahre 1802 bezeichnete der deutsche Forscher Alexander von Humboldt die Andenkette zwischen Quito und Cuenca als *Avenida de los Volcanes*, Die Straße der Vulkane, und wir folgen seinen Spuren. In der Ferne thront der mächtige schneebedeckte Cotopaxi, der mit 5897 Metern der höchste feuerspeiende Berg der Welt ist. Wegen Aktivitäten war der Zugang über mehrere Monate geschlossen und ist erst vor wenigen Wochen wieder geöffnet worden. Ein Ausbruch ist dennoch jederzeit möglich.

Wir quälen uns durch das Menschen- und Verkehrschaos von Quito, der höchst gelegenen Hauptstadt der Welt, und je näher wir dem Vulkan kommen, desto mehr versteckt er sich hinter dunklen Wolken. Als wir den Nationalpark erreichen, spielt das Wetter komplett verrückt. Es regnet, stürmt und dichter Nebel zieht auf. An ein Umkehren ist aber nicht zu denken, denn wir haben unserer Tochter Schnee versprochen. Die Straße des Nationalparks ist super ausgebaut, wir passierten Lavafelder, die in wogendes Gras übergehen, auf dem wilde Pferde sich von Wind und Wetter nicht bei ihrer Futtersuche stören lassen. Mit zunehmender Höhe wechselt der Asphalt in ein Asche- und Geröllfeld und Wind und Regen verwandeln sich in Sturm und Schnee, der seine weiße Decke über alles legt und die schroffen Gesteinskanten weicher werden lässt. Bei 4000 Metern fahren wir durch Matsch, bei 4400 Metern auf einer immer dichter werdenden Schneedecke. Als sich die Serpentinen steiler die Bergflanken hochwinden, der Untergrund rutschiger und unkontrollierbarer wird, beschließen wir, dass Schluss ist. Der Zeitpunkt ist erreicht, wo es gefährlich wird, und wir laufen zu Fuß weiter in das Winterwunderland. Endlich kann Romy wieder einen Schneemann bauen und ist überglücklich. Baby Levi weiß gar nicht, wie ihm geschieht. War es nicht gerade noch warm? Auf einmal ist alles rings herum weiß? Aber auch seine Freude lässt nicht lange auf sich warten und die Zahnschmerzen lindert heute ein kleiner Schneeball, an dem er schlecken und knabbern kann.

Langsam setzen wir zurück, versuchen am Hang eine gute Position zum Wenden zu finden, stehen kurzzeitig nur noch auf drei Reifen – der vierte hängt in der Luft, bekommt aber wieder Griff – und ziehen weiter in die hohen Anden.

Wir bewegen uns durch wundervolle Landschaften und fühlen uns zeitweise in die Alpen zurückversetzt. Nur mit dem Unterschied, dass wir uns rund 2000 Meter höher aufhalten und indigene Hirtenmädchen Alpakaherden hüten. Auf den grünen Flächen stehen Kühe, Schafe und Schweine, die vielen Felder der Bauern kleben an den extrem steilen Berghängen und werden unter den erschwerten Bedingungen der über 3000 Höhenmeter und der Schräglage bergauf und bergab nur durch reine Muskelkraft und mit Hilfe der ganzen Familie bewirtschaftet. Die Frauen tragen selbst zur Arbeit ihre schönen Trachten, alle haben ein

Lächeln im Gesicht, stellen Harke und Schaufel ab und winken uns freundlich zu.

Das frische Obst und Gemüse wird auf den Wochenmärkten verkauft, und im nahegelegenen Guaranda bestaunen wir das bunte Angebot der lokalen Produkte. Hunderte schlichte Stände reihen sich aneinander, lassen kaum Platz, um sich hindurch zu quetschen. Die Bäuerinnen bieten fröhlich Quechua schwatzend ihre Waren an, verkaufen Kartoffeln, Zwiebeln, Kohl, Tomaten, Mais, Zitrusfrüchte und Avocados. Alles, was die Felder hergeben und im Tal angebaut wird. Und wieder entdecken wir neue, uns völlig unbekannte Sorten und die erste Frage ist immer, ob es sich um Obst oder Gemüse handelt. Fliegende Händler versuchen, fadenscheinige Mittelchen und dicke lebendige Maden gegen allerlei Beschwerden an den Mann zu bringen. Auf einer Etage mit rund 50 Quadratmetern Verkaufsfläche stehen Bauern und Bäuerinnen dicht gedrängt an langen Tischen und verkaufen Käse. Ein und dieselbe Sorte. Die Auswahl an frischem Fisch ist dafür schier grenzenlos und wird lautstark angepriesen. Die Fleischabteilung ist ein wahres Horrorkabinett und erfordert starke Nerven, reine Mundatmung und ein auf Durchlauf geschaltetes Gehirn – wenn man in Zukunft nicht zu den Vegetariern gehören möchte. Direkt neben den vorbeilaufenden Kunden wird das frische Fleisch zertrennt, während im Wechsel Fliegen und Straßenhunde verscheucht werden, die sich darauf stürzen wollen. Säuberlich getrennt liegen Hühnerköpfe neben Krallen, Innereien und abgetrennten Hufen. Wir weichen blutigen Rinderstücken und

Schweinehäuten aus, die an Haken von der Decke baumeln, und stolpern fast über einen abgezogenen Kuhschädel, dem die Augen heraushängen. Eine Kühlung ist nicht vorhanden und wir ziehen es vor, wie gehabt den Fleischvorrat aus einem Supermarkt zu beziehen.

Wir fahren weiter und dringen in die Westkordillere vor. Über eine landschaftlich malerische Nebenstrecke, in die Berge hinein, vorbei an vielen kleinen Bergdörfern, in denen die Zeit stillzustehen scheint. Auf 3800 Metern angekommen, breitet sich vor uns die Kraterlagune Quilotoa aus – die wohl schönste des ganzen Landes. Es weht ein heftiger, eisiger Wind, und anstatt auf einem mehrstündigen Trail die Lagune zu umwandern, entscheiden wir uns, der Kälte zu entfliehen. Wir steigen also hinab in den erloschenen Vulkan zum 600 Meter tiefer gelegenen Ufer. Die Farbe des smaragdgrün schimmernden Wassers leuchtet, verändert sich mit der Sonneneinstrahlung und spiegelt die Schattenbewegungen der Wolkenmeere wider. Ich kann mich kaum an dem Anblick sattsehen und werde von einem Gefühl des Friedens, der Ruhe und Freiheit durchströmt.

Der sandige Untergrund macht den Abstieg zu einem Kinderspiel, einige Passagen überwinden wir mit großen Sprüngen und nach nur einer halben Stunde finden wir uns am schönen Quilotoa-Beach wieder, wo Baby Levi das erste Mal in einem Sandkasten sitzt. Für einen Moment ist er ganz still. Während Romy am Strand bereits ein großes Loch buddelt, beginnt er vorsichtig, das neu entdeckte Material zu betasten. Konzentriert greift sich Levi eine Handvoll, umschließt den Sand fest und lässt ihn genüsslich zwischen seinen Fingerchen durchrieseln. Ein erstes beeindruckendes Sinnerlebnis für ein Baby mit dem Element der Erde.

Ich bin in Gedanken bereits beim Aufstieg und bekomme leichte Panik. 600 Meter runter bedeuteten schließlich auch, die Strecke wieder nach oben steigen zu müssen. Aber das Glück steht mir bei und ich sitze wenig später mit Romy zusammen auf dem Rücken eines Esels, der uns nach 45 Minuten sicher auf festem Boden am Kraterrand absetzt.

Der höchste Berg der Welt ist zweifelsfrei der Mount Everest im Himalaya, doch den höchsten Punkt bildet er nicht. Der befindet sich auf dem Gipfel des inaktiven Vulkans Chimborazo. Da der Berg sehr nah am Äquator steht und die Erde eine elliptische Form besitzt, ist der 6310 Meter hohe Gipfel der am weitesten vom Erdmittelpunkt entfernte Ort und überragt den berühmten Mount Everest um ganze zwei Kilometer. In den letzten Wochen haben wir uns der Höhe gut angepasst und verbringen die Nacht auf 3800 Metern zum Akklimatisieren neben einem kleinen Bauernhof direkt vor dem riesigen Koloss.

Die Sicht auf den schneebedeckten Chimborazo am nächsten Morgen ist grandios und wir beeilen uns, um dem sich schnell ändernden Wetter zuvorzukommen. Dichte Wolken nehmen Kurs auf den Gipfel und wie einem Wettrennen gleich kürzen wir in einem Höllentempo über eine abenteuerliche Schotterpiste die Strecke ab – und verlieren den unfairen Kampf. Außer Nebel und ein paar *Vicuñas*, zur Familie der Kamele gehörend, ist um uns herum nichts mehr zu sehen. Tapfer arbeitet sich der Frosch den schmalen Hang empor bis zum ersten Basiscamp auf 4830 Metern. Inmitten der baumlosen, sandfarbigen Mondlandschaft reißt die Wolkendecke langsam auf, der Chimborazo zeigt sich für einen kurzen Moment unverhüllt und verschwindet wenig später wieder vollkommen.

Einem freien Fall gleich nähern wir uns am Nachmittag dem auf nur noch 1500 Metern gelegenen Baños, dem Tor zum Oriente, schälen uns im Minutentakt immer weiter aus der Winterkleidung und knipsen den Sommer an. Nur in einem Flugzeug haben wir bisher solche Höhenunterschiede in so kurzer Zeit erlebt. Der Ort ist nicht nur für seine Thermalbäder bekannt, sondern auch wegen seiner einmaligen Lage – eingekesselt in einer schmalen Schlucht zwischen den steil aufragenden hohen Gipfeln der Anden. Vorbei am Rio Verde und Rio Negro führt uns eine enge Straße durch tropfende Tunnel bis zu einem kleinen Stellplatz im Dschungel.

Bestand bis vor kurzem mein morgendliches Ritual darin, Levi nach dem Aufwachen eine Spielzeugkiste hinzuschieben und mich noch einmal umzudrehen, ändert sich plötzlich alles mit seinen neu erworbenen Fähigkeiten. Eine Tür im Wohnraum zum Schließen haben wir nicht, nur den Zugang vom Laster, unsere Haustür. Von außen. Jetzt muss ich aufstehen, mit ihm aussteigen, damit er seine Krabbelkünste verfeinern und der restliche Teil der Familie weiterschlafen kann. Hier ist es einfach, denn der Laster parkt auf einer großen Wiese und es ist warm. Anders sieht es aus, wenn der Platz nicht so idyllisch ist. Ich gehe aus Rücksicht trotzdem nach draußen, auch wenn ich gar keine Lust dazu habe. Nur wenn es regnet, bleiben Levi und ich im Laster, spielen leise auf dem Fußboden, was meist nicht ausreicht und

Romy mit schlechter Laune aufwachen lässt, da sie abends wie so meist nicht früh genug ins Bett gekommen ist. Da ist der Streit vorprogrammiert.

Auch bei Thorben und mir kracht es natürlich. Enger als unsere Beziehung es ist, kann es nicht sein. 24 Stunden am Tag, sieben Tage die Woche auf engstem Raum zusammen – da lernt man nicht nur die guten Seiten an seinem Partner kennen und lieben. Anders als im normalen Leben sind wir schonungslos mit Konflikten konfrontiert, lösen aber gezwungenermaßen an Ort und Stelle, was sich zuhause durch getrennte Wohnräume meist in die Länge gezogen hätte.

Als alle munter sind, wandern wir gemütlich die Ruta de las Cascadas ab, die vor Wasserfällen nur so strotzt, und beginnen am spektakulärsten aller Fälle mit dem vielversprechenden Namen Pailon del Diablo. Die Kinder erscheinen uns plötzlich viel leichter und wir haben eine gute Kondition. Wie sehr sich doch die Höhe in den Anden bemerkbar macht – oder sind das etwa die Auswirkungen des natürlichen Dopings durch die vermehrten Blutkörperchen? Über schaukelnde Hängebrücken erreichen wir unser Ziel und stehen direkt unter dem tosenden Teufel, der vor uns über die Felsen stürzt und uns ordentlich nass spritzt. In der Paszata Schlucht angekommen, rasen wir an einem 500 Meter langen gespannten Drahtseil hoch über dem Abgrund entlang und schwingen auf den Wasserfall Cascada Manto de la Novia zu. Die Fahrt erfolgt in einer offenen Gondel, der *Tarabita*, die mit einem umfunktionierten Automotor samt Getriebe und Kupplung bedient wird. Unsere Schreie hallen laut in der Schlucht wider – und weil es so schön war, fahren wir gleich nochmal.

Weiter mit Kurs Richtung Süden verwandelt sich die Panamericana von einer Rennstrecke in eine sich zäh dahin schlängelnde Bergstraße. Als sich die ersten Nadelbäume zwischen dem schroffen Gestein präsentieren, fühlen wir uns um ein Jahr zurückversetzt, als wir durch die Einsamkeit des Yukon in Kanada fuhren. Vereinzelt passieren wir kleine unscheinbare Dörfer, die unsere Aufmerksamkeit mit riesigen gegrillten Schweinen am Straßen-

rand auf sich ziehen. Mein Magen knurrt bereits und ich bitte Thorben, am nächsten Restaurant zu halten. Ich entscheide mich für die kleine Variante und versuche mich an dem Leckerbissen der Hochlandindianer: gegrilltes Meerschweinchen. Vor meinen Augen wird das nackte Tierchen aufgespießt und beginnt, sich durch ständiges Drehen über dem Rost goldbraun zu verfärben. Zusammen mit Kartoffeln und Mais landet es auf meinem Mittagstisch – und ich bereue die Entscheidung. Das arme Kuscheltier liegt mit gespreizten Beinchen auf dem Teller, zwei spitze Schneidezähne schauen aus dem geöffneten Maul und die toten Augenhöhlen scheinen mich anzustarren. Ich tue mich schwer, das Fleisch von den Knochen zu zupfen, und nur mit viel Phantasie schmeckt es wie Hühnchen. Ich halte mich lediglich an das Gemüse und esse zurück im Laster lieber eines von Thorbens Sandwiches.

Je näher wir Cuenca kommen, desto mehr verändert sich die Kleidung der Ecuadorianer. Die Trachten werden bunter und die sich ständig nach Region ändernden, allgegenwärtigen Hüte nehmen die Form von Panamahüten an. Der Herstellungsort ist nicht, wie fälschlicherweise angenommen, Panama, sondern hier.

Als um 1800 die Hüte in die ganze Welt verkauft wurden, ging der Export zuerst nach Panama und von dort aus weiter. In Panama erhielten die Kisten einen Panama-Aufdruck und schon hatte der Sombrero seinen Namen weg. In Cuenca befinden sich viele Werkstätten und wir besuchen die Fabrik Homero Ortega, um den Arbeitern über die Schulter zu sehen.

Die Palmfasern, aus denen die Hüte hergestellt sind, werden gekocht, zerteilt, per Hand geflochten und anschließend in großen Wasserbecken gewaschen. Im Innenhof trocknen sie in der Sonne und werden nach dem Ernten in einer der über 80 verschiedenen Formen heiß gepresst. Näherinnen sorgen mit den bunten Bändern für den letzten Schliff und im direkt angeschlossenen Verkaufsraum dürfen wir nach Herzenslust Modelle im Wert von 15 bis zu vielen tausend Dollar probieren.

Mas años a la vida y mas vida a los años steht auf dem Ortsschild von Vilcabamba, dem berühmten Dorf weit im Süden des Landes. Übersetzt heißt das: Mehr Jahre dem Leben und mehr Leben den Jahren. Inmitten üppiger Tropenvegetation auf 1500 Metern Höhe wohnen rund 3000 Seelen, von denen viele über hundert Jahre alt sind, und damit älter als anderswo auf der Welt. Worin das Geheimnis liegt, ist nicht ergründet. Vielleicht ist es das einzigartige, stabile und infektionsfreie Klima oder das heilende Wasser des Flusses. Wir versuchen alles, wandern zu den Bergen, trinken das hiesige Wasser und atmen, in der Hoffnung, ein paar Jahre auf unser Konto zu laden, kräftig durch.

Mittlerweile sind wir auf nur noch 400 Höhenmetern angekommen, die Sonne knallt vom Himmel, der Kühlschrank kommt ins Stottern und auch wir wünschen uns, die Grenze nach Peru schnell zu passieren. Leider ist die Brücke über den Grenzfluss wegen einer Militärzeremonie gesperrt, wir verharren drei Stunden neben einem verwesenden Stück Fleisch und nehmen Abschied von Ecuador.

PERU

Piura
Sipan
Trujillo
Cañón del Pato
Caraz
LIMA
Machu Picchu
Huacachina
Cusco
Q'eswachaca
Nazca
Titicacasee

Du kannst so hässlich sein

Lange scheint es noch nicht her zu sein, dass an dem kleinen Grenzübergang Macará im mittleren Hochland Computer zur Verfügung stehen. Unbeholfen suchen die älteren Herren die passenden Buchstaben und Zahlen und tippen die Daten zaghaft jeweils mit einem zittrigen Finger ein. Am Abend schließen sich die Fenster, es ist Feierabend, und für uns geht zum letzten Mal an diesem Tag die Schranke nach oben.

Meine Vorstellung von Peru besteht aus Inkas und Bergen – vor der Windschutzscheibe zeigt sich jedoch ein völlig anderes Bild. Armselige Bretterverschläge und Lehmhütten in einer staubtrockenen, trostlosen Gegend. Herrenlos stehen Ziegen und Esel mitten auf der Panamericana, eine nackte Europäerin läuft geistesabwesend am Straßenrand, Betrunkene torkeln wie aus dem Nichts vor unseren Laster und die wahnsinnigen Fahrer der Motorrikschas bleiben unangemeldet auf dem Highway stehen. Es ist alles nicht vertrauenserweckend und wir suchen lange nach dem versteckten Platz an einem ausgetrockneten Flussufer.

Die Zerreißprobe mag nicht enden. In Piura, der ersten Stadt nach 145 Kilometern Fahrt, erwartet uns das Chaos schlechthin. Der Verkehr ist ein Albtraum, die Peruaner scheinen ihren Führerschein zusammen mit den schrottreifen Autos gekauft zu haben. Rücksichtslos wird die Spur gewechselt, zu jeder Gelegenheit kommt die Hupe zum Einsatz, Tuk-Tuks drängen sich in Scharen vorbei, Fußgänger irren zwischen den unzähligen kleinen Ständen am Straßenrand umher und laufen unvermittelt auf die Fahrbahn. Wir finden einen Supermarkt, versorgen uns günstig mit Lebensmitteln und nehmen den kürzesten Weg zu einem Campingplatz, der uns hingegen vollends überrascht. Eine kleine, saubere, ruhige Oase, die uns vergessen lässt, in Peru zu sein.

Zwei Tage später ist alles verdaut, wir trauen uns wieder auf die

Straße und folgen der Panamericana, die im Norden des Landes in Küstennahe verläuft. Es ist eine Reise wie auf einem anderen Planeten. Vereinzelte Bäume und Dünen verschwinden, übrig bleibt eine graue deprimierende Wüste, eine kahle Geröllhalde unter einem meist trüben Himmel. Schuld daran ist der Humboldtstrom, der vor der Küste die warme Pazifikluft abkühlt und zu Nebel kondensieren lässt, welcher dann ins Land zieht.

Den traurigen Rest hat der Mensch zu verantworten. In noch so kleinen verdorrten Ästchen verfangen sich die omnipräsenten Plastiktüten, am Straßenrand stehen ausrangierte Fernseher und hinter dem Ortsausgangsschild stapeln sich Autoreifen und Unmengen an sonstigem Müll. Das Ganze in Mengen und auf Distanzen, die man sich nicht einmal im Ansatz vorstellen kann, hätten wir die Landschaft nicht über 250 Kilometer vorbeiziehen sehen.

Wann immer sich die Möglichkeit bietet, verlassen wir die Müllkippe. Auch Sipán zeigt sich mit staubigen Straßen, unverputzten Lehmhäusern und unzähligen Schutthaufen. Kaum zu glauben, dass hier der Nationalschatz der alten Moche-Kultur ausgestellt wird. Das im Jahr 2002 eröffnete Museo Tumbas Reales de Sipán hebt sich als dreistöckige Pyramide, umrundet von gepflegten Rasenflächen, gänzlich von seiner tristen Umgebung ab. Am Eingang müssen alle Fotoapparate und Handys abgegeben

werden und das gesamte Museum ist stockfinster. Einzig die Ausstellungsobjekte sind dezent beleuchtet, was die geheimnisvolle Atmosphäre noch unterstreicht und die Fantasie anregt. Wir staunen über außergewöhnliche Artefakte aus Gold und Silber. Die Ohrringe, Ketten, der Kopfschmuck und die Zepter zeugen vom handwerklichen Können. So etwas haben wir in dieser Art noch nie gesehen. Am Ende des Rundgangs werfen wir noch einen Blick in die originalgetreue Nachbildung des Grabes vom Herrn von Sipán. Der Herrscher wurde samt seiner drei Haupt- und Nebenfrauen, Krieger und Militärchefs, einem Dienstboten und einem Grabwächter mit amputierten Füssen, einem Lama und einem Hund – die alle für die Beisetzung getötet wurden – in die Ewigkeit begleitet.

Zurück im Dreck, auf einer einsamen Straße in der trostlosen Einöde, erhebt sich aus dem Wüstenboden ein unbewohntes, blankgeputztes Ruinenfeld. Die UNESCO-Weltkulturstätte Chan-Chan in Trujillo ist eine alte Inkastadt, welche um 1300 errichtet wurde und mit 26 Quadratkilometern Fläche die größte Lehmziegelstadt der Welt ist. Trotz der Zerstorung durch die in 1925 niedergegangene gewaltige Regenflut sind noch viele Adobe-Reliefs des riesigen Geländes sehenswert.

In Huanchaco erreichen wir zum ersten Mal das Meer. Der Badeort ist vor allem bekannt für die Caballitos de Totora – kleine spitzschnabelige Boote aus gebündeltem Schilfrohr. Nicht im Einsatz stehen sie aneinandergereiht an dem weitläufigen Strand, sonst knien die Fischer wie bereits ihre Vorfahren auf dem schmalen Strohschiffchen, stoßen sich mit dicken Bambusrohren ab und gleiten weit hinaus in das offene, eiskalte Meer. Zurück kehren sie wie Surfer auf den hereinbrechenden Wellen, halten in einer Hand den frisch gefangenen Fisch, der wenig später als feuriges *Ceviche* auf unserem Teller landet. Roher, kleingeschnittener Fisch, mariniert in Limettensaft und mit rohen Zwiebeln, roten Süßkartoffeln, gerösteten salzigen Maiskörnern und dickem, weißem Mote-Mais serviert. Ein Augenschmaus und ein Gericht, das süchtig macht.

Ich komme mit einem Touristenführer ins Gespräch und muss seine Frage, ob mir Peru gefällt, leider mit „Nein“ beantworten. Die lächelnden Mundwinkel des alten Mannes verziehen sich nach unten. Er weiß, dass wir seit zwei Wochen im Land sind,

aber noch nicht, dass wir vom Norden in den Süden reisen. Zur Verabschiedung teilt er mir mit, dass Peru erst ab 2000 Höhenmetern schön wird, und wir biegen kurz darauf spontan nach links ab und nähern uns langsam den am Horizont erscheinenden Bergen.

Wir tauchen zwischen Wüste und Felsen ein und finden uns in einer grünen Oase wieder, an deren Flussbett sich Reisterrassen und Wein abwechseln. Inmitten von bunt blühenden Kakteen finden wir einen idyllischen Stellplatz direkt am Ufer des Flusses und sind glücklich, zu wissen, dass wir uns auf dem besten Weg befinden, Peru von seiner schönen Seite kennenzulernen. Die Begeisterung ist grenzenlos, als wir uns den Andenzug der Cordillera Blanca hinauf bewegen. Über eine Schotterpiste fahren wir durch die trockenste Gegend des Landes, die Binnenwüste. Sie ist geprägt von blanken Felsen, die steil neben uns in die Höhe ragen. Vor uns liegt der Cañón del Pato, die abenteuerlichste Straße in den Bergen Perus. Einspurig, mit bedenklichen Brücken und Schluchten, die teils knapp neben dem Laster steil hinabfallen und so eng sind, dass die Felsen an der schmalsten Stelle bis auf fünfzehn Meter zusammenrücken. Wir fahren insgesamt durch 35 enge, stockdunkle Tunnel, die der Schlucht wohl ihren Namen gegeben haben. Viele dieser Durchbrüche führen in Kurven durch den Berg, entgegenkommende Fahrzeuge sind trotz eingeschalteter Scheinwerfer nicht zu erkennen. Das einzige Signal, sich bemerkbar zu machen, ist Hupen. Schilder weisen darauf hin, und so gibt der Laster im finsteren Tunnelsystem ein kontinuierliches *Näät-Näät* von sich.

Im kleinen Andenstädtchen Caraz angekommen, haben wir unbemerkt die 2000-Meter-Marke überschritten und finden ein Peru vor, wie wir es uns vorgestellt haben. Vor uns erheben sich die hohen Berge der Cordillera Negra und dahinter blitzen die weißen Kuppen der Cordillera Blanca hervor. Von Abfall und Staub keine Spur mehr, dafür aber hübsche Lehmhäuser und saubere Gässchen mit fröhlichen Menschen, die stolz ihre regionale Tracht tragen. Insbesondere die Frauen bestaune ich von Kopf bis Fuß. Knielange Polleras, Überröcke, die in grellen Farbkombinationen leuchten, darunter schauen mehrere Schichten Unterröcke hervor und ebenso knallig bunt sind die enganliegenden Hosen und die Blusen, die unter einem Schultertuch verschwinden. Die schwarzen Haare sind zu langen Zöpfen geflochten und werden mit mehreren silbernen, breiten Spangen verziert. Doch faszinierend ist nicht nur der Farbrausch – die Kombination mit einem Hut lässt die jeweilige Trägerin, meistens nur knapp 1,5 Meter groß, um rund 30 Zentimeter höher erscheinen.

Wir folgen der Masse und landen auf einem großen Marktplatz, der nur so von bunten Indigenas wimmelt. Hier gibt es keine Händler, die auf ein lukratives Souvenirgeschäft setzen, und keine bettelnden Kinder. Stattdessen scheue, höfliche Menschen, die unterschiedlichste Waren für den täglichen Gebrauch anbieten und uns zu einem fairen Preis Obst und Gemüse aus der Region verkaufen. Fast schämen wir uns, für eine solche Menge weniger als einen Euro zu bezahlen, denn die Ernte ist eine unglaublich anstrengende Arbeit, die wir zu schätzen gelernt haben.

Der Himmel ist blau, die Berge präsentieren sich wolkenfrei und locken uns mit stillen Rufen in die Schluchten der Cordillera Blanca hinein, um die Seitentäler zu erkunden. Über schmale, holprige Pisten erreichen wir das Hochland, welches umgeben ist von über zwanzig schneebedeckten Sechstausendern. Die Fahrt bringt uns in drei Stunden aus der Stadt hinaus und durch das Umland von Huaraz. Wir winden uns Serpentinen empor und sehen nur noch vereinzelt aus Adobe erbaute Häuser und Bauernhöfen. Die Landschaft ist geprägt von weiten Mais- und Blumenfeldern. Pferde ziehen mit einem Pflug tiefe Furchen in die fruchtbare Erde, Arbeiter stechen mit einem Stock Löcher in den Boden, werfen ein Maiskorn hinein und schließen die Öffnung. Auf den Nelkenfeldern wird die Ernte eingeholt und ein kleiner, schmächtiger Peruaner verschwindet unter der Last eines riesigen Bündels der langstieligen roten Blumen. Mit zunehmender Höhe durchqueren wir stark riechende Eukalyptuswälder und sind umringt von imposanten weißen Riesen, egal in welche Himmelsrichtung wir uns auch weiterbewegen. Hinter dem Eingang zum Nationalpark Huascarán, von der UNESCO zum Welterbe erklärt, verschwinden wir zwischen gigantischen pechschwarzen Felswänden und werden beim Herausfahren förmlich von den zwei türkisblauen Llanganuco-Lagunen geblendet. Im Hochtal an der Laguna Conococha lassen wir den Tag ausklingen und schauen hinauf auf den mit ewigem Eis überzogenen Nevado Huascarán, mit 6768 Metern der höchste Berg Perus. Schnell stoßen wir noch mit einem Pisco Sour an, dem Nationalgetränk aus Traubenschnaps, Eiweiß, Limette und Zucker, verschwinden mit der untergehenden Sonne im Laster und wärmen uns an der Heizung.

Wir befinden uns so weit oben, dass wir bei jedem Atemzug vierzig Prozent weniger Sauerstoffmoleküle einatmen als normal. Die Luft ist so trocken, dass die Lippen aufplatzen, die Schleimhäute auszutrocknen scheinen und die Nase beim Putzen blutet. Wegen des schnellen Aufstieges auf 3800 Meter lassen wir es entspannt angehen, fahren mit einem kleinen Boot über die Laguna Chinancocha und spazieren gemütlich durch einen Queñua-Wald, bestehend aus den einzigen, in diesen Höhenbereichen noch wachsenden Bäumen. Diese nur zwei bis drei Meter hohen Nadelgehölze haben eine Rinde wie Blätterteig, stehen meist windschief und tragen den passenden Beinamen Krüppelbaum. Es ist kaum zu beschreiben, was diese Landschaft ausstrahlt: Weite, Frische, Unberührtheit. Und eine Stille, wie man sie nur aus den Bergen kennt.

Eine Schlucht weiter, nur 32 Kilometer entfernt, liegt die Laguna Paron. Das klingt nach keiner großen Distanz, und doch benötigen wir mehr als drei Stunden, um höher und weiter in die Andenwelt vorzudringen. Schmale Schotterpisten und engste Haarnadelkurven liegen vor uns, teilweise nur mit mehrmaligem Vor- und Zurückmanövrieren zu bewältigen. Keine Menschenseele ist weit und breit. Zwischen den über 1000 Meter hohen Steilwänden stürzen sich unzählige Wasserfälle in die Tiefe und dicke, graue Wolken schließen sich dem an. Auf 4200 Metern angekommen, breitet sich direkt vor der grünen, runden Motorhaube eine drei Kilometer lange und 600 Meter breite Lagune aus. Es regnet, der Wind pfeift eisig und die Sicht ist verhangen. Scheinbar, um dem Grau zu trotzen, strahlt uns der Bergsee türkis entgegen und das stahlblaue Gletschereis ist zum Greifen nah. Die Berggipfel liegen nicht etwa Auge in Auge, sondern ragen immer noch weit über uns in den Himmel.

Es wird immer ungemütlicher und wir treten den Rückweg an, um dem drohenden Regen auf der Fahrt zu entkommen. Auch

wollen wir den Aufenthalt wegen der unzureichenden Höhenakklimatisation nicht zu sehr in die Länge ziehen. Mit einer Hand an der Beifahrertür starre ich auf den immer noch bedeckten Nevado Piramide und hoffe auf eine passende Lücke in der Wolkendecke. Thorben steckt den Zündschlüssel ein und wird langsam ungeduldig, als plötzlich das Unerklärliche geschieht. Der Himmel reißt in Sekundenschnelle auf und eine faszinierende Eispyramide kommt zum Vorschein. Die Ähnlichkeit zum Intro der Paramount Pictures ist unverkennbar. Der Berg verschwindet so schnell, wie er erschienen ist, und wir überwinden gerade noch rechtzeitig die schwierigste Fahretappe bergab, als der Regen vom Himmel fällt und uns die Sicht nimmt. Die Regenzeit hat uns wieder eingeholt. Schweren Herzens verlassen wir die faszinierende Gebirgswelt, lassen die Bremsen vom Laster überholen und fahren parallel zu einer gewaltigen Furche eines Canyons steil bergab. Es wird wärmer und die Luft immer sauerstoffreicher. Über der kargen Schlucht kreisen mächtige Andenkondore mit mehr als drei Metern Flügelspannweite. Die erhabenen Könige der Anden schrauben sich vom Aufwind getragen in schwindelerregende Höhe, bis sie nur noch kleine schwarze Flecken für uns sind.

Wie nach einem schönen Traum unsanft geweckt, wachen wir inmitten der bitteren Realität wieder auf. An der Küste. Eine kleine Nebenstraße weist uns von der Panamericana auf unscheinbare Fahrspuren im Wüstensand. Die tolle Piste führt direkt an die tief abfallenden Klippen heran. Der Frosch tobt sich so richtig aus und fährt in wildesten Runden auf und ab, Romy kommt aus dem Kreischen nicht mehr raus und heizt ihren Papa noch weiter an, Gas zu geben. Bei dem ganzen Spaß ist jedoch höchste Konzentration gefragt. Steckenbleiben ist noch das geringere Übel. Die Außenkanten des Gesteins sind durch die starke Brandung ausgehöhlt und könnten unseren neun Tonnen Gesamtgewicht nicht standhalten. Am tiefer liegenden kilometerlangen Sandstrand verbringen wir seit Kolumbien den ersten Tag am Meer, doch hier ist die Hitze dank des kühlen Windes erwünscht. Was für ein herrlicher Nachmittag. Romy scheucht große rote Krabben in ihre Höhlen zurück, Levi verschwindet in einem tiefen selbstgebuddelten Loch und wir als Eltern haben zwar immer ein Auge auf die Kinder, aber einen der wenigen Momente ruhiger Zweisamkeit. Eine halbe Stunde ohne Hunger, voller Hose, drückender Zähne oder einfach schlechter Laune. Perfekt wäre es, hier die Nacht zu verbringen, doch die Überfälle auf Overlander in der Küstenregion haben erheblich zugenommen und wir campen daher im nahegelegenen bewachten Naturpark.

Im allgegenwärtigen dichten Küstennebel der unendlichen, kargen Sandwüste, die nur von trostlosen Bambushütten der hier lebenden Menschen durchbrochen wird, nähern wir uns Lima, der Hauptstadt mit einer geschätzten Einwohnerzahl von zehn Millionen. Graue, heruntergekommene Wohnsiedlungen versinken im Staub und säumen die Panamericana, wachsen aneinander gequetscht bis auf die schroffen, kahlen Berge hinauf. Die einst herrlichste und kultivierteste Stadt Südamerikas zeigt sich damit in ihrem ganzen schauerlichen Ausmaß. Der Verkehr wird dichter und kommt ins Stocken. Autos hupen, überholen an den unmöglichsten Stellen, mittendrin halten Busse, die auf offener Strecke Passagiere ein- und ausladen und letztlich die zäh dahinfließende Blechschlange fünfzehn Kilometer vor unserem Ziel gänzlich zum Stillstand bringen. Wir stecken im perfekten Chaos, das keiner Ordnung folgt. Alle Verkehrsregeln scheinen abgeschafft zu sein. Das Pfeifen der Polizisten, die versuchen, den Verkehr zu regeln, geht im Lärm unter. Ein ganz normaler Tag in der Hauptstadt von Peru.

Romy und Levi spüren unsere Anspannung, werden unruhig und sind durch nichts mehr bei Laune zu halten. Die roten Ampeln zählen einen Countdown von 260 Sekunden nach unten, und ich nutze die Chance und klettere mit den Kindern nach hinten in unser Bett, das gleichzeitig auch das Kinderzimmer darstellt. Wir räumen die Spielzeugkisten aus dem Regal und ich ziehe die Vorhänge zu, um uns abzuschotten und zur Ruhe zu kommen. Vier Stunden später ist auch gleich der Mittagsschlaf erledigt, der Motor verstummt, wir wachen auf und befinden uns auf dem kleinsten Campingplatz der Welt. Das Hitchhikers Backpackers Hostel stellt Reisenden mit eigenem Fahrzeug den Parkplatz zur Verfügung, der zeitgleich ein Innenhof ist. Zwischen Kickertischen und Wäsche stehen wir, zusammengepfercht mit vier anderen Autos aus Deutschland und Österreich, Stoßstange an Stoßstange.

Eine Angestellte des Hostels öffnet uns das eiserne Tor in das Vorzeigeviertel Miraflores, der Pforte in eine andere Welt. Hier gibt es Hochhäuser mit verspiegelten Glasfronten, schicke Wohnhäuser mit vergitterten Eingangstoren und bewaffneten Wachmännern, teure europäische Autos, sorgfältig gestutzte Grünflächen und lupenreine Gehwege. Kein ohrenbetäubender Lärm, Schmutz oder gar eine Spur von Armut. In Miraflores lässt es sich gut leben. Wir schlendern durch die Wohngebiete und erreichen kurz darauf den Park an der Küste. Über der Steilküste schweben Gleitschirmflieger, am tiefer gelegenen Pier befindet sich ein Vergnügungspark und vor uns erstreckt sich ein Spielplatz, wie wir ihn so noch nie gesehen haben.

Auf dem ausgelegten Kunstrasen spielen herausgeputzte, europäisch aussehende Kinder, stets flankiert von umherschwirrenden peruanischen Nannys. Romy und Levi haben die Gesichter mit Eis verschmiert, ihre Kleidung ist übersät mit alten Flecken und der Stoff an Knien und Hosenboden zeugt von starker Beanspruchung. Eigentlich stechen sie in Südamerika ständig durch die blonden Haare und blauen Augen aus der Masse heraus, heute gehen sie damit zwischen den anderen Kindern unter und fallen nur damit auf, dass sie die schmutzigsten, aber scheinbar auch glücklichsten sind. Sie dürfen toben, wie es ihnen gefällt, und ich bereue es sofort, mich kurz geschämt zu haben, in dieser kleinen Welt von Oberflächlichkeit, Küsschen hier und Küsschen da, Schein und Sein.

Zu unserer Schande verschwinden wir in den nächsten Tagen selber in den luxuriösen Shoppingcentern, kaufen teures Campingzubehör und kehren mehrmals in eine kleine französische Bäckerei ein, für Apfelkuchen, Schokoladentörtchen und Laugenbrezeln im Gegenwert eines Großeinkaufs auf dem Markt. Wir genießen diese wenigen Momente der Maßlosigkeit, sind uns des Luxus, den wir reiche Westler uns leisten können in einem Land, wo sich ein Großteil der Bevölkerung halbwegs ernähren kann, stets bewusst und merken, wie wir mehr und mehr gelernt haben, mit wenig auszukommen und damit zufrieden zu sein. Für einen Besuch der fantastischen Kolonialbauten und einen von Arkaden

umsäumten Präsidentenpalast haben wir keine Muße mehr. Zu sehr stoßen uns die falsche Ungleichheit zwischen Arm und Reich auf. Wir ziehen weiter und nehmen trotz alledem eine wunderschöne Erinnerung mit. Levi hat sein erstes Wort gesagt, und obgleich der fünfzig zu fünfzig Chance, war es „Mama“.

Die Natur sorgt für Abwechslung in der Küstenwüste. Wie aus dem Nichts tauchen gelb leuchtende Sanddünen auf. Ein riesiger Sandkasten für die Kinder und eine Spielwiese für unseren Laster. Kreuz und quer brausen wir durch die menschenleere Wüste, gelangen an einsame Strände und beobachten hoch oben auf den Felsen der Steilküste zahlreiche Vögel und Seelöwen, die in der Sonne dösen, bevor sie sich wieder in den kalten, fischreichen Pazifik gleiten lassen.

Der schönste Flecken dieser Gegend, wenn nicht der gesamten Küstenregion, ist die Oase Huacachina. Die Sanddünen türmen sich bis zu einhundert Meter empor und umringen uns von allen Seiten, als wir ankommen. Die Sonne brennt erbarmungslos von einem wolkenlosen Himmel und der heiße Sand verbrennt mir die Füße. Thorben hat es leicht, er scheucht Romy spielerisch den höchsten Dünenkamm hinauf. Ich habe einen Regenschirm in der einen, die Kamera in der anderen Hand, auf dem Rücken den immer schwerer werdenden Mexikaner und von zwei Schritten rutsche ich jeweils einen wieder hinunter. Nach unzähligen Verschnaufpausen bin ich oben angekommen, setze mich zu den beiden und staune über die ganze Schönheit dieses heiligen Ortes. Wie eine Fata Morgana liegt eine von Schilf und Palmen

umrahmte, grünblaue, glitzernde Lagune inmitten der endlosen Sandweiten. Der Legende nach weinte eine Frau um ihren verstorbenen Geliebten und die Tränen bildeten diese eine und einzige Oase in ganz Südamerika. Über die Promenade schlendern wir an das schattige Ufer und planschen mit den Einheimischen im erfrischenden Wasser, das in Wirklichkeit von einem unterirdischen Fluss aus den Anden gespeist wird. In der Nacht wird es schlagartig kalt und die Moskitos gesellen sich zu uns in die warme Stube.

Wie ein Spuk endet nach nur wenigen Kilometern das Märchen aus 1001 Nacht – einzig die kleinen Blutsauger an Bord zeugen noch davon. Die Panamericana führt als breiter, schnurgerader Highway durch eine karge Landschaft. Kaum Verkehr, kein Mensch ist zu sehen. Doch gerade hier reihen sich unzählige Kreuze am Straßenrand. Wie das funktioniert, ist mir ein Rätsel, verdeutlicht aber den Fahrstil ohne große Worte.

Am Flughafen Maria-Reiche am Ortsrand von Nazca buche ich mir einen Rundflug für den nächsten Morgen, um die berühmten Nazca Linien aus der Vogelperspektive zu betrachten. Thorben erklärt sich dazu bereit, die Kinder zu hüten. Mein Plan war, getrennt, jeweils ohne Romy und Levi, zu fliegen, damit wir uns vollends auf das Geschehen konzentrieren können, doch er verzichtet. Vielleicht aus Angst? Vor lauter Vorfreude und wegen der blinden Passagiere an Bord kann ich kaum schlafen.

Die Ausflüge in den kleinen Maschinen sind nichts für schwache Mägen und ich lasse vorsichtshalber das Frühstück ausfallen. Zusammen mit einer fünfköpfigen Reisegruppe aus Holland warten wir in der Abflughalle die optimalen Windverhältnisse ab, werden inzwischen gewogen und besteigen eine endlose Stunde später die kleine Cessna von AeroParacas. In der linken Hand halte ich den Lageplan der Figuren, in der rechten meine Kamera. Auf dem Schoß liegt eine Kotztüte. Die Propellermaschine nimmt Geschwindigkeit auf und schon schaukeln wir in die Lüfte empor.

Verteilt auf unglaubliche 500 Quadratkilometer Dürre und Geröll bilden die Nazca-Geoglyphen ein umfangreiches Netzwerk aus 800 schnurgeraden Linien, 300 trapezförmigen Flächen und Figuren. Darunter sind 70 überdimensionale Tierzeichnungen und Darstellungen aus der Pflanzenwelt, die vor etwa 2000 Jahren in das Gestein geritzt wurden. Bis heute wird um das Wie und Warum gerätselt. Waren sie Teil eines gigantischen astronomischen Kalenders oder Landebahnen von Außerirdischen? Unter uns sind schroffe Berge, endloser karger Wüstenboden und immer wieder grüne Flächen zu sehen. Unglaublich, wie die Menschen es schaffen, hier auf dem trockenen Boden tatsächlich noch etwas anzupflanzen. Der Co-Pilot gibt ein Zeichen für das erste Motiv und die Maschine kippt in extreme Schräglage. Es ist nichts zu erkennen. Erst nach einer kurzen Anweisung, den Tragflächen mit dem Blick bis zum Ende zu folgen und im 90-Grad-Winkel senkrecht nach unten zu schauen, entdecke ich einen Wal. Klar und deutlich zu erkennen. Es ist Eile angesagt, denn das Flugzeug bleibt natürlich nicht in der Luft stehen. Damit auch jeder etwas sehen kann, fliegt der Pilot erst links herum und dann den gleichen Bogen noch einmal rechts herum. Bei diesem Flugmanöver wird mir bewusst, dass die restlichen Figuren kein Zuckerschlecken werden und ich mir den Anblick erkämpfen muss. Die Trapeze sind einfacher im Steingeröll zu entdecken, kurz darauf sehe ich einen Astronauten. Die Figuren folgen nun dicht aneinandergereiht, die Maschine schaukelt durch den Wind und wir drehen ununterbrochen Kreise. Mir wird schlecht, ich beuge mich über die Tüte und erlebe ein unerfreuliches Wiedersehen mit dem letzten Abendessen. Meine Nachbarin schließt sich mir an und bleibt während des gesamten Fluges dabei. Ich führe einen unglaublichen Kampf zwischen Körper und Geist, reiße mich zusammen und versuche, so wenig wie möglich zu verpassen. Hund, Affe und der Condor mit seiner unglaublichen Flügelspanne begeistern mich trotz aller widrigen Umstände. Wir überfliegen die Panamericana, welche mitten durch die Zeichnungen hindurchführt, und nun kann ich auch Baum, Frosch und Alcatraz in der vollen Größe bestaunen, die wir tags zuvor zwar aus der Nähe, aber dafür nur bruchstückhaft vom Aussichtsturm bei Kilometer 425 erahnen konnten.

Vierzig Minuten später ist der Spaß vorbei und ich liege noch einmal die gleiche Zeitspanne mit nassem Toilettenpapier auf Stirn und Nacken, die Füße nach oben gestreckt, in der Flughafentoilette. Zurück bei meiner Familie falle ich auf die Wiese und verharre dort bis zur vollständigen Wiederherstellung. Der Hunger kündigt das Ende an und gibt den Startschuss zur Weiterfahrt zu dem letzten Ziel an der Küste.

Wir zweigen von der Hauptstraße auf eine Wellblechpiste ab, um uns herum nichts außer kahle Berge, Friedhöfe und Sandhosen, welche wild über das staubtrockene Ödland tanzen. Die Atmosphäre ist regelrecht gespenstisch für den an sich schon schaurigen Cementerio Chauchilla – ein Gräberfeld aus der Zeit der Poroma-Kultur mit zwölf offenen Grabkammern. Die von Grabschändern zerstörten 1000 Jahre alten Mumien, Knochen, Schädel und Stoffreste wurden von Archäologen wieder zusammengetragen und können aus nächster Nähe betrachtet werden.

Mit ordentlich Gegenwind kämpfen wir uns von Grube zu Grube und sind tief beeindruckt von der Art der Darstellung und dem guten Zustand der Mumien. Für Romy ist der Besuch keineswegs verängstigend – im Gegenteil. Weit in die Gräber gebeugt, betrachtet sie jede Kleinigkeit, streichelt die Totenköpfe und möchte alles ganz genau wissen. Sehr anschaulich können wir ihr hier den ersten Einblick in die Anatomie des Menschen geben und versuchen, den Tod zu erklären.

Nach dieser atemberaubenden Erfahrung nutzen wir die Gunst der Stunde und holen ein letztes Mal kräftig Luft. Jetzt führt die Reise ins Hochland. In den kommenden Wochen werden wir uns dauerhaft auf 4000 Höhenmetern und mehr aufhalten.

Ein Maya bei den Inkas

Vor uns liegen 600 Kilometer, rund 4200 Meter Höhenunterschied und ein mächtiger Pass mit einem endlosen Hochplateau. Nach mehreren Wochen auf Meeresniveau ist unsere Akklimatisation dahin, das macht die Strecke zu einer Herausforderung und eine Übernachtung unmöglich. Nach nicht enden wollenden Serpentinen verwandelt sich die schroffe, karge Berglandschaft in eine Weite aus Andengras. Der allmorgendliche dichte Küstennebel liegt hinter uns, stattdessen strahlt bereits am frühen Morgen die Sonne glasklar vom Himmel und weiße Schäfchenwölkchen bescheren uns ein phantastisches Panorama. Der Abancay Pass bringt uns auf Höhen von über 5000 Metern und bedeutet für den Frosch einen Kraftakt. Ab der 2000-Meter-Marke hinterlässt er eine beeindruckende schwarze Wolke und röchelt ab 3000 Metern nur noch gequält vor sich hin. Levi, der immer auf meinem Schoss sitzt, trinkt ständig an der Brust, um den Druck in den Ohren auszugleichen, und auch wir führen uns oft Flüssigkeit zu. Ein Muss in den höheren Regionen.Die Getränkeflaschen geben beim Öffnen ein langes Zischen von sich und auch uns entweicht so manches leise Geräusch. Der rasche Aufstieg erzeugt einen Überdruck in allen verschlossenen Behältern, die Honigflasche haben wir vorsichtshalber offen gelassen. Lagunen reihen sich wie Perlen einer Kette aneinander, in denen Andenflamingos stolzieren, und dazwischen ziehen scheue *Vicuñas* und große Herden von wilden Lamas und Alpakas durch die honiggelbe Landschaft.

Trotz dieser überwältigenden Kulisse ist es keine touristische Panoramastrecke, sondern eine Hauptstraße, welche die Andenregionen Perus miteinander verbindet und entsprechend stark von LKWs befahren wird. Die Fahrer stehen unter Zeitdruck, sind übermüdet und berauscht durch das Kauen von Coca-Blättern. Es bleibt auch nicht aus, dass vor uns in einer Kurve ein Sattelschlepper umkippt, der mit zu hohem Tempo in die enge Biegung gefahren ist. Als sich am Abend der Abstieg ankündigt, halten wir vor einem Restaurant am Straßenrand und fragen, ob wir dort campen dürfen. Unser Spanisch ist mittlerweile richtig gut, und das, ohne unterwegs einen Sprachkurs besucht zu haben. Nur durch zuhören und sprechen. Dafür könnten wir keinen vernünftigen Satz aufs Papier bringen. Doch hier wird ausschließlich Quechua gesprochen, eine von 47 nativen Sprachen in Peru. Thorben und ich können uns daher kaum verständigen und schlagen mit Händen und Füßen vor, etwas im Lokal zu essen und dafür auf dem Parkplatz die Nacht zu verbringen. Auf unserem Teller landet ein frischer Fisch aus der nahegelegenen Lagune und kurz darauf fallen wir mit blanken Nerven todmüde ins Bett. Als sich am folgenden Abend die schwarze Nacht über das Land senkt, pendeln wir uns auf 3400 Metern ein und erreichen Cusco.

Wir blicken auf eine der schönsten Strecken Perus und mehr als tausend gefahrene Kurven zurück und werden auf dem hoch über der Stadt liegenden Campingplatz freudig empfangen. Das verhältnismäßig komfortable Lager ist Perus Sammelstelle für Overlander und unsere Dresdner Freunde Ulli, Ralf und Karl sowie jede Menge anderer Reisende aus allen Teilen der Welt sitzen bereits am Lagerfeuer. Für heute müssen wir nur noch einparken, dürfen uns an den großen zusammengewürfelten Tisch neben der Feuerstelle setzen und werden verwöhnt.

Ich zähle sieben Kinder, die zwischen kleinen Hunden und Hühnern auf der großen Wiese herumtollen, und Romy ist mittendrin. Viel Bewegung und Spielkameraden jedes Alters sind das Beste, was ihr nach dem straffen Programm der letzten Tage passieren kann. Für Levi liegt die Decke vor dem Frosch, doch er möchte lieber krabbeln als spielen. Ja, die ruhigen Zeiten mit Baby sind vorbei. Nur kurz verlasse ich den Klappstuhl, um nach dem Mittagessen im Laster zu sehen, als ich mein Baby lautstark schreien höre. Es muss etwas Schlimmes passiert sein, denn normalerweise weint er nicht. Er liegt unter dem Laster, über ihm sitzt ein Hahn mit ausgebreiteten Flügeln in Angriffsstellung und hackt auf ihn ein. Ich zerre den Kleinen hervor, werde selbst angegriffen und muss das Tier treten und wegrennen. Er lässt nicht locker und flattert hinterher. In Sicherheit zähle ich vier kleine Löcher in Levis Kopf, knapp vorbei an der noch weichen Fontanelle, und reinige die Wunden, während Levi schon wieder lacht. Das ist gerade noch einmal gut gegangen und ich werde nicht weiter darüber nachdenken, was noch hätte passieren können. Stets habe ich ein waches Auge, wenn Hunde in der Nähe sind, aber mit dem Angriff eines Hahns habe ich nie im Leben gerechnet.

Mehrere Tage an einem Ort sind ein Segen für uns. Die ganze Umbauerei entfällt, die Kinder können sich austoben und finden wirklich überall neue Abenteuerspielplätze. Doch die Pausentage sind anstrengender als jedes Fahr- oder Tagesprogramm. Wir Eltern stellen uns nämlich automatisch auf Erholung und Nichstun ein, während Romy und Levi trotzdem bespaßt und umsorgt werden möchten. So langsam fällt es ins Gewicht, zwei Kinder zu haben. Nie, aber auch niemals wollen die beiden zeitgleich das Gleiche, außer natürlich ein und dasselbe Spielzeug. Beim Mittagsschlaf wechseln sie sich im Schichtbetrieb ab, wecken sich gegenseitig auf und manchmal verweigert Romy die verordnete Auszeit oft gänzlich, sodass Thorben und ich uns alle Hoffnungen auf eine kleine Ruhephase abschminken können. So wirkliche Erholungspausen schaffen wir nur, wenn wir uns als Eltern gegenseitig durch Schichtbetrieb ein paar freie Stunden einräumen. Die Arbeit ums Kind endet nie und wir hangeln uns von Mahlzeiten zum Spielen und Windeln wechseln, wobei da Romy außen vor ist und vorbildlich zur Geburt ihres Bruders ohne unsere Zuarbeit sauber geworden ist. Bei so vielen neuen und spannenden Eindrücken muss ein kleiner Kopf besonders viel verarbeiten, und spätes Zubettgehen ist der Preis, den wir dafür bezahlen müssen. So endet jeder Arbeitstag für uns zwischen 22 und 23 Uhr und hält nur eine kurze kinderfreie Zeit vor dem Schlafengehen bereit. Aber unterm Strich stimmt das Verhältnis aus positiven Erlebnissen und gebrachten Opfern. Für alle Beteiligten.

An meinem 38. Geburtstag darf ich bis viertel vor acht ausschlafen, bekomme von meinen Kindern einen Pancake mit Kerze und ein Ständchen von den holländischen Nachbarn. Doch das schönste Geschenk sind die Neuigkeiten über unseren Hahn. Der ist in den Kochtopf gewandert.

Cusco, die einstige Hauptstadt des Inka-Imperiums war in ihrer Blütezeit mindestens so mächtig wie das alte Rom und herrschte über den größten Teil des südamerikanischen Kontinents. Der unermessliche Reichtum lockte die Spanier und weckte ihre Gier. Die Platten von Wänden und Türen der Paläste und Tempel aus purem Gold wurden eingeschmolzen, die Stadt verwüstet. Die Basis der Ruinen verwendeten die Spanier als Fundament für ihre eigenen Paläste. Das Reich war erobert, in spanischer Hand und die beiden großen Völker miteinander verschmolzen.

Um die hübsche historische Altstadt zu erkunden, müssen wir durch schmale Gassen und über viele hundert Treppenstufen dreihundert Meter steil bergab laufen und erreichen den großen zentralen Platz namens Plaza de Armas. Fast allen Städten Lateinamerikas sieht man das spanische Erbe an: Schachbrettartig gliedern sich die Straßen und Häuserblöcke um den zentralen Platz herum. Doch nirgendwo liegt dieser Platz so malerisch wie

hier. Es tummeln sich Unmengen von Touristen, während Souvenirgeschäfte, Restaurants und Reisebüros sich direkt aneinander reihen, flankiert von kolonialen Kirchen und imposanten Herrschaftshäusern. Mitten hindurch laufen bunt gekleidete Frauen und Kinder mit ihren Lamas. Stolz weht eine große Regenfahne im Wind und überragt das geschäftige Treiben. Sie markiert Inka-Gebiet, ist die Nationalflagge der Stadt und steht für Frieden und Toleranz. Wir erkunden die schöne Innenstadt auf ausgedehnten Spaziergängen und enden meist in kleinen Hinterhöfen für eine günstige lokale Mahlzeit.

Überall sehen wir Überbleibsel der Inkas: Mauern, die mit riesigen Steinquadern und ohne Mörtel, passgenau und erdbebensicher ineinander verzahnt, errichtet wurden. Keine Baumeister verstanden dies so gut wie die Inkas. Am ehemaligen Palast Inca Roca zeigt sich das schönste Beispiel dieser Kunst: ein Paradestein mit zwölf Ecken. Eine unglaubliche Millimeterarbeit. Den beschwerlichen Rückweg zu unserem Campingplatz an der Festungsanlage Sacsayhuamán lassen wir gerne ein Taxi übernehmen und kommen nur dank einer Eselsbrücke für die richtige Aussprache – *Sexy Woman* – am richtigen Ort an. Der Bau dieser gewaltigen Anlage, die mit ihren drei sechshundert Meter langen Zickzack-Mauern als Bollwerk diente, um den Zugang zur Stadt zu schützen, dauerte rund 70 Jahre und bis heute ist nicht geklärt, wie die riesigen, tonnenschweren Quader transportiert wurden. Indigenas in bunten Trachten und kleine geschmückte Lamababys sitzen entlang der gigantischen Mauern und hoffen auf ein paar *Soles* von den Touristen. Wenige Meter entfernt spielt mein kleiner Maya im Gras und wird von kreischenden Frauen umringt und fotografiert. Umsonst versteht sich. Auf dem höchsten Hügel zu Füßen einer riesigen weißen Christusstatue angekommen, genießen wir den Ausklang des Tages und die überwältigende Aussicht auf Cusco, das sanft eingebettet zwischen den Bergen liegt und sich weitläufig unter uns ausbreitet.

Fast eine Woche genießen wir das turbulente Stadtleben im Wechsel mit der Ruhe im Basislager über der Stadt. Dort vertreiben Thorben und ich uns die Zeit mit Reparaturen und Wäsche

waschen, stehen brav in Reih und Glied an, um die einzige Dusche zu benutzen, verbringen gesellige Stunden mit den anderen Reisenden und kochen in der Gemeinschaftsküche. Hier stehe ich meist mit Romy am Herd und koche *Chicha Morada*. Der erste Anblick eines schwarzen Maiskolbens auf dem Markt löste widersprüchliche Gefühle wie Ekel, Erheiterung und auch Faszination in mir aus, doch nach dem ersten Schluck des erfrischenden Kaltgetränkes möchte ich nichts anderes mehr trinken. So lösen wir nun täglich die Körner von den Kolben und kochen diese zusammen mit Apfel, Zimt, Gewürznelken, Zucker und viel Wasser auf, bis die Flüssigkeit die typische dunkellila Farbe angenommen hat. Gemäß der traditionellen Herstellung laufen uns Hühner durch die Beine oder über die Anrichte, die mit ihrem Hahn Zucht und Ordnung verloren haben und seitdem machen, was sie wollen.

Zusammen mit unseren Dresdner Freunden fahren wir in das Valle Sagrado. Etwa 15 Kilometer nordöstlich von Cusco, ganze 800 Meter tiefer, liegt dieses traumhafte Tal, das durchzogen ist vom Rio Urumbamba und zahlreichen Sehenswürdigkeiten. Während der Fahrt vernehmen wir ein metallisch schepperndes Geräusch, ich lehne mich aus dem Fenster und versuche, die Ursache auszumachen. So weit wie möglich manövriert Thorben den Laster nach rechts an den Straßenrand und sucht das Fahrzeug von unten und die Radlager ab, aber wir können es uns nicht erklären und setzen die Fahrt fort.

In Pisaq ist gerade der große Sonntagsmarkt und wir schlendern vorbei an unterschiedlichsten Waren für Einheimische und Touristen. Dazu zählen herrliche bunte Stoffe, Decken und Kleidung aus feinster Alpakawolle sowie frisches Obst und Gemüse, das auf dem Kopfsteinpflaster ausgebreitet ist und mit seinen bunten Farben den indigenen Marktfrauen Konkurrenz macht. Wasserkanäle in Form einer Schlange durchziehen die schmalen Gassen, auf den Dächern der eingeschossigen Gebäude stehen kleine Stiere aus Ton, die das Haus vor bösen Geistern schützen sollen.

Unweit entfernt liegen die gleichnamigen Ruinen von Pisaq, einer alten Inkafestung, die umgeben von tiefen Schluchten ist. Zu ihren Füßen breiten sich terrassenförmig angelegte Felder an der Süd- und Ostflanke des Berges aus, die über viele Stufen bis weit in das Tal hinein reichen und durch ein ausgeklügeltes Bewässerungssystem fruchtbar gemacht wurden. Da sich hier der ertragreichste Boden des Inkareiches befindet, bauten die Bauern neben Kürbis, Tomaten, Paprika, Mais und Kartoffeln auch Erdnüsse, Quinoa und Amarant an. Die Terrassen enthalten außerdem ein fantastisches Geheimnis: Vom richtigen Winkel aus gesehen bilden sie die Form eines Kondors mit ausgebreiteten Flügeln. Jener gigantische Vogel galt bei den Inkas als Bote der Sonne und geleitete die Toten in die Unterwelt. Wir erkunden das gut erhaltene zeremonielle Zentrum der Tempel, die durchzogen von Wasserkanälen und mit feinen Steinmetzarbeiten verziert sind. Vorbei an alten Häusern und Palästen krabbeln wir durch schmale Höhlengänge und besteigen die Anlage weit hinauf bis zu den obersten Berghängen, in denen hunderte kleine Löcher im Gestein die Gräber der alten Inkas zeigen.

An einer sanft abfallenden Felsenkante finden wir neben einer schamanischen Gebetsstätte einen Stellplatz mit Aussicht auf das Tal. Während Ulli, ich und die Kinder einen Traumfänger basteln, entdeckt Thorben durch Zufall eine Verfärbung auf den Felgen. Alle acht Bolzen sind ausgeschlagen und es scheint nur noch eine Frage der Zeit zu sein, bis wir das ganze Rad beim Fahren verlieren würden.

Bevor wir auf diese Art von Reisen gingen, hatte Thorben, abgesehen vom Reifen wechseln und Ölstand messen, keine Ahnung von Autos – doch auf solchen Touren bekommt man die Chance, sein Fahrzeug richtig kennenzulernen. Er stöberte in Handbüchern, schaute mit Argusaugen Mechanikern über die Schulter und holte sich Tipps von anderen Reisenden. Stunden hat er schraubend unter dem Laster verbracht, teilweise so oft und so lang, dass ich wirklich Mitleid mit ihm bekommen habe. Doch der Ehrgeiz, seinen unbändigen Wissensdurst zu stillen, hat ihm durchaus Spaß gemacht und zeigte schon nach kurzer Zeit Ergebnisse: Mittlerweile kann Thorben fast alles alleine reparieren und austauschen. Aber diesmal kommen wir ohne Ersatzteile nicht weiter.

Ralf steht derweil am Herd und ist schier am Verzweifeln. Die deutsche Hausmannskost will einfach nicht gelingen. Grund dafür ist das seit Ecuador bekannte Problem mit der Garzeit, das sich nur mit einem Schnellkochtopf beheben lässt. Auf 3000 Metern kocht das Wasser bereits bei 80 Grad, wird aber nicht heißer, sondern verdunstet nur noch. Bei niedriger Temperatur brauchen die Kartoffeln viel länger, im Schnitt eine Stunde und mehr, um gar zu werden, und Eierkochen wird zur Herausforderung. Zwar gerinnt das Eidotter nach einer gewissen Zeit, das Eiweiß hingegen nicht. So sitzen wir in einer stromlosen Lehmhütte bei Kerzenschein, essen harte Kartoffeln und matschige Königsberger Klopse und nehmen unverhofft Abschied. Thorben, Romy, Levi und ich müssen wieder nach Cusco zurück, um Ersatzteile zu kaufen.

Tagtäglich hören wir die Züge gen Macchu Picchu mit einem kräftigen Pfeifen abfahren und nun werde ich endlich auch drin sitzen. Eine Woche haben wir auf neue Bolzen gewartet und kehren nun zurück in das Heilige Tal bis nach Ollantaytambo, dem letzten Dorf, welches per Fahrzeug erreicht werden kann.

Wie auch schon ein halbes Jahr zuvor in Guatemala, klingelt der Wecker früh am Morgen – aber heute mache ich mich alleine auf den Weg und lasse Levi schlafen. Auf die Minute pünktlich setzt sich der Zug von Inca Rail in Bewegung und schaukelt mich vorbei an jahrhundertealten Terrassen, Mauern und kleinen Festungen – Zeugnisse der Inkazeit, aufgefädelt wie an einer Perlenschnur – immer weiter in das Tal hinein. Vor mir steht eine Tasse Mate de Coca, Tee aus Coca-Blättern, serviert, um den Symptomen von Höhenkrankheit effektiv vorzubeugen und die Sauerstoffaufnahme in das Blut zu erhöhen. Viele Touristen haben keine Zeit, sich an die dünne Luft anzupassen, steigen aus dem Flugzeug und hasten durch die ungewohnte Höhe. Für sie gibt es Hotels mit sauerstoffangereicherten Zimmern, auch in den Reisebussen wird Sauerstoff zugeführt und in den Touristengeschäften wird er in Flaschen zum Mitnehmen abgefüllt. Die Schlucht wird schmäler und scheint das Örtchen Aguas Calientes erdrücken zu wollen. Die Endstation ist vollgepackt mit Restaurants, Geschäften und Hotels, und um die tagtäglichen Touristenmassen abfertigen zu können, wachsen schmucklose Hochhäuser inmitten eines tropischen Urwalds. Ich stehe am Ufer des reißenden Rió Urubamba, 600 Meter über mir befindet sich die Stadt der Wolken, die von unten unsichtbar ist. Nach einer Hängebrücke ziehen sich steile, endlose Serpentinen hinauf, ich passiere die Kartenkontrolle, besteige eine letzte Anhöhe und schaue auf das bekannteste und geheimnisvollste Motiv Südamerikas hinab.

Fast senkrecht fallen die Felsen in die Tiefe, Wolken hüllen die alten Gemäuer der Ruinenstadt ein und schweben langsam zum Gipfel des Wayna Picchu empor. Die ersten Sonnenstrahlen tauchen über den dunklen Nebelwäldern auf, die das Bergland um Macchu Picchu bedecken. Ich sitze auf einer von den Inkas angelegten Steinstufe, auf dem terrassenförmigen Garten grasen Lamas neben meinen baumelnden Beinen und vor mir breitet sich erneut eines der sieben Weltwunder der Neuzeit aus, das vor erst 100 Jahren wiederentdeckt wurde. Ich folge den vorgegebenen Routen, verirre mich in einem Labyrinth der ehemaligen Wohnhäuser und lasse ehrfürchtig meine Finger über die alten Mauern gleiten. Sogar aus heutiger Sicht haben die Inkas unglaubliche bauliche Wunder vollbracht.

Die Entscheidung, ohne Kinder zu fahren, war richtig. Die Wege sind uneben und beschwerlich und die zunehmenden Menschenmassen machen ein Vorankommen fast unmöglich. Die horrenden Kosten – hundert Euro Zugfahrt und dreißig Euro Eintritt – schrecken Touristen keineswegs ab und so strömen täglich rund 3000 Menschen durch die Anlage. Was wohl die alten Inkas dazu sagen würden? Noch am Vormittag breche ich genervt ab und bin zwei Stunden später wieder in Ollantaytambo. Wie ein Tag mit Papa so ist, zeigt sich mir bei meiner Rückkehr sofort: Romy und Levi haben mit Eis verschmierte Gesichter, im Laster scheint eine Spielzeugbombe explodiert zu sein und auf dem Laptop läuft ein Kinderfilm. Die Kinder haben mich nicht vermisst und Thorben ist entspannter denn je.

Bis nach Urubamba führt eine staubige, steile Schotterstraße durch kleine verschlafene Dörfer, die ganz aus Adobe erbaut sind. Die roten quaderförmigen Ziegel für die Häuser werden aus Lehm, Sand und Pflanzenfasern in Handarbeit hergestellt und liegen allerorts zum Trocknen in der Sonne aus. Neben riesigen Feldern, die in den unterschiedlichsten Rot-, Gelb- und Brauntönen leuchten, finden wir die versteckte höchstgelegene Salzfarm der Welt: die Salinen von Maras. Wie an die Steilhänge geklebt sehen die etwa 3000 Salzpfannen aus, die seit der Inka-Zeit für die Gewinnung des Gewürzes verwendet werden. Umgeben von schneebedeckten Riesen und eingebettet in das dunkle Braun der Berge, leuchten die weißen Becken bereits von weitem hervor und nur wenig später eröffnet sich eine gigantische Aussicht auf die Salzpfannen und das Tal.

Wir balancieren über die kleinen schmalen Kanten der Becken und unsere Augen können sich nur langsam an den grellen Kontrast gewöhnen. Eine heiße Quelle verteilt einen kleinen Strom von stark salzhaltigem Wasser und etwa einen Monat später hat die Sonne dafür gesorgt, dass sich eine Salzkruste von etwa 250 Kilogramm gebildet hat. Mühsam zerhacken Frauen die Salzschollen, Männer tragen die schweren Säcke in ein Lager, von wo das hochwertige Andensalz in alle Teile der Welt verschickt wird.

Nachdem wir uns dann doch fast drei Wochen in der Gegend um Cusco aufgehalten haben, machen wir uns auf den Weg in Richtung Bolivien. Die Regenzeit hat uns erneut eingeholt und jeden Nachmittag ziehen dicke schwarze Wolken auf, die sich bis tief in die Nacht ausregnen, um uns am nächsten Morgen wieder einen blauen Himmel präsentieren zu können. Recht bald verlassen wir die Hauptverbindung zum Titicacasee und biegen ab in das Hinterland, fahren abseits der touristischen Pfade.

Inmitten einer schroffen Schlucht finden wir die letzte Hängebrücke der Inkas, die über den Río Apurímac führt. Die

Qu`eswachaka ist dreißig Meter lang, knapp einen Meter breit und besteht vollständig aus geflochtenem Gras. Seit 500 Jahren wird sie immer im Juni von etwa 700 Menschen der Umgebung neu errichtet, wobei die Frauen für das Flechten der Seile aus Ichu-Gras zuständig sind und die Männer für das Verknüpfen der Seile zur Brücke. Da nach der Fertigstellung ein Priester das Ganze weiht, vertrauen wir der Konstruktion zwar, überprüfen sie aber dennoch getrennt voneinander. Thorben macht einen wackeligen Kontrollgang in Schräglage, kämpft mit den vielen Löchern im Geflecht und überlässt mir den Spaß, gleich mehrmals hin- und herzulaufen, während die Kinder sich am sicheren Abhang über ihre verrückte Mutter wundern. Ihnen ist die Prozedur nicht ganz geheuer.

Regen, Gewitter, Blitz und Donner sind sich währenddessen anscheinend nicht einig, wer das Sagen hat, und poltern urplötzlich gemeinsam los. Ich hangele mich zurück und pünktlich am Laster wird das Spektakel mit Hagelkörnern gekrönt. Um unser Lager auf 4000 Metern Höhe herum steigen die Berge noch weitere 1000 Meter hinauf, über uns wütet das Unwetter weiter und nebenan am Berghang rauscht ein Sturzbach das Tal hinunter. Es ist stockfinster, ohrenbetäubende Donnerschläge erschallen, Blitze erhellen für einige Sekunden die Umgebung und lassen eine kleine Ansammlung von Hütten wie aus dem Nichts erscheinen – die nächste Stadt ist Stunden entfernt.

Auf einmal hämmert es an der Tür, und die Art und Weise lässt erahnen, dass uns nichts Gutes erwartet. Ich fühle mich schlagartig nach Marokko zurückversetzt. Dort standen wir ebenfalls weit abgelegen, als es zu später Stunde an der Tür klopfte, Thorben blauäugig öffnete und sich kurz darauf eine Machete an seinen Bauch drückte. Wir wurden brutal und hemmungslos ausgeraubt. Es vergingen einige Tage, das Geschehene zu verdauen und den Menschen wieder arglos entgegenzutreten. Diese quälenden Minuten haben wir in vielen langen Diskussionen in ihre Einzelteile zerpflückt und das Beste draus gemacht. Die Fehler wurden analysiert und Vorkehrungen getroffen. Ich habe Reizgas und ein Messer griffbereit und dränge mich von einem dumpfen Gefühl der Angst getrieben mit meinen Kindern weit in die Ecke des Schlafbereiches zurück, während Thorben die Außenbeleuchtung einschaltet und seinen Kopf durch das Schiebefenster steckt. Die Schatten in der Dunkelheit entpuppen sich als eine Art Bürgerwehr. Der Anführer der nervösen Truppe ist klein und zahnlos, trägt knielange Hosen, einen viel zu großen wollenen Poncho und stellt sich als Vorstand und Dorfältester vor. Die Kernaussage des Gesprächs ist schockierend und beruhigend zugleich. Ein Mitglied der Siedlung wurde ermordet und sie möchten nun unsere Ausweise kontrollieren, wissen, wer wir sind. Angst brauchten wir keine zu haben, wir stünden in dieser Nacht unter ihrem besonderen Schutz, versichert er uns und verschwindet mit seinem stummen Gefolge wieder in der schwarzen Unendlichkeit.

Durch den heftigen Regen der Nacht ist die Piste aufgeweicht und Thorben hat schwer zu tun, um nicht steckenzubleiben, den Laster im Graben zu versenken oder den Berg hinunterzurutschen. Neben uns sind tiefe Abwasserkanäle und ich sterbe gefühlt tausend Tode, während wir wie auf Schmierseife von Kurve zu Kurve, bergauf und bergab durch den Matsch gleiten. Doch hinter der Bergkuppe scheint die Sonne und es ist urplötzlich alles wieder trocken. Das war knapp und ich versinke in wirren Gedanken über das Reisen: die Lust auf Abenteuer, der Preis, den wir gelegentlich dafür bezahlen, und die Belohnungen, die wir ein Leben lang in uns tragen.

Kleine Siedlungen kleben an den Berghängen zwischen goldig leuchtendem Andengras, Lamaherden klappen zeitgleich neugierig die Ohren nach oben, wenn wir auftauchen. Einsame Bauern und Hirten ackern auf den Feldern, Kinder in Schuluniform auf ihrem langen Weg nach Hause winken und lachen uns zu. Hier leben die Ärmsten der Armen in einfachsten Lehmhäusern, ohne Heizung. Einzig die Ziegel dienen als Wärmequelle, geben die Heizkraft der Sonne vom Tag in der Nacht langsam an die Umgebung ab.

Ich bekomme Gänsehaut auf 4000 Metern. Nicht nur wegen der Kälte. War Peru zu Anfang noch ein hässliches Entlein, entfaltet es sich hier zu einem wunderschönen Schwan und lässt das Reiseherz höher schlagen.

Hinter der roten Felsenlandschaft des Ayaviri-Canyons öffnet sich ein kleines Tal, leuchtet golden vom Andengras und hunderte Riesenbromelien ragen wie skurrile Kunstwerke in den Himmel. Das Wahrzeichen Perus, die seltene *Puya Raimondii*, wächst nur in Höhen von 3500 bis 4500 Metern, blüht lediglich alle einhundert Jahre und stirbt dann ab. Durch das harte, stechende Gras bahnen wir uns den Weg zu den in voller Blüte stehenden Blumen und reichen mit den Kindern auf unseren Schultern gerade so an den Blütenstand heran. Mit einer Gesamtwuchshöhe von zwölf Metern hat es die Riesenbromelie ins Guinness-Buch der Rekorde geschafft.

Nach dem dreitägigen Umweg durch das baumlose Hochlandbecken des Altiplano rollen wir ziemlich durchgerüttelt und mit einer dicken roten Staubschicht auf dem Lack wieder die Hauptstraße entlang. Müllberge am Straßenrand begleiten uns bis in das schmucklose Städtchen Puno, dem letzten Stopp in Peru. Aus Sicherheitsgründen parken wir in einem bewachten Innenhof. Zu viele Fahrzeuge wurden hier aufgebrochen und leer geräumt, was sich durchaus lohnt, wenn man bedenkt, dass sich in einem Reisemobil meist Bargeld und Dollarreserven, Laptop und eine Kamera befinden. Am Hafen steigen wir in ein kleines Motorboot und fahren hinaus auf den berühmten Titicacasee, der mit seiner Lage auf 3800 Metern als der höchstgelegene schiffbare See der Welt gilt. Wir gleiten durch hohes Schilfrohr und betreten die leicht schaukelnde Oberfläche einer der schwimmenden Inseln. Diese werden aus den überall wachsenden Gräsern gebündelt und auf quadratischen Stücken Torf verschnürt. Haben sie sich nach wenigen Wochen mit Wasser vollgesogen, muss neues Schilf geschnitten und auf der kompletten Oberfläche verteilt werden, um die Insel vor dem Untergang zu retten. Früher dienten die Inseln dem Volk der Uros als Zufluchtsstätte vor den übermäch-

tigen Inkas. Sie konnten sich auf ihre schwimmenden Inseln zurückziehen und waren außerhalb der Reichweite ihrer Verfolger. Auch heute leben noch viele Familien hier und praktizieren das traditionelle Leben der Ureinwohner. Das Geflecht gibt unter unseren Füßen nach, doch wir vertrauen der Konstruktion über dem 25 Meter tiefen, neun Grad kalten Wasser. Wir folgen Katzen, Hunden und Hühnern, besichtigen die kleinen gemütlichen Schlaf- und Wohnhütten, zwischen denen die bunte Kleidung zum Trocknen im Wind flattert. Ein fast autarkes Leben ist möglich. Durch eine Öffnung in der Mitte der Insel wird gefischt und das, was fehlt, bringt ein schwimmender Supermarkt vorbei. Eigentlich wollten die Einheimischen uns an ihrem Leben teilhaben lassen, stattdessen werden wir kreischend umringt. Alle sind fasziniert von Romy und Levi, wollen das blonde Haar berühren. Romy macht sich einen Spaß daraus, rennt weg und spielt Fangen. Levi genießt die Aufmerksamkeit, lässt sich seelenruhig von jedem auf den Arm nehmen. Selbst die unzähligen Küsse stören ihn nicht, er strahlt fröhlich weiter.

Viele Kilometer fahren wir an dem 8288 Quadratkilometer großen, tiefblauen Andenmeer entlang, rings herum reihen sich Felder um Felder aneinander, die in mühevoller Handarbeit bewirtschaftet werden. Die harte Arbeit und das raue Klima spiegeln sich in den Gesichtern der Menschen wieder. Die Haut ist dunkel gebräunt und von tiefen Falten gezeichnet, die Wangen sind dick mit Coca-Blättern vollgestopft, während man uns oft ein fröhliches zahnloses Lächeln zeigt. Hier schlägt uns eine völlig andere Mentalität entgegen, als wir sie in übrigen Regionen Perus erleben durften. Überall werden wir willkommen geheißen. Bei Spaziergängen begrüßt man uns händeschüttelnd, fast als wäre man ein guter Freund. Die Menschen haben Zeit für einen Schwatz, freuen sich, dass wir ihr Land besuchen und fragen nach dem Woher und dem Wohin. Wir tauschen Nettigkeiten aus und umarmen uns, bevor sie uns eine gute Weiterreise wünschen.

Mit diesen wunderschönen Bildern verlassen wir nach zwei Monaten Peru und sind ein wenig wehmütig. Wenigstens bleibt uns der Titicacasee erhalten. Den teilt sich Peru mit Bolivien.

BOLIVIEN

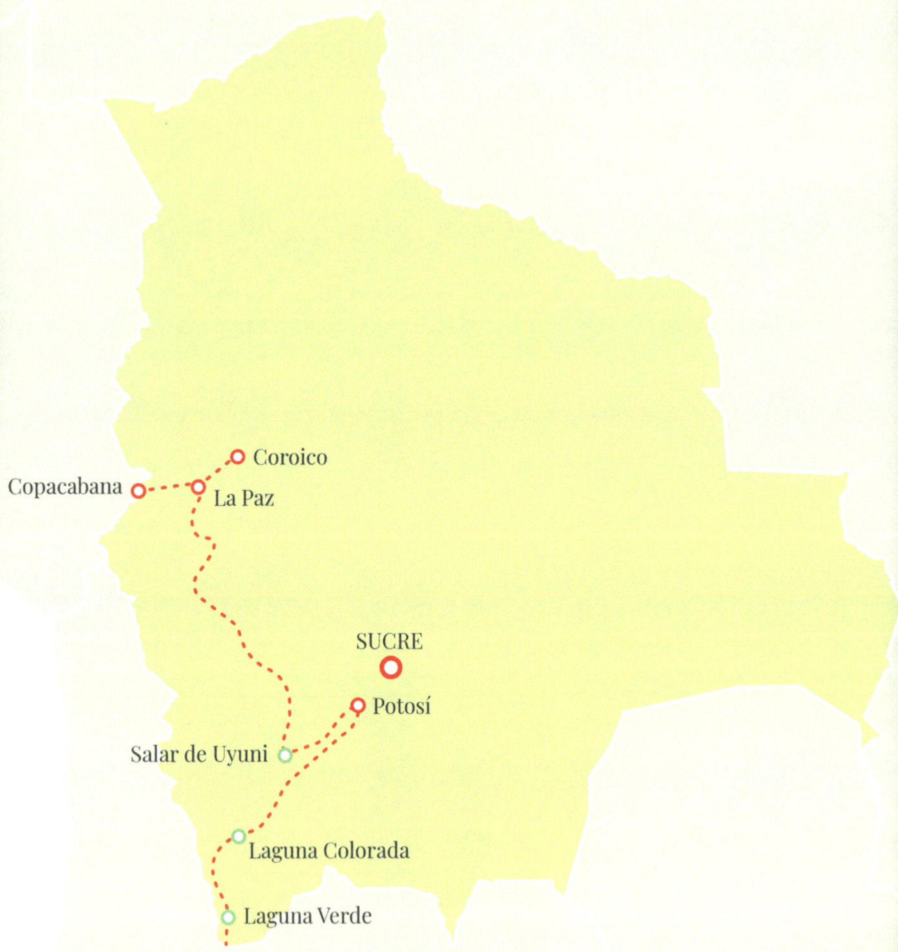
Coroico
Copacabana
La Paz
SUCRE
Potosí
Salar de Uyuni
Laguna Colorada
Laguna Verde

Priester, Hexen und Dynamit

Kurz nach dem Grenzübertritt finden wir uns am Strand von Copacabana wieder. Hier gibt es zwar keine Samba tanzenden Brasilianerinnen, dafür einen kleinen, hübschen Wallfahrtsort, sanft eingebettet zwischen den Bergen am Titicacasee. Wir schlendern über die belebte Strandpromenade und lassen uns bei Nummer zwölf der vierundzwanzig aneinandergereihten Forellenrestaurants den leckeren Fisch schmecken. Vor uns steht ein drei Meter langer Tisch, an dem dicke Frauen Kicker spielen und Reihen von Goldzähnen aufblitzen, wenn sie ein Tor schießen.

Die Indigenas aus Bolivien sind schon etwas Besonderes. Bis zu zehn Unterröcke stecken unter dem bunt gemusterten Überrock, schützen sie zusammen mit Schürzen und Decken vor der empfindlichen Kälte der Höhe und lassen die eigentlich zierlichen kleinen Frauen rundlich bis übergewichtig erscheinen. Eine richtige *Cholita* ist sie nur, wenn die langen, dicken geflochtenen Zöpfe unter einer Melone hervorlugen – Hüte, die in den 20er Jahren aus Europa importiert und ursprünglich für Männer entworfen wurden.

Der Frosch parkt keine zehn Meter vom Ufer entfernt und wir verbringen zusammen mit einer kleinen Backpackerfamilie aus Kanada ein paar sehr entspannte heiße Tage bei strahlendem Sonnenschein und eisig kalten Nächten. Von der Regenzeit, die uns nur ein paar Kilometer entfernt in Peru noch jeden Nachmittag in dicke Winterkleidung zwang oder gar in den Laster verbannte, ist keine Spur mehr.

Ein Simmerring der Achse unseres LKWs macht erneut Probleme und wir ziehen durch die Gassen auf der Suche nach einer Werkstatt – leider erfolglos. Die Attraktion des Ortes ist eine Autoweihe an der großen Basilika in der Ortsmitte. Von weit her kommen die Menschen angereist, um ihr Fahrzeug segnen zu lassen. Wer braucht da noch einen Mechaniker?

Am frühen Vormittag reihen wir uns brav hinter den schon vor der Kirche Schlange stehenden Autos ein und haben die Qual der Wahl. Girlanden, Blumensträuße, bunte Plastikschmetterlinge, Euro-Geldbündel und vieles mehr steht zur Auswahl, um unser Zuhause festlich zu schmücken. Wir lassen der Verkäuferin freie Hand und in kürzester Zeit verwandelt sich der Frosch in ein quietschbuntes Hippie-Mobil und wird zur Attraktion. Touristen

drängeln sich um uns herum, fotografieren unseren Laster und wir geben einem Fernsehteam aus Kolumbien ein Interview. Die Cholitas umringen stattdessen den kleinen Mexikaner, lassen die Arbeit Arbeit sein und ihre Kunden warten.

Der Priester tritt mit seinem Blecheimer voll Weihwasser aus dem Gotteshaus und bleibt vor unserem Karnevalswagen stehen. Es wird ernst. Er murmelt ein Gebet vor der geöffneten Motorhaube und segnet den Laster ringsherum von außen und innen mit dem heiligen Wasser. Zum Schluss werden auch die Fahrerhände nassgespritzt. Der Mann bekommt zum Dank eine kleine Spende, Thorben tränkt, um das Ritual abzuschließen, die Reifen und die Stoßstange mit Alkohol, wirft ein Paar laut explodierende Böller unters Fahrwerk und die Reise kann mit einem seligen Lächeln weitergehen. Wie durch ein Wunder verliert der Laster nach der Weihe kein Öl mehr.

Der Titicacasee gibt alles und zeigt sich von seiner schönsten Seite. Kleine Inseln liegen im glitzernden blauen Wasser und im Hintergrund sieht man schneebedeckte Sechstausender. Plötzlich ist die Straße zu Ende und vor uns dümpelt ein in die Jahre gekommenes Floß im Wasser. Kurz darauf finden wir uns auf den wackeligen Holzleisten wieder, samt unseren neun Tonnen. Anstatt den Titicacasee mit einer achthundert Meter langen Brücke zu überspannen, werden selbst Reisebusse auf die kleinen Holzplattformen verladen, deren einziger Antrieb ein unscheinbarer Außenbordmotor ist.

Gute Straßen und schlechte Straßen wechseln sich stetig ab und wir nähern uns La Paz, der höchstgelegenen Millionenstadt der Welt. Kommt man per Flugzeug, muss der Kapitän vor dem Öffnen der Türen die Sauerstoffmasken in der Kabinendecke blockieren – der Luftdruck ist so niedrig, dass diese wie in einer Notlage ausgelöst werden und den Passagieren auf den Kopf fallen.

Wir hingegen stecken bereits 30 Kilometer vorher im Stau und schaukeln durch die Kraterlandschaften von El Alto. Auf über 4000 Metern leben hier die Ärmsten von La Paz in unverputzten Ziegelbauten, weit abgelegen vom Zentrum, und sind immer den kalten Hochlandwinden ausgeliefert. An einer Kante bricht die Straße ab und stürzt 600 Höhenmeter in ein gewaltiges Loch. In diesem Loch liegt Boliviens Regierungssitz und zugleich größte Metropole.

Wir parken unseren Laster am Rand des Canyons im Valle de la Luna im windgeschützten, heißen Talkessel. Vor dem Campingplatz. Einen Stellplatz in der Stadt zu finden, ist nahezu unmöglich. Und hier scheitern wir an fünf Zentimetern Einfahrtshöhe. Mit dem Taxi geht es zur Seilbahn und mit dieser über die Stadt hinweg in das Zentrum. Sie dient zur Verkehrsberuhigung und zum Massentransport und kann dank eines ausgeklügelten Systems verschiedenfarbiger Linien bis zu 3000 Personen pro Stunde in

jede Richtung transportieren. Der Stahl kommt aus Deutschland, wir sitzen in einer Kabine aus der Schweiz und die Masten, die in den Vorgärten der Einwohner stehen, stammen aus Österreich. Es geht einmal quer über die riesige Stadt. Das Panorama der umliegenden Sechstausender ist atemberaubend, unter uns stehen Wolkenkratzer und Luxusvillen, gelbe Felsnadeln ragen mittendrin aus der Landschaft und an den Berghängen kleben die Lehmziegelhäuser der Armen.

Hinter der Kirche an der Plaza San Francisco geht es steil hinauf in den Supermarkt unter freiem Himmel, die Auslagen der Stände sind überspannt von blauen Plastikplanen. In der Zaubergasse bieten Hexen geheimnisvolle Kräuter, Pulver und Mittelchen gegen alle denkbaren Krankheiten und bösen Geister an. Hast du jemanden, dessen Herz du erobern möchtest? Gibt es ein Paar, das du auseinanderbringen willst? Leidest du an Potenzproblemen oder läuft das Geschäft schlecht? An den kleinen Buden baumeln Lama-Embryos. Die Bolivianer mauern sie beim Hausbau für ein glückliches Leben im neuen Heim in allen vier Ecken ein. Ich mustere ungläubig die Waren und schieße verstohlen meine Fotos, neben mir lassen sich Einheimische fachmännisch beraten. Alte Bräuche und der Glaube an Heilkräfte sind in Bolivien tief verwurzelt und hier auf dem Hexenmarkt ist alles möglich. Auf den Blumenmarkt folgt der ebenso bunte Obst- und Gemüsemarkt, zwischendrin verirren sich Kloschüsseln und Fliesen. Auf dem Mercado Negro, dem Schwarzmarkt, gibt es Diebesgut aller Art. Wir schlängeln uns durch hunderte Stände von gefälschten Markenjeans, vorbei an Bergen von Schuhen bis hin zur elektronischen Abteilung. Die Stimmung ist düster und gedämpft und bei zu neugierigen Blicken verschwindet die Ware schnell unter einem Tuch. Meine Kamera lasse ich hier vorsichtshalber in der gut verschlossenen Tasche.

Wir verlassen die Stadt Richtung Yungas im Nordosten, den Tälern zwischen Altiplano und dem Amazonas, und quälen uns im Schneckentempo über einen 4600 Meter hohen Pass. Nachdem wir Straßensperren und Drogenkontrollen über uns haben ergehen lassen, stranden wir auf der anderen Seite auf nur noch 1700 Metern im tropisch-heißen Andental Coroico. In nur wenigen Stunden haben wir fast alle Klimazonen Südamerikas passiert – vom Schnee bis zum dampfenden Regenwald. Eine Landschaft, die im absoluten Gegensatz zum bolivianischen Hochland steht. Bis weit über die Hänge hinweg erstreckt sich der Bergnebelwald, der reich an exotischen Tier- und Pflanzenarten ist. Dort bereiten wir uns auf den kommenden Tag vor und gehen früh zu Bett, um die Tagesetappe um Punkt sieben Uhr zu starten: der Camino de la Muerte, die alte Verbindungsstraße zwischen La Paz und Coroico.

Die unbefestigte Straße bietet über 70 Kilometer grandiose Panoramen und einen wundervollen Einblick in die hiesige Dschungellandschaft, ist aber wegen den engen, steilen Serpentinen ohne Leitplanken an den Berghängen nicht ganz ungefährlich. Vor dem Bau einer Umgehungsstraße galt sie als die gefährlichste Straße der Welt – jährlich verunglückten mehrere hundert Menschen tödlich. Etliche Leichen liegen immer noch im dichten Dschungel und können nicht geborgen werden. Doch das Wetter und die Kinder sagen nein zu der Etappe. Ein nächtliches Gewitter verwandelt die Piste in eine Achterbahn und der Nachwuchs hat Brechdurchfall. Wenn das kein Zeichen ist, umzukehren. Wir wühlen uns durch den Matsch, schlittern mit Schrittgeschwindigkeit über eine seifige Rutschbahn und fahren durch eine dicke Wolkendecke, die tief in den Baumkronendächern hängt. Zurück auf der gewohnte Höhe von 3800 Metern besichtigen wir in Tiwanaku eine der sehenswertesten präkolumbischen Kulturstätten Boliviens und spulen dank der wohl höchstgelegenen Autobahn der Welt die Hochebene im Schnelldurchlauf ab.

Die Landschaft um Potosí ist atemberaubend schön. Schroffe Berge in den buntesten Farben säumen unseren Weg, zu dessen Füßen zwischen Salzfeldern Lamas und Alpakas die wenigen grünen Fleckchen abgrasen. Vereinzelt tauchen kleine Siedlungen auf und seit langem entdecken wir mal wieder Bäume. Atemberaubend ist auch die Stadt, gelegen auf einer Höhe von 4065 Metern.

Wir schlendern durch die engen Gassen und bestaunen die vielen hübschen historischen Gebäude. In schattigen Parks verbringen wir stille Minuten, sitzen neben strickenden Frauen, während ihre Männer unter schlimmsten Bedingungen als Mineros Silber, Zinn und Zink abbauen. Die einst reichste Stadt des Kontinents verdankt ihre Existenz einem Berg, dem Cerro Rico. 1545 wurde in Potosís Hausberg Silber entdeckt und die Spanier trieben die Ausbeutung sofort in großem Stil voran. Bis zum 18. Jahrhundert starben über acht Millionen Indigenas an den Folgen der unmenschlichen Arbeitsbedingungen. Auch heute noch gilt ein Bergmann nach fünfzehn Jahren Arbeit als arbeitsunfähig, wird kaum älter als 40 und stirbt an einer Staublunge. Viele der rund 165 000 Einwohner leben vom Schürfen, und hustet in Potosí jemand Blut, gehört das zum Alltag.

Ich ziehe alleine weiter, steige immer höher hinauf zu einem Markt in den Gassen. Bei genauerem Hinsehen entdecke ich, dass die Kioske auch Dynamit anbieten. Der einzige mir bekannte Märkt weltweit, auf dem jedermann Sprengstoff kaufen kann. Die Regale sind gefüllt mit Zigaretten, Cola, Keksen, Ammoniumnitrat, Dynamitstangen, blauen Tüten mit Coca-Blättern und 96-prozentigem, reinem Alkohol. „Hier gibt es alles, was wir brauchen", erzählt mir ein Arbeiter, der mich wenig später mit in seinen Stollen nimmt. Ich kaufe einen Dynamit-Bausatz, Coca-Blätter, Getränke, Schokolade und mehrere Liter Alkohol. Einige Flaschen sind für den Kocher in unserer Küche gedacht, die restlichen als Geschenke für seine Kumpels im Berg. Im Gegenzug reicht mir Wilson einen Overall, Gummistiefel, Staubmaske und einen Helm mit Stirnlampe. Weitere 400 Meter höher erreichen wir einen der vielen kleinen Eingänge zu den Minen, folgen den Schienen, vorbei an mit Lamablut vollgespritzten Türen, in eine etwa mannshohe Öffnung, die sich nach wenigen Metern verkleinert und in ein dunkles Labyrinth verwandelt. Notdürftig abgestützt mit morschem, feuchtem Holz, auf dem das brüchige Gestein des Berges, der wie ein Schweizer Käse zerlöchert ist, lastet. Gebückt wate ich durch Matsch, stolpere über die Gleise, schlage mir den Kopf an der niedrigen, unebenen Decke an. Berühren darf ich nichts. Die zahlreichen gelbroten Mineralienablagerungen, meist Schwefelgebilde, reizen die Haut oder können sich gar tief in das Fleisch hineinbrennen. Es wird dunkler und wir schalten die Stirnlampen ein. Die Luft wird wärmer und stickiger. Ich bekomme Atemnot. Durch den schmaler werdenden Stollen bahnen wir uns immer tiefer hinein, stellenweise kriechend, und erreichen schließlich nach einem Kilometer sein Abbaugebiet. Alleine hätte ich keine Chance, wieder hinaus zu finden. Am Ende des Stollens bastelt ein Miner gerade sieben Sprengladungen zusammen, während seine zwei Kollegen Löcher in das Gestein bohren, sich Coca-Blätter in die Wangentaschen schieben und aus einer Plastikflasche unverdünnten Reinalkohol trinken. Anders ertragen viele Arbeiter die harte Belastung in den sauerstoffarmen Höhlen nicht und geben damit ihren geschundenen Körpern den Rest. Trotz allem sind sie zu Scherzen aufgelegt, interessieren sich für meine Familie, stellen Fragen zu unserer Reise und freuen sich wie kleine Kinder, als ich neben den üblichen Geschenken für jeden einen Schokoladenriegel auspacke.

Plötzlich geht alles ganz schnell. Die Lunten brennen, wir rennen los und verstecken uns in einer Nische. Sechs dumpfe, durchdringende Explosionen erschüttern den Berg. Auf die siebte warten wir vergebens. Schweißüberströmt schieben die Arbeiter den vollen Grubenwagen Richtung Ausgang – es ist Feierabend und die Sechzehn-Stunden-Schicht endet. Doch noch dürfen wir nicht ganz hinaus. In einer kleinen Höhle wartet *Der Onkel* auf uns. Der Schutzpatron der Mineros. Die streng katholischen Bolivianer beten in den Schächten nicht zu Gott, sondern *Tio* und *Pacha Mama*, Mutter Erde, an.

Diese Tatsache ist auf die Zeit der spanischen Eroberer zurückzuführen. So fragten die versklavten Indígenas die Spanier, wo denn nun die von ihnen gepriesene Barmherzigkeit ihres Gottes sei. Daraufhin erwiderten diese, dass es unter der Erde in den Minen keinen Gott gebe. Diese Auffassung vermochte sich bis heute zu halten, sodass die Bergarbeiter seitdem die unterirdische Kapelle aufsuchen, Coca-Blätter, Reinalkohol und Zigaretten opfern und ihre Schutzpatrone im Gegenzug um Sicherheit während der gefährlichen Arbeit bitten. Wir sprechen ein Gebet und danken *Tio* für den Schutz, schalten unsere Stirnlampen aus, rauchen zusammen mit dem Onkel eine Zigarette und trinken den 96-Prozentigen in 100-prozentiger Dunkelheit.

Nach zwei Stunden spuckt mich der Berg wieder aus und ich war nie glücklicher, unter freiem Himmel zu stehen, frische Luft zu atmen und die Sonne zu sehen.

Alle Farben

Bolivien zu bereisen ist anders. Unberechenbar. Nicht zu vergleichen mit den übrigen Ländern Südamerikas.

Ab und zu zwingt uns eine über die Fahrbahn gespannte Kette zum Bremsen. Es handelt sich dabei um Straßensperren der Polizei, die mit fadenscheinigen Begründungen die Papiere kontrolliert und Gebühren kassiert. Mit umgerechnet 50 Eurocent füllen sie dadurch die eigenen Taschen, verabschieden uns dann mit Handschlag und winken uns freundlich weiter. Die Versorgung ist sehr rudimentär und das Sortiment in jedem Laden klein und wenig abwechslungsreich. Ein Einkauf wird dadurch zum stundenlangen Spießrutenlauf. Eier, Milch, Windeln, Brot – Für jedes Produkt müssen wir einen neuen Laden ansteuern und alle liegen wild verstreut in den Ortschaften.

Als besondere Herausforderung stellt sich in Bolivien das Tanken dar. Die Tankstellen haben oft keinen Sprit oder dürfen nichts an Ausländer verkaufen. Sind beide Hürden überwunden, beginnt die Preisverhandlung und meist treffen wir uns in der Mitte. Ist eine Kamera installiert oder der Chef vor Ort, fällt der dreifache Preis an. Das Glück ist mit uns, als wir im Kiosk eines Dorfes mit zwanzig Seelen Diesel zum Sonderpreis bekommen. Hundertfünzig Liter in Zehn-Liter-Kanistern.

Bolivien leidet momentan unter einer extremen Wasserknappheit – selbst in La Paz wurden wir von der Wäscherei wegen Wassermangels weggeschickt. Wir können unseren Frischwassertank nicht auffüllen, nicht duschen und nur sehr sparsam das Geschirr säubern. Campingplätze gibt es nicht. Es gibt keine Wiesen oder Bäume, nur vertrocknete Grasbüschel zwischen den Steinen. Die vergangenen Tage haben auf Haut und Haaren ihre Spuren hinterlassen, vor allem bei unserem Krabbelkind. Sand in den Haaren, zerschrammte Händchen und die Kleidung wie immer eingestaubt. Wie sehr verwundert es uns, am Stadtrand von Potosí ein großes gefülltes Schwimmbad zu entdecken. Für einen Spottpreis haben wir eine private, abschließbare Spa-Landschaft ohne Fenster. Ein tiefes gefliestes Becken, das von einem rostigen Rohr in der Wand mit 40 Grad heißem schwefelhaltigen Wasser der Lagune *Ojo del Inca* gefüllt wird. Jetzt stinken zwar alle nach faulen Eiern, aber wenigstens sind wir sauber.

Von den finsteren Höhlen zum strahlenden Salzsee ist es eine Tagesreise. Wir verlassen die Hauptroute, fahren an Geisterdörfern vorbei, weichen Lamaherden und Sandverwehungen aus, die unsere Wege kreuzen. Stundenlang geradeaus, ohne einer Menschenseele zu begegnen. Der Asphalt wechselt in Schotter und führt uns durch eine schroffe Bergwelt, vorbei an unzähligen Vulkanen und Lagunen. In einem Meteoritenkrater finden wir ein windstilles Plätzchen für eine kurze Mittagspause, und hoffen erneut, hinter jeder Kurve den Salar de Uyuni zu erreichen, der sich erst am späten Nachmittag als breiter, heller Streifen am Horizont präsentiert.

Die weißen Wolken hängen tief auf 3600 Metern und verschwimmen fast nahtlos mit dem ausgetrockneten Binnenmeer, während wir dem zauberhaften Licht entgegenfahren. Die Uferzonen sind meist wässrig und sumpfig und ein Einstieg ist nicht ausgeschildert. Aber wir finden einen breiten aufgeschütteten Damm als sichere Auffahrt, setzen uns und den Kindern Sonnenbrillen auf und rollen auf den größten Salzsee der Welt. Das bedeutet 12 000 Quadratkilometer pures Salz, eine der unwirtlichsten Gegenden der Welt und der Traum eines jeden Overlanders. Das Salz, ein Überbleibsel von Abermilliarden toter Schalentiere, die einst dieses Meer bevölkerten, bildet eine spiegelglatte, scheinbar unendliche weiße Oberfläche, die sich aus ungefähr ein Quadratmeter großen Waben zusammensetzt. Es gibt keinen Orientierungspunkt am Horizont, und wenn wir nicht den GPS-Daten oder den Reifenspuren folgten, würden wir uns auf einer Länge von 160 Kilometern und einer Breite von 135 Kilometern mit Sicherheit verfahren.

Alles ist so surreal an diesem besonderen Ort. Entgegenkommende Fahrzeuge wirken aus weiter Ferne wie Ufos, die vielen

schwarzen Inseln tauchen wie riesige Raumschiffe aus dem Nichts auf. Als Thorben mit Romy die Plätze tauscht, scheinen alle Naturgesetze der Welt nicht mehr zu existieren. Eine Dreijährige fährt uns mit 60 Stundenkilometern über die Salzpiste. Die Kleine meistert alles mit Bravour und ist gar nicht mehr zu bremsen. Thorben und ich suchen derweil den Weg vor uns nach den vielen *Ojos* ab, kleine Wasserlöcher, die sich von unten durch die Schicht bohren und schon so manche Fahrzeuge verschluckt haben.

Erst nach 30 Kilometern hat ihre erste Fahrstunde an der schönsten aller Inseln ein Ende. Die Isla Incahuasi – bestehend aus versteinerten Korallen und bevölkert von riesigen, teilweise blühenden Kakteen. Wir klettern auf dem rauen Gestein bis zum höchsten Punkt empor und ernten zur Belohnung einen fantastischen Ausblick. Die Nacht werden wir dicht an die Insel geschmiegt verbringen, um dem heftigen Wind zu entgehen. Ich räume das Sandspielzeug aus dem Laster und die Kinder dürfen mit Essen spielen. Heute gibt es Salzkuchen.

Sobald die Sonne untergeht, wird es bitterkalt und das weiße Gold verwandelt sich beim ersten Blick in eine Schneeschicht. Der Wind lässt allmählich nach und bald sind wir von einer unwirklichen Stille umgeben. Absolute Lautlosigkeit im endlosen, leeren Raum und über uns ein funkelnder, grenzenloser Sternenhimmel. Ein wenig unwohl ist mir schon dabei zu wissen, dass es unter unserem Bett 120 Meter tief hinab geht und die Salzdecke nur

wenige Zentimeter dick ist. Vertrauensselig wie eh und je schüttle ich diesen Gedanken ab und schlafe tief und fest ein.

Nach zwei herrlichen Tagen, umgeben vom gleißend hellem Kristall, erreichen wir ein Hotel, das komplett aus Salz gebaut ist, und das riesige Dakar-Monument, wo in vier Wochen die jährliche Rallye Paris-Dakar entlangführt. Nur einen Ausgang vom Salar können wir nicht finden. Wir irren durch die Pyramiden des Salzabbaugebietes, drehen einige Runden, erwischen erst Stunden später die richtige Fahrspur und haben wieder festen Boden unter den Reifen. Der direkte Weg führt zur Autowäsche, um die dicke weiße Kruste auf dem Fahrzeugunterboden zu entfernen. Hunderte Liter Wasser werden auf den Laster gespritzt und mit unvorstellbarem Eifer schrubben zwei Jungs alles auf Hochglanz, während ihre Mutter säckeweise unsere Kleider in ihre Waschmaschine steckt. Hier ist der Wassermangel kein Thema.

Aus der einstigen Zugstrecke, die für den Transport von Kupfer, Silber und Gold genutzt wurde, ist der größte Eisenbahnfriedhof der Welt geworden. Durch den Bau von Versorgungsstraßen rosten heute auf dem Cementerio de Trenes mehr als hundert Lokomotiven und Waggons, die teilweise noch aus dem 19. Jahrhundert stammen, in der unbarmherzigen Sonne vor sich hin. Von einer Übernachtung wird uns aus Sicherheitsgründen abgeraten und so parken wir vor der Kaserne in dem nahe gelegenen Örtchen Uyuni. Sicher ist sicher.

Nachdem der Revolutionär Che Guevara im gemeinsamen Befreiungskampf Kubas mit Fidel Castro erfolgreich gewesen und dort als Minister ins Kabinett eingezogen war, gründete er 1966 eine Partisanengruppe in Bolivien und erklärte dem US-Imperialismus den bewaffneten Kampf. Ein Jahr später wurde der Argentinier von eben diesem bolivianischen Militär erschossen. Wir schlendern durch die farblosen, staubigen Gassen, an deren Wänden und Mauern übergroße farbenfrohe Porträts des Revolutionärs gemalt sind. Selbst im Umfeld seines Todesortes wird er wie ein religiöser Heiliger verehrt. Für die Befreiung Boliviens gestorben, gibt er auch heute noch den Menschen Mut, nicht den Kampf gegen die Ungerechtigkeit und Willkür aufzugeben.

Ein letztes Mal stocken wir die Vorräte auf, inspizieren den Laster, sagen Zivilisation und dem Asphalt auf Wiedersehen und machen uns auf den Weg in das größte Abenteuer der Reise: die Ruta de las Joyas Altoandinas. Die berühmteste Hochlandstraße der Welt im äußersten Südwesten von Bolivien. Über 500 Kilometer gibt es weder eine menschliche Behausung noch vernünftige Wege. Und genau das, gepaart mit der Anden-Landschaft, macht die Lagunenroute für alle Offroad-Fans mit einem geländegängigen Fahrzeug zum Abenteuer.

Eine vorgegebene Strecke gibt es nicht, wir haben freie Fahrt und fahren, wie wir wollen. Dank GPS-Peilung orientieren wir uns grob und wechseln je nach Zustand der zum Teil üblen Piste die Spuren. Kurze Zeit später haben wir den Dreh raus. Mal geht es nur im ersten oder zweiten Gang voran, mal müssen wir ordentlich Geschwindigkeit aufbauen, springen über die Sanddünen oder fliegen förmlich über das Wellblech, um die harten Stöße nicht mehr zu spüren. Dichter Sand wirbelt hinter dem Laster auf und legt sich wie ein großes feines Laken auf jede Fläche im Fahrerhaus und Koffer. Wir schmecken ihn und spüren ihn, wenn wir uns über die Haut oder durch die Haare fahren.

Gnadenlos wird unser Frosch in den nächsten Tagen durchgerüttelt. Jeden Abend wirft Thorben einen Kontrollblick unter die Motorhaube, und immer wieder finden wir Schrauben, die sich gelöst haben. Der Dieselmotor stottert und schwarze Rauchwolken quellen wie zum Protest aus dem Auspuff. Diese Höhen bedeuten für das Fahrzeug eine Qual, denn der für die Verbrennung benötigte Sauerstoff kommt nur in einer viel zu geringen Konzentration vor.

Kontinuierlich windet sich die Strecke durch den Altiplano weiter nach oben, bis wir uns zwischen 4000 und 5000 Metern einpendeln. Solche Höhen sind für uns mittlerweile fast schon alltäglich. Ich finde es faszinierend, wie gut sich unsere Körper an diese Extreme gewöhnt haben. Die ersten Dreitausender in Mexiko nahmen uns noch dem Atem, die ersten Viertausender in Ecuador haben wir fast auf allen vieren erreicht. Vielleicht ist es aber auch einfach die faszinierende Natur, die uns die körperlichen Strapazen vergessen lässt.

Hier wächst nichts mehr. Weit und breit nur vertrocknete Grasbüschel, die den *Vicuñas* als Nahrungsquelle dienen, welche sich mit großen Sprüngen vor uns in Sicherheit bringen. Rechts und links ragen die Anden in die Höhe. Verstummt der Motor, ist es totenstill. Einsamer geht es nicht. Es ist erstaunlich, welch gewaltiges Spiel der Farben und Kontraste diese Einöde hervorbringt. Ständig müssen wir zum Fotografieren anhalten und drehen uns immer wieder ungläubig im Kreis. Diese Landschaft beflügelt den Geist des Reisenden und belohnt uns für die Strapazen mit Bildern, wie wir sie bisher noch nicht gesehen haben und wie wir sie uns in den kühnsten Träumen nicht hätten ausmalen können.

Doch nur ungern öffne ich die Tür zum Wohnraum. Nichts, aber auch gar nichts ist mehr an seinem Platz. Alle sonst so bombenfesten Verschlüsse sind offen und auf dem Boden häufen sich Geschirr, Spielzeug, Kleidung und Essen – überzogen von einer feinen hellbraunen Schicht Staub. Während ich wieder und wieder das Chaos beseitige, sind die draußen spielenden Kinder nach kürzester Zeit von oben bis unten eingestaubt und Levi hat mal wieder die Lamaköttel im Mund. An unser aller Kleidung sind die Strapazen der Reise nicht spurlos vorbeigegangen. Vor allem Levis Hosen sind an den Knien durchgescheuert. Romys

Schuhe haben Schrammen, ihre Hemden sind löcherig, aber die Freude der Freiheit kann und will ich ihnen niemals nehmen, auch wenn ich so manche ruhige Stunde in der Nacht nutze, um Flicken aufzunähen. Aber mit der Zeit werde ich genügsamer und ersetze den Faden durch Sekundenkleber.

Ihren Namen hat die Lagunenroute von den vielen kleinen Seen, die in den unglaublichsten Farben schimmern und umschlossen sind von 6000 Meter hohen schneebedeckten Bergen und von Vulkanen, die rostrot oder grün leuchten. Zu Füßen des Cerro Pabellón breitet sich die auf 4280 Metern Höhe gelegene Laguna Colorada aus. Knallig rot und in ständigem Wechsel der Farbe und Intensität, je nach Tageszeit. Und als Farbtupfer stehen mittendrin tausende pinke Andenflamingos, die durch das nur 45 Zentimeter tiefe Gewässer stelzen und nach Futter suchen. Das Ufer säumen gelbe Grasbüschel, hell schimmern die Salzflächen und der Himmel leuchtet blau mit weißen Wölkchen – die Farbenpracht ist faszinierend und regelrecht unwirklich. Trotz der gnadenlos vom Himmel brennenden Sonne ist es eisig kalt und wir können uns kaum auf den Beinen halten, so sehr pfeift der Wind. Gemeinsam ins Bett gekuschelt, wärmen wir uns mit einer Tasse heißem Kakao wieder auf und beobachten das Treiben durch das große Heckfenster. Mit Einbruch der Dunkelheit schaukelt uns der Frosch in Richtung Seekrankheit, die Türen lassen sich durch den Druck nicht mehr öffnen. Punkt neun Uhr abends lässt der Wind nach und die Temperaturen sacken rapide Richtung null Grad ab. Egal wie warm die Tage hier oben sind, die Nächte bringen immer eine spürbare Abkühlung. Die weit über die Lagune verstreuten Flamingos kommen zusammen und bilden eine einzige homogene Masse. Auch wir kuscheln uns aneinander, während sich eine feine Eisschicht an den Fenstern bildet.

Inzwischen sehe ich es gelassener, stecke aber auch heute wie jeden Abend den Pulsoximeter an die schlaffen Finger meiner schlafenden Kinder, um den Puls und den Sauerstoffgehalt im Blut zu prüfen. Das wiederhole ich meist mehrere Male, um wirklich sicher zu sein, und stelle mal wieder mit Erleichterung fest, dass unsere Werte perfekt sind. Die Atmung funktioniert problemlos und der Schlaf verläuft so, wie es sein sollte.

Die Sonne muss wie jeden Morgen das Spiel mit den Temperaturen bei null beginnen. Entgegen Thorbens Erwartung springt der Frosch nach einigen Minuten orgelnd an und macht uns wieder einmal stolz, ein so zuverlässiges Gefährt zu haben.

Das Hochthermalgebiet Sol de Mañana kündigt sich schon aus weiter Ferne an. Weiße Rauchschwaden steigen hoch hinauf und Schwefelgeruch liegt in der Luft. Es herrscht eine konstante vulkanische Aktivität, brodelnde Geysire wabern und pressen den Dampf in die Luft, in unzähligen Tümpeln blubbert Schlamm, es kocht und dicke Schlammblasen zerplatzen. Das ganze Gebiet ist frei zugänglich, keinerlei Schilder oder Absperrungen warnen vor Gefahren oder hindern uns daran, uns bis auf wenige Zentimeter diesem Naturspektakel zu nähern. Faszination und Risiko liegen hier nah beieinander. Wir steigen lieber in andere brodelnde Höllenlöcher, zum Beispiel in einen Pool mit 40 Grad heißem Quellwasser neben einem kleinen Salzsee, auf dem der Wind weiße Trichter tanzen lässt.

Bevor wir die Grenze zu Chile passieren, müssen die Ausreiseformalitäten für den Laster abgewickelt werden. Die Zollabfertigung befindet sich nicht wie üblich am Schlagbaum, sondern versteckt sich 80 Kilometer entfernt. Wir folgen einer gewundenen Piste hinauf und finden zwischen Bergen und Geröll ein kleines, schäbiges Bürogebäude. Hier stempelt nicht nur ein einsamer Beamter die Ausfuhrpapiere, wir stellen auch gleichzeitig den

absoluten Höhenrekord unserer Reise auf. Das Navigationsgerät zeigt stolze 5032 Meter an.

Wir drehen um, fahren der Grenze entgegen und passieren die Salvador-Dalí-Wüste. Bizarre Felsbrocken liegen weit verteilt im Sand und das dargebotene Bild gleicht einem der surrealen Gemälde des berühmten spanischen Künstlers. Dazwischen schimmert leuchtend blau die Laguna Verde über die staubigen Flächen. Nahtlos geht Bolivien in Chile über, getrennt von einer willkürlich gezogenen Linie und vom 5916 Meter hohen Stratovulkan Licancabur.

In einem winzigen Steinhaus mit löchrigem Dach wickeln wir in wenigen Minuten die Ausreise ab, und nachdem eine kleine inoffizielle Grenzgebühr den Besitzer gewechselt hat, öffnet sich für uns die Schranke. Kurz bleiben wir noch stehen, blicken schweigend zurück auf die karge, grandiose Landschaft. Kein Land war so anstrengend zu bereisen und hat uns so viel abverlangt. Und trotzdem leuchten unsere Augen auf, das Herz hüpft vor Freude, wenn wir an die vergangenen Wochen zurückdenken.

Bolivien ist ein Abenteuerland. Eines der letzten echten.

CHILE
&
ARGENTINIEN

San Pedro de Atacama
Salta
Paso Agua Negra
Esteros del Iberá
Mercedes
Valparaiso
Mendoza
SANTIAGO
BUENOS AIRES
Villarica
El Condor
Puerto Montt
Península Valdés
Coyhaique
Fitz Roy
NP Monte León
Torres del Paine
Rio Gallegos
Punta Arenas
Ushuaia

Wüste satt

Wie nach einem Vollwaschgang mit Staub und Schotter stehen wir nun mit leichtem Schwindel im Niemandsland vor einem Straßenschild. Links den Pass hinauf liegt Argentinien. Rechts im Tal ist Chile. Wir haben die Qual der Wahl – und entscheiden uns für dicke Luft und Asphalt.

Chile lockt uns mit einer breiten, hervorragend ausgebauten Passstraße. Wie im Sturzflug rauschen wir 2000 Höhenmeter auf einer Strecke von 30 Kilometern hinab. Ohne durchgerüttelt zu werden. Himmel, tut das gut. Mit jeder Minute kurbeln wir die Fenster weiter herunter und schälen uns aus der viel zu warmen Kleidung. Einzig die Sonnenbrillen bleiben, wo sie sind.

Mit Betreten der Grenzgebäude befinden wir uns gefühlt auf einem anderen Planeten. Die Wände sind verputzt, die Angestellten sitzen vor Computern, führen ihren Job routiniert und fachmännisch aus. Und korrekt. Es wird keine Gebühr verlangt und um Spenden werden wir auch nicht gebeten – dafür wird unser Laster gnadenlos gefilzt. Zwei Beamte öffnen jede Klappe, durchwühlen alle Schränke und sind stets zu Scherzen aufgelegt, wenn etwas konfisziert werden muss. Mein Humor hat gerade Feierabend, dafür arbeiten meine Schweißdrüsen auf Hochtouren. Es ist ungewohnt heiß und ich muss an all die versteckten Lebensmittel in den Hohlräumen denken.

Chile ist bekannt für seine strengen Lebensmitteleinfuhrkontrollen, um der Verbreitung von Fruchtfliegen, Pilzen, Sporen und Bakterien entgegenzuwirken. Es ist das einzige Land in Südamerika, das größtenteils frei von Schädlingen ist, nicht zuletzt deshalb, um Produkte in die Europäische Union liefern zu können. Um einen Sack alte Kartoffeln und den abgelaufenen Käse ärmer, rollen wir grinsend vom Hof. Die obligatorischen Alibi-Lebensmittel haben ihren Zweck erfüllt, Wurst, Obst und Eier sind uns erhalten geblieben. Und Romys aktuelles Haustier, eine bolivianische Eidechse, sitzt auch noch versteckt in einer Brotdose unter meinem Sitz.

San Pedro de Atacama ist ein kleines Nest inmitten einer der einsamsten und trockensten Landschaften der Erde. Die Ausläufer der Atacama-Wüste verirren sich bis ins Hochland und erinnern bei jedem Schritt an ihre Existenz. Roter Staub wirbelt auf und legt sich auf die weiß getünchten, dicken Mauern der Lehmgebäude. Der Baustil des Dorfes erinnert an die Kulisse eines Westernstreifens, doch die meiste Aufmerksamkeit erregt die an der Plaza gelegene Kirche mit ihrer originellen Konstruktion. Die Decke besteht vollkommen aus löcherigem Kaktusholz, zusammengehalten von Lamahaut.

Das Zentrum ist komplett von den Touristen eingenommen, die ab dem späten Nachmittag in Massen durch die kleinen Gassen strömen. Dann steigt Einwohnerzahl von 5000 auf 15 000. Die Preise der Lebensmittelgeschäfte und Restaurants haben sich daran angepasst und die Qualität lässt dafür sehr zu wünschen übrig. Schnell wird es uns zu viel, Thorben und ich erwägen scherzhaft, erneut nach Bolivien einzureisen, und ziehen uns wieder auf den Campingplatz zurück. Nach so vielen Tagen in der Einsamkeit möchten wir langsam ankommen.

Etwas neidisch blicke ich mal wieder auf andere Reisende, die genüsslich ihre Wunden lecken können. Die Füße hochgelegt, ein Buch auf dem Schoß und ein kühles Bier in der Hand. Auch sie haben Stunden damit verbracht, die Spuren von Bolivien zu entfernen: Pistenstaub aus der kleinsten Ecke des Fahrzeugs zu kehren, alle Muttern wieder festzuziehen – nur eben in Ruhe. Wir schrauben, pausieren zum Windeln wechseln, schrauben weiter, bis eines der Kleinen Hunger bekommt. Dann kehren wir erschöpft den Boden aus, während aus Romys Hosentasche roter Wüstensand ins Bett rieselt. Unsere Tage haben keine Pause und ohne Arbeitsteilung wäre vieles nicht möglich. Während Thorben den Laster abschmiert und den noch tiefer abgesackten Koffer mit dem Wagenheber rabiat in seine Ursprungsposition zurückführt, stehe ich mit den Kindern und einem riesigen Berg Kleidung in der Dusche. Lange kann ich sie nicht zügeln und setze die beiden Dreckspatzen kurzerhand in die mitgebrachte Waschwanne, in der bereits die Schmutzwäsche einweicht und das Wasser immer dunkler färbt. Jetzt sind sie glücklich, ich habe einigermaßen die Kontrolle, schlage zwei Fliegen mit einer Klappe und werde Herr über das Chaos. Langsam, aber sicher. Übrig bleibt nach vielen Tagen Arbeit der ganz normale Alltagswahnsinn für uns als Eltern bewegungssüchtiger, neugieriger Kleinkinder, die mittlerweile ihren eigenen Kopf haben, während wir uns nach Entspannung und Ruhe sehnen.

Wir machen einen Abstecher in das Valle de la Luna, ein bizarres Mondtal, das sich mit hohen Sanddünen, Schluchten und

durch Erosion geschaffenen filigranen Figuren unverkennbar aus dem Wüstengrau hervorhebt. Der Rest des Highways nach Westen ist trist, zieht sich schnurgerade durch das weite Geröll. Nur am Abend werden wir verzaubert. Wir stehen inmitten der trockensten Wüste der Welt neben der Laguna Inka-Coya, die zwar nicht groß, aber so erstaunlich tief ist, dass nicht einmal die Taucher von Jacques Cousteau den Grund ermitteln konnten. Um uns herum verwandelt das Licht der untergehenden Sonne die Landschaft und lässt alles golden aufleuchten.

Erst 300 Kilometer weiter erhalten wir ein Zeichen von Zivilisation: der staubige Wüstenort Calama. Die Stadt ist nach amerikanischem Vorbild schachbrettartig angelegt und verfügt über eine große Shopping-Mall inclusive eines Walmart-Supermarktes. Wie im Rausch streifen wir durch die Regale und kaufen mehr, als wir brauchen und im Laster unterbringen können. Aber wer mag es uns verübeln, nach vier Monaten ohne vernünftige Versorgung.

Neben der einzigen Einkaufsmöglichkeit weit und breit befindet sich nahe der unattraktiven Bergbaustadt der eigentliche Grund unseres Besuches: Chuquicamata. Der größte Kupfer-Tagebau der Welt und für Kinder nicht zugänglich. Thorben übernimmt die Kinderschicht und sammelt erneut Plusstunden, die er dann in den geselligen Abendstunden mit anderen Reisenden bei Bier und Anekdoten abfeiert. Im Touristenbüro werde ich mit Sicherheitskleidung ausgestattet und steige nach einer kurze Einweisung, geballt mit Informationen über die Einmaligkeit der Mine inklusive schwindelerregender Zahlenkolonnen, die jeden anderen Rekord weit hinter sich lassen, mit einer kleinen Gruppe in den supermodernen, vollklimatisierten Reisebus. Nach kurzer Fahrt erreichen wir die nur 15 Kilometer von der Stadt entfernte Mine, passieren riesige ausgemusterte Stahlkolosse, leuchtend grün und blau schimmernde Klärteiche und blicken nach der letzten Anhöhe in ein gewaltiges Erdloch.

4300 Meter lang, 3000 Meter breit und 1000 Meter tief. Das größte von Menschenhand geschaffene Loch der Welt – und angeblich auch vom Mond aus zu erkennen. Diese Grube ist so beeindruckend, dass ich erst beim zweiten Hinsehen die großen

Staubfahnen sehe, die sich hinter den Minenfahrzeugen in die Luft erheben. Von dem einen Kilometer tiefer gelegenen Grund bis zu der Aussichtsplattform benötigen die mit 400 Tonnen Gestein beladenen Spielzeugautos rund eine Stunde. Ein Liter Treibstoff reicht gerade einmal für 250 Meter, für eine minimale Ausbeute von einem Kilogramm Kupfer pro einem Zentner Gestein. Die kleinen Laster entpuppen sich beim Näherkommen als Giganten mit unglaublichen Dimensionen: acht Meter breit, sieben Meter hoch, ein Reifen misst vier Meter im Durchmesser. Vereinzelt mache ich Wassersprenger aus, die auf den unendlich lang erscheinenden Serpentinen unterwegs sind und versuchen, den Staub zu binden. Der Aufenthalt ist zeitlich begrenzt, da der umherwehende Staub äußerst giftige Bestandteile wie Kupferoxyd enthält. Im Jahre 2006 wurde ein Radius von zehn Kilometern zur wohnfreien Zone erklärt und alle Bewohner der Stadt, die sich nur wenige hundert Meter entfernt befindet, wurden nach Calama umquartiert. Zurück blieb eine Geisterstadt mit vollkommen intakter Infrastruktur, bestehend aus Wohnhäusern, einer Kirche, Geschäften, Kinderspielplätzen und der Plaza de Armas im Zentrum. Dabei handelt es sich um einen völlig verwaisten Hauptplatz, kunstvoll dekoriert mit Blumen, Sträuchern und einem Brunnen. Da läuft es mir trotz der Außentemperaturen eiskalt den Rücken hinunter.

Laut Landkarte stehen uns noch viele hundert Kilometer Wüste bevor, doch wir sind satt davon. Wir wollen Bäume. Wiesen. Blumen. Halbwegs saubere Kinder, insbesondere ein Krabbelkind, das nicht jeden Tag seine Hose an den Knien durchscheuert und stattdessen weiches Gras unter seinen kleinen strapazierten Händchen spüren kann. Spontan werfen wir unsere Pläne über Bord und beginnen das Länderhopping Chile/Argentinien.

Es geht zurück nach San Pedro de Atacama, wir überwinden 2000 Höhenmeter in zwei Stunden und erreichen schließlich über den Paso de Jama Argentinien.

Auf dem Rückgrat der Nation

Eine wunderschöne Hochebene auf 4900 Metern breitet sich vor uns aus. Kleine grüne Bergseen, Salzpfannen, Guanako-Herden und emporragende Andengipfel. Doch hier zu verweilen wäre absolut unvernünftig. Jeder Arzt würde bei diesem Höhenmarathon ohne Akklimatisierung die Hände über dem Kopf zusammenschlagen. Mit jedem Meter nach unten blüht die Landschaft weiter auf und die Luft wird dicker. Unzählige halsbrecherische Serpentinen führen uns von der Bergwelt in ein 2000 Meter tiefer gelegenes Flusstal mit dem Farbenwunder des Cerro de los Siete Colores in Purmamarca.

Neben einem hübschen, authentischen, indianisch geprägten Dorf und dem ersten argentinischen Steak direkt vom Erzeuger bekommen wir hier eines der unwirklichsten Schauspiele des Landes zu sehen. Je nach Sonnenstand zeigt sich der Berg in sieben kräftig leuchtenden, übereinandergeschichteten Farben. Die breite

Palette an gelben, ockerfarbenen, orangen, grünen, braunen und violetten Schattierungen begründet sich in verschiedenen Mineralienablagerungen, obgleich die Einwohner gern erzählen, dass die Kinder des Dorfes den Berg eines Nachts bunt bemalt haben. Und genauso speichere ich auch die Erinnerung an diesen Ort ab.

Die herbe kakteengesäumte Umgebung wechselt in Grün, mit der Stadt Salta erreichen wir ein malerisches, subtropisches Tal und landen in dem öffentlichen Freibad Municipal Xamena. Am späten Nachmittag wird Wasser in das riesige Becken mit der Form von der Region Salta eingelassen und für die Bewohner der Stadt ist das ein Grund, die Saisoneröffnung zu feiern: Es herrscht ein großes argentinisches Familienfest. Jung und Alt, Familien und Senioren zelebrieren die Campingkultur in Wohnmobilen und Zelten und gehen ihrer Lieblingsbeschäftigung nach: Grillen. Die Kohle glüht und große Rindersteaks liegen auf dem Rost, während drum herum ordentlich Wein getrunken wird. Und wir? Parken mittendrin. Zehn Meter vom Beckenrand entfernt.

Obwohl die Wasserhöhe gerade einmal zehn Zentimeter beträgt, weil das Wasser erst langsam eingelassen wird, ist der Pool übervoll. Wir finden noch eine ruhige Ecke und für unser Krabbelkind Levi einen perfekten Platz, um in der langsam steigenden Pfütze am Rand zu planschen. Später zieht uns der Hunger in den Supermarkt und wir machen die erste Erfahrung mit der Inflation Argentiniens. Leider ist es seit vielen, vielen Jahrzehnten schon so, dass sich alle zehn Jahre ein wirtschaftlicher Totalkollaps entwickelt. Zur ungünstigsten Zeit bereisen wir Argentinien, welches damit das teuerste Land der Reise wird. Vor einem Jahr war es hier noch sehr günstig, heute trifft uns beim Bezahlen der Schlag. Die Preise schießen ungebremst in die Höhe und das Preisniveau liegt mittlerweile etwa 30 Prozent über dem in Deutschland. Ein Drama für die argentinische Mittelschicht, denn die Kluft zwischen Arm und Reich wird immer größer. Das einzig bezahlbare sind Rindfleisch und Wein. Für fünf Euro bekommen wir ein Kilo des besten Filets, die zwei Liter Spitzenwein im Tetrapack kosten drei Euro.

Zusammen mit unseren Stellplatznachbarn Willi, Eva, David und Claudia bilden wir ein buntgemischtes Grüppchen. Tagsüber liegen wir in der warmen, überdimensionalen Badewanne, Thorben erledigt den völlig überfälligen Ölwechsel, der Mate-Tee dreht seine Runden und allabendlich zelebrieren wir die gemütlichen argentinischen Bräuche am heimischen Holzkohlegrill. Das ist Argentinien!

In den fünf faulen Tagen schaffen wir es genau ein Mal, das Schwimmbad zu verlassen. Im archäologischen Museum bestaunen wir die sehr gut erhaltenen Mumien von drei Kindern, die vor über 500 Jahren zur Zeit des Inkareiches den Göttern geopfert und 1999 in 6700 Metern Höhe gefunden wurden, und schlendern gemütlich über die große Plaza und entlang der vielen hübschen Gebäude aus der Kolonialzeit. Den Beinamen La Linda, die Schöne, trägt Salta zu Recht. Weniger schön ist es, Geld am Bankautomat zu ziehen. Bezahlen mit Kreditkarte ist trotz verschiedener Anbieter fast unmöglich, und so wird uns der Aufenthalt in diesem Land noch teuer zu stehen kommen. Das Tageslimit beträgt 2000 Pesos, etwa 130 Euro, und ist mit einer Gebühr von rund acht Euro belastet. Auch das ist Argentinien.

Nachdem wir unseren Lieblingswein gefunden haben, machen wir uns auf den Weg entlang der Weinstraße, um die Quelle des guten Tropfens zu finden. Wir entscheiden uns für eine unwegsame Nebenstrecke bis auf 3400 Meter und müssen, um weiterzukommen, erst einmal große Felsbrocken von der Straße schleppen, die der strömende Regen aus dem Gestein gespült hat.

Jenseits der Passhöhe befahren wir das erste Mal die legendäre Ruta Nacional 40, die sich über fast 5000 Kilometer vom Norden an der Grenze zu Bolivien in den Süden des Landes erstreckt und damit die längste Landesstraße der Welt ist. 2700 Kilometer Asphalt, 2300 Kilometer Sand, Schotter und Geröll, gepaart mit einer atemberaubenden Landschaft. Sie steigt von Meereshöhe bis auf 3442 Meter an, führt über 230 Brücken, kreuzt 18 Flüsse, kommt an 20 Naturreservaten vorbei, durchquert 60 Orte und Städte – und das ohne eine einzige Ampel.

Als einer der schönsten Abschnitte der Ruta 40 gilt die Strecke durch den Nationalpark Los Cardones, Argentiniens größten Kakteenwald. Dort gibt es keinen Handyempfang, dafür viel Stille, Weite und eine tolle Landschaft mit tausenden Kandelaberkakteen, die teilweise in voller Blüte stehen. Immer wieder ziehen kleine Dörfer an uns vorbei und wirken während der ewig andauernden Siesta von zwölf bis siebzehn Uhr wie ausgestorben. Die einzigen Menschen auf der Straße sind Gauchos – Argentiniens berühmte Rinderhirten. Alles hier im Norden ist noch ein wenig ursprünglicher und traditioneller, und so tragen die Cowboys von Südamerika breitkrempige Hüte, ein Halstuch, weiten Pluderhosen und die Sporen an den nackten Füßen.

Die übrige Strecke durch die Valles Calchaquíes, eine Kette zusammenhängender Täler, führt als schmale Sandpiste 300 Kilometer durch ein saftiges Flusstal. Mit der Quebrada de Las Flechas ist von Grün keine Spur mehr, stattdessen bahnen wir uns den Weg durch bizarre Felsenlandschaften. Schlucht der Muscheln, Teufelsrachen – es klingt gigantisch in den Ohren und ist es auch für die Augen. Insgesamt zeigt sich der Norden des Landes auf die kurzen Distanzen als unwahrscheinlich abwechslungsreich.

Mit einem Mal reihen sich Weinstöcke aneinander und unsere Fahrt endet im Herz der Weinregion: Cafayate. Auf 1680 Metern gelegen, ist es das höchstgelegene Weinanbaugebiet der Welt. Heiß, trocken, staubig – so brauchen es die Trauben, um zu den besten Tropfen weltweit zu gehören. Kaum zu glauben, wie prall sie an den Reben hängen, obwohl der Boden ausgedörrt ist.

Bereits im 17. Jahrhundert haben hier die Jesuiten den ersten Wein gekeltert. Von den acht Kellereien ist Bodega Domingo Hermanos unser Favorit. Wir machen dort am Vormittag eine Weinprobe und legen für lächerlich kleines Geld einen Vorrat an, der in Deutschland pro Flasche mit 45 Euro zu Buche schlagen würde.

Immer weiter geht es entlang der Ruta 40. Die riesigen Rebenfelder verschwinden so plötzlich, wie sie gekommen sind, und machen Platz für die Anden mit ihren schneeweißen Bergrücken. Einziges Gefährt weit und breit ist ein grüner Froschlaster, der einsam durch den Staub in Richtung Landesgrenze rollt.

Nicht ohne Grund wird das Wüstental Sierra Pampeanas von den Einheimischen Land ohne Leben genannt. Völlig geplättet sitzen wir im Laster, vertreiben uns die heißen Tage mit Fahren und sind jeden Abend überglücklich, wenn sich die Sonne gen Horizont neigt und die Temperaturen auf ein erträgliches Maß sinken. Wir durchstreifen den Canyon am Rio Ischigualasto, begegnen ausgezehrten Pferden, entdecken riesige frei zugängliche Dinosaurierskelette und stehen mit unseren Füßen auf dem Boden, den schon die Dinosaurier vor 250 Millionen Jahren betreten haben.

Doch am meisten irritieren mich die aufgetürmten Plastikflaschen. Ein Blick in meinen Reiseführer verrät mir, dass es sich um Schreine der verehrten Difunta Correa handelt, die unter den Massen gänzlich verschwinden. Einer Legende nach begab sich Maria Antonia Deolinda y Correa 1841 mit ihrem Säugling in der Wüste Argentiniens auf die Suche nach ihrem Mann, der im Bürgerkrieg von spanischen Soldaten verschleppt worden war. Tage später fand eine Gruppe von Maultiertreibern die Correa tot in der Wüste, das Baby jedoch war dank der Muttermilch nicht gestorben. Es lag saugend an der Brust der toten Mutter. Die Verehrung der Difunta Correa beruht auf dem Volksglauben und heute ist sie die Schutzheilige der Reisenden, von der katholischen Kirche jedoch offiziell nicht heiliggesprochen. Gläubige, beson-

ders LKW- Fahrer, hinterlassen Wasserflaschen, die ihren Durst stillen sollen. Wie die Correa kämpfe ich mit der Hitze und zusätzlich mit einer Magenverstimmung, habe einen Säugling an der Brust hängen und bin wieder einmal erstaunt darüber, wie gut Romy und Levi die fast täglichen klimatischen Umstellungen, die erbarmungslosen Temperaturen und die ständig neuen, unbekannten Umgebungen unbekümmert annehmen.

Dem Himmel so nah

Der argentinische Grenzposten ist das einzige Gebäude weit und breit. Vom chilenischen Zollhäuschen ist keine Spur. Dieses befindet sich 120 Kilometer entfernt auf der anderen Seite des fast 5000 Meter hohen Paso de Agua Negras, des höchsten Passübergang zwischen den beiden Ländern. Chile, das längste und schmalste Land der Welt, liegt fast abgeschottet vom Rest des Kontinents zwischen dem Pazifik und den teilweise über 6000 Meter hohen Anden und wird von seinen Bewohnern aufgrund der Isolation gerne als Insel bezeichnet.

Eine frisch geteerte Straße, noch nicht zum Befahren freigegeben, führt direkt ab der Grenzstation in Richtung Chile, neben der wir 40 Kilometer lang über eine Schlaglochpiste herfahren. Etwa eine Stunde später dürfen wir auf den Asphalt wechseln und freuen uns darüber, nicht mehr durchgeschüttelt zu werden. Das argentinische Straßenbauamt hat das geschickt kalkuliert und fordert uns eine Kurve später höflich zum Bremsen auf. Zwei freundliche Herren halten uns ihre Kameras in das Fahrerhaus und beginnen das TV-Interview zum Thema: Wie finden Sie die argentinischen Straßen? Noch im Freudentaumel antworten wir wahrheitsgemäß, glücklich über den Zustand zu sein. Nach einem großen Dankeschön für die Mitarbeit und den besten Wünschen für die weitere Fahrt entlassen sie uns. Wobei wir nicht ahnen, dass uns hinter der nächsten Kurve wieder eine einspurige Naturstraße, die uns jede kleinste Unebenheit als harte Stöße spüren lässt, erwartet. In engen Biegungen winden wir uns weiter hinauf, immer dem Schnee entgegen.

Die ersten weißen Spuren blitzen zwischen dem Geröll neben der Piste hervor, um sich wenig später in großen Feldern an den Hängen in wahre Kunstwerke zu verwandeln. Büßerschnee werden die bis zu sechs Meter hohen Eispyramiden genannt, welche nur in subtropischen Hochgebirgen zu finden sind. Unregelmäßige Abschmelzung durch die Erosion des Windes kombiniert mit starker Sonneneinstrahlung und gleichzeitig sehr

geringer Luftfeuchtigkeit lässt diese spitzzackigen Skulpturen entstehen. Wir nehmen uns kurz Zeit und wandern durch die Felder. Es ist wirklich faszinierend, was die Natur für Formen hervorbringt, und Liebe auf den ersten Blick. Für uns alle. Während ich Unmengen an Fotos schieße, spielen die Kinder Verstecken und knabbern die Köpfe der Büßer ab, die mit gesenktem Haupt und gebeugtem Rücken schräg im Boden stecken. Urplötzlich überkommen Thorben rasende Kopfschmerzen und auch an mir geht die Höhe nicht spurlos vorbei. Mein Magen rumort schmerzhaft. Der Aufstieg war zu schnell und der Aufenthalt zu lang. Jetzt ist Eile angesagt. Berauscht von Höhe und den surrealen Bildern geht es steil bergab und hinter jedem Berg oder Hügel erstrahlt die atemberaubende Landschaft in einer anderen Farbe.

Der Schock sitzt mir noch in den Knochen, als wir den chilenischen Schlagbaum erreichen, doch das sollte noch lange nicht alles gewesen sein. Ich verbringe einige Zeit auf der nächsten Toilette, bis sich mein Magen wieder beruhigt hat, schaufele mir einige Handvoll Wasser ins Gesicht, bin wieder klar und kehre zur Migration zurück.

„Sie dürfen nicht ausreisen", sagt uns die Grenzbeamtin, klappt die Reisepässe zu, knallt sie auf die Ablage und schiebt sie in unsere Richtung. „Ohne Geburtsurkunden der Kinder müssen Sie über den Pass zurück nach Argentinien fahren." Ich versuche, ihr zu erklären, dass wir nicht ausreichend akklimatisiert sind und es bald dunkel wird. Wir können unmöglich umdrehen, so schön die Fahrt auch gewesen ist. Die Kombination von dunkelhaarigen Eltern mit braunen Augen und blonden, blauäugigen Kindern lässt die Dame eine Entführung vermuten. „Ja wo sollen wir sie denn gefunden haben? Auf dem Pass?", frage ich. Wir könnten uns totlachen, wenn es nicht zum Schreien wäre. „Levis Geburtsurkunde ist im Laster, Romys Dokument werde ich per E-Mail zu Hause anfordern. Das kann wegen der Zeitdifferenz bis morgen dauern. Wir bleiben so lange hier stehen." Darauf hat sie auch keine Lust, hinterlässt uns einen Vermerk in den Dokumenten und unterstreicht diesen mit den Worten: „Sie fahren unverzüglich zur deutschen Botschaft in Santiago de Chile und fordern eine beglaubigte Kopie an. Eher dürfen Sie das Land nicht mehr verlassen."

Zumindest haben wir die Einreise überstanden. Doch die lustigen Spiele haben gerade erst begonnen. Der zuständige Zollbeamte legt sein Handy beiseite und möchte den gesamten Laster samt Dach inspizieren. Der Pass ist nur drei Monate im Jahr befahrbar und hat erst wenige Tage zuvor geöffnet. Wir sind die einzigen Touristen weit und breit und somit die perfekten Opfer, um sich die Langeweile zu vertreiben. Gemeinsam mit Thorben klettert er nach oben und lässt sich die folgende Stunde lang jede Kleinigkeit aus den unzähligen Kisten und Säcken zeigen. Die Kinder spielen derweil im Bett und ich stehe dem Beamten Nummer drei bei der Innendurchsuchung Frage und Antwort. Durch die Dachluke höre ich, wie Thorben aufgefordert wird, die Holzpedale von Romys Dreirad abzuschrauben, und prompt verlangt mein Gegenüber die Herausgabe des selbstgebauten Schutzgitters vom Bett. Es ist kein chilenisches Holz und wird konfisziert. Wieder einmal werden wir kompromisslos gefilzt und mit jedem Mal scheint es mehr auszuarten. Mit Begeisterung findet der Beamte eine Avocado, auf die er wohl gerade Appetit hat. Die verzehre ich aber vor seiner Nase und er greift enttäuscht nach den Schalen und dem Kern, die in einer Plastiktüte verschwinden und nach dem Wiegen wie ein Beweisstück verwahrt werden. Zum Schichtwechsel darf auch der Frosch nach Chile einreisen. Wir steigen in unseren vollholzverkleideten Laster, brausen vom Hof und ich notiere mir eine neue Versteckmöglichkeit für Lebensmittel. Den Kühlschrank. Der nun schon zum zweiten Mal ignoriert wurde.

Das Valle del Elqui ist geprägt vom saftigen Grün der Reben inmitten der kargen Wüstenlandschaft. Bis hoch zu den Kakteenhängen drängen sich die Felder des Tals hinauf, jedes bewässerbare Fleckchen ist bebaut mit Pisco-Trauben, aus denen der Nationalschnaps gewonnen wird. An den wenigen Bäumen wächst wilder Pfeffer und wir befinden uns somit an einem Ort, wohin schon so manch unliebsamer Menschen gewünscht wurde. Wir treffen im Örtchen Vicuña auch tatsächlich alte Bekannte, worüber wir uns aber – ganz im Gegenteil – sehr freuen. Auf einem kleinen, von hohen Mauern eingezäunten Parkplatz eines Hotels stehen wir neben Claudia und David. Kein schöner Ort zum Campen, aber dank der netten Gesellschaft verliert er etwas von seiner asphaltgrauen Trostlosigkeit.

Infolge des trockenen Wüstenklimas bietet die Umgebung an etwa 300 Nächten ein besonderes Schauspiel: einen extrem klaren Sternenhimmel. Einige der modernsten astronomischen Observatorien der Welt richten in Chile ihre Teleskopaugen in das Universum. Um die Lichtverschmutzung gering zu halten, wurden vor einigen Jahren sogar alle Straßenlaternen auf orangenes Licht umgestellt. Gewöhnliche Sterbliche können die Hightech-Anlagen nur nach teilweise monatelanger Voranmeldung besuchen. Doch hoch über dem Tal thront das Lehrobservatorium Cerro Mamalluca. Es verfügt zwar nur über ein 12–Zoll-Teleskop, eröffnet uns dafür unkompliziert den Zugang zum Kosmos und dem südlichen Sternenhimmel. Als der Horizont die letzten Spuren der untergehenden Sonne verschluckt, öffnet sich das Dach der Kuppel und zu sechst sehen wir die ersten Sterne aufblitzen.

Keine Lichtquellen und keine Wolken stören den kristallklaren Blick. Ein begeisterter Hobbyastronom ist für diesen Abend unser Führer und erklärt alles bis ins kleinste Detail. Immer wieder tippt er Himmelskoordinaten in den Computer ein und schon bewegt sich das Teleskop laut ratternd in die gewünschte Position. Wir beobachten Mars, Jupiter, Saturn, die Milchstraße und Galaxien mit den kuriosesten Namen. Leider sind beide Kinder quengelig und wollen in ihr Zuhause. Thorben und ich verfolgen den Rest im Schichtwechsel, verlassen zu später Stunde die Kuppel und folgen einem starken grünen Laserstrahl, der über den schwarzen Himmel wandert und zur Leinwand für die Deutung der Sternenbilder wird. In einem ausgetrockneten Flussbett verbringen wir gemeinsam die Nacht, und während Romy und Levi schon schlafen, stehen wir noch lange unter dem Schützen, den zwölf Schwestern, einem rot leuchtenden Mars und sind schwer beeindruckt.

Der Weg aus dem Tal führt direkt an die Küste. Bei Chile denke ich nicht unbedingt an Strandurlaub, und genau so präsentiert sich der erste Zugang zum Meer. Zwischen blühenden Kakteen bahnen wir uns den Weg durch den Kiesel an einen steinigen Strand, der zwischen zerklüftetem Gestein liegt. Es ist kalt, die Wellen zerbersten an den vorgelagerten Felsen und wir sitzen in dicke Pullover eingehüllt um das große Lagerfeuer aus Treibholz. Etwa 100 Kilometer weiter südlich kramen wir 24 Stunden später die längst verstauten Badesachen wieder heraus, verbuddeln die Kinder im feinen goldgelben Sand und liegen fünf Minuten zwischen anderen Sonnenhungrigen faul herum. Danach sind Romy und Levi wieder frei und fordern Thorben und mich wie gewohnt. Auch am heutigen Abend flackert ein Feuer in der Bucht, dieses Mal in unserem kleinen Grill, und erhitzt die geschmuggelten kiloschweren argentinischen Rinderfilets.

Nur um einen Pass zu befahren, schlagen wir einen Haken und rollen wieder Richtung Nachbarland. Durch Obstplantagen und Weinfelder steigt die Straße beständig an und geht urplötzlich in steile Serpentinen über. Wir rollen über den spektakulärsten Andenpass Paso Internacional Los Libertadores, der auf chilenischer Seite acht Kilometer in 29 ungesicherten Kurven steil nach oben führt. Vor dem höchsten Berg der Anden, dem Aconcagua mit stolzen 6959 Metern, werfen wir einen Blick über die Abbruchkante auf die gefahrene Strecke, die sich wie eine riesige Schlange

den Berg emporwindet und LKWs und Reisebusse wie bunte Murmeln auf einer Holzkugelbahn erscheinen lässt. Auf 3186 Metern über dem Meeresspiegel gibt es zwar ein Zollgebäude, etliche Zöllner und eine Schranke, aber es interessiert sich keiner für uns. „Ist nicht schlimm", sagen Thorben und ich gleichzeitig und fahren verbotenerweise ohne Ausreise – und ohne einen Besuch der Botschaft – mit unseren Kindern nach Argentinien.

Hinter dem drei Kilometer langen Tunnel Cristo Redentor empfängt uns erneut die faszinierende Bergwelt und wir folgen dem Río Diamante, der durch die weite Schlucht führt.

Hier im Süden haben die Anden im Vergleich zu den Ausläufern in Peru und Bolivien deutlich ihr Aussehen verändert. Waren sie dort meist sanft geschwungen, so sind sie hier zerklüftet und schroff. Beginnend in Kolumbien, haben uns die Zentralen Hochanden monatelang begleitet und nun kommt die Zeit, um Abschied zu nehmen von diesem großartigen Gebirge. Zwar führen die Ausläufer der Anden bis hinab nach Feuerland, doch das mächtige Rückgrat des südamerikanischen Kontinents bringt uns nicht mehr so hoch hinauf. Wir werden keine Pässe mehr erklimmen, keine dünne Luft mehr atmen und den Sternen nicht mehr so nahe sein.

Ein kleines Deutschland in Südamerika

Die Anden im Rücken, zukünftige Reisehöhe: Meeresniveau, dazu eine vierspurige, aalglatte Panamericana, ergibt in Kombination einen ungewohnt rasenden Frosch, der uns in nur einem Tag in den kleinen Süden von Chile befördert.

Dort schalten wir einen Gang runter, rollen gemächlich durch dieses idyllische Land und fühlen uns sofort heimisch. Es ist eine Gegend fast wie in Deutschland und ich kann verstehen, dass viele Menschen hierher ausgewandert sind. Um 1850 wurden von der chilenischen Regierung gezielt deutsche Auswanderungswillige in das Land geholt, um den dünn besiedelten Teil wirtschaftlich voranzubringen. Bis zur Jahrhundertwende trafen mehr als 10 000 Kolonisten ein. Das Wetter auf unserer Fahrt ist frühlingshaft, Wälder aus Laub- und Nadelbäumen wechseln sich ab, auf den grünen saftigen Wiesen blühen bunte Blumen und schwarzbunte Kühe stehen auf den Weiden. Statt flacher Dächer finden wir Giebelhäuser und Schindeldächer mit gemauerten Schornsteinen vor und am Straßenrand werben Plakate mit der Aufschrift *Kartoffel Pack Doppelschutz Fungizid Packung* für deutsche Agrarprodukte. In der Heimat zieht es uns stets in die Ferne, aber bei diesem Anblick schleicht sich nach über eineinhalb Jahren das erste kurze Gefühl von Heimweh ein.

Zuhause werden wohl gerade die Tannen im heimeligen Wohnzimmer geschmückt und es wird Glühwein getrunken. Es ist der 23. Dezember 2016 und auch wir wollen den Kindern zuliebe das bevorstehende Weihnachtsfest, weit weg von Freunden und Familie, nach heimischen Gebräuchen zelebrieren. Das liebe ältere Ehepaar Luis und Maria stellt uns eine große Wiese als Stellplatz zur Verfügung und nur wenig später stehen wir in ihrer Küche und backen Plätzchen. Einen eigenen Weihnachtsbaum gibt es dieses Jahr nicht, stattdessen zieren eine Girlande mit den Worten *Feliz Navidad* und mehrere aus Alufolie gebastelte

Weihnachtskugeln unseren grünen Laster. Der Weihnachtsmann findet das angemessen und überrascht Romy und Levi mit einem kleinen Gabentisch direkt unter der Motorhaube.

Heiligabend wird in Chile nicht gefeiert – das eigentliche Weihnachtsfest findet einen Tag später statt. Da werden wir dann von den Gastgebern mit leckerer Hausmannskost versorgt, bekommen die Wäsche gewaschen und für die beiden Reisekinder gibt es eine zweite Bescherung. Eine unglaubliche Gastfreundschaft für vollkommen fremde Menschen. Die kleine weihnachtsbedingte Zwangsunterbrechung hilft uns, die Erlebnisse der vergangenen Wochen ein wenig sacken zu lassen, und hat innerlich Raum und Luft geschaffen für neue Abenteuer. Wir verlassen das Domizil nach ein paar schönen Tagen und fahren weiter in den Süden.

Fast fühlen wir uns wie im Alpenvorland – Hotels und Restaurants tragen Namen wie Edelweiß, Seehaus, Salzburg und Frau Holle –, wären da nicht die schneebedeckten Vulkane im Hintergrund. Schönster von allen ist der aktive Villarica und erinnert mit seiner stetigen Rauchfahne daran, dass hier wohl nie völlige Ruhe einkehren wird. Pucón, eine 14 000-Einwohner-Stadt, lebt vom Tourismus und dementsprechend ist viel los. Der Blick auf die schönen Holzhäuser mit Sprossenfenstern, Balkonen, Giebeln und Erkern wird von Souvenirständen, Geschäften mit Luxuskleidung, unzähligen Ausflugsagenturen und Menschenmassen, die sich daran vorbeischieben, getrübt. Die eleganten Villen am Seeufer und die kostspieligen Segelboote auf den tiefblauen Seen

machen deutlich, dass nicht nur die Gegend sehr deutsch anmutet, sondern auch der Wohlstand mit Europa vergleichbar ist.

Enttäuscht komme ich aus einem Kaufhaus heraus, habe die neuen Hosen und Pullover für die Kinder wieder ins Regal zurückgelegt. Seit wann ist es normal, dass eine einfache Hose 40 Euro kostet? Wie es der Zufall will, landen wir kurz darauf in einem Secondhandladen und verlassen diesen wenig später mit vollen Taschen. Am Rathaus der Stadt werfe ich noch einen kurzen Blick auf die Vulkan-Ampel, die anzeigt, ob Gefahr droht, dann folgen wir der Ruta de los Siete Lagos durch das Seengebiet – auch kleine Schweiz genannt.

Zwischen den sieben Seen führen ruppige Straßen direkt in den Nationalpark Villarica. Die kleine unscheinbare Piste zieht sich immer weiter in die dichten Wälder hinein und unter den schmalen knarzenden Brücken rauschen Wildbäche hindurch. Ein ewiges bergauf, bergab, bis der Diesel zu weit nach hinten schwappt und wir jeden Berg wegen der Ansaugung rückwärts hochfahren müssen. Da die Welt erfahrungsgemäß manchmal ganz schön klein ist, treffen wir mitten im Wald auf den Overlander Christian mit seinem Landrover, der uns spontan 20 Liter Diesel zur Verfügung stellt, sodass wir wieder in gewohnter Richtung weiterziehen können. In eine einzigartige Flora und Fauna. Wir bestaunen riesige wuchernde Farne und hoch über uns thronen auf den Berghängen die mächtigen geschützten Araukarien-Bäume, denen die Region ihren Namen verdankt. Die chilenischen Andentannen sind immergrüne Bäume mit spiralförmigen, spitzzackigen Blättern und zählen zu den Dinosauriern unter den Pflanzen, mit einer Geschichte, die sich ungefähr 90 Millionen Jahre, als eine der ältesten Baumfamilien überhaupt, zurückverfolgen lässt. Die Früchte der Araukarien dienen den einheimischen Indiostämmen als wichtiges Nahrungsmittel. Die wohlschmeckenden Kerne werden direkt am Straßenrand geröstet und es ist ein netter Zeitvertreib, während der Fahrt die harte Schale zu entfernen.

Riesige tiefblaue Seen reihen sich aneinander und wir fahren jeden Tag nur wenige Kilometer und bauen unser Lager ausnahmslos direkt am Ufer auf. Mal auf einer Blumenwiese, mal im Kies oder im Sand. Die Sonne lacht am wolkenlosen Himmel, das Wasser hat Badewannentemperatur und der Strand fällt seicht ab. Was wollen wir mehr? Kuchen!

Nachdem wir die wunderschöne Landschaft ausreichend erkundet haben, fahren wir weiter an den Lago Llanquihue, den zweitgrößten See Chiles. In dem Bilderbuchstädtchen Frutillar, auch Stadt der Deutschen genannt, stehen Gartenzwerge in den Vorgärten, eine Seebrücke im Stil der Bäderarchitektur führt auf den See hinaus, geradewegs auf den mächtigen schneebedeckten Osorno zu, und an jeder Ecke locken Schwarzwälder Kirschtorte und Apfel-Streusel-Kuchen. In einer eichengetäfelten Schankstube lassen wir uns Leberkäse mit Bratkartoffeln und Ei schmecken, während im Hintergrund deutsche Fünfziger-Jahre-Schlager aus dem Radio trällern. „Können wir nochmal zur Konditorei?", frage ich Thorben im Anschluss verschämt, obwohl bereits das Frühstück aus Kuchen bestand. Erneut schlemmen wir uns durch das reichhaltige Angebot und nehmen sogar noch etwas mit auf den Weg.

Der kurze Sommer in Patagonien währt nur von Mitte Dezember bis Februar, und mit Erdbeertorte und Bienenstich auf dem Schoß rasen wir nach Puerto Montt. Es ist der 31. Dezember und wir schlendern durch das rustikale Städtchen. Mit jedem Kilometer werden die Tage spürbar länger und die Temperaturen fallen gemächlich. Auf dem Markt am Hafen decken wir uns mit herrlich warmen, selbstgemachten Stricksachen ein, bevor wir uns zur Feier des Tages seit langem einmal wieder auf einem Campingplatz niederlassen – mitten im Garten der sympathischen Chilenen Ferdy und Santy, die uns sofort herzlich in ihre Gemeinschaft aufnehmen. Zusammen mit einer Gruppe Franzosen schlemmen wir zum Einstimmen leckere selbstgemachte Empanadas, bevor es zum Silvestermenü übergeht. Die gefüllten Teigtaschen sind überall in Südamerika zu finden und die beliebten Snacks, gefüllt mit Hackfleisch und Ei, Hühnchen, Schinken und Käse, schmecken uns so gut, dass wir kaum noch Platz im Bauch für das geschmorte Lamm aus dem Ofen haben.

Der Abend vergeht wie im Flug. Baby Levi verschläft seinen ersten Jahreswechsel, Romy dagegen hält wie gewohnt tapfer durch. Punkt zwölf wechseln wir von der Terrasse in das gemütliche Wohnhaus der Gastgeber und stoßen mit Sekt an. Der Himmel über Puerto Montt ist grau und dunkel, wie in jeder anderen Nacht auch. Das Feuerwerk – live aus Valparaiso – spielt sich im Fernseher ab, der in diesen Minuten in den Mittelpunkt unserer Aufmerksamkeit rückt.

Nach nur einer Übernachtung ziehen wir weiter auf die nahegelegene Fähre, die uns nach Chiloé, der größten Insel Chiles mit 180 Kilometern Länge – und 180 Kilometern Regenwetter –, bringt.

Stürmische Pazifikwinde schicken unaufhörlich graue Wolkenmassen über das Eiland und lassen das Wetter verrücktspielen. An der wilden Westküste lassen wir den Tag langsam ausklingen und parken windgeschützt zwischen den Dünen. Die Bewohner der Isla Grande de Chiloé, Chiloten genannt, haben sich dem Klima angepasst und wirken im ersten Moment verglichen mit den anderen Chilenen rau, kauzig und gar verstörend. Betrunkene liegen am Straßenrand oder krabbeln den Gehweg entlang. Oder sie baden gar stundenlang vergnügt im eiskalten Wasser. Bei uns macht sich Verwunderung breit, doch im Gegenzug werden einige von ihnen sicherlich auch den Kopf schütteln über eine Familie, die in einem LKW die Welt bereist und im fünfminütigen Wechsel

den Laster verlässt oder betritt. Je nachdem ob die Sonnen scheint oder der Regen vom Himmel schüttet.

Hauptattraktion sind die im 17. und 18. Jahrhundert erbauten Holzschindelkirchen mit ihren markanten Wellblechdächern. Das Zypressenholz hält Wind und Wetter stand, obwohl nicht ein einziger Nagel verwendet wurde. Über 150 dieser Bauwerke reihen sich entlang der Ruta de las Iglesias und haben eines gemeinsam: Sie sehen irgendwie alle gleich aus. Eher nach unserem Geschmack sind die vielen bunten Pfahlbauten rund um den Hafen der Inselhauptstadt Castro. Erbaut aus einfachstem Holz, die farbigen Fassaden stark vom Wetter gezeichnet. Von der Straßenseite aus gesehen wirken die *Palafitos* wie unscheinbare Häuserreihen, die Uferseite aber offenbart Hütten, die auf dünnen Stelzen direkt im Wasser stehen, und kleine Fischerboote, die bei Ebbe auf Grund laufen.

Zwischen den Stelzenhäusern lädt uns der lokale Markt zum Schlendern ein. Neben dem bekannten Angebot aus Eiern, Milch, Käse und Kartoffeln blitzen so manche kuriose Einzelstücke heraus. Gepresster Seetang, getrocknete Muscheln und Algen. Kunstvoll an Stricke gebunden oder zu Päckchen verschnürt. Besonders lecker und gesund sollen die getrockneten Algen sein.

Herzhaft beiße ich in eine nach Fisch riechende, trockene schwarze Gurke, setze mein höflichstes Lächeln auf und verschwinde zur Brüstung, um die Spezialität dahin zu befördern, wo sie hergekommen ist.

Die Erde bebt hier des Öfteren ziemlich heftig. Erst wenige Tage zuvor gab es ein Erdbeben der Stärke 7,6 mit gleichzeitiger Tsunamiwarnung für die Westküste des Landes. Das gewaltige Beben hat glücklicherweise keine Menschenleben gefordert und die eingebrochenen Straßen auf dem weiteren Weg Richtung Süden sind zum Glück auch wieder passierbar. So können wir die Panamericana bis zu ihrem Ende befahren.

Fin Paviement steht am Straßenrand, der Asphalt geht in Schotter über und wenige Meter später thront ein Monument am Ufer der Landspitze. Und dann ist einfach so Schluss mit der längsten Straße der Welt. *In Quellón, Chile, beginnt die wichtigste Straßenverbindung, die wie eine Nabelschnur von 22 000 Kilometern die drei Amerikas verbindet. Dies hier ist der Markstein null. Der Beginn oder das Ende der Carretera Panamericana, die 12 Länder mit unterschiedlichen Völkern und Kulturen durchquert und in Anchorage, Alaska, endet.* So jedenfalls lautet die Inschrift der Gedenktafel am

Endpunkt der Ruta 5 in einem kleinen unscheinbaren Dorf namens Punta de Lapa.

Die Fahnen wehen im Wind und mit dem Anblick der Flagge Alaskas werde ich melancholisch. In einem Halbkreis waren einst alle Länder auf kleinen Schildchen abgebildet, die wir durchfahren haben. Einige Flaggen davon fehlen und erinnern wohl nun andere Reisende zurück in der Heimat an ihren großen Traum. Bedächtig schreite ich umher, gleite mit den Fingern über jedes einzelne Messingschild und bei jedem Land prallen Erinnerungen auf mich ein. Ich habe Mühe, den Kloß im Hals hinunterzuschlucken und die Tränen zurückzuhalten. Der Abschied von unserer Traumstraße. Hier wird mir erst so richtig bewusst, was wir geschafft haben: 16 Länder, alle voll mit Emotionen und Erfahrungen. Auch wenn wir des Öfteren *fremdgefahren* sind, ist die Panamericana stets unser Leitfaden gewesen. Unzählige Bekanntschaften haben wir gemacht, viele Freundschaften gewonnen. Die Panamericana verbindet nicht nur Länder, sondern auch die Menschen, die sie bezwungen haben.

Doch dieses Ende bedeutet nicht das Aus der Reise. Gleichzeitig beginnt eine neue Traumroute, die uns weiter in Richtung Süden führt.

Wildes Patagonien

Patagonien – eine Region der Superlative: Stille, Einsamkeit und einzigartige Natur mit rauem Charme. Während Levi, Romy und ich noch friedlich im Bett schlafen, fährt uns Thorben in der kleinen Stadt Quellón um vier Uhr morgens auf die Fähre, die uns leicht schaukelnd über den Golf von Ancud befördert und pünktlich zur Frühstückszeit in Chaitén auf dem Festland absetzt. *Quien se apura pierde tiempo – Wer sich beeilt, verliert Zeit* nehmen wir uns zu Herzen und steigen vom Laster in einen ausrangierten Linienbus, der seinen Lebensabend als Café verbringt und uns mit feinstem Kuchen versorgt.

Mehr hat das schmucklose Nest, das 2008 vom gleichnamigen Hausvulkan Chaitén unter einer Lawine aus Schlamm, Steinen und einer 15 Zentimeter hohen Ascheschicht vergraben wurde, nicht zu bieten. Nur das übersichtliche Zentrum wurde verschont und erholt sich sehr langsam von dem Unglück. Die wenigen eingeschossigen Holzhäuser neben den überdimensionalen Avenidas wirken seltsam fehl am Platz und der einzige ansässige Supermarkt bietet mehr Hochprozentiges als Essbares an. Die Auswahl ist sehr eingeschränkt, reicht aber aus, um bis zum 421 Kilometer entfernten Coyhaique, der einzigen Stadt an der gesamten Carretera Austral, satt zu werden.

Bevor am Nachmittag das Abenteuer beginnt, genießen wir noch in den nahe gelegenen Thermalquellen von El Amarillo ein Bad in vulkanischen Quellen und liegen bei fünf Grad Außentemperatur in der kochend heißen Badewanne, die eingebettet inmitten des kalten Regenwaldes, dessen Pflanzen uns von Zentralamerika noch bestens in Erinnerung geblieben sind, befindet.

Die legendäre Carretera Austral erschließt erst seit 1976 weite Teile Nordpatagoniens, die bis dahin nur zu Fuß oder per Schiff zugänglich waren. 20 Jahre dauerte der Bau der 1247 Kilometer langen einsamen Strecke, beginnend in Puerto Montt bis nach

Villa O'Higgins. Den Namen *Südliche Autobahn* verdient sie nur auf kleinen Teilstücken, überwiegend besteht sie aus rauer Schotter- und Erdpiste. Sie führt durch eine weite, wilde Traumlandschaft, in der nur vereinzelt kleine, einsame Ortschaften liegen, die wiederum hunderte Kilometer voneinander entfernt sind. Die ersten Meter rollt der Frosch über Asphalt, dann verengt sich die Straße zu einer einspurigen Piste, auf der zwei Autos nur mit Mühe aneinander vorbeikommen und verschwindet in einer finsteren Welt der Flechten und Farne, Buchen, Fuchsien und Bambushaine. Es ist eine stundenlange Prügelei für den Laster und seine Insassen. Ein Schlagloch reiht sich an das nächste. Jede einzelne harte Bodenwelle ist wie ein Tritt in den Magen, und doch sehnen sich Overlander nach dieser Art des Reisens durch wilde menschenverlassene Gegenden. Ein Erlebnis, das einen nicht umbringt, sondern abhärtet.

Leider erlebt die Carretera Austral gerade einen Wandel. Mit schweren Maschinen bekommt die Piste nach und nach Asphalt aufgetragen und zwingt uns des Öfteren zu Wartepausen von bis zu einer Stunde. Was für die Einheimischen eine Notwendigkeit ist, bedeutet für uns Reisende mit mehr Zeit als Zielen in der Zukunft ein Verlust von Abenteuer und Mythos, genauso wie es bereits mit der legendären Route 66 in den USA geschehen ist.

Unterwegs in einer Region, die zu den regenreichsten der ganzen Welt zählt, lässt der Regen auch nicht lange auf sich warten. Es schüttet wie aus Eimern und verwandelt das Fahren auf dieser schwierigen Piste in eine nervenzehrende Angelegenheit.

Wir arbeiten uns durch ein Meer aus metergroßen Pfützen, in denen sich knöcheltiefe Löcher verstecken, entlang am schrägen Bankett, das jeden Fahrfehler sofort mit dem Aus im Graben bestraft. Der Scheibenwischer arbeitet auf höchster Geschwindigkeit, und immer wenn der Laster durch ein tiefes Schlammloch kracht, spritzt das Wasser an den Seiten meterhoch. Die Sicht ist durch den Regen und Nebel stark eingeschränkt und die türkis schimmernden Seen und Gletscherfelder zwischen den Bergeinschnitten inmitten des riesigen botanischen Gartens können wir nur im Ansatz erahnen. Trotz allem begeistert uns diese atemberaubende Landschaft. In den nebelverhangenen, scharf eingeschnittenen Fjorden rauschen unzählige Wasserfälle die Hänge bis an den Straßenrand hinunter. In Serpentinen geht es rauf und runter durch üppige, saftig grüne Vegetation, die versucht, ihren Platz vollends wieder einzunehmen.

Die einzigen nennenswerten Bauwerke an der Strecke sind riesige Brücken über die breiten Flüsse, die wir als trockenen Unterschlupf und zum Angeln nutzen. Die geplanten Wanderungen fallen ins Wasser und unser nächtlicher Stellplatz lässt uns nicht zur Ruhe kommen. Der Wasserstand steigt und steigt. Stunde um Stunde rudern wir ein Stück vom Ufer zurück, um in der Nacht keine böse Überraschung zu erleben. Nach zwei nassen Tagen, die wir ausschließlich im Laster verbringen und dabei fast einen Lagerkoller bekommen, erreichen wir Coyhaique.

Endlich bricht die Sonne zwischen den Wolken hervor und schüttet ihr goldenes warmes Licht über uns aus. Wir saugen das schöne Wetter förmlich auf, genießen bei gemütlichen Spaziergängen das Stadtleben und die Zeit außerhalb der acht Quadratmeter Wohnfläche. Da es weiter im Süden noch weniger Infrastruktur gibt, decken wir uns mit reichlich Diesel und Lebensmitteln ein. Hier gibt es alles, was das Herz begehrt, und wir freuen uns über die umweltfreundlichen Projekte, mit denen die Einwohner und Stadtregierungen ihr Patagonien schützen möchten. So bekommen wir hier an der Kasse nicht wie gewohnt dutzende von Plastiktüten für den Einkauf, sondern alles fein in Kartons verschnürt.

Boliviens Lagunenroute hat dem gebrochenen Kofferrahmen des Lasters nicht gut getan, und die Carretera Austral trug auch ihren Teil dazu bei, dass wir kurz davor sind, den Koffer mit der nächsten Erschütterung zu verlieren. In einem kleinen Hinterhof rettet ein Schweißer, was zu retten geht, und sichert uns so die Weiterreise. Rund um Coyhaique ist die Carretera Austral asphaltiert und so bekommt der Frosch eine kleine Verschnaufpause.

Wir rollen gemächlich durch ausgedehntes Weideland, wo noch zu Beginn des letzten Jahrhunderts undurchdringlicher Regenwald stand. Ein Gesetz zur Kolonisierung der Provinz besagte, dass Land nur dann endgültig in Privatbesitz übergeht, wenn es vom Urwald befreit ist. Mit dem Ergebnis, daß die Siedler alles in wenigen Jahren großflächig niederbrannten. Nur wenig später holpern wir wieder über eine Wellblechpiste, dürfen aber endlich den Zauber der Strecke erleben. War auf den ersten 421 Kilometern alles grau in grau, gleicht die Landschaft nun bei strahlendem Sonnenschein einem Bilderbuch. Die Straße windet sich an Seen und Schluchten vorbei und führt durch dichte Wälder. Schon von weitem strahlt uns das bizarre Panorama des nur 2000 Metern hohen Castillo mit seinen schneebedeckten Gipfeln und hängenden Gletschern entgegen. Wie eine Festung in der wilden, menschenleeren Urlandschaft. Das gleichnamige Naturschutzgebiet Cerro Castillo durchziehen die Flüsse Río Ibáñez und Río Murta, an dessen Ufern rosa- und fliederfarbene wilde Lupinen wachsen.

Der Río Ibáñez bleibt unser ständiger Begleiter, nimmt stetig an Größe zu und mündet schließlich in den Lago General Carrera, der nach dem Titicacasee der zweitgrößte See Südamerikas ist. Eingerahmt von steilen, fast ausnahmslos schneebedeckten Viertausendern strahlt er uns in einem fast schon unwirklichen Türkis entgegen. In hunderten Millionen von Jahren sind im Lago General einzigartige Felsformationen und Höhlen aus hellem, vieladrigem Marmor entstanden, die sich im Wasser widerspiegeln und den Namen Catedral de Marmol tragen.

Nach einer 20-minütigen Bootsfahrt mit Aussicht auf die schneebedeckten Berge und ordentlich Rückenwind steuern wir quer über den See und erreichen die schneeweißen Marmorkapellen. Wie kleine Eisberge wachsen sie aus dem türkisblauen Wasser heraus. Ein beeindruckendes Farbenspiel. Ausgiebig erkunden wir die verschiedensten Gesteinsformationen und fahren in die schmalen, engen Höhlen hinein. Die Rückfahrt gleicht einem Galoppritt zu Pferd ohne Sattel. Der Wind schaukelt das Wasser des Sees zu fast meterhohen Wellen eines Ozeans auf. Die kleine Nussschale fliegt von einem Kamm, kracht schmerzhaft auf dem nächsten auf und wir brauchen aufgrund von Gegenwind und Regen eine Stunde für diese Höllenfahrt zum sicheren Ufer.

Nahe dem schönen kleinen Örtchen Puerto Rio Tranquilo werden wir bereits freudig von unseren Reisefreunden Ulli, Ralf und Kalli erwartet, die am Patabeach ein Grundstück besitzen. Die berüchtigten patagonischen Winde sind hier bereits spürbar, und wir parken unseren Laster windgeschützt zwischen den Bäumen am Kiesstrand. Just ab diesem Moment ist das Wort *tranquillo*, auf Deutsch langsam, Programm. Zusammen mit Stefan und Monika sowie unseren Freunden David und Claudia, die spontan vom nebenan gelegenen Campingplatz dazustoßen, sind wir allesamt easy, ruhig und entspannt – abgesehen von Romy und Karl, die den ganzen Tag über das Grundstück flitzen, über Bäume klettern und zwischen dem Treibholz Verstecken spielen. Teilweise wird es mir angst und bange, zu welch waghalsigen Bewegungsformen sie sich von ihrem größeren Spielkameraden verleiten lässt. Ich beobachte ständig, greife aber nicht ein. Romy soll sich ausprobieren, überschaubare Risiken eingehen und erleben, was sie schon alles kann.

Später sitzen wir alle gemeinsam beim Abendessen und Romy fällt in die Lücke der Holzbank, bleibt mit dem Kopf zwischen Lehne und Sitzfläche stecken und baumelt mit den Beinen in der Luft. Ich sitze wie erstarrt neben ihr und kann nicht glauben, welcher Film sich gerade abgespielt hat. Erst als ihr das Blut aus dem Mund läuft, komme ich in Bewegung und befreie sie mit Unterstützung vieler helfender Hände aus dieser misslichen Lage. Ober- und Unterlippe sind fast durchgebissen, aber viel mehr können wir nicht erkennen, da sie stark aus dem Mund blutet. Das nächste Krankenhaus ist vier Fahrstunden entfernt, 200 Kilometer nördlich in Coyhaique. David und Ralf versorgen unsere Kleine, und dank des guten medizinischen Wissens und der Fertigkeiten der beiden sind die Schmerzen bald gestillt und die Wunden versorgt. Romys Mundpartie ist dick angeschwollen, aber sie hatte Glück im Unglück. Es muss nicht genäht werden und ein paar Tage später ist alles wieder vergessen, ihr Gesicht frei von blauen Flecken und Schwellungen. Nur der abgestorbene Schneidezahn wird bis zum Zahnwechsel an diesen Moment der Unachtsamkeit erinnern.

Zum Angeln fahren wir an den Nachbarsee Lago Tranquillo, und quetschen uns durch den Stacheldraht der allgegenwärtigen Zäune. Die Seen und Flüsse, auch wenn sie sich auf Privatgelände befinden, stehen jedoch der Öffentlichkeit zur Verfügung. Wir streifen am eiskalten Bachlauf entlang, über Stock und Stein, durch Sumpfgebiete und entlang dorniger Hagebuttenbüsche und Feldern voll lästiger Kletten. Unterwegs stärken wir uns mit einem Schluck Wasser aus dem glasklaren Fluss, mit wilden Stachelbeeren und Erdbeeren. Ralf, David und Thorben werfen sofort die Angel aus, wir Mädels liegen auf den gewärmten Felsen und zupfen uns gegenseitig die Kletten ab. Die Forellen beißen im Fünf-Minuten-Takt an, und als für jeden das Abendessen im Eimer liegt, kehren wir zum Patabeach zurück. Dort lassen wir den Mate-Tee kreisen, verbringen den Abend an der Feuerstelle und grillen den Fisch in einer alten Tonne und im Anschluss den Nachtisch: Bananen mit Schokoladencreme.

Nach fünf schönen Tagen trennen sich die Wege. Jeden zieht es in eine andere Richtung. Als der Motor von James aufheult, bricht Romy in Tränen aus. Sie war überglücklich, ihren Karl wieder zu haben und ist ihm nicht von der Seite gewichen. Wir trösten unser Mädchen und erzählen ihr, dass bald eine Überraschung auf sie wartet.

Lange sind wir nicht allein, denn am späten Abend erreicht uns der langersehnte Besuch aus dem Osten Chiles: Sina und André mit ihren kleinen Kindern Eva und Luis. Ebenfalls unterwegs mit einem grünen Mercedes 911 mit dem Namen Amelie. Kennengelernt haben wir uns auf dem Hippie-Trail Richtung Indien im Jahr 2009 und haben in der Zeit viele schöne, gemeinsame Stunden verbracht. In Deutschland liegen kaum 50 Kilometer zwischen unseren Häusern und trotzdem haben wir es in fünf Jahren wegen des stressigen Alltags beiderseits kaum zu einem Treffen geschafft. Im Sommer verkaufen Sina und André Sonnensegel, im Winter pausiert das Geschäft und die Zeit wird für ausgiebige Reisen genutzt – solange Evas Schulleiter noch mitspielt. Wir waren in den Monaten vor unserer Abreise mit Geld verdienen und den Vorbereitungen ausgelastet und nun ist es eben auf der anderen

Seite der Welt soweit, unsere Nachbarn wiederzusehen. Die Freude ist unbeschreiblich, und nachdem sich die Kinder scheu beschnuppert haben, sind sie die dicksten Freunde. Alle vier blond und blauäugig, als ob es Geschwister wären.

Gerade ist die wöchentliche Lebensmittellieferung aus dem weit entfernten Coyhaique angekommen und vor einem in die Jahre gekommenen Lieferwagen türmen sich Obst und Gemüse, in Holzkisten liegen Brot, Fleisch und Milchprodukte. Hier herrscht das *Motto*, was weg ist, ist weg. Die Menschen in der Region sind es gewohnt, mit wenig auszukommen, zu weit weg sind sie von der restlichen Zivilisation und deren reichhaltigen Gütern. Und dann kommen auch noch acht Reisende und schlagen ordentlich zu. Anschließend füllt Thorben den Frischwassertank mit Flusswasser und dann lassen wir gemeinsam am nächsten Morgen die Motoren an.

Überall, wo wir aufkreuzen, werden uns neugierige, erheiterte Blicke zugeworfen. Bei zwei Fröschen im Doppelpack kommen die meisten aus dem Staunen nicht mehr heraus. Wir sitzen im Fahrerhaus und vor der Windschutzscheibe läuft ein Film ab. Wir können uns quasi selber beobachten, sehen, wie der Frosch durch eines der landschaftlich vielfältigsten und beeindruckendsten Täler entlang der gesamten Carretera Austral holpert und eine meterweite Staubfahne hinterher zieht. Selbst die zwei blonden

Kinderschöpfe von Eva und Luis, die gelegentlich aus dem Fenster hervorragen, passen.

Je weiter wir über die Erdpiste in das 75 Kilometer lange Valle Exploradores vordringen, desto mehr klappt uns die Kinnlade herunter. Steile, dicht bewachsene Berghänge, in deren Felsspalten Gletscher hängen und in Form von unzähligen Wasserfällen herunterrutschen. Zwischen den sumpfigen Seen und Moorlandschaften stehen gespenstisch anmutende Totholzwälder. Wir stoppen in einer Sackgasse und starten eine Wanderung durch den Regenwald. Wie eine Märchenwelt präsentiert sich der immergrüne Wald. Verschlungene Wege führen durch das dichte Unterholz, es geht über knarzende Holzstege, vorbei an knotigen moosbedeckten Bäumen und mächtigen Panguepflanzen, deren gewaltige Blätter unserem Rhabarber ähneln – mit zwei Metern Durchmesser allerdings so groß wie Sonnenschirme sind. Waghalsig klettern wir über massige Gletschersteine und beenden unsere Tour weit über dem Exploradores Gletscher, der sich vom höchsten Berg Patagoniens in das Tal ergießt und den nördlichsten Ausläufer des patagonischen Eisfeldes darstellt.

Wir umfahren den Lago General über seine Westseite und tauchen in eine Welt von Granitfelsen ein, die wenig später Platz macht für eine spektakuläre Uferstraße entlang des Lago Bertrand. Ein Traumplatz folgt dem nächsten, wir haben die Qual der Wahl und lassen uns jenseits der Zivilisation am Ufer des Rio Baker in einer windgeschützten Grube nieder. Levi, Romy, Luis und Eva sitzen mit ihren ein, drei, fünf und acht Jahren wie die Orgelpfeifen im Sand und spielen, oder angeln mit einem Casher kleine Fische aus dem Fluss, stecken sie in Plastikflaschen und freuen sich über die mobilen Aquarien. Einzig am Vormittag sind sie zu dritt, wenn Eva in ihrem Laster sitzt und zusammen mit Mama Sina die Hausaufgaben der Schule, die fast täglich per E-Mail ankommen, erledigt. Das ist der Preis für die halbjährige Auszeit mit einem schulpflichtigen Kind.

Gemeinsam mit André mache ich eine mehrstündige Tour auf den Stand Up Boards. Wir paddeln gegen die Strömung und kämpfen mit dem ständig die Richtung wechselnden Wind, immer den schneebedeckten Bergen entgegen. Nur fünf Minuten später zeigt der Fluss ein völlig anderes Gesicht, wird schmäler und gleitet ruhig über große Kieselsteine hinweg. Unter uns huschen Fische umher, die Enten lernen gerade dem Nachwuchs das Schwimmen und von allen Seiten ploppen kleine Küken neben den Boards aus dem Wasser heraus. Wasservögel jagen über den Fluss, eine Kuhherde wechselt die Uferseite und beobachtet uns kritisch.

Wir waren wohl das Gesprächsthema schlechthin, denn am Abend kommt die Herde bei uns am Stellplatz vorbei, zusammen mit allen Familienangehörigen und wohl auch den entferntesten Verwandten. Jeder will uns sehen. Wir sitzen wie immer am Lagerfeuer, grillen feinstes Rindfleisch und sind plötzlich von allen Seiten umzingelt. Anfangs noch mit viel Abstand, später dann zu unserem langsam einsetzenden Schrecken mit zu viel Neugierde. Schutz finden wir nahe der Feuerstelle, und als auch das nicht mehr hilft, springen wir alle in unsere Laster und beobachten das Schauspiel vom Fenster aus.

Erst als alle Vorräte komplett aufgebraucht sind, verlassen wir das gemütliche Domizil und fahren zurück zum Fährkahn. Die Plattform ist so klein, dass wir getrennt befördert werden müssen. Nur für einen Reiter mit seinem Pferd ist noch Platz neben uns. Im 30 Kilometer entfernten Cochrane kaufen wir ein und schaffen es gerade einmal 20 Kilometer weiter zu einer idyllischen kleinen Bucht am gleichnamigen See.

Um die Natur Patagoniens zu schützen, erwarb der Amerikaner Douglas Tompkins, Gründer der Marke *The North Face*, ab 1991 weitläufige Ländereien. Er verstarb 2015 bei einer Kajak-Tour auf dem Lago General und vermachte Chile 407 625 Hektar Land mit der Bedingung, drei neue Nationalparks entstehen zu lassen und diese auch für die Öffentlichkeit zugänglich zu machen. Schon die Anfahrt in den Parque Patagonia lässt unsere Herzen höher schlagen. Gleich einer Achterbahnfahrt rollen wir bergauf, bergab, über eine raue Schotterpiste und hinterlassen eine meilenweit sichtbare Staubfahne. Die sonst so auffälligen saftigen Wiesen sind verschwunden und haben Platz für eine goldgelb leuchtende Steppenlandschaft gemacht, die in sanften Wellen in klobige Berge übergeht. Wie Wasserfälle ergießen sich Herden von Guanakos, die knapp vor der Motorhaube von den Hügeln springen, über die Straße. Das erst vor kurzem abgesteckte Wandernetz ist noch weitgehend unbekannt und nicht so überlaufen wie in anderen Parks Patagoniens. Während alle zusammen eine 28-Kilometer-Tour über das Hochplateau machen, das einem Hochgebirge gleicht, obwohl es nur auf 100 bis 300 Metern über Meereshöhe liegt, begegnen sie in dieser neunstündigen Tour exakt zwei weiteren Wanderern. Ich habe auf elf Kilo zappelndes Marschgepäck verzichtet und lasse Baby Levi, umringt von Guanakos und großen Adlern auf Futtersuche, über den Golfplatzrasen krabbeln.

Wie bereits in Alaska bewundere ich Thorben in diesen Breitengraden dafür, dass er sich bei Temperaturen im einstelligen Bereich und eisigem Wind, ohne mit der Wimper zu zucken, unter unsere Außendusche stellt. Statt in der blauen Badewanne sitzt Levi heute mit mir im noblen Badehaus mit eigenen Duschräumen auf neuen, sauberen Fliesen. Die Toiletten haben Klobrillen und

funktionierende Spülkästen, an den Waschbecken gibt es Wasserhähne. Nach mehreren Wochen ohne Dusche genieße ich das warme Wasser, das aus dem verchromten Duschkopf auf uns herabrieselt, und vermisse meinen besten Freund, den Waschlappen, nicht einen einzigen Augenblick.

Der Rio Chacabuco liegt wie ein überdimensionaler dunkelblauer Spiegel im Tal, eingebettet zwischen Hügeln und den im Wind schaukelnden, hohen patagonischen Zypressen. Von unserem Platz direkt am Flussufer folgen wir dem Lauf bis zur Quelle, einem 500 Meter hohen Wasserfall. Die Kinder baden, wir lassen nur die Füße in das eiskalte Wasser baumeln, räkeln uns auf den rundgeschliffenen Felsen bei absoluter Windstille in der Sonne und beobachten das Wolkenspiel am Himmel. Wenn Engel reisen. Das patagonische Wetter ist normalerweise geprägt von Regen und es ist keine Seltenheit, innerhalb von 24 Stunden mit allen vier Jahreszeiten konfrontiert zu werden. Doch Stürme, Schnee und Temperaturen unter dem Gefrierpunkt bleiben uns erspart. Seit Wochen haben wir schon strahlend blauen Himmel und das Thermometer zeigt über 20 Grad an. Nur nachts merken wir, dass es zur Antarktis nicht mehr weit ist. In dieser Nacht dreht sich das Wetter und bringt ausgiebige Regenfälle mit sich, die wir als Zeichen zum Aufbruch nutzen.

Chile endet hier auf dem Landweg das patagonische Eisfeld bildet eine natürliche Barriere. Weiter geht es nur noch auf dem Wasserweg. Die Carretera Austral kommt zum Ende und mit ihr wundervolle Wochen inmitten einer einzigartigen, sehenswerten Landschaft und wilder Natur auf einer nicht einfach zu bereisenden Strecke. Auf den unzähligen Wanderungen naschten wir immer wieder die dunkelblauen Früchte des Calafate-Strauches. Ein altes chilenisches Sprichwort besagt: *Wer einmal die Beeren gekostet hat, kommt nach Patagonien zurück.*

Ja. Wir kommen wieder.

Märchenwelt aus Felsen und Eis

Wir lassen die Berge hinter uns und rumpeln über eine ausgewaschene Piste. Es ist eiskalt, der Regen prasselt wie aus Eimern geschüttet auf den Laster und der Scheibenwischer läuft auf Hochtouren. Immer wieder passieren wir Viehgatter und ich zweifle mit der Zeit daran, auf dem richtigen Weg zu sein. „Hier soll es nach Argentinien gehen?" Auf dem einsamen Paso Rodolfo Roballos taucht wie aus dem Nichts ein kleines Haus mit Schlagbaum auf und die Zollbeamten beider Länderseiten haben keine Lust, den Laster zu durchsuchen. Der Ordnung halber werfen sie einen kurzen Blick hinein und eilen schnell wieder in die kleinen warmen Holzhütten zurück, stempeln schwungvoll die Pässe und verabschieden uns mit Handschlag.

Argentinien hat uns wieder – und damit auch die patagonische Steppe. Eine karge, eintönige Graslandschaft bestimmt den Anblick und von der wuchernden Natur ist keine Spur mehr. Der Regenschatten der Anden sowie die kräftigen Winde verhindern fast jegliche Vegetation. Die Wachstumsrichtung bestimmt der Wind und das, was wächst, ist klein, hart, stachelig und trocken. Ich ziehe sanft am Hebel der Tür, die mir sofort aus der Hand gerissen wird und erst mit einem lauten Klirren am Blinker zum Stopp kommt. Das ist also der berüchtigte patagonische Wind, von dem die Berge doch so einiges abgefangen haben. Der Ersatzblinker wird montiert und die Türen verschnüren wir mit dem Fahrerhaus. Für den Eingang des Koffers müssen wir noch ein wenig Gefühl entwickeln:

Viel Kraft braucht es, um ihn zu öffnen, und noch mehr, um ab 45 Grad den Griff halten zu können. Ist parallel dazu noch ein Fenster geöffnet, sorgt der entstandene Durchzug dafür, dass alles, aber auch wirklich alles Herumliegende in Sekundenschnelle herausgesaugt wird. Hier erweisen sich die Zäune als äußerst hilfreich welche das Spielzeug und die Kleidung in ihrem Flug bremsen.

Zu beiden Seiten der neu geteerten, schnurgeraden Ruta Nacional 40 verläuft ein Zaun, obwohl das Gebiet fast menschenleer ist. Eine Möglichkeit, von der Straße abzufahren, gibt es fast nie. Verendete Rinder hängen in dem Stacheldraht, nur die Guanakos überwinden die Hürden mit grazilen Sprüngen.

Gerade haben wir uns an das lautlose Dahingleiten gewöhnt, müssen wir für einen Abstecher ins Hinterland schon wieder auf eine 50 Kilometer lange, ruppige Nebenstraße wechseln. Hier lassen sich die ersten Nandus – flugunfähige Laufvögel, die dem afrikanischen Strauß ähneln – sehen und wir müssen im Zickzackkurs Gürteltieren ausweichen, die noch schnell vor unserem Laster die Straße überqueren wollen.

In der Schlucht des Río Pinturas, die etwa 9500 vor Christus bis 1000 nach Christus besiedelt war, haben indianische Ureinwohner zahlreiche Malereien hinterlassen, die zu den ältesten menschlichen Zeugnissen in Südamerika gehören und von der UNESCO zum Weltkulturerbe aufgenommen wurden. Mit Helmen vor herabfallenden Felsbrocken geschützt, wandern wir entlang der Abbruchkante des Canyons zu der Cueva de las Manos, der Höhle der Hände. Die Malereien sind ein wahrhaftiges Kunstwerk: Tausende Handabdrücke zieren die glatten Felswände, meist im Negativ-Druck, dazwischen Tierdarstellungen und Kampfszenen in den verschiedensten Farben.

Wie ein staubiges Band liegt das Rückgrat Argentiniens in einer endlosen Halbwüste unter einem ebenso grenzenlosen stahlblauen Himmel. Die Highlights Patagoniens sind atemberaubend, doch dazwischen liegen hunderte Kilometer Fahrt durch eine Steppenlandschaft. Die Gefahr, während der Fahrt entlang der eintönigen Ruta 40 einzuschlafen, ist groß. Glücklicherweise können wir uns auf die Kinder verlassen. Thorben dreht die Musik lauter – die CD mit Kinderliedern läuft wie gewohnt in Dauerschleife – Romy singt lauthals mit und Levi lässt auch den einen oder anderen schiefen Ton verlauten. Kopfschmerzen sind vorprogrammiert, aber dafür ist eine sichere Fahrt garantiert.

Die wenigen Orte mit Tankstellen und Supermärkten liegen mehrere hundert Kilometer voneinander entfernt und erscheinen wie verstreute Inseln in einem Ozean.

Gobernador Gregores ist für uns eine reine Versorgungsstation. Die Menschen leben hier vollkommen isoliert von der Außenwelt und der zentral gelegene Spielplatz des schmucklosen Nestes scheint eine Anlaufstelle und Treffpunkt für jedermann zu sein. Mit allen negativen Begleiterscheinungen. Jegliche Augen sind auf mich gerichtet. Vielleicht weil ich alle Glasscherben, Zigarettenstummel und anderen Müll auflese oder weil ich diesen in einer verbotenen Plastiktüte verschwinden lasse. Romy klettert bereits auf einem verrosteten, schiefen Gerüst, und nach der Grundreinigung der Umgebung kann ich auch Levi endlich loslassen, ohne dass er sich Hände und Knie aufschneidet. Ab dem Ortsausgang sammeln wir immer wieder Rucksacktouristen ein, die schon seit Stunden den Daumen ausstrecken. Ich kann mich nicht entscheiden, welche Art des Reisens frustrierender ist: Trampen bei diesen großen Entfernungen und dem geringen Verkehrsaufkommen oder mit dem Fahrrad gegen den ewigen eiskalten Wind anzukämpfen. Beide Formen der Fortbewegung sind hier sehr populär.

Nach exakt 206 Kilometern vollzieht Thorben eine ungewohnte Bewegung. Er lenkt. Und der Laster biegt nach rechts ab. Schon von weitem ragt aus dem platten Land ein massiges, bedrohlich wirkendes Gebirge hervor. Wolken und Regen unterstreichen die Dramatik vom Granitmassiv des Fitz Roy und des Cerro Torre – zwei der großen Highlights in Patagonien, die sich wie die Türme eines Märchenschlosses aus dem platten Land erheben.

El Chaltén ist ein kleines verschlafenes Dorf zu Füßen der Berge inmitten des Nationalparks Los Glaciares und erwacht nur während der kurzen Sommermonate dank des Tourismus ein

wenig zum Leben, zieht dann aber Massen von Wanderern und Freeclimbern an. Hostels, Restaurants und gut gefüllte Zeltplätze dominieren die einzige Hauptstraße und in den Gemischtwarenläden herrscht gähnende Leere in den Regalen. Frischfleisch hat den Namen nicht verdient, in den Holzkisten der Obst- und Gemüseabteilung liegen erbärmlich aussehende Tomaten und Karotten und warten vergeblich auf einen Käufer. Am Dorfausgang findet sich ein herrlich einsamer Stellplatz am Fluss und am Abend zeigt sich auch, warum dort keiner die Nacht verbringen möchte. Es fängt an zu regnen und schwere Wassertropfen schlagen auf das Dach. Der Wind nimmt mehr und mehr an Kraft auf, der Frosch mit seinen über acht Tonnen kommt ins Wanken und schaukelt sich ein. So weit, dass wir Angst bekommen, einfach umgeworfen zu werden.

Das Tolle am patagonischen Wetter ist jedoch der schnelle Wechsel. Auf den Regen folgen Sonnenschein und ein wolkenloser Himmel. Und das ausgerechnet hier. Ein wenig Glück gehört dazu, den 3405 Meter hohen Fitz Roy in seiner gesamten Pracht zu sehen. Vom hinter dem Massiv beginnenden Inlandeis drücken sich die Wetterfronten am höchsten Berg im Süden Patagoniens vorbei, sodass er häufig von Wolken verhangen ist. Wir schnüren unsere Wanderstiefel und besteigen den ersten Trail bis zur Laguna Capri. Es ist mächtig was los auf den schmalen Pfaden und teilweise wandern wir mit der Nase im Hintern des Vordermanns den Berg empor. Romy läuft freiwillig und mit größter Begeisterung schon einige Kilometer selbst, klettert aber genauso gerne auf Papas Schultern. Schwitzende, ungeübte Touristen kämpfen mit dem Aufstieg und ihrem nagelneuen Schuhwerk und zollen uns ihren Respekt, die steilen Hänge mit Gepäck und den Kindern als zusätzliches Gewicht zu meistern. Nach knapp zwei Stunden bezwingen wir die 400 Höhenmeter, wandern durch die offene Savanne, durch einen moosbewachsenen Märchenwald mit knolligen Bäumen, deren Äste lustige Bärte tragen und an denen Spechte mit knallroten Köpfchen hämmern, bis zum Aussichtspunkt und sehen – nichts! In der kurzen Zeit hat das Wetter schon wieder von Himmel in Hölle umgeschlagen und kündigt mit bedrohlichem Donnern ein Unwetter an. Aber wir schaffen es gerade rechtzeitig zurück, sitzen mit den ersten dicken Regentropfen bereits im Laster und sind gespannt, ob die morgige Wanderung stattfinden kann.

Am nächsten Tag lacht die Sonne wieder und wir folgen einem anderen Trail. Wir wandern auf ausgetretenen Wegen, klettern über zerklüftete Felsen und hangeln uns über Halteleinen nach oben. Vorbei an Wasserfällen und eiskalten Bachläufen erreichen wir den Aussichtspunkt des 3100 Meter hohen Cerro Torre und diesmal präsentieren sich die Zinnen in ihrer vollen Pracht.

Langsam wird es unheimlich. Wieder unterwegs auf der Hauptstraße nach Süden treffen wir zufällig auf unseren gemeinsamen Freund Dany, der mit seiner Freundin Flavia und ihrem Begleiter Pascal in einem alten VW LT namens Lucy durch Südamerika reist. Nun fahren drei Fahrzeuge in Kolonne, die sechs Jahre zuvor nebeneinander am Strand von Goa in Indien geparkt haben.

In El Calafate, auch als Welthauptstadt der Gletscher bezeichnet, kommen wir mit den Menschenmassen überhaupt nicht klar. Touristen aus allen Teilen der Welt schlendern über mit Bäumen gesäumten Avenidas, vorbei an Modeboutiquen, Coffeeshops und Souvenirläden. Zu lange waren wir einsam in der freien Natur unterwegs und dorthin zieht es uns umgehend zurück. Wir stapeln das am Wegesrand liegende Holz in den Fahrzeugen und finden am Lago Roca einen Campingplatz vor, der alle Herzen höher schlagen lässt: weitläufig, grün, windgeschützt von vielen Bäumen, ausgestattet mit großen Feuerstellen, Sicht auf den See, die schneebedeckten Berge und den Gletscher Perito Moreno.

Zu unserer Überraschung stehen hier bereits Anita und Roger. Ständig fuhren wir aneinander vorbei und nach fast einem Jahr können wir ihnen endlich unseren Sohn vorstellen, der den beiden in einer Margherita-Laune an der Bahia Conception in Mexiko auf meine Frage nach einem typischen mexikanischen Vornamen seinen Zweitnamen Ramón verdankt.

Unter einem sternenklaren Himmel drängen sich 13 Personen in dicker Winterkleidung um die Feuerstelle, von der eine wohlige

Wärme ausgeht. Es gibt viel zu erzählen, und obwohl wir verschiedener nicht sein können, harmonieren wir bestens miteinander und feiern das Wiedersehen bis weit in die Nacht hinein. Den nächsten Tag beginnen wir im Anschluss an das späte Frühstück mit Yoga, umkreisen Flavia, gelernte Pilates-Lehrerin, in einer großen Runde und bringen Körper und Geist durch Atem-, Dehn- und Entspannungsübungen in Gleichklang. Eine unbeschreiblich schöne Zeit in vollkommener Stille und absoluter Harmonie. Einzig das Grollen des kalbenden Gletschers durchbricht die Ruhe. Yoga und Natur, das gehört zusammen und auch wir sind nach diesen intensiven, knisternden gemeinsamen Stunden wie durch ein unsichtbares Band verbunden.

Die Kinder sitzen derweil in der kleinen Essecke im Frosch, trinken Kakao und schauen *Frozen – Die Eiskönigin* an. Auch auf einer Weltreise fernab der Medien ist es uns nicht möglich, diesem globalen Phänomen zu entkommen. Der Tag bleibt entspannt und die einzige Aufgabe besteht darin, das Wolkenspiel zu beobachten und auf gutes Wetter für morgen zu hoffen. Ich liege mit Levi auf der Spieldecke und Thorben beschließt, bei der Parkverwaltung eine Angellizenz zu kaufen. Die Angst vor einer Strafe ist zu hoch. „Hättest du gedacht, dass die so teuer ist?“, fragt er mich, als er seine Rute wieder im Staufach verschwinden lässt. Der Preis schockiert auch mich. „80 Dollar pro Tag? Davon können wir uns ein Leben lang frischen Fisch ...“ Weiter komme ich nicht, weil

Romy mit ausgebreiteten Armen auf einem Hügel steht und den Titelsong des Films trällert: „Ich bin frei, ich lass los." Wir müssen beide grinsen und sind uns ohne Worte einig, dass wir alles richtig gemacht haben und dass Fernsehen in Maßen nicht verkehrt ist. Fisch hin oder her. Entgegen einiger Äußerungen von anderen Müttern am heimischen Spielplatz, die mich vor den Gefahren dieser Reise warnten und zudem nicht verstehen konnten, warum ich mein Kind nicht mit einem Jahr in die Kindertagesstätte gebe, damit es die notwendigen sozialen Kontakte bekommt, bestätigt Romy mir mit ihrer besonderen Art und Weise, ein glückliches unbeschwertes Kind zu sein. Zwar in materieller Sichtweise ärmlich, dafür aber reich an Freiheit und Aufmerksamkeit und vor allem bekommt sie das Gefühl der Bindung zu den Eltern vermittelt. Die ist in den ersten drei Lebensjahren neben Schlaf, Bewegung oder dem Stillen von Hunger und Durst lebenswichtig und entspricht emotionaler Nahrung, die uns Menschen am Leben erhält.

Es liegt etwas in der Luft, dem stimmen alle Beteiligten zu. Egal zu welcher Zeit wir in Patagonien abends schlafen gehen, vor zehn Uhr morgens schafft es keiner aus dem Bett. Ein Wecker muss uns am nächsten Morgen mit Nachdruck helfen, dem Schlafgas zu trotzen und rechtzeitig loszufahren. Die Sonne lacht und Fuchs, Stinktier, Hase und Gürteltier streifen um die Fahrzeuge, bis zeitgleich alle Motoren aufheulen. Wir holpern über eine ruppige Schotterpiste entlang des Lago Argentino durch eine malerische Landschaft bis zum Glaciar Perito Moreno, der Attraktion im südlichen Teil des Nationalparks Los Glaciares.

Der Gletscher, ein Ausläufer des riesigen Patagonia Ice Field, mit 22 000 Quadratkilometern nach der Polregion zu den größten Eismassen der Welt gehörend, ist 30 Kilometer lang und die Gletscherzunge ragt bis zu fünf Kilometer breit und 60 Meter hoch aus dem türkisblauen See heraus. Von den Eismassen geht eine so gewaltige Kälte aus, dass wir bereits auf dem Besucherparkplatz mit den Knien schlottern und mit den Zähnen klappern. Lange Holzstege führen direkt an die Gletscherkante heran und verleiten zu ausgedehnten Spaziergängen, für die ein ganzer Tag kaum ausreicht. Die großen Aussichtsplattformen laden uns zum Verweilen ein, um ein gewaltiges Naturspektakel zu beobachten, denn der Gletscher ist einer der wenigen wachsenden weltweit: Pro Stunde bewegt er sich einige Zentimeter vorwärts und die stetige Bewegung und der Druck lassen es donnerartig knarren. In unbestimmten Abständen brechen gewaltige Brocken von der Gletscherzunge ab und rauschen mit ohrenbetäubendem Getöse ins Wasser. Über mehrere Stunden erleben wir das Kalben, das nur von kurzen Pausen mit heißer Schokolade im kuscheligen Bett unterbrochen wird. Wie schön ist es, das eigene Zuhause immer und überall dabei zu haben. Ein unvergessliches Erlebnis endet und ist ein schöner Abschluss für die gemeinsame Zeit. Anita und Roger fahren Richtung Norden, Dany, Flavia und Pascal zieht es zum Klettern nach El Chaltén zurück, mit dem Ziel, den Fitz Roy zu besteigen. Bei dem Gedanken ist mir etwas mulmig zumute und zum Abschied umarme ich die Jungs ganz fest mit der Bitte, gut aufzupassen.

Wenige Tage später ist es ihnen tatsächlich gelungen, auf dem Gipfel zu stehen, und wir freuen uns sehr für diesen Erfolg. Worauf wir nicht gefasst sind, ist eine weitere SMS von Dany. Pascal hat sich auch noch an den Nachbarberg Aguja Poincenot gewagt und ist kurz vor der Spitze mit seinem Kletterpartner hunderte Meter in den Tod gestürzt. Die Ursache ist unklar, die Leichen können erst nach Tagen geortet und geborgen werden.

Häufig Abschied nehmen, auch das bedeutet Reisen. Wiedersehensfreude, wenn sich die Wege erneut kreuzen. Der Tod dieses jungen Menschen ist der bitterste Moment der Tour. Wir sind fassungslos und unendlich traurig über den Verlust und das furchtbare Unglück. Es vergeht kaum ein Tag, an dem wir nicht von ganzem Herzen trauern und an ihn denken. Pascal, ein lebensfroher, herzlicher Mensch mit einer grenzenlosen Abenteuerlust und der größten Leidenschaft das Klettern. Hätte ich gewusst, dass es ein Abschied für immer sein würde, ich hätte ihn festgehalten und nie mehr losgelassen.

Einmal müssen wir noch nach El Calafate. Zum Supermarkt. Die Auswahl ist hervorragend, die Preise sind jenseits von Gut und Böse. Doch wir brauchen Lebensmittel. Wir packen so viel ein, wie die Stauräume hergeben, auch auf die Gefahr hin, es 200 Kilometer weiter an der chilenischen Grenze wieder abgeben zu müssen. Ein schwieriges Unterfangen, zumal das Navi den nächsten Supermarkt in Chile erst 350 Kilometer entfernt anzeigt. Wir denken uns also wieder gute Verstecke vor dem Zöllner aus und rätseln kopfschüttelnd, wie es in dieser Region logistisch möglich sein soll, ohne das Gesetz zu brechen satt zu werden. Bis nach Chile ist die Gegend trostlos, doch dieses Nichts tut so gut. Eine willkommene Notwendigkeit, die vielen Eindrücken sacken zu lassen.

Von Sonne und Regen

Schweiß rinnt mir den Rücken hinunter und die nackte Angst wallt durch meinen Körper. Ein Zöllner steigt in den Laster, gefolgt von einem Spürhund. Das war´s, denke ich und stehe völlig fertig vor der verschlossenen Tür. Vor uns sind zwei große Reisebusse angekommen und das stundenlange Warten an der Passkontrolle ist vergessen – stattdessen verabschiede ich mich gedanklich von Obst, Gemüse, Milch, Honig, Eiern, Wurst, Käse, Joghurts und Fleisch im Wert von mehreren hundert Euro und rechne mit einer hohen Geldstrafe. Doch der Zöllner kommt lachend mit seinem haarigen Kollegen aus dem Laster, schüttelt mir die Hand und wünscht uns eine gute Weiterreise. „Was ist passiert?", frage ich Thorben. „Der Schäferhund hat sofort die Eier gefunden. Eier, die Du vor Monaten versteckt und vergessen hast." Die fielen dem Zöllner beim Konfiszieren prompt aus den Händen und hinterließen eine stinkende Sauerei auf dem Boden. Peinlich berührt wechselte er das Gesprächsthema von der Durchsuchung auf unsere Reiseroute und den kleinen Mexikaner, der sofort in den Mittelpunkt geriet. Was sind wir doch für Glückskinder, irgendjemand meint es gut mit uns und wir müssen nun zum fünften Mal in Folge in Chile nicht verhungern. Nach diesem Schreck halten wir eine Kurve weiter am Tor einer der vielen vom Reichtum zeugenden *Estancias* und essen vor den Augen einer am Zaun aufgereihten Rinderherde Schinkennudeln mit Ei und Gurken-Sahne-Salat.

Später rollen wir wieder durch die menschenleere, wellige Wüstensteppe und treffen jenseits der chilenisch-argentinischen Grenze auf einen Naturpark, der zu den wunderbarsten Berglandschaften der Erde und den meistbesuchten Nationalparks der Welt zählt: der Parque Nacional Torres del Paine.

Wie aus dem Nichts tauchen die knapp 3000 Meter hohen Türme abrupt aus der stacheligen Pampa auf und ein halbes dutzend Seen drängt sich vor dem schroffen Gebirge, auf denen

Flamingos durch das seichte Uferwasser staken. In kleinen Herden ziehen Guanakos durch die Weiten, ebenso Nandus und wilde Pferde. Über uns am dunkelgrauen Himmel kreisen majestätische Kondore, ohne einen einzigen Flügelschlag. Vor dem gemeinsamen Stellplatz an der Laguna Azul verhüllen dicke Wolken die mächtige Felsenburg und regnen sich die Nacht über aus. Bei Sonnenaufgang werden wir Zeugen eines einmaligen Schauspiels. Die letzten Dunstschleier verschwinden, die drei markanten Türme des Himmels glühen in kräftigen Orangetönen und spiegeln sich messerscharf im tiefblauen Wasser der Lagune wider.

Ursprünglich bedeckte ein großer Naturwald den Park, durch die Fahrlässigkeit eines Touristen verbrannten jedoch über 13 000 Hektar der Fläche und die Folgen des Feuers sind überall präsent.

Am tosenden Salto Grande, dem größten Wasserfall des Parks, starten wir die Wanderung durch eine Landschaft, die seinesgleichen sucht. Die abgestorbenen Baumreste sorgen für freie Sicht auf die Berge und unterstreichen das fast unwirkliche Panorama. Trotz des Besucherandrangs sehen wir auf unserem Weg keine weiteren Menschen und genießen am Lago Nordenskjöld die Aussicht. In Reih und Glied sitzen wir zu acht auf einem großen Baumstamm, laden die Energiereserven wieder auf und genießen

die Ruhe und Schönheit um uns herum. Nur die ständigen Lawinenabgänge des gegenüberliegenden Gletschers unterbrechen die Lautlosigkeit.

Einen ganzen Tag verbringen wir auf Schotterpisten, durchfahren den gesamten Park, erleben das Massiv aus den verschiedensten Perspektiven und steigen am südlichen Ende ein letztes Mal aus dem Laster. Eine schwingende Holzbrücke führt uns in eine dichte Wald- und Buschlandschaft und hier können wir erahnen, wie es wohl vor dem großen Feuer im Nationalpark ausgesehen haben muss. Erst an der Lichtung erscheint der Lago Grey mit seiner langen Kiesbank und wir kämpfen mit dem mächtigen, kalten Gegenwind bis zum Ufer – den Blick stets auf den Grey Gletscher und die gigantischen herumtreibenden leuchtend blauen Eisschollen gerichtet.

Wir verlassen den Nationalpark mit einem leeren Kühlschrank und mit uns verabschiedet sich auch das gute Wetter, das in einen Dauerregen umschlägt und die Torres langsam in den Wolken verschwinden lässt.

Begleitet werden wir von einem hämmernden Krachen, das sich zuerst nicht zuordnen lässt. Die Ursache stellt sich als gebrochener Dachgepäckträger heraus. Zwei Schweißnähte des massiven Gestells konnten dem Geruckel der Pisten nicht standhalten und die Stützen schlagen nun mit jeder Bodenwelle auf das Dach. Der Tag steht unter keinem guten Stern und nur fünf Minuten später katapultiert ein entgegenkommendes Fahrzeug einen Stein auf unsere Windschutzscheibe, hinterlässt einen Sprung, welchem wir beim Wachsen zusehen können.

In Puerto Natales scheinen Steinschläge und Schweißarbeiten ein gut laufendes Geschäft zu sein. Der Service wird groß geschrieben und Hilfe kommt direkt zu uns an das Ufer des Golf Almirante Montt geeilt. Ich wähle mich derweil bei der Touristeninformation ins WLAN ein, um nach ein paar Wochen ohne Verbindung E-Mails und die Post abzurufen. Zum Glück sitze ich bereits auf dem Boden, als ich den Brief unserer Anwältin lese. In Sachen Elterngeld – ein Thema, das sich nun nach vielen unangenehmen Schreiben, regem Briefwechsel und vielen schlaflosen Nächten seit fast einem Jahr hinzieht – ist ein Gerichtstermin in sieben Tagen angesetzt und mein persönliches Erscheinen erforderlich. Langzeitreisen für einen Heimaturlaub zu unterbrechen kommt für Thorben und mich nicht in Frage. Ich möchte diesen Film nicht stoppen und den Zustand verändern, und erst recht nicht wegen der deutschen Bürokratie. Ich lasse es darauf ankommen, benachrichtige das Amt über meine Abwesenheit und setze all meine Hoffnungen und mein Vertrauen auf meine Anwältin.

Als Thorben bei einem Spaziergang mit Levi von einem Straßenhund angefallen wird, habe ich das Gefühl, dass sich heute alle bösen Geister gegen uns verschworen haben und mit gesamter Kraft versuchen, die Weiterreise zu verhindern. Kreidebleich taumelt er zum Laster zurück, ich schneide seine Hose auf, um die dick angeschwollene Wade freizulegen, und starre auf drei tiefe Wunden. Thorben muss sofort ins Krankenhaus zum Nähen, zur Wundversorgung und einer Auffrischung der Tollwutimpfung. Die Versorgung ist kostenlos. Nachdem ein kleiner Junge an den Folgen der Tollwut verstarb, übernimmt der Staat die komplette Behandlung samt Antibiotika und Impfungen bei Hundebissen. Je weiter wir nach Süden fahren, desto aggressiver werden die Tiere, versuchen sogar, dem fahrenden Laster laut bellend in die Reifen zu beißen. Ich danke allen guten Geistern, dass wenigstens Levi in der Bauchtrage nichts abbekommen hat.

Seit Wochen habe ich das Gefühl, dass die Tage sich zusammenziehen, Stunden nur noch Augenblicke sind. Die Zeit rast nur so vor uns her, läuft fast davon. Seit fünf Wochen sind Sina, André, Eva und Luis unsere Gefährten und der Gedanke, dass irgendwann ein Abschied folgt, wird zur Tatsache. Die Fahrzeuge werden wie gewohnt über Eck gegen den Wind abgestellt, wir zelebrieren zwei Tage lang den Abschied, grillen landestypisches *Asado* und stoßen mit *Whisky on the Rocks* an. Stilecht mit kristallklarem Eis vom Grey Gletscher. Am Schiffsfriedhof trennen sich unsere Wege. Wir Erwachsene machen es kurz und vereinbaren ein baldiges Wiedersehen in der Heimat, den Kindern ist nicht wirklich bewusst, was nun folgt. Sie denken, dass auch heute Abend wie gewohnt ein zweiter grüner Laster nebenan stehen wird. Der Abschied war ein großes Thema, aber Romy, Eva und Luis waren spielend in ihrer kleinen Welt vereint und weit weg von einer Zukunft jenseits des Augenblicks. Es war eine wunderschöne Zeit zusammen und wir sind gespannt, ob es tatsächlich ein Wiedersehen in Deutschland gibt oder ob es in einem anderen Teil der Welt stattfinden wird.

Das nächste Ziel: Punta Arenas. Die südlichste Stadt des südamerikanischen Festlandes. Viel Strecke für wenig Zeit, um pünktlich die zweite Tollwutimpfung und Wundversorgung zu erhalten. Die schönen Plätze am Meer sind mehr Schein als Sein, erweisen sich beim Näherkommen als vermüllte, verwahrloste Schandflecken, und sind unmöglich durch eigenes Anpacken zu säubern. Vor der Dämmerung folgen wir der Küste entlang der Magellanstraße, begleitet von einer Gruppe springender schwarzweißer Delfine, die im flachen Wasser jagen und uns scheinbar den Weg weisen wollen – zur Fähre, dem Tor nach Feuerland.

Wir sind gespannt auf den letzten Abschnitt in Richtung Süden, der Schlag auf Schlag mit Ereignissen zum Feiern lockt, und fragen uns, ob sich unser großer Traum, vom nördlichsten bis zum südlichsten Punkt Amerikas zu fahren, erfüllen wird.

Am Ende der Welt

Magellan taufte das Gebiet nach den Rauchsäulen der Ureinwohner Feuerlands: Tierra del Fuego. Bis zum 19. Jahrhundert schlummerte die Insel eher still vor sich hin, bis europäische Einwanderer die Steppen für die Schafzucht entdeckten und zudem auch noch Gold fanden. Heute ist es vor allem ein Traumziel vieler Reisender: das Ende der Welt.

Die sonst so windumtoste Magellanstraße zeigt sich von ihrer ruhigen Seite, ich stehe mit Levi auf dem Arm an der Reling und sehe zu dem flachen Stück Land hinüber, das sich nach und nach aus dem Wasser hebt. Binnen kürzester Zeit befördert uns die Fähre über den kleinen Streifen Wasser zur südlichsten Landmasse der Erde, die nicht vom ewigen Eis überlagert ist. Leider auch nicht von Asphalt. Doch wir nehmen die Piste gelassen, fahren über hügeliges Weideland, im rechten Augenwinkel das glitzernde Meer, und entdecken bei Onaisin eine Kolonie Königspinguine, die sich außerhalb der Antarktis angesiedelt hat.

Versteckt im hohen Gras hält sich eine Gruppe von etwa 30 Tieren auf, stehend oder bauchlings liegend, die laut vor sich hin

surren. Zwischendrin kuscheln sich kleine Fellhäufchen, geschützt vor Wind und Wetter. Wenn sie erwachsen sind, ist das Grau verschwunden, sie werden einen langen schwarzen Frack mit gelben Ohrwärmern und gelben Lätzchen tragen und bis zu 95 Zentimeter groß sein. Haben die Pinguine Hunger, wackeln sie wie betrunkene Kellner über die Kiesbank an die Bahia Inútil, gleichen den schwankenden Gang mit ihren Flügeln aus und verschwinden elegant im Wasser. Hier sind sie in ihrem Element, tauchen minutenlang durchs Meer, ohne Luft zu holen, und jagen gar nicht mehr unbeholfen den Fischen hinterher.

Es ist eine eigenartige Gegend: rau und schwermütig. Unruhe, Ungeduld und Aufregung breiten sich in uns aus, so kurz vor dem Ziel. Das Kribbeln kosten wir aus, drehen noch eine kleine Runde durch das Hinterland und gelangen dorthin, wo es kaum Menschen gibt. Alte, mit rotem Rost überzogene Schaufelbagger sind die letzten stummen Zeugen des Goldrauschs, und den einzigen Gegenverkehr bilden riesige Schafherden, die sich wie Schneemassen über dem Schotter ausbreiten. Viel Leben gibt es in dieser Region nicht, dafür Schafe und Fische in Massen.

Der Rio Grande beherbergt mit rund 70 000 Stück die meisten und größten Forellen der Welt. Wir versuchen unser Glück, doch weder beißt ein Fisch an, noch finden wir Feuerholz. Notgedrungen greifen wir auf fünf laufende Meter einer alten Brücke zurück und begnügen uns mit einem Kilo feinsten argentinischen Rindersteaks. Zum Nachtisch schmoren wir Marshmallows über den Flammen, während der Sonnenuntergang die Wolken über unserem Nachtlager in einen dramatischen Glutofen verwandelt und dem Namen Feuerland alle Ehre macht. Schon eine ganzen Weile schleichen Füchse um den Stellplatz, lassen die Kreise immer enger werden und dürfen, als wir endlich im Laster verschwinden, die restlichen Fleischstücke vom Teller stibitzen.

Auch hier in der Einöde ziehen sich die Weidezäune stetig entlang der Piste. Gestern nutzte ich die sonst so lästigen Barrikaden mal wieder als Wäscheleine, da in dieser Gegend kein Baum oder Busch anzufinden ist. Im Vorbeifahren sehe ich erneut ein Guanako im Draht hängen und das ist mittlerweile ein gewohnter Anblick für uns. Doch dieses Mal nehme ich durch Zufall noch eine Bewegung wahr und bitte Thorben umzukehren. Ich habe richtig gesehen: Es lebt noch. Der Stacheldraht hat sich tief ins Fell und Fleisch geschnitten, aber es macht trotzdem einen munteren Eindruck und versucht panisch sich zu befreien, als es uns bemerkt. Mit einem Bolzenschneider in der Hand schleicht sich Thorben vorsichtig heran, schneidet den Zaun durch und kurz darauf steht das Tier auf seinen vier Beinen. Zuerst noch etwas wackelig, aber nach dem ersten Schock springt es davon und verschwindet hinter den Hügeln.

Heute ist der 16. Februar, alles im Laster schläft und ich stehe mit meinem Mixer im strömenden Regen. Eine Mischung aus Bohrmaschine, Buntstift und Quirl, verklebt mit viel Panzerband, durchbricht laut ratternd die Stille der Nacht und knetet den Teig für einen Geburtstagskuchen.

Am nächsten Morgen erwartet unseren kleinen Mexikaner ein mit vielen Luftballons geschmückter Laster, der Kuchen und ein knallgelber Bagger zu seinem ersten Geburtstag. Der weitere Weg ist alles andere als ein Kindergeburtstag, das letzte Stück bis zum Ende der Welt müssen wir uns hart erkämpfen. Die einzige Hauptstraße im chilenischen Teil von Feuerland ist eine mit Schlaglöchern übersäte Erdpiste mit einer Länge von 130 Kilometern. Dazu verwandelt der Regen den Fahrtag in eine Schlammschlacht. Binnen weniger Minuten füllt sich das Profil unserer Reifen völlig mit Matsch, wir schlittern über die Fahrbahn und tasten uns fast nur in Schrittgeschwindigkeit voran. Der Laster ist eine einzige graue Fläche – dicke Klumpen hängen in den Radkästen, die Fenster sind komplett blind.

In Argentinien angekommen, erwartet uns exakt an der Landesgrenze Asphalt in bestem Zustand, dazu kommen Reisebusse, Lastwagen, Radler und Motorradfahrer. Die Schlange ist lang, aber die Zöllner sind den Ansturm der Reisenden gewöhnt und wickeln alles ruhig und routiniert ab. Sämtliche Scheiben des Grenzgebäudes sind voll mit Aufklebern, die alle eine Geschichte zu erzählen haben. Gelebte Reiseträume, jeder für sich vollgepackt mit Erlebnissen und Abenteuern. Ein großer Schriftzug unserer Website prangt an der Kofferseite, damit jeder im Internet stöbern kann, mit wem er es zu tun hat. Die Visitenkarten gehen weg wie warme Semmeln und haben sich als äußerst praktisch erwiesen, um mit Reisebekanntschaften in Kontakt zu bleiben. Meist erhalten wir im Gegenzug eine neue Karte mit den Kontaktdaten. Aber Aufkleber? Das haben wir einfach nicht mehr geschafft und eigentlich reicht es vollkommen aus, wenn unsere Kinder mit ihren Schokoladenfingern einen dicken braunen Abdruck auf den freien Stellen am Glas hinterlassen.

Langsam, aber sicher nähern wir uns dem Ende der Welt, das die Straßenschilder der Ruta 3 schon seit einiger Zeit ankündigen. Wir fahren auf der *Ruta del fin del mundo*, bewegen uns bereits seit anderthalb Jahren auf das Ziel zu, das nun greifbar ist. Die Aufregung steigt mit jedem Kilometer.

Der Himmel ist verhangen und lässt vereinzelte Tropfen fallen – so haben wir uns diesen besonderen Feiertag nicht vorgestellt, um in Ushuaia anzukommen. Die Fahrt ist sehr still. Thorben und ich sind tief in Gedanken versunken. Es ist wie ein kleiner Tod. Unvermittelt blitzen Erlebnisse vor unseren Augen auf, dann ist der Kopf wieder wie leergeblasen, um Platz für die nächsten Erinnerungen zu machen. Wieder einmal ändert sich die Gegend. Die platte Steppenlandschaft wird abgelöst von grünen, bewaldeten Hügeln und urplötzlich ragen ringsherum schneebedeckte, massige Berge in einen aufklarenden Himmel hinauf, der sich in ersten zarten Blautönen zeigt. Das Navi meldet noch 50, 30, 10 Kilometer. Der Kloß im Hals wird dicker und ich zähle den Countdown nach unten mit. Nach einer letzten Kurve stehen wir zwischen zwei großen Holztürmen, die mit senkrechten Lettern Ushuaia ankündigen. Absehbar, aber doch zu plötzlich.

Vollkommen durch den Wind parken wir auf der Straße und Thorben stellt mit den Worten „Das war´s!" den Motor ab. Stille. Fassungslosigkeit macht sich breit. Wir haben es geschafft. Nach 619 Tagen sind wir am Ziel unserer Reise. Sollen wir jetzt lachen oder weinen? Wir wissen es nicht. Ich mache beides gleichzeitig und ernte skeptische Blicke von Romy und Levi. Wir steigen aus, setzen die Kinder nach hinten in den Laster zum Spielen und fallen uns überwältigt und vor allem stolz in die Arme. Es ist ein gigantisches Gefühl zu wissen, dass wir zu den wenigen Menschen gehören, die diese unglaubliche Distanz mit dem eigenen Fahrzeug bewältigt haben. Eine Strecke, die viele Strapazen von den Reisenden abverlangt, aber auch einmalige Eindrücke hinterlässt und uns jetzt und hier wie eine Kleinigkeit und etwas Gewaltiges zugleich vorkommt.

Ein unbeschreiblicher, emotionaler Moment, nur für uns zwei. Der Sektkorken knallt und nach weniger als fünf Minuten bin ich betrunken – um zehn Uhr morgens an einem Straßenschild in Argentinien. Ohne die Stadt nur im Ansatz gesehen zu haben.

Die Bucht, die nach Osten sieht, lautet die wörtliche Übersetzung des Indianerwortes Ushuaia, der südlichsten Stadt der Welt mit 64 000 Einwohnern. Rechter Hand ragt eine 1500 Meter hohe Felswand mit ganzjährig weißen Gipfeln empor, zur linken Seite mündet der Beagle Kanal in das eisblaue Meer. Wir rollen an bunt gestrichenen, maroden Holzhäusern vorbei bis zur Uferpromenade. Die Stadt kann sich sehen lassen. Wenn nicht gerade drei Kreuzfahrtschiffe angelegt haben und 23 000 Passagiere auf Landgang sind, könnte ein gemütlicher Spaziergang am Wasser wirklich schön sein. Jeder will natürlich zum südlichsten Postamt gelangen, mit dem südlichsten Zug der Welt fahren und an der Touristeninformation einen Stempel in den Reisepass gedrückt bekommen. Das Ende der Welt wird ausgiebig vermarket und jeder will etwas von dem großen Kuchen abhaben.

Thorben zwängt sich durch die Menschenmassen, findet ein freies Plätzchen, um sich in das WLAN einzuwählen, und ruft E-Mails ab. Sein Grinsen kann ich nicht ganz deuten, als er zurückkommt. Wortlos hält er mir sein Handy hin, ich beginne zu lesen und meine Mundwinkel wandern ebenfalls nach oben. Wir haben gewonnen! Der Richter hat sich ausgiebig mit unserem Reiseblog beschäftigt, das Gericht schloss einen Vergleich, dem nicht widersprochen wurde, und in den kommenden Tagen gleicht das lang umkämpfte Elterngeld die roten Zahlen aus. Am Ende der Welt wird alles wieder gut. Erneut in Feierlaune folgen wir der Promenade, ziehen an weit gereisten Containerburgen und der auf Grund gelaufenen Saint Christopher am Ufer der Bucht vorbei bis zum Flugplatz des Aeroclubs und genießen eine Rundumaussicht auf Ushuaia.

Doch unsere Mission ist noch nicht vollendet, schließlich wollen wir vom nördlichsten bis zum südlichsten befahrbaren Punkt der amerikanischen Kontinente fahren – und der liegt 30 Kilometer unterhalb der Stadt. Mitten in den Nationalpark Tierra del Fuego führt die Ruta 3 hinein, bis sie als Sackgasse einer kleinen Kehre in der Bahia Lapataia endet. Ein Holzschild weist auf ihr Ende hin und verrät, dass es von hier aus 17 848 Kilometer nach Alaska sind und 3079 bis nach Buenos Aires. Wir dagegen sind von der Prudhoe Bay am Eismeer im August 2015 gestartet und bis hierhin 72 062 Kilometer in 540 Tagen gefahren. Weiter nach Süden geht es nur noch zu Fuß oder man fährt mit einem Expeditionsschiff in die nur 1000 Kilometer entfernte Antarktis. Für unseren Frosch ist hier Endstation und wir laufen

die letzten Meter über einen Holzpfad bis zur Bucht am Beagle-Kanal. So sieht also das Ende der Welt aus: Geheimnisvoll, zwischen Moor, knorrigen Bäumen und schroffen Felspartien gelegen. Alles ursprünglich und wild.

Wir folgen dem Kanal bis zum riesigen Gelände der Estancia Haberton, die 1886 von dem ersten weißen Siedler, dem britischen Missionar Thomas Bridges, gegründet wurde. Die Landschaft ist malerisch und an jeder Ecke locken schöne Stellplätze. Dick eingepackt spazieren wir neben dem Flusslauf entlang, der sich durch das weite, von Gebirgen umgebene Tal schlängelt. Wir werfen immer Mal wieder die Angel im Fluss aus, bis dieser in den Beagle-Kanal mündet und sich hunderte von Vögeln im Sturzflug ins Wasser stürzen, um ebenfalls einen Fisch zu ergattern.

Tagestemperaturen von 18 Grad, die Nächte mit kuscheligen 3 Grad: Der kurze Sommer von Feuerland lässt uns gewaltig schlottern, und als alle erkältet sind, beschließen wir, den Rückzug anzutreten. Gewöhnungsbedürftig sind auch die ewigen Stürme, die plötzlich und ohne Vorankündigung mit voller Gewalt loslegen. Die lustigen Warnschilder, die eine windschiefe Palme abbilden, stehen nicht umsonst am Straßenrand und Bäume mit zu Boden geneigten Kronen berichten uns lautlos von ihrem einseitigen stürmischen Leben. Auf gerader Strecke mit Vollgas sind nicht mehr als 50 Kilometer pro Stunde möglich und der Spritverbrauch steigt von 18 auf 30 Liter. Je nachdem, wie die Straße verläuft, haben wir den Wind nach einer 180-Grad-Kurve wiederum im Rücken und machen uns einen Spaß daraus, die jeweilige Windgeschwindigkeit per Hand zu messen. Ist bei 90 Kilometern pro Stunde kein Widerstand zu spüren, entspricht das der Windstärke zehn: einem schweren Sturm. Dies hat zur Folge, dass Bäume entwurzelt werden, Baumstämme brechen und größere Schäden an Häusern entstehen.

Eine Kleinigkeit steht noch an, bevor wir weiterziehen. Am nördlichsten Punkt von Alaska badete ich im Eismeer – zumindest bis zur Hälfte wagte ich mich in das kühle Nass. Damals im vierten Schwangerschaftsmonat war das mehr aus ausreichend, um in den Club der Eisbären aufgenommen zu werden. Um den Kreis zu schließen, muss ich hier auch noch baden. Wir finden eine perfekte Stelle in der Bahia Brown mit Blick auf Ushuaia, wieder nehme ich Anlauf, verschwinde diesmal bis zum Hals im Wasser und wie erwartet ist es schmerzhaft und ein Schock für meinen Körper. Der Beagle Kanal, ursprünglich ein Gletschertal, hat seine frühere Wassertemperatur annähernd beibehalten – etwa sieben Grad.

Feuerland hat neben den Highlights noch viel mehr zu bieten. Wandern fällt wegen Thorbens Bisswunde leider immer noch aus, unnötige Schotterpisten aufgrund des gebrochenen Zwischenrahmens eigentlich ebenfalls. Ich setze mich mal wieder durch und lotse den Frosch auf eine mit Schlaglöchern übersäte Nebenstraße. Auf den 80 Kilometern darf der Laster erneut seine Offroad-Tauglichkeit unter Beweis stellen und Thorben flucht vor sich hin, da sich dauernd die Hintertür öffnet. Aber eigentlich könnte er doch froh sein, dass es nur die Tür ist, die wegen des abgesackten Hinterteils keinen Halt mehr findet und ständig mit einem weiteren Satz Schrauben am Türrahmen befestigt werden muss. Dafür bleibt der Koffer noch auf dem Gestell.

Endlich kündigt sich das Meer an. Belohnt uns mit einem herrlichen Ausblick auf die Bucht Cabo San Pablo und das vom Wasser umspülte Schiffswrack *Desdemona*. An einem alten verlassenen Hotel finden wir einen Stellplatz und sind dort die einzigen Menschen weit und breit. Die Kinder spielen auf der großen Wiese und zu meiner Verwunderung finde ich nicht die geringste Gefahrenquelle: keine Stacheldrähte, Scherben, Abhänge oder notdürftig abgedeckte Rohrschachte. Straßenhunde sind weit und breit nicht zu sehen und ich darf einfach mal sitzen bleiben, muss nicht wie ein Helikopter um die beiden herumschwirren.

Am frühen Morgen leuchtet das rostige Gerippe in der Morgensonne und die Ebbe macht uns endlich den Weg frei. Diesmal bleiben die Stiefel im Laster, wir springen barfuß durch den eiskalten Ablauf und marschieren durch Matsch und Seetang, ganz nah an den einst prachtvollen Frachter heran. Die See am Ende Südamerikas ist rau und windumtost, gilt als gefährlichster Seeweg der Welt und rund 800 unfreiwillig gestrandete Schiffe säumen die Küste.

Zurück auf der Hauptroute fahren wir nun das erste Mal auf der Reise nordwärts und befinden uns somit auf dem Rückweg. Das ist kein schönes Gefühl und eine unbekannte Leere macht sich breit. Erneut reisen wir nach Chile ein, nun aber zum letzten Mal.

Tierische Tage in der Pampa

Das Land ist trocken und öde – ein Gebiet des Staubes. Schließen wir beim Anhalten nicht schnell genug die Fenster, dann holt uns die eigene Staubfahne ein.

Nur ein winziges Stück der Ostküste Südamerikas gehört zu Chile und das hebt sich auffällig von der restlichen Umgebung ab, strotzt vor Vulkankegeln und weiten erkalteten Lavafeldern und für einen kurzen Augenblick traue ich meinen Augen kaum. Die unwirkliche Vulkanlandschaft ist ein kleiner, unbekannter Nationalpark mit dem Namen Pali Aike und eignet sich hervorragend für ein paar schöne Wanderungen, ohne einer Menschenseele zu begegnen. Ganz besonders gefällt uns der zwei Kilometer lange, nicht ganz ungefährliche Pfad mitten durch das dunkle, scharfkantige Lavagestein. Die Augen haben wir immer auf die Füße gerichtet, um nicht zu stolpern oder auf kleine schwarze Echsen zu treten, die hier zu dutzenden anzutreffen sind. Die letzten 200 Meter fordern einiges an Geschicklichkeit, um über die immer größer werdenden Gesteinsbrocken zu klettern oder sich durch diese hindurch zu zwängen. Schließlich stehen wir inmitten eines schwarzen Trichters, des Kraters des Escorial del Diablo. Ein schöner Abschluss für Chile, denn der Nationalpark liegt direkt am Grenzgebiet zu Argentinien.

In Punta Delgada erledigen wir den letztmöglichen Billigeinkauf, bevor uns auf der abschließenden Etappe in Argentinien die hohen Preise wieder in Angst und Schrecken versetzen. Die beiden Länder gelten nicht gerade als die besten Freunde, und umso überraschter sind wir, dass uns ein gemeinsames Abfertigungsgebäude erwartet. Die Beamten arbeiten Hand in Hand, alles läuft zügig und binnen weniger Minuten sind wir wieder in Argentinien. Zum sechsten Mal – doch das Länder-Hopping hat nun endlich ein Ende. Manchmal wussten Thorben und ich einfach nicht mehr, in welchem der zwei Staaten wir uns befanden, und merkten erst beim Bezahlen an der Kasse, als uns der Verkäufer ein verdutztes Gesicht wegen der falschen Pesos auf dem Tresen präsentierte, die Verwechslung. Zudem ging mir die Möglichkeit verloren, mich voll und ganz auf ein Land zu konzentrieren, um es in seiner Gesamtheit wahrzunehmen und zu beurteilen.

Es ist Wochenende in Rio Gallegos und die Jugendlichen fahren bis in die frühen Morgenstunden ihre getunten Autos ohne Schalldämpfer spazieren. Wir verbringen eine sehr unruhige Nacht am Straßenrand, aber man kann es ihnen kaum verübeln, in einer weiteren Stadt, die nichts für junge Leute zu bieten hat. Auch Recycling hat hier einen ganz anderen Stellwert als bei uns daheim und zeigt den Mangel an Geld und Rohstoffen. Was nicht mehr gebraucht wird, nutzt man, um an anderen Stellen die Lücken zu füllen. Die Häuser sind ausgebaute Container, die Wippen der Spielplätze bestehen aus alten Öltonnen, die Schaukeln und Klettergerüste aus gebrauchten Autoreifen. Kurioserweise haben wir erhebliche Probleme, unseren Müll loszuwerden, da es keine Abfalltonnen gibt.

Vor uns liegt eine Straße. Über 3000 Kilometer lang. Der einzige Landweg von Feuerland nach Buenos Aires Richtung Norden mit riesigen Distanzen zwischen den wenigen Versorgungspunkten und ohne Kurven. Es ist die schnurgerade Ruta 3 und große Schwester der Ruta 40, auf der wir hinunter nach Feuerland unterwegs waren. Dazwischen ist ein endloses Nichts. Die Pampa. Ihr Name stammt aus der Quechua-Sprache und bedeutet baumlose Ebene – das ist eine kurze Beschreibung, mit der eigentlich schon alles gesagt ist. Fast jeder hat diesen Begriff schon benutzt, doch nur wenige wissen überhaupt, wovon sie sprechen. Santa Cruz ist die zweitgrößte Provinz in Argentinien und gleichzeitig auch am dünnsten besiedelt. Eine Fläche, so groß wie die alte Bundesrepublik, mit lediglich 270 000 Einwohnern. Vergleichbar mit einer Fahrt von München nach Hamburg, auf der es zwei Tankstellen gibt, aber null Verkehr und keine einzige Menschenseele weit und breit zu sehen ist. Links und rechts liegt nur kniehohe Steppe ohne eine nennenswerte Erhebung.

Schon nach einigen Stunden sturen Geradeausfahrens hängt es Thorben zum Hals heraus. Und das bereits am ersten Tag, also gerade einmal bei fünf Prozent der Gesamtstrecke. Das Einzige, was bei ihm und der Pampa in Wallung gerät, ist das trockene Gras im Wind. Sein Bleifuß juckt. Er will fliehen. Mich hingegen fasziniert diese Gegend, diese unvorstellbare Weite von Land und Himmel mit atemberaubenden Wolkenformationen, die der Wind stetig neu gestaltet. So unterschiedlich sind die Meinungen. Wenn man über Monate zusammen auf Reisen ist, tausende

Kilometer zurückgelegt hat und täglich Stunden hinter dem Lenkrad verbringt, bekommt Autofahren etwas Meditatives. Es kommt vor, dass wir stundenlang schweigend unseren Gedanken nachhängen. Doch die Stille ist nicht unangenehm, sondern eher eine zufriedene Ruhe. Wir eilen nicht mehr zu einem Ziel, sondern laufen langsam aus, wie nach einer langen Vorbereitung für eine gemeisterte schwere Prüfung.

Hält man die Augen offen, lässt sich eine vielfältige Tierwelt entdecken: Gürteltiere, Stinktiere, Adler, Meerschweinchen, Maras, Vogelspinnen und die verschiedensten Vögel. Romy, unser Wirbelwind, überrascht an solch langen Fahrtagen immer wieder. Stunden verbringt sie in ihrem Sitz, beobachtet einfach, spielt, singt, malt oder schläft, wenn ihr danach ist. Sie hat das optimale Reisealter erreicht, wovon Levi noch weit entfernt ist. Sein Schlafpensum ist gesunken und nach kurzen Nickerchen will er selbstverständlich Action und Bewegung. Lauthals wird protestiert, wenn ihm langweilig ist. Sein Kindersitz hat von Beginn an eigentlich nur die Funktion, uns den Platz im Fahrerhaus wegzunehmen. Viel lieber schläft er in meinem Arm oder sitzt auf meinem Schoss, um sein Nähebedürfnis zu stillen und natürlich nichts von dem zu verpassen, was hinter den Scheiben passiert. Die grasenden Nandus und Guanakos findet er toll. Noch besser ist es, wenn diese ein Wettrennen mit dem Laster veranstalten.

Das Kinderkino läuft leider nicht 24 Stunden, irgendwann sind zwölf zappelnde Kilo auch für mich nicht mehr lustig und so kommt es, dass ich immer mehr Zeit hinter dem Steuer verbringe. Man könnte meinen, der Fahrer hat wenig zu tun auf der gut ausgebauten Strecke ohne Verkehrsaufkommen. Zwar ist das Lenkrad bei den fehlenden Kurven überflüssig, aber dann und wann kommt uns doch mal ein vollgepackter LKW mit Gütern auf dem Weg nach Süden entgegen und alle Kraft wird in die verkrampften Hände am Lenkrad geleitet. Der Windsog zieht sogar unseren schweren Frosch aus der Spur und rüttelt ihn ordentlich durch. Stellenweise mutiert die Ruta 3 leider zu einem schaurigen Schlachtfeld. Hauptverkehr besteht von Seiten der Tiere, die die Umgebung samt dem Asphaltstreifen zu ihrem Revier erklärt haben. Blutlachen und verwesende Überreste von Guanakos, Gürteltieren und Stinktieren am Straßenrand zeugen vom missglückten Versuch, die Seite zu wechseln.

So fahren wir tagein, tagaus. Und der abendliche Blick auf die Landkarte macht uns bewusst, wie riesig das Land ist. Und das ganz ohne Veränderung. Jeder Tag sieht gleich aus. Genauso wie der morgendliche Rhythmus an den Fahrtagen. Endlich hat sich Routine eingeschlichen, und ohne uns groß auszutauschen, funktionieren Thorben und ich Hand in Hand. Nach dem Aufstehen ist Spielstunde, dann wird gefrühstückt. Während Thorben den Laster fahrbereit macht und alles verstaut, spüle ich das Geschirr, kehre und putze und kann behaupten, in zwanzig Minuten das ganze Haus gereinigt zu haben. Wichtig ist nur, dass ich parallel den Kindern das Gefühl gebe, nicht warten zu müssen. Gut koordiniert verläuft alles stressfrei und exakt eine Stunde später sind wir startklar. Romy und Levi klettern ins Fahrerhaus, ich klappe das Bett ein und verstaue lose Gegenstände.

Zum Glück bieten viele wunderbare Abstecher ins Hinterland oder an die Küste reichlich Abwechslung. Um an den Atlantik zu gelangen, kommen wir nur über Schotterpisten zum Ziel und an einer solchen liegt auch der Nationalpark Monte Leon. Von Oktober bis April brütet hier eine überwältigende Kolonie von rund 75 000 erwachsenen Magellan-Pinguinen und zieht ihren Nachwuchs groß. Der Puma findet hier reichlich Beute und der lange Spaziergang durch die patagonische Steppe wird zum Abenteuer. Warnschilder begleiten uns auf dem Weg zum Meer und wir halten gespannt Ausschau.

Zahlreiche Häufchen kleiner, weißer Daunen lassen uns wissen, dass wir auf dem richtigen Weg sind. Im März ist die Saison fast vorbei, die Jungen haben ihr Babyfell verloren, sehen aus wie gerupft und nehmen zusammen mit den Eltern den ersten Schwimmunterricht, bevor sich alle auf die Reise in den blau leuchtenden Atlantik begeben. Dann ist das Land leer und sie werden erst im nächsten Frühjahr zurückkehren. Bis an den Pfad heran leuchten unter kargen Büschen weißschwarze Tierchen aus den in den Sand gegrabenen Bruthöhlen hervor, in denen je zwei

Eier abgelegt und ausgebrütet werden. Kommen wir ihnen zu nahe, legen die niedlichen Frackträger den Kopf schräg, fauchen und mustern uns neugierig. Der Strand ist übersät mit tausenden Pinguinen, die sich in das tosende Wasser stürzen – aber Romy ist enttäuscht. Wie oft haben wir ihr schon von den Pinguinen erzählt, und nun sind sie von der Aussichtsplattform viel zu weit entfernt. Mein Baby krabbelt derweil auf den Holzlatten auf und ab und quietscht vergnügt. Könnte Levi sprechen, würde er sagen: „Schaut mal auf den Boden. Direkt unter uns sitzt eine ganze Familie." Zum Greifen nah und keineswegs gestört von dem Eindringling Mensch. Thorben und ich sind hin und weg und freuen uns, dass sich nun beide Kinder so freuen.

Nach zwei Fahrtagen auf der Hauptstraße überprüfen wir das Lenkrad auf seine Funktion. Diesmal biegt der Laster nach links ab, hinein in das patagonische Hochland und hinein in eine Steinwüste, durchzogen von ausgedörrten Flusstälern. Die 50 Kilometer ziehen sich bis in den späten Nachmittag hin, es wird unerträglich heiß und wir begrüßen dankbar den aufkommenden schneidenden Wind, als wir inmitten einer platten, im Canyon gelegenen Mondlandschaft das Lager aufschlagen. Nur wenige Menschen zieht es in diese extreme Gegend, obwohl es hier ein einzigartiges Naturschauspiel zu bewundern gibt.

Etwa 150 Millionen Jahre früher begrub nach einem Vulkanausbruch eine 20 Meter dicke Ascheschicht die gigantischen Araukarien unter sich. Die Bäume versteinerten im Laufe der Jahrmillionen, mit Mineralien angereichertes Regenwasser kristallisierte das Holz zu einem festen Gestein, das die Erosion nach und nach wieder freilegt hat und heute kann es als Monument Natural Bosques Petrificados besucht werden: die versteinerten Wälder Patagoniens. Über einen holprigen Rundweg spazieren wir mitten hindurch, kommen mächtig ins Staunen und fühlen uns richtig klein, wenn wir neben einem Prachtexemplar von 35 Metern Länge und drei Metern Durchmesser stehen. Die Struktur des Baumes ist klar zu erkennen – und sogar die einzelnen Baumringe. Fast unvorstellbar, dass aus Holz Stein werden kann.

Zurück auf der Ruta 3 bleibt uns ein Pisten-Abstecher an die Küste erspart. Direkt am Wegesrand, zwischen Asphalt und Atlantik, wartet schon die nächste Attraktion: Der Kiesstrand bei Caleta Olivia grenzt unmittelbar an die Ruta 3 und während hinter dem parkenden Frosch die LKWs vorbeirauschen, liegen keine 20 Meter von uns entfernt hunderte Seelöwen. Nebeneinander, übereinander, groß, fett und doch allerliebst mit ihren riesigen Knopfaugen. Und vor allem faul. Bewegt wird sich nur bei Hunger oder wenn ein Eindringling ihnen zu nahe kommt. Dann gerät die ganze Masse in Wallung, schimpft lautstark und robbt mit 2,5 Metern Länge und 500 Kilo Körpergewicht ohne Rücksicht über die herumliegenden Artgenossen. Den Kindern ist das nicht so geheuer und sie ziehen es nach einer kurzen Begutachtung vor, das Schauspiel direkt vom Fenster aus, im Bett zwischen Spielzeug und Kuscheltieren sitzend, zu verfolgen. Ich dagegen kann gar nicht genug davon bekommen, sitze noch lange im Kies, beobachte die riesigen Tiere und bin unglaublich dankbar, solche einzigartigen Momente erleben zu dürfen.

Wir begeben uns wieder auf die Nebenstrecken, die teilweise als lange wilde Pisten direkt am Meer entlang führen, und suchen die einsamen Steilküsten und Strände nach den heimischen Seeelefanten ab. Leider ohne Erfolg. Dafür entdecken wir Manni und Daggi. Nachdem wir eigentlich dachten, uns in Ecuador endgültig voneinander verabschiedet zu haben, kommt es hier in

Argentinien zu einem Wiedersehen. Die Überraschung ist riesig. Die Freude auch. Einen schönen Stellplatz auf der gesamten Strecke zu finden, ist nicht einfach, das Angebot besteht aus Tankstelle oder neben dem Zaun an der Autobahn. In Trelew lassen wir uns auf einem Campingplatz nieder, der zwar einfach, aber für die hiesigen Verhältnisse gepflegt, bezahlbar und vor allem windstill ist. Dort feiern wir das unverhoffte Zusammenkommen und verbringen ein paar schöne, gesellige Tage.

Auf unserer gemeinsamen Tour durch Zentralamerika erntete ich von Spaßvogel Manni regelmäßig schockierte Kommentare, wenn ich seine Frau Oma nannte. Heute fragt er Romy und Levi, ob sie Lust haben, mit *Opa* auf den Spielplatz zu gehen. Auch Daggi nimmt sich viel Zeit für ihre Reiseenkel, kuschelt und herzt die beiden, spielt, spaziert und hat immer ein offenes Ohr für all ihre Wünsche und Bedürfnisse. Mit so viel Einsatz von den Großeltern kommen wir auch mal so richtig flott voran: Thorben mit Reparaturen und Wartungsarbeiten und ich mit der leidigen Handwäsche. Gemeinsam ziehen wir weiter, um das nahe gelegene Naturschutzgebiet und UNESCO-Weltkulturerbe Península Valdés zu erkunden. Die herrliche Küstenlandschaft der Halbinsel ist ein Paradies für alle Naturfreunde und vor allem in den Sommermonaten sehr lohnenswert, um Wale aus nächster Nähe zu beobachten. Aber die Saison ist leider schon vorüber und die großen Tiere sind bereits in den Tiefen des Ozeans verschwunden. Dafür gibt es im März die Orcas in Küstennähe, die mit der Flut an das Ufer geschwemmt werden und sich dort das eine oder andere Robbenbaby schnappen.

Der Wecker klingelt früh am Morgen und zusammen mit den ersten Sonnenstrahlen und dem Fernglas auf Augenhöhe sitzen wir an der Küste von Punta Norte und warten geduldig. Der Mensch kann so vieles beeinflussen und steuern, hat massiv in die Natur eingegriffen und versucht weiter, den Lauf an die eigenen Bedürfnisse und Wünsche anzupassen. Auch wenn er es nicht wahrhaben will, ganz untertan kann er sie sich nicht machen. Und das ist um Gottes willen auch gut so. Wir müssen das Wetter hinnehmen, wie es kommt, und auch die Tiere in freier Wildbahn richten sich nun mal nicht nach Touristen, sondern umgekehrt. Geduld, ein gutes Auge und ein bisschen Glück gehören einfach dazu – sonst wäre dieser Ausflug ja auch nur halb so spannend gewesen.

So genießen wir anstelle des Anblicks der jagenden schwarzweißen Schwertwale in völliger Ruhe dieses sonst von Besuchermassen überrannte wilde, raue Fleckchen Erde und begnügen uns mit dem Kuscheln von Kleintieren. Die letzten verbliebenen Magellan-Pinguine der Saison fühlen sich schon recht einsam und sind für jegliche Ansprache dankbar. Ohne mit der Wimper zu zucken, lassen sich die süßen Kerlchen am Puerto Pirámides von einem krabbelnden kleinen und einem schnatternden größeren Kind umkreisen und posieren in ihrem schwarzen Frack für ein Familienfoto. In einer einsamen Bucht tummeln sich dicke Seeelefanten faul in der Sonne und betteln vergeblich um Aufmerksamkeit. Die haben jedoch bereits einige Gürteltiere auf sich gezogen, die ohne Scheu versuchen, uns das zweite Frühstück vom Teller zu klauen. Romy sieht sie als das, was sie sind, und streichelt die Verwandten der Igel mit ihren niedlichen langen Wackelnasen und kleinen feingliedrigen Pfötchen. Ich bin hin und her gerissen.

Zu sehr sitzt mir noch ein anderer Vergleich im Gedächtnis: die Ähnlichkeit mit überdimensionalen Kellerasseln.

Zum Ausklang ziehen wir weiter in die kleine Bucht Playa Villarino, stehen zwischen riesigen aufgetürmten Glattwalskeletten und argentinischen Dauercampern, beobachten die verschiedensten Vögel und entdecken beim Strandspaziergang Muscheln, Nacktschnecken und Seegras in allerlei Variationen. Etwas in dieser Art haben wir noch nie zuvor gesehen.

Viele Reisende haben diesen Abschnitt Argentiniens komplett ausgelassen, um dem großen Nichts zu entgehen, andere haben die Route auf die Schnelle erledigt und können nur wenig Gutes darüber verlieren. Manni und Daggi geben hier auf und kehren der Pampa glücklich und hoffnungsvoll den Rücken zu. So schmerzlich es für Romy immer wieder war, Freunde zu verlassen, – mittlerweile hat sie gelernt, dass meist ein Wiedersehen folgt. Zu einer anderen Zeit, an einem anderen Ort. Und so laufen heute keine Tränen. Wir freuen uns darauf, was die Zukunft an Überraschungen und Gelegenheiten bereithält.

Wieder auf dem geplanten Kurs werden wir in Puerto Madryn von der Wirklichkeit eingeholt: Wir erreichen die erste große Stadt seit Monaten. Genau zur geschäftigen, regsamen Mittagszeit. Es herrscht dichter Verkehr, jeder hat es eilig aus dem Büro zu hetzen, und wir entdecken längst vergessene Kleidungsstücke: Krawatten und Stöckelschuhe. Ich sehe an mir herunter und muss feststellen, wie anstößig unsere Kleidung wohl für die oberflächliche Gesellschaft sein mag, und wie uninteressant sie für uns selber geworden ist. Mittlerweile erfüllt nur noch ihre wahren Zwecke: Wärmen und Schützen. An Löchern, farblichen Unstimmigkeiten oder eingebrannten Flecken stören wir uns schon lange nicht mehr. Was beim Waschen nicht rausgeht, bleibt einfach da, wo es ist. Inmitten des modischen Flanierens lächele ich in mich hinein, und genauso mag es wohl auch den herausgeputzten Argentiniern gehen. Und doch gönne ich uns seit langem einmal wieder eine Wäscherei, die mir mit sechzig Euro für zwanzig Kilogramm den restlichen Tag versaut. Im Supermarkt dann der gewohnte Schock an der Kasse: Der Einkauf von Grundnahrungsmitteln für einen kaum gefüllten Einkaufswagen schlägt mit achtzig Euro zu Buche. Unsere momentanen Standardmenüs, bestehend aus Bratwurst, Risotto und Salat, werden hier zu wahren Luxusmenüs. Hinzu kommt noch das ständige Bangen darum, ob die Visa-Karte akzeptiert wird.

Mittlerweile ist es wieder richtig warm und der Ventilator im Laster läuft auf Hochtouren. Die Winterkleidung kann nun endgültig im Schrank verschwinden, wir genießen das herrliche Frühlingswetter und es folgen schöne Tage an einsamen Stränden.

Wir durchqueren eine Wüstenlandschaft, in der die Dünen bis weit auf die Straße reichen, und bestaunen in La Lobería eine der weltweit größten Robbenkolonien mit über 8000 Tieren. Am Ende der Steilküste finden wir am kilometerlangen Strand einen wunderschönen einsamen Platz, der ein besonderes Spektakel zu bieten hat: In den Felsen nistet die größte Papagei-Kolonie der Welt. In über 35 000 Höhlen sitzen sie laut schnatternd in ihren Löchern und steigen mit ohrenbetäubendem Lärm in Schwärmen auf. Hoch über dem Ort steht der älteste Leuchtturm Argentiniens und von dort bietet sich ein kurioser Ausblick auf die Stromleitungen des Ortes El Condor, die sich unter der Last der Papageien dem Boden zuneigen.

Der Rio Colorado bildet die natürliche Grenze zu Patagonien und der Pampa. Der Frosch rollt über eine lange Brücke und die Landschaft zeigt sich dort alsbald in einem komplett anderen Bild: grüne Wiesen, Bäume, Berge und Kurven. Und der Wind ist wie auf Knopfdruck abgestellt. Für uns ist die Ostküste wieder eine neue Erfahrung und wird mit ihrer Vielseitigkeit und dem Artenreichtum in bester Erinnerung bleiben.

Aus dem Dschungel, in den Dschungel

Argentinien ist vor allem für sein gutes Fleisch bekannt. „Wo sind jetzt eigentlich die riesigen Rinderherden?", frage ich Thorben schon seit Wochen. Genau hier liegt das Zentrum der Rinderzucht und hat die besten Voraussetzungen: Der fruchtbare Boden und die weite, saftige Graslandschaft eignen sich hervorragend, um das Rind glücklich zu machen. Nichtsahnend, dass sie bald für das nächste *Asado* vorgesehen sind.

Je näher wir Buenos Aires kommen, desto stärker ist die Luft von einem herrlichen Duft erfüllt, der uns das Wasser im Munde zusammenlaufen lässt. Buenos Aires, übersetzt gute Luft, gilt vor allem an den Wochenenden. Kein Berufsverkehr, der die Stadt mit Abgasen einhüllt, stattdessen liegt feinstes argentinisches Rindfleisch auf dem Rost. An jeder Ecke. Und wenn die schon besetzt ist, dann steht der Holzkohlengrill direkt auf der Straße und der Dunst wabert süß und stickig umher.

Jeder dritte Argentinier lebt inzwischen in der Hauptstadt und bezieht man den Großraum mit ein, sind es rund 13 Millionen Menschen. Die Riesenmetropole verblüfft mit unzähligen weitläufigen Parkanlagen und einer davon wird zum Domizil für die nächsten Tage auserwählt – denn einen Campingplatz gibt es im Zentrum nicht. Auf der riesigen Grünfläche tummeln sich Familien, Pärchen und Spaziergänger. Alle genießen das schöne Herbstwetter und die freien Tage und verströmen ein Gefühl von Glück und Gemeinschaft. Es ist voll, trotzdem entspannt, heiter und wir sind mittendrin. Sprachlos und vor allem atemlos: Noch nie haben wir einen Park gesehen, in dem es so viele Spielplätze gibt, die zur Freude unserer Kinder natürlich der Reihe nach ausprobiert werden müssen. Leider entdecke ich auch hier rostige Nägel im Sandkasten, splitternde Holzwippen und meterhohe Rutschen ohne Geländer. Dafür sind die Plätze allesamt umzäunt, damit kein Kind seinen Eltern abhandenkommt. Verliert sich dennoch ein Kind in dem Gewusel, wird in die Hände geklatscht. Alle stimmen mit ein, Gespräche brechen ab und der laute Takt verstummt erst, wenn es wieder aufgefunden wird.

Subte, die U-Bahn, verbindet die wichtigsten Stadtteile miteinander und ist somit für uns das günstigste und entspannteste Beförderungsmittel durch die Metropole. Außerdem kommen wir nirgends so gut in Kontakt zu den Menschen wie in den öffentlichen Verkehrsmitteln. Die Argentinier sind ausgesprochen kinderfreundlich, wobei der Begriff so eigentlich gar nicht existiert. Denn Kinder gehören wie selbstverständlich zum Leben in Südamerika dazu. Das Schönheitsideal blond und blauäugig ist auch hier in den Köpfen fest verankert und so ziehen wir auf der 45-minütigen Fahrt die gesamte Aufmerksamkeit auf uns. Romy und Levi werden begrüßt, gestreichelt, geküsst, angesprochen und fotografiert. Die unmittelbaren Sitznachbarn beschäftigten sich mit ihnen und manch eine Mutter nimmt ihrem Kind vorübergehend das Spielzeug aus den Händen, um unsere Kleinen damit spielen zu lassen. Ein älterer Herr löst seine Kette vom Hals, küsst das daran hängende Kreuz und reicht sie zusammen mit einer Segnung an Levi weiter. Ich bin so gerührt, dass mir die Worte dafür fehlen.

Beim Aufstieg bewundern wir die schönen bunten Kachelbilder der Bahnstation und spazieren die letzten Meter in das Künstlerviertel nach San Telmo. Jeden Sonntag verwandeln sich hier die engen Kopfsteinpflasterstraßen in einen riesigen Flohmarkt, umrahmt von hohen Häusern mit schmiedeeisernen Balkonen aus der Zeit der Jahrhundertwende. Weit kommen wir nicht auf dem Weg durch die vollen Gassen mit den kunterbunten Ständen – Antiquitäten, Dachbodenfunde, Handarbeiten und Souvenirs wollen entdeckt werden. Es macht Spaß, sich einfach treiben zu lassen und an den unzähligen Backstuben halt zu machen, um leckere Kuchen und süßes Gebäck zu essen. Untermalt wird die gemütliche Atmosphäre von zahlreichen Straßenmusikanten, die mit ihren Liedern zum Lauschen und Hängenbleiben einladen und natürlich auf ein paar Münzen hoffen.

Am zentralen Plaza Dorrego wird getanzt. Buenos Aires ist Tango. Wandmalereien und Denkmäler erinnern überall daran, dass sich der Zweivierteltakt von dieser Stadt aus in die ganze Welt verteilt hat. Wir fallen vor Begeisterung regelrecht auf die Knie und sind hautnah in der vordersten Reihe dabei. Mit dem uns bekannten Tango hat die Darbietung jedoch überhaupt nichts zu tun: Die Performance mit ihren komplizierten Figuren scheint aus dem Stegreif zu entstehen, während Leidenschaft, Stolz und die Freude der Tänzer förmlich in der Luft liegen. Unter den feurigen, hoch geschlitzten Kleidern der Frauen blitzt nackte Haut durch die Netzstrümpfe, die Männer tragen tadellose schwarze Anzüge und das Haar streng zurückgegelt. Während sich die Partner tief in die Augen schauen oder melancholisch in die Ferne blicken und die Oberkörper regungslos verharren, bewegen sich die Füße unablässig, gesteuert nicht vom Kopf, sondern dem pulsierenden Blut.

Ja, die Stadt lädt zum Tanzen ein. Die Pflaster liegen krumm, herausgebrochene Stücke strafen mit Stolpern. Besonders beliebt sind hier Hunde, welche stolz an der Leine ausgeführt werden und überall Haufen hinterlassen. Diese warten förmlich darauf, von der nächstbesten Schuhsohle fortgetragen zu werden. So entsteht hier in Buenos Aires unsere eigene Performance: Wir hüpfen und balancieren, schieben den Kinderwagen im Slalom, teils vor und zurück, von links nach rechts. Gegen Nachmittag zieht es einen Teil der Besucher des Flomarktes, die in blau-gelben Trikots stecken, zum Sonntagsspiel nach La Boca, einem südlicher gelegenen Teil der Stadt.

Dieses Viertel ist nicht das sicherste, umringt von den gut gelaunten Fußballfreunden fühlen wir uns jedoch gut aufgehoben. Ihr Ziel ist La Bombonera, das Stadion des populärsten Clubs Argentiniens: der Boca Juniors, der zudem ehemaliger Heimatverein des legendären Diego Maradonas ist. Der Name Pralinenschachtel ist Programm und das Stadion steht inmitten eines Wohngebietes mit atemberaubend steil ansteigenden Tribünen. La Boca endet in der Mündung des Flusses Riachuelo und die von Bäumen gesäumte bunte Hafenpromenade bietet uns die Gelegenheit, eine wohlverdiente Pause für unsere qualmenden Füße einzulegen. Berühmt sind hier die originellen Häuser in der Straße El Caminito, deren farbige Fassaden schon von weitem aufleuchten. Die Gebäude sind aus dem Blech abgewrackter Schiffe erbaut, dick mit buntem Schiffslack bemalt und mit überdimensionalen Puppen argentinischer Prominenter verziert, die von Balkonen auf die flanierenden Fußgänger herabwinken. Ganz im Zeichen des Tangos, der hier seine Wurzeln hat, wird der kleinste freie Platz für Vorführungen genutzt und es wird den ganzen Tag getanzt, egal ob improvisiert oder professionell.

Auf einem großen Spielplatz mitten im Problemviertel können wir endlich unsere Kinder loslassen, die das straffe Programm bisher wie selbstverständlich mitgemacht haben. Kaum angekommen spricht Thorben und mich eine Frau an, deren Hände große vollgepackte Plastiktüten tragen. Sie kann kaum die Augen von Romy und Levi lassen und erzählt uns stolz von ihren Kindern, die ebenfalls blond und blauäugig, aber schon erwachsen sind. Sie hat deren Spielsachen dabei und möchte alles an die süßen Kleinen weitergeben. Die Situation überfordert uns. Zögernd suche ich ein farbenfrohes Leinenkleid für Romy und zudem ein kleines Auto für Levi heraus. Die Frage, ob sie etwas dafür haben möchte, verneint sie, stellt uns alles vor die Füße und ist kurzerhand schon wieder in ihrem bescheidenen Kiosk am Eck verschwunden. So laufen wir mit vier großen Taschen voller Spielsachen langsam zurück zur U-Bahn-Station. Im Großraum der Stadt lebt jeder

Dritte unterhalb der Armutsgrenze, auszumachen an einem breiten Ring von Siedlungen aus Blech- und Bretterhütten ohne Strom und Wasseranschluss, der die Hauptstadt umkreist. Unter den Brücken begegnen uns viele Familien mit kleinen Kindern, die dort unter unglaublichen Bedingungen hausen oder in den Abfallcontainern nach etwas Brauchbarem wühlen. So wandern die Geschenke auf unserem Heimweg Stück für Stück an braunhaarige, braunäugige Kinder weiter, denen es an allem fehlt und ein kleines Stofftier oder Spielzeug etwas Freude in ihr trauriges Leben bringt.

Zum Wochenbeginn wirkt unser Park wie ausgestorben. Lediglich die Hundesitter mit ihren dutzend Hunden an den Leinen ziehen ihre Runden über die weitläufigen Wiesen. Wir folgen einer lang ausgesprochenen Einladung und besuchen unsere Freunde Lulo, Allie und ihr mittlerweile geborener Sohn Teo, die wir in Kolumbien kennengelernt haben. Bei Empanadas lassen wir es uns in ihrem schattigen Garten gut gehen und haben so einiges zu erzählen. Mit einem Insidertipp von Lulu verlassen wir die kleine, erschöpfte Familie auf direktem Wege zur wohl besten Eisdiele der Stadt – denn man munkelt, die Argentinier machen noch besseres Eis als die Italiener. Das wollen wir genauer wissen, doch vergeblich suchen wir die gewohnte Kühltheke mit offen präsentierten Sorten. Lediglich eine Tafel mit etwa zwanzig verschiedenen Geschmacksrichtungen verrät, dass wir im richtigen Geschäft sind. Die Leckerei wird in 10-Kilo-Eimern im Kühlhaus gelagert, meist auch so verkauft oder sogar nach Hause geliefert. Geschmeckt hat es hervorragend. Kein Grund also, sich zu verstecken!

Am Dienstag ist von der gemütlichen Stimmung keine Spur mehr. Schon in der *Subte* spüren wir intensiv, in einer 13-Millionen-Metropole zu sein, und an der Avenida 9 de Julio trifft uns fast der Schlag. Vom hektischen Untergrund der U-Bahn schreiten wir direkt in ohrenbetäubenden Lärm und das Verkehrschaos hinein. Die 18 000 Busse und 50 000 Taxis der Stadt scheinen alle zeitgleich unterwegs zu sein – So viele Autos und Menschen haben wir seit Ewigkeiten nicht mehr gesehen. Kein Wunder, denn wir

stehen unter dem 67 Meter hohen, schneeweißen Obelisken, dem Zentrum der Stadt, an der größten Straße der Welt. Sie ist 140 Meter breit und besteht aus mehr als sechzehn Fahrspuren. Einfach mal schnell die Straßenseite wechseln ist unmöglich, die Überquerung der sechs Fußgängerspuren dauert mehrere Minuten und eine Grünphase reicht bei weitem nicht aus. Diesen Kulturschock müssen wir eine ruhige Seitengasse weiter erstmal verdauen und gönnen uns in einem urigen Restaurant ein klassisches argentinisches Mittagessen. Rindfleisch, Rindfleisch und nochmals Rindfleisch. Das kleinste Steak auf der Karte wiegt 300 Gramm und selbst das wird ohne nennenswerte Beilagen serviert.

Gestärkt flanieren wir über den Plaza del Congreso, weiter die prächtige Avenida de Mayo entlang, durch eine Konsumschneise, die mit Manhattan oder London vergleichbar ist, bis zum Plaza de Mayo und runden die Tour mit einem Besuch des botanischen Gartens ab. Es ist unübersehbar, warum Buenos Aires als das Paris Südamerikas gilt. Prachtvolle historische Bauten, stattliche Alleen – eigentlich der gesamte Flair. Da fühlt man sich ins 19. Jahrhundert zurückversetzt. Städtetrips sind jedoch anstrengend, besonders mit Kindern. Für alle Beteiligten. Nach dem Wochenende mit seinem ganz eigenen Charme und der Ernüchterung durch das Alltagschaos sind wir froh, der Stadt den Rücken zu kehren. Es dauert eine Weile, bis der Großstadtdschungel hinter uns liegt, und wir müssen uns Kilometer für Kilometer durch die Vorstädte kämpfen, die aus Autos, Autos und noch mal Autos bestehen.

Nur einen Steinwurf entfernt wartet bereits eine weitere Metropole auf uns: Montevideo in Uruguay. Hier legen die Frachtschiffe im Hafen ab, von denen eines auch den Frosch zurück nach Deutschland bringen wird. Mit dem bevorstehenden Ende der Reise können wir uns nicht anfreunden, es ist noch jede Menge Reiselust übrig und wir fahren mit einem Lächeln im Gesicht an Montevideo vorbei. Es geht weiter nach Norden, um noch eine Runde über Paraguay und Brasilien zu drehen.

Im Zweistromland angekommen, zeigt uns Südamerika, was große Flüsse sind. Schon der Provinzname Entre Ríos, zwischen den Flüssen, ist eine eindeutige Verortung. Wir überqueren den gewaltigen Río Uruguay, dessem Lauf wir die nächsten Kilometer am breiten Westufer mit seiner beeindruckenden subtropischen Savannen-Landschaft entlang folgen. Viehzucht und Ackerbau werden verdrängt von dichten Pinienwäldern, der blaue Himmel, der uns seit Wochen begleitet, bleibt, wie er ist – nur die angenehme Durchschnittstemperatur von 25 Grad mit einer stetigen frischen Brise weicht schwülen, windstillen 35 Grad.

Auf der Península Soler laden breite, rotbraune, feine Sandstrände zum Baden in dem warmen Fluss ein. Eine träge Schönheit, angefüllt mit dem Aroma unzähliger Blüten. Es ist Freitag und wir mischen uns unter die vielen anderen Familien und genießen das erfrischende Wasser mit Blick auf Uruguay. Das gegenüberliegende Ufer ist kaum auszumachen, und würde der breite Strom seine träge Bewegung einstellen, hielte ich ihn glatt für einen See. Rings um uns sammeln sich Autos, die Kofferräume werden geöffnet, die Anlagen laut aufgedreht. Die Insassen nehmen auf der Wiese, den mitgebrachten Stühlen oder einfach auf der Kofferraumkante Platz und eröffnen das Wochenende. Neben Musik hat der Argentinier immer eines dabei: seinen Mate. Das Nationalgetränk und der Treibstoff Argentiniens.

Zu jeder Tages- und Nachtzeit, selbst beim Spaziergang, auf dem Weg zur Arbeit oder zum Arzt trägt er die Mate-Ausrüstung unter den Arm geklemmt. Oft scherzen sie selber, aufgrund ihrer Matesucht einen speziellen Muskel unter der Achsel für die Thermosflasche mit heißem Wasser entwickelt zu haben. Gemäß der Tradition der Indigenas füllt der Gastgeber die *Kalebasse*, einen ausgehüllten Kern des Matebaums, mit dem Tee, steckt ein dünnes Metallrohr mit einem Sieb am Ende hinein und trinkt den ersten, sehr bitteren Aufguss selbst oder spuckt ihn aus. Dann wird ständig heißes Wasser nachgegossen und der immer noch bitter schmeckende Mate ohne Unterlass in einer Gruppe im Kreis gereicht wie eine Friedenspfeife – denn Mate trinkt man nicht allein. Mate teilt man. Jederzeit und überall.

Bis nach Mercedes liegen noch einige Kilometer vor uns. Es wird stetig heißer und feuchter, entgegen meiner Befürchtung kühlt es nachts jedoch merklich ab, sodass Schlafen anders als in Zentralamerika möglich ist. Meistens jedenfalls. In der Stadt finden wir eine nette Parkbucht am Plaza Municipal Independencia, dem Hauptplatz des kleinen Städtchens. Inmitten der halb verfallenen kolonialen Bauten gelegen, bietet der quadratische Platz mit Wiesen, Springbrunnen samt Schildkröten, großen Statuen und vielen Bänken einen Anlaufplatz für die Bewohner, von denen jedoch keiner zu sehen ist. Erst nach Einbruch der Dunkelheit erwacht die Plaza zum Leben und läuft ab Mitternacht zur Höchstform auf.

Irgendetwas reißt uns aus dem Schlaf. Krach dröhnt von allen Seiten, lässt sich aber nicht zuordnen. Wir liegen im Bett, denken an ein Konzert auf dem Platz, einen Straßenumzug oder gar eine Invasion. Verschlafen klettere ich aus dem Laster und dann trifft mich der Schlag. Rings um uns, aber auch wirklich nur um uns herum, stehen Autos mit geöffneten Kofferräumen. Vollgepackt bis zum Dach mit Lautsprechern, deren Belastungsgrenze gnadenlos ausgereizt werden. Aus jedem dröhnt eine andere Partymusik und es herrscht eine ausgelassene Stimmung. Die Einladung zum Mitfeiern lehne ich dankend ab und versuche, wieder zu schlafen. Erst zur Morgendämmerung wird es leise und das rhythmische Kehren der Müllabfuhr lässt uns in einen kurzen Dämmerschlaf fallen, bevor Levis tägliche Party startet.

Über das ganze Land verteilen sich kleine und große Schreine, die sich schon von weitem mit knallroten flatternden Fahnen neben dem Straßenrand ankündigen. Fährt ein Gläubiger daran vorbei, wird wie üblich gehupt, um *Gauchito Gil* zu grüßen. Im Gegenzug hofft dieser auf eine unkomplizierte und unfallfreie Reise, denn der Volksheilige gilt als Patron der Auto-, Bus- und Lastwagenfahrer. Laut den Legenden war er ein Landarbeiter, der sich der Armee anschloss und im Tripel-Allianz-Krieg gegen die Streitkräfte Paraguays kämpfte. Im späteren argentinischen Bürgerkrieg desertierte Gauchito, um nicht die eigenen Landsleute umbringen zu müssen, und versteckte sich im Wald. Zu dieser Zeit galt er bereits als der argentinische Robin Hood, denn er bestahl die Reichen und gab es den Armen. Als er schließlich entdeckt und gefangen wurde, hängte man in kopfüber an einen Mesquitebaum und folterte ihn. In der Stunde seines Todes prophezeite er dem Henker, dessen todkranker Sohn würde genesen, wenn er zu *Gauchito Gil* bete. Zum Dank der Heilung erbaute sein Mörder einen Schrein, der sich unmittelbar neben der Stadt Mercedes befindet.

Das Areal umfasst mehrere Kapellen und Lagerhäuser, die tausende Opfergaben enthalten. Die Wände zieren Autokennzeichen, Fotos von Pilgern, Ultraschallbilder, Flaggen mit dem Antlitz des Heiligen und Metallschilder mit gravierten Dankesworten. In Nischen stecken Messer, Zigaretten, Pistolen, Kinderkleidung und sogar Haarsträhnen. Die sperrigen Geschenke wie Fahrräder, Gitarren und Hochzeitskleider hängen von den Decken herab. Alles dargebracht von Menschen, die an seine Wunder glauben und um einen Gefallen bitten. Im düsteren Zentrum des Areals glimmen Zigarettenstummel, Kerzen werden entzündet, während der Boden bedeckt von gefüllten Weinflaschen und Bechern ist. Der Geruch des Rotweins hängt schwer und süßlich in der Luft. Am 8. Januar, Gauchitos Todestag, pilgern alljährlich mehr als 200 000 Anhänger hierher, stehen bis weit auf die Straße hinaus und warten stundenlang, um der einen Meter großen Statue Blumen, Wein und Kerzen zu bringen. Der Heilige wird unter Tränen geküsst, gestreichelt, angebetet und die Gläubigen fotografieren einander währenddessen mit dem Handy.

An unzähligen Verkaufsständen gibt es Strampelanzüge, Handyhüllen, Feuerzeuge, Zigarren und Statuen des Heiligen. Daneben stehen Tonfiguren in allen erdenklichen Größen, aber stets mit langen Haaren, Schnauzbart, und gekleidet in der Gaucho-Tracht: weiße Hose, blaues Hemd, rotes Halstuch und ein Steinlasso. Ich kaufe einen kleinen Wimpel mit dem Spruch *Bendice a la familia y el hogar – Segne die Familie und das Zuhause* –, der im Fahrerhaus einen Platz findet und uns auch weiterhin sicher auf den Straßen voranbringen soll. Zum Abschied lässt der Frosch seine laute Hupe aufheulen, sagt Gauchito Danke und Auf Wiedersehen und die Reifen verschwinden auf dem Weg in die Sümpfe von Iberá in den tiefen Spurrillen der immer schlechter werdenden Straße.

Die 100 Kilometer entpuppen sich als beschwerliche, komplizierte Etappe abseits der gängigen Touristenroute. Mit etwas mehr als Schrittgeschwindigkeit schaukelt der Frosch über die mittlerweile holprige, unbefestigte Straße und wirbelt den Staub rings um die

Schlaglöcher auf. Aber was uns währenddessen geboten wird, ist alle Qualen wert. Immer wieder halten wir an, um Sumpfhirsche und die putzigen Wasserschweine zu beobachten. Die zutraulichen Nagetiere werden *Carpinchos* genannt, erinnern an zu groß geratene Meerschweinchen und sind mit ihren bis zu 1,5 Metern Körpergröße auf Augenhöhe mit unseren Kindern.

Das Reservat Esteros del Iberá ist ein 5000 Quadratkilometer großes Feuchtgebiet und zugleich eines der größten Süßwasserspeicher Südamerikas. Eine wunderbare Naturlandschaft mit seltenen Pflanzen und zahlreichen Tierarten. Stellenweise existiert hier unberührte Wildnis ohne Wege und Pfade, zum Teil nur auf dem Wasserweg zu erkunden. Die Kinder tollen auf einer saftigen, weichen Wiese herum und ich steige neugierig in ein kleines Boot. Angetrieben nur durch eine Bambusstange des Führers, die er mit leisen Bewegungen in den Boden steckt und durch kräftigen Druck nach hinten schiebt, gleiten wir lautlos über das glitzernde Wasser weit in das Sumpfgebiet hinein. Wir kommen bemerkenswert nah an die schwimmenden Inseln heran, die nur lose mit den verankerten Vegetationsmatten verbunden sind. Dort wimmelt es von großen Familien der Wasserschweine samt ihrem Nachwuchs, die sich zwischen anmutigen Seerosen, Wasserhyazinthen und Wasserpflanzen verstecken oder entspannt im Schlamm suhlen. Fischreiher ziehen ihre Kreise, die buntesten, kuriosesten Vögel sitzen nistend in den Büschen oder spazieren umher und am Ufer aalen sich die *Yacarés*, kleine Kaimane, in der Sonne.

Nach zwei wunderschönen Tagen zieht es uns weiter Richtung Nordosten nach Missiones, doch auch in dieser Richtung liegen 120 Kilometer Buckelpiste vor uns, die uns fünf Stunden kosten.

Die Mercedes-Kurzhauber sind im ganzen Land verbreitet. Sei es im Ruhestand als umgebaute, riesige Wohnmobile – die Argentinier sind eine begeisterte Campernation –, als Verkaufsstände für Obst und Gemüse oder als betagte Transportmittel, die noch mitten im Berufsleben stehen und unter der Beladung zu verschwinden scheinen. Hier im Norden haben sie ordentliche Mengen zu transportieren, schließlich will das gesamte Land, das einen Pro-Kopf-Verbrauch von 5,5 Kilogramm schafft, mit Yerba Mate versorgt werden. Die Vegetation in dieser Provinz ist üppiger, das flache Land wechselt abrupt in sanfte Hügel. Bambuswälder, Palmen, Maniokplantagen und andere subtropische Gewächse bestimmen das Bild.

Der größte Produzent des argentinischen Nationalgetränks ist Las Marias und dieser lädt auf das imposante Gelände ein, um den gesamten Herstellungsprozess eindrucksvoll zu demonstrieren. Die gleichbleibenden Temperaturen und eine hohe Luftfeuchtigkeit bieten optimale Voraussetzungen, um den anspruchsvollen Strauch der Matepflanze gedeihen zu lassen. Im Gegensatz zur gewöhnlichen Teepflanze gehört Mate zur Familie der Stechpalmen, wächst baumartig und wird bis zu fünfzehn Meter hoch. Die kleinen Pflanzen sind sehr empfindlich, brauchen zur Aufzucht Schatten und erst nach vier Jahren können die Blätter für die Produktion geerntet werden. Wir staunen über die malerischen, wellenförmig angelegten Felder der zurechtgestutzten immergrünen Bäume, während im Rest von Missiones die Bäume wild als Unterholz des Urwaldes wuchern. Die geernteten Blätter samt Stielen und jungen Trieben werden zerrieben und getrocknet, in stattlichen Säcken gelagert, um anschließend in der Fabrik einer strengen Geschmackskontrolle unterzogen zu werden. Unermüdlich testet ein Arbeiter Zug um Zug, und das den ganzen Tag lang. Ich bin mittlerweile ein großer Liebhaber des bitteren Getränks, aber bei dem Anblick schüttelt es mich gewaltig. Ist alles zur vollsten Zufriedenheit, wandert der Tee durch die große Verpackungsanlage und weiter in die Verkaufsräume. Die Auswahl ist schier endlos: Gemischt mit Kräutern wie Kamille, Anis oder Minze, in Teebeuteln und sogar versetzt mit Geschmacksträgern wie Vanille, ist selbst für Kinder die passende Yerba dabei. Das überrascht mich nicht im Geringsten, denn zu Koffein haben die Lateinamerikaner ein anderes Verhältnis als wir Deutschen. Bei ihnen kommt schon Kaffee mit Milch in die Nuckelflasche und Kleinkinder trinken Coca Cola. Im angeschlossenen Café probiere ich nach Herzenslaune, um meinen persönlichen Lieblingsgeschmack zu finden, doch Thorben ist immer noch nicht dafür zu begeistern. „Was nach Kuhstall riecht, kann nicht schmecken.“ Das wiederholt er immer wieder nur zu gerne.

Wir kommen nun in ärmere Regionen. Die Menschen leben zum Teil in einfachsten Bretterbuden, wie wir es bereits in Zentralamerika kennengelernt haben. Missiones war lange Zeit ein unberührter Urwald und übt eine starke Faszination aus. Tiefgrün, rote Erde und dazwischen geheimnisvolle Ruinen mit mächtigen Portalen wie San Ignacio Miní.

Nur so vor Schweiß triefend erreichen wir den nördlichsten Zipfel Argentiniens. Hier fließt der Rio Iguaçu, aus dem *Guaraní* mit großes Wasser übersetzt, und der verheißungsvolle Name lockt uns mit Erfrischung und einem unvergesslichen Naturschauspiel mitten im Regenwald. Es könnte sogar als die Attraktion Südamerikas schlechthin bezeichnet werden.

Gewaltige Baumriesen, Bambusgewächse, wilde Papayas und Guavenbäume, Palmen, Lianen und Kletterpflanzen umzingeln den Nationalpark, und ohne die gut strukturierte Erschließung wäre es fast unmöglich, das riesige Areal zu erkunden. Ein gasgetriebener Ökozug tuckert uns mitten hinein in das Herz des Urwaldes und die Aufregung steigt mit jedem Meter. An der Endstation erwarten uns bereits kleine niedliche Nasenbären, die hier unermüdlich auf der Suche nach Futter umher wuseln und sofort mit gebührendem Abstand zur Attraktion werden. Unzählige Schilder warnen vor tiefen Bisswunden und kurz darauf erfährt auch Romy am eigenen Leib, dass es sich hier nicht um Kuscheltiere handelt. Stolz kommt sie mit ihren Gummibärchen aus dem Kiosk und noch an der Eingangstür versucht ein ganz freches Exemplar, ihr die komplette Tüte zu klauen. Von diesem Moment an findet sie die aufdringlichen Nasenbären doof und ihre neuen Lieblingstiere sind hunderte von umherflatternden, farbenprächtigen Schmetterlingen, der etwa achthundert verschiedenen Arten. Romy und Levi stehen wie paralysiert am Fluss und kreischen vor Freude, wenn sich einer auf ihre Hand setzt.

Lange Spazierpfade laden zum Entdecken ein und wir bemerken, dass die Zeit kaum ausreichend, um den Nationalpark an einem Tag zu erkunden. Nach einer Stunde am Ufer drängt die Zeit und wir reißen schweren Herzens Kinder und Schmetterlinge auseinander. Mehrere Stahlbrücken führen zwei Kilometer lang über den sanft dahingleitenden Rio Iguaçú, und erst ein langsam anschwellendes Donnern und Dröhnen lässt erahnen, was uns bald erwartet. An der breitesten Stelle kommt allmählich Bewegung in den trägen Fluss, dessen braune Massen nur wenige Meter später mit einem gewaltigen Tosen hinabstürzen. In jeder einzelnen Sekunde tausende Kubikmeter Wasser. Direkt an der Abrisskante endet der Steg mit einer riesigen Aussichtsplattform und hier lässt sich das ganze Ausmaß der hufeisenförmigen Schlucht ausmachen: Auf einer Länge von 2700 Metern fallen über 20 große und 255 kleine, einzelne Wasserfälle bis zu 80 Meter tief frei hinab und enden irgendwo in der schäumenden Gischt. Wir stehen im Zentrum des Infernos, einem großes U aus Wassermassen, in das die ganze Welt hineinzustürzen scheint, blicken in den Schlund des Garganta del Diabolo, während sich der feine, kühle Sprühnebel auf unsere Haut legt. Für diesen sonnigen, heißen Tag die perfekte Abkühlung, wenn nicht sogar die schönste Erfrischung, die ich mir vorstellen kann.

Ein grandioses Finale für Argentinien. Der Rio Iguaçu bildet die Grenze zum Dreiländer-Eck, bestehend aus Argentinien Brasilien und Paraguay, und nach drei Monaten Argentinien sind wir gespannt, was uns dahinter erwartet. Unsere Neugier ist sogar so groß, dass wir einfach am Zoll vorbeifahren, ohne den Laster auszustempeln.

2000

PARAGUAY

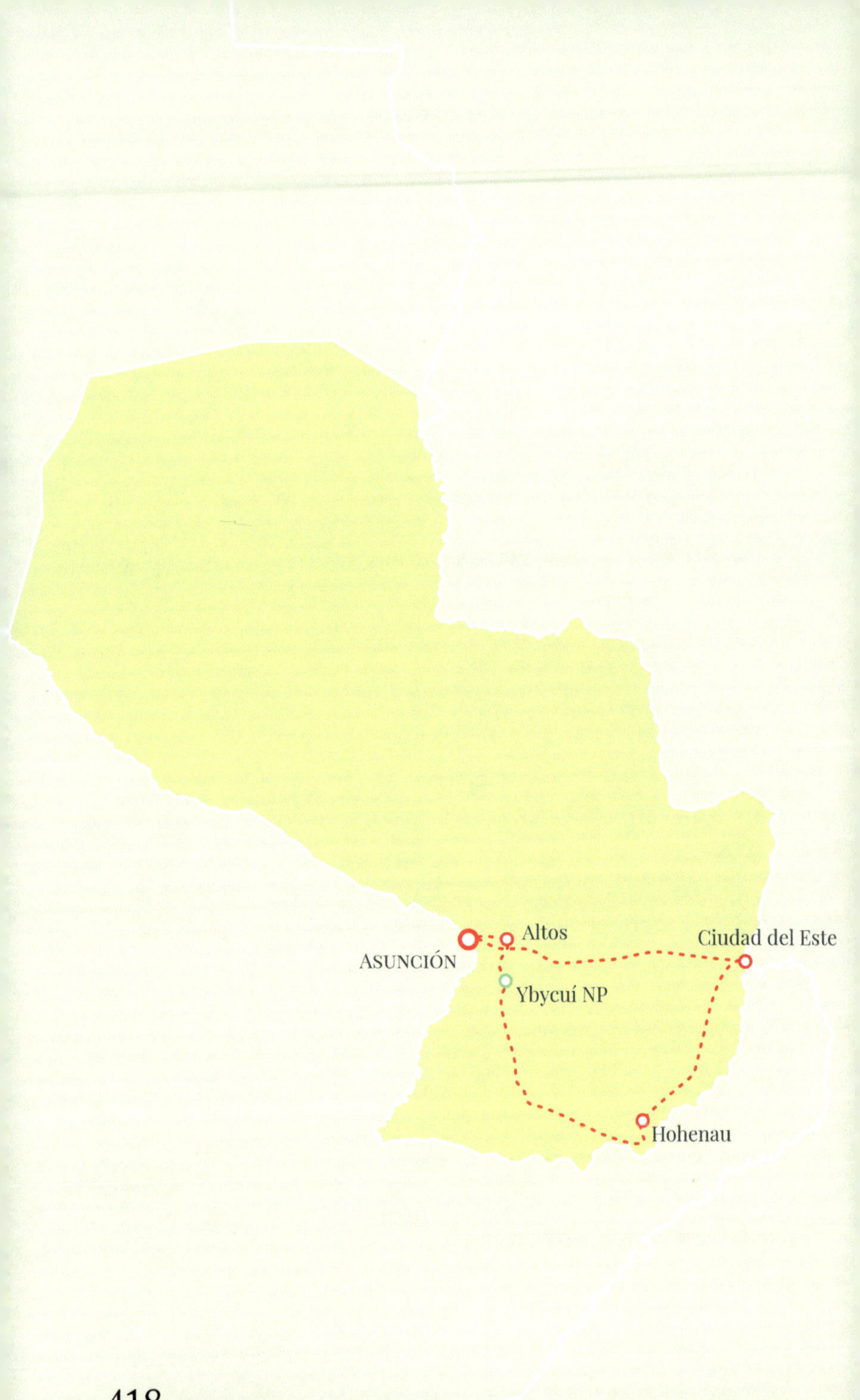
Altos
Ciudad del Este
ASUNCIÓN
Ybycuí NP
Hohenau

Im Land der roten Erde

Touristisch kaum erschlossen, liegt das kleine Binnenland Paraguay im Herzen Südamerikas zwischen Bolivien, Argentinien und Brasilien, die mit spektakulären Attraktionen zum Entdecken einladen. Große Highlights sind in Paraguay nicht zu finden. Kein Meer, keine markanten Gebirgszüge, kaum imposante Sehenswürdigkeiten. Und trotzdem, oder gerade deswegen, ein Grund für uns, das unbekannte Land zu bereisen.

Der Verkehr kommt ins Stocken und hektische Betriebsamkeit liegt in der Luft. Unzählige Plakate werben für das Einkaufsparadies Paraguay und locken zum Shoppen von Schmuggelwaren und gefälschten Markenartikeln zu Dumpingpreisen. Es ist Samstag und der Grenzübergang gleicht einem Taubenschlag. Um den Massen Herr zu werden, ist für Tagesübertritte keine Registration notwendig. Ratlos irre ich zwischen den Schlangen passierender Autos und den Schwärmen von Motorrädern umher. „Wo können wir offiziell einreisen und unser Fahrzeug beim Zoll deklarieren?" Das wissen nicht einmal die Beamten. Jeder schickt mich in einen anderen Winkel des Geländes, und kurz bevor ich aufgeben möchte, stellt sich die vermeintliche Toilettenfrau eines zwischen den großen Abfertigungshallen versteckten Containers als Zuständige heraus.

Hässliche Hochhäuser der Grenzstadt Ciudad del Este und ein Schilderwald mit Shoppingangeboten sind der erste Ausblick, als wir über die Brücke der Freundschaft den Grenzfluss Rio Paraná überqueren. Es herrscht dichter Verkehr, alte Mercedesbusse quälen sich durch die schmutzigen Straßen. Verpackungsmaterial, Obstschalen und Plastikmüll werden hier einfach weggeworfen. Auch beim zweiten Hinsehen wird es nicht schöner, aber dieses verruchte Flair, das mir hier um die Nase weht, der Geruch zwielichtiger Machenschaften, zieht mich in seinen Bann und ich möchte mich sofort ins Getümmel stürzen. Per Motorrad lotsen uns ein paar Schleuser zu einem Parkplatz und schon können wir uns auf Schnäppchenjagd in einer anderen Welt begeben.

Es ist laut, chaotisch und schmutzig. Die schmalen Gassen platzen aus allen Nähten. Menschenmassen schieben sich an den Marktständen vorbei, die bis unter die Dächer aus Plastikplanen überfüllt sind mit allem, was man sich nur vorstellen kann. Ist etwas ausverkauft, schleppen flinke Männer umgehend Kartons mit neuer Ware herbei und verschwinden wieder in einer dunklen Ecke. Es herrscht ein unübersichtliches Gewimmel und fast wird einem schwindelig vom Staunen, Suchen, Ausweichen – und vor allem vom Festhalten der Taschen und Kinder, zu groß sind meine Bedenken, dass etwas geklaut wird oder unter die Räder kommt. Wir kaufen günstig Kinderkleidung und ein neues Handy, nur um kurze Zeit später eine böse Überraschung zu erleben. Schmuggler sind Gauner und einige der Verkäufer wahre Meister der Illusion. An Levis Shirt fällt der erste Knopf ab, Nähte lösen sich wie von Geisterhand und das neue Handy stellt sich als Mogelpackung heraus. Vertrauensvoll präsentierte uns der Händler das Originalmodell und tauschte es unbemerkt gegen ein Spielzeug aus. Außen ein Markenprodukt, innen feinste Fälscherware. Wir waren vorgewarnt und aufmerksam, trotzdem ist es passiert. Das Lehrgeld ist bezahlt und wird uns in Erinnerung bleiben. Die Währung des Landes, der *Guaraní*, ist selbst bei geringen Beträgen im sechsstelligen Bereich, und wenn man schon mal Millionär ist, kann man das verschmerzen.

Wir lassen die zweitgrößte Stadt des Landes hinter uns und Paraguay zeigt sich von seiner sanften, guten Seite. Wir saugen die neuen Eindrücke regelrecht auf. Grün ist die Farbe, die hier fast alles dominiert. Die Kronen der Bäume links und rechts am Straßenrand berühren sich mittig, als wollten sie zusammenbringen, was die Straße trennt, und wir rollen unter einem natürlichen grünen Tunnel dahin. Kleine bunte Holzhäuser leuchten mintfarben, lila, weinrot oder rosa hervor, und als ob weit und breit kein Platz wäre, stehen sie direkt an der Hauptverkehrsroute. Weicht man von den wenigen geteerten Hauptstraßen ab, kann man auf leuchtend roten Erdpisten das Land durchstreifen. Zu beiden Seiten wachsen, soweit das Auge reicht, hohe

Türme empor, die Termiten zu ihren Hügeln aufschichten. Ein wunderschöner Anblick, wenn die Sonne von dem mit weißen Wölkchen betupften blauen Himmel strahlt und zwischen den sattgrünen Wiesen ein feuriges Rot leuchtet. Bei Regen verwandeln sich die Straßen in schmierige Schlammlandschaften, bluten regelrecht aus und die Umgebung mutiert zu einem Schlachtfeld. Die Sandalen bekommen eine dicke Plateausohle, Autos und Holzhäuser einen einheitlichen Farbanstrich.

Nur wenige Tage vorher war es so weit: Levi ließ einfach mal die Hand von Papa los und unternahm die ersten eigenen Schritte. Wir freuen uns alle riesig über diesen Meilenstein, vor allem Thorben, der mit Levi die gesamte Entwicklung seines zweiten Kindes in jeder Einzelheit erlebt, statt sie von mir wie bei Romy per SMS oder nach Feierabend erzählt zu bekommen. Ein Privileg, das meist nur den Müttern vorbehalten bleibt. Levis Technik ist mittlerweile gut ausgefeilt und ich als Waschmaschine bin erleichtert, zum bestmöglichen Zeitpunkt kein Krabbelkind mehr zu haben. Jeden Abend muss ich lachen, wenn unter der Bettdecke die roten Fußsohlen der Kinder herausgucken. Grund für die schöne Färbung der Erde ist ein hoher Eisengehalt, der einen Nachteil hat: Die rotbraune Farbe bleibt an allem hartnäckig haften, was damit in Berührung kommt, und oftmals hilft nur ein zweiter oder dritter Waschgang.

Wie auch schon in Zentralamerika trocknet die frisch gewaschene Wäsche der Einheimischen vom Fahrtwind der vorbeiziehenden Autos und ich bewundere erneut die Unterwäsche der Bevölkerung. Wir kehren zurück in eine lebhafte, farbenfrohe und chaotische Welt, die wir in Chile und Argentinien vermisst haben: klapprige, bunt bemalte Busse, Pferdegespanne und seit langem wieder kleine Stände am Straßenrand, die Lebensmittel verkaufen. Besonders faszinierend finde ich die unzähligen Kräutertische, die bereits von weitem die Luft mit ihren würzigen Gerüchen erfüllen. Auch hier wird gerne und viel Mate getrunken, anders als in Argentinien und Brasilien *Tereré* genannt, und am liebsten mit eiskaltem Wasser. Die Auswahl ist gigantisch und wird ergänzt durch verschiedenste Kräuter, die je nach Beschwerdebild die Gesundheit verbessern sollen und direkt vor Ort zerkleinert zu dem Pulver in der *Kalebasse* gegeben werden.

Auffällig ist die hohe Waffenpräsenz im gesamten Land. Vor Banken, Tankstellen und sogar in Supermärkten steht bewaffnetes Sicherheitspersonal. Auf der Straße werden wir immer wieder von der Polizei für Kontrollen angehalten und müssen Fahrzeugpapiere, Versicherung und Führerschein aus unserem Tresor hervorholen. Der Ablauf ist stets gleich: Der Beamte füllt seinen *Tereré* nach, trinkt erst einmal gemächlich, wirft dann einen neugierigen Blick in den Laster, wir beantworteten Fragen zu unserer Reise und packen dann die Dokumente ungesehen wieder ein.

Die Freundlichkeit der Bevölkerung ist bemerkenswert. Die Paraguayer zeigen sich Fremden gegenüber sehr aufgeschlossen, jeder grüßt uns, selbst von weitem wird gewunken und schnell sind wir in ein Gespräch verwickelt. Nach fast zwei Jahren können wir uns gut auf Spanisch unterhalten, begegnen aber leider immer wieder Menschen, die wir nicht verstehen, da sie *Guaraní* oder eine von etwa zwanzig weiteren indigenen Sprachen sprechen.

Die Paraguayer gelten als die glücklichsten Menschen der Welt, obwohl das Land neben Bolivien das zweitärmste in Südamerika ist. Die Unterschiede im sozialen Status sind klar erkennbar. So wohnen die einen in Steinhäusern mit Glasfenstern und gepflegtem Rasen und die anderen in den mehrheitlich vorkommenden halb verfallenen Hütten mit Plastikfolien als Fensterscheiben und rotem Lehmboden vor der Haustür. Immer wieder sehen wir ganze Familien ohne ein Dach über dem Kopf mit ihrem wenigen Hab und Gut neben der Straße im Gras sitzen, und dazwischen kleine Kinder und Babys. So etwas sehen zu müssen löst bei mir als Mensch und Mutter eine Gänsehaut aus. Wenn sich die Gelegenheit ergibt, verschenke ich Kleidung und Essen. Hier in Paraguay sind im Gegensatz zu den großen

Nachbarn Argentinien und Brasilien die Lebenshaltungskosten so gering, dass wir seit langem wieder mit einem Lächeln an der Kasse bezahlen. Die Armut und das niedrige Lohnniveau ständig vor Augen, profitieren wir auch noch davon. Wir Reichen leben eben doch auf Kosten der Armen und geben hier nur zu gerne etwas von unserem Glück ab. Die Frauen halten sich meist bedeckt und zeigen keine Reaktion, die Männer als Familienoberhaupt dagegen überschlagen sich mit Händeschütteln und freundlichen Worten. Von den Kindern sehe ich meist nur kurz leuchtende Augen und kleine Hände, die sofort gierig nach dem Spielzeug und den Süßigkeiten greifen. So wie es sich gehört. Vielleicht sind auch diese Menschen auf ihre Art glücklich und haben sich trotz der widrigen Umstände die Herzlichkeit bewahrt.

Durch Krisen und Weltkriege haben viele Auswanderer aus Deutschland in Paraguay Kolonien gegründet und machen in mehreren Siedlungen bis zu sieben Prozent der Bevölkerung aus. Weiter südlich bemerken wir das erste Mal den deutschen Einfluss. Die Menschen leben meist unter sich, sprechen deutsch und pflegen Sitten und Traditionen, wie es Straßennamen und Bauwerke bezeugen.

Ein großes hölzernes Fachwerkportal kündigt bereits von weitem die kleine Stadt Hohenau an und begrüßt uns mit der Inschrift *Fühl Dich wie zu Hause*. Das machen wir dann tatsächlich auch. Es regnet wie aus Eimern, wir verbringen drei Tage eingesperrt im Laster und stopfen uns mit importiertem Pflaumenmus, Knäckebrot, Schokolade, Gummibärchen, Spätzle und Rotkohl voll. Das Unwetter trumpft mit kräftigen Gewittern auf und verwandelt den Stellplatz im Naturpark deutscher Auswanderer in eine Sumpflandschaft. Wieder einmal regnet es in unser Bett, unaufhaltsam, doch wir kommen nicht vom Fleck. Die Reifen drehen durch, wühlen sich in den tiefen Matsch und spritzen gewaltige Fontänen in die Luft. Wir stapfen barfuß durch die knietiefe Matsch- und Pfützenlandschaft, während um uns herum weiße indische Kühe grasen, die aufgrund der nicht seltenen Dürren des Landes importiert wurden und hier hervorragend zurechtkommen. Als der Himmel endlich wieder blau anzeigt, können wir unser Domizil verlassen, machen einen professionellen Ölwechsel bei der deutschen Tankstelle und fahren weiter in das südlichste Eck des Landes.

Anfang des 17. Jahrhunderts kamen Jesuiten-Missionare aus Europa in das ehemalige Kernland der *Guaraní*, das sich heute auf Paraguay, Argentinien und Brasilien verteilt, und gründeten rund dreißig Siedlungen. Mitten im wilden, fremden Dschungel richteten die religiösen Fanatiker ihre Hütten ein, bekehrten die dort lebenden Ureinwohner zum Christentum und lehrten sie die Landwirtschaft, Lesen, Schreiben und handwerkliche Fertigkeiten. So entwickelte sich ein eigenständiger Staat, bis die Jesuiten schließlich Ende des 18. Jahrhunderts endgültig vertrieben und die Reduktionen vom Urwald wieder überwuchert wurden.

Die schönste und am besten rekonstruierte Anlage steht in Trinidad am Gipfel eines saftig grünen Berges und wurde von der UNESCO zum Weltkulturerbe ernannt. Das bislang einzige in Paraguay, und trotz des berühmten Titels ist von Besuchern keine Spur. Unter der gleißenden Sonne spazieren wir über die weitläufige, mit Palmen bewachsene Ruinenanlage und wandeln ungestört durch die Bauwerke, bestehend aus Komponenten des ursprünglichen Komplexes wie einer Kirche, Wohnhäusern, Schulen, Läden und Gärten. Wir fühlen uns wie auf einer Zeitreise in die Geschichte und bestaunen die vielzähligen, gemeißelten Ornamente wie filigrane Blumen und Tiermotive.

Beim Stöbern im Internet sind wir auf Eure Homepage gestoßen. Wir können nicht verstehen, warum viele Reisende einen Bogen um Paraguay machen. Es ist ein herrliches Land mit liebenswürdigen Menschen und viel Natur. Wir (René, Schweizer, und Marion, Deutsche) leben seit über zehn Jahren hier und es gefällt uns sehr gut. In Altos, eine Stunde von der Hauptstadt Asunción entfernt, führen wir eine kleine Pension mit Wohnmobilstellplatz. Wir würden uns freuen, Euch bei uns begrüßen zu dürfen. Herzliche Grüße aus Altos, Paraguay, Südamerika von René und Marion

So lautet ein Eintrag in unserem Gästebuch vom November 2015. Diese nette Einladung können wir nicht ausschlagen und besuchen die beiden Auswanderer. Wir werden herzlich empfangen und ergattern den letzten Stellplatz. Kein einziger Overlander begegnete uns in den vergangen zwei Wochen – was mich jetzt nicht mehr verwundert, da wir hier fündig werden: zehn Fahrzeuge, dreiundzwanzig Personen, die inmitten des weitläufigen tropischen Gartens mit Restaurant und angeschlossener Nudelfabrik hängen geblieben sind. Die gesamte Reisegesellschaft ist deutschsprachig und ein großer Teil davon pflegt die deutschen Sitten. Ich

komme mir vor wie in einem Kleingartenverein. Es läuft Fußball im aufgestellten Fernseher, die Frauen sitzen strickend neben ihren grölenden Männern und ein Nachbar bringt mit einer Poliermaschine sein weißes Alkovenmobil auf Hochglanz.

Romy gesellt sich zu den Reisekindern in den Sandkasten, ich breite wie immer zuallererst die große Decke vor dem Laster aus und stelle die Spielzeugkisten dazu, deren Inhalt weitgehend aus Geschenken besteht, die Romy entlang der Panamericana bekommen hat. Je nach Ländern und Kontinenten unterscheiden sich die Vorlieben der Kinder und dementsprechend ist das Angebot in den Geschäften sehr unterschiedlich. Sind es in Europa niedliche Tiere wie Hund, Pferd und Katze, wird in Südamerika gerne mit den heimischen Exemplaren gespielt. So zählen einige kleine und große Gummispinnen zu unserem Bestand, maßstabs- und originalgetreu. Nachdem sich dazwischen ein achtbeiniges Spinnentier als recht lebendig entpuppt hat, ist es endgültig an der Zeit, für den restlichen Aufenthalt im Regenwald auszusortieren.

Mit Einbruch der Dunkelheit werden alle Katzen grau und wir versammeln uns alle an der zentralen Grillstelle, lauschen paraguayischen Volksliedern und tauschen Reiseerlebnisse aus.

Wegen der Kinder steuern wir öfter, als uns manchmal lieb ist, einen Campingplatz an. Die Suche nach einem weichen Rasen können wir auslassen, seitdem Levi läuft, aber wenn sich die wenigen Gelegenheiten bieten, dass Romy und Levi in einem Pool planschen können, verzichten Thorben und ich gerne auf die freie Natur. Bei mir macht sich bereits nach einem Tag der Lagerkoller bemerkbar und die unter freiem Himmel stattfindende Palmweihe in Altos ist ein guter Grund, dem zu entkommen. Die Piste sei frisch abgezogen und ich nehme dankbar das angebotene Fahrrad von Anke aus dem Nachbar-LKW entgegen. Der Lago Ypacaraí, gelegen in der malerischen Hügellandschaft des Altos-Gebirges und umgeben von prächtigen Kaiser-Palmen, ist eine wahre Augenweide, nur nicht mit einem betagten Citybike: Drei Kilometer schiebe ich es fluchend durch den Sand bis zur Hauptstraße. Der Schweiß trocknet, während ich einen weiteren Kilometer steil bergab rolle und mit jedem Meter zähneknirschend an den Rückweg denke. Im Zuge der Prozession erhole ich mich auf den voll besetzten Stufen der Ortskirche, lausche den Gebeten und Gesängen der Gemeinschaft und beobachte die vorbeiziehenden weiß gekleideten Mädchen mit mächtigen Dornenkronen auf den zarten Köpfchen.

Stets am Samstag findet in San Bernardino ein großer Wochenmarkt statt und ist für viele ein fester Termin, um Leberkäse, Lachsschinken, deutsche Backwaren und diverse Importgüter zu kaufen. Die Veranstalter und Händler sind allesamt Auswanderer aus Deutschland und pflegen auch in Paraguay ihre Kultur. An der Bratwurstbude schließen wir Bekanntschaft mit den Einwanderern und erfahren bei Kaffee und Kuchen den neuesten Klatsch. Es gab mächtig Streit, Missgunst und Intrigen untereinander – mit der Folge, dass nun zwei Wochenmärkte zeitgleich stattfinden, jedoch weit voneinander entfernt. Auf beiden Seiten wird fleißig gegen die gegnerische Partei gehetzt und das verstärkt die deutsche Atmosphäre und das in diesem Fall negativ besetzte Heimatgefühl.

Die versteckten Schokoladenosterhasen und mit Buntstiften bemalten Ostereier sind am frühen Ostersonntag schnell gefunden, und nach einem gemütlichen Ausklang der entspannten Osterfeiertage ziehen wir weiter in den nahegelegenen Nationalpark

Ybycui – eines der Highlights in Paraguay und der beste Ort, um die Natur zu erkunden.

Hier im Osten des Landes liegt der letzte subtropische jungfräuliche Regenwald, und bereits die Anreise in den Naturpark verspricht Abenteuer. Abseits der Hauptroute, die kreisförmig durch das Land führt, erwarten uns die berüchtigten roten Pisten. Spitz zulaufend, mit tiefen Schlaglöchern. Wir fahren sie meistens am Hang und lassen uns in Schräglage durchschütteln.

Mit den ersten Sonnenstrahlen des nächsten Tages starte ich mit Romy die Wanderung durch den dichten eindrucksvollen Tropenwald. Der herrliche Weg führt direkt am Flussufer entlang und es scheint, als müssten wir uns den Weg durch das üppige Grün erkämpfen. Wir schleichen zwischen messerscharfen Blätter hindurch, vorbei an tief hängenden Lianen, über rutschige Felsen, um dem Wasserlauf zu folgen. Das alleine bringt uns schon ins Schwitzen, aber meine Aufgabe besteht zudem noch darin, nach Gefahren Ausschau zu halten. Ich stampfe laut auf, um Schlangen zu verscheuchen, und hebe mit einem Spazierstock die großen, quer über den Pfad hängenden Spinnennetze hoch, in denen die rot-gelben Bauherren auf Beute warten. Romy und ich genießen

die gemeinsame Zeit und die Natur um uns herum, das Rascheln kleiner Tiere im Unterholz, Vögel, die unsichtbar in den Bäumen singen. Der einstündige Hike endet an einem der vielen schönen Wasserfälle, der sich malerisch in einer kleinen Felsbucht tosend in den Fluss stürzt und alle anderen Geräusche überlagert. Dort trinken wir direkt aus der Quelle, folgen dem Fluss in entgegengesetzter Richtung und belohnen uns nach der schweißtreibenden Tour mit einem Sprung in ein kleines natürliches Schwimmbecken am Ufer, wo bereits Levi mit Thorben im erfrischenden Wasser plantscht. Eine Vielzahl von Schmetterlingen, die in den unterschiedlichsten Farben um uns herumflattern, rundet den Ausflug zu einem perfekten Ganzen ab.

Wir verlassen den Nationalpark und folgen dem roten Sandfeldweg, der uns nach der holprigen Anreise alles abverlangt. Die sonst so staubige Piste hat der heftige Regen der vorangegangenen Tage in eine lehmige Rutschbahn verwandelt, alles unterspült und viel ist nicht mehr übrig. Große, breite Risse durchziehen die Fahrbahn und enden in teilweise metertiefen Gräben. Thorben hat alle Hände voll zu tun, den Laster über den holprigen, schlammigen Untergrund zu lenken. Zu langsam bedeutet steckenzubleiben, zu schnell bedeutet abzurutschen. So schlittern wir mehr, als wir fahren, Erdklumpen werden hochgeschleudert, weil die Reifen keinen Halt finden und teilweise müssen wir in unserer eigenen tiefen Spur rückwärts rollen, um anschließend weiter voranzukriechen. Die lauten Fahrgeräusche werden ergänzt durch Rumpeln und Steinschläge, um dem Ganzen noch mehr Dramatik zu verleihen. Indes ziehen dicke Wolken auf und kündigen baldigen Regen an, der die Piste in Sekundenschnelle in Schmierseife verwandeln und ein Ende der Fahrt mit ungewissem Ausgang bedeuten würde. Es sind schweißtreibende Stunden für uns beide. Ich kralle mich instinktiv am Haltegriff der Tür fest und versuche, meine Sorgen vor den Kindern zu verbergen, aber Frosch und Fahrer meistern alles hervorragend. Wir erreichen pünktlich zum Wolkenbruch die asphaltierte Hauptroute und ziehen ostwärts Richtung Brasilien, vorbei an unendlichen Feldern mit vereinzelten Palmen.

Das Beste kommt bekanntlich immer zum Schluss und das befindet sich direkt an der Landesgrenze. Der Itaipú-Staudamm. Eine Sehenswürdigkeit, die nicht nur Ingenieure begeistert. Das imposante Gemeinschaftsbauwerk von Paraguay und Brasilien ist ein riesiges Wasserkraftwerk, das beide Länder mit Strom versorgt. Der Staudamm war bis zu der Fertigstellung des chinesischen Drei-Schluchten-Staudamms das größte Kraftwerk der Welt und ist in der Effizienz seinem großen Bruder ganz klar überlegen. 75 Prozent des paraguayischen und 25 Prozent des brasilianischen Strombedarfes werden hier abgedeckt.

Während der kostenlosen Führung bekommen wir zwei Stunden lang alle Details zur Stromgewinnung erklärt und erhalten die ersten interessanten Einblicke im hauseigenen Kino. Auf roten, samtbezogenen Bänken bestaunen wir einen aufwendig produzierten Imagefilm über den Bau dieser gigantischen Meisterleistung und die umliegenden Naturreservaten, untermalt von dramatischen Musikelementen aus dem allerneuesten Soundsystem. Noch völlig davon beeindruckt, befördert uns der hauseigene Omnibus durch das von einer gelben Grenzline durchzogene Gelände und pendelt dabei stetig zwischen Paraguay und Brasilien hin und her. Hinter einem Wald aus Strommasten liegen die Schleusen, welche bei zu hohem Wasserstand geöffnet werden und über deren Ablass-Schanze ein 90 Meter hoher Wasserfall als

mächtige Fontäne emporschießt. Knapp acht Kilometer lang ist der gesamte Damm und auf dieser Strecke stehen achtzehn gewaltige Turbinen entlang der 200 Meter hohen Staumauer. Im Inneren der Betonwände offenbaren sich riesige Generatoren, deren gewaltige Kräfte durch die leicht zitternden Mauern spürbar sind.

Neben dieser überaus positiven Gesamtdarstellung wird jedoch nicht erwähnt, dass für den Bau etwa 700 Quadratkilometer Regenwald geflutet und Wasserfälle, noch größer als die berühmten Iguazú-Fälle, vernichtet wurden. Die Staudammbetreiber erhielten im Gegenzug eine Menge Auflagen, unter anderem den Bau eines Campingplatzes in einem Nativwald zur kostenfreien Nutzung für jedermann. Dort stehen wir für einen Tag am Ufer des gestauten Rio Paraná, umgeben von dichtem Wald und exotischem Vogelgezwitscher, bevor es für uns am nächsten Tag nach Brasilien geht.

BRASILIEN

BRASILIA
Pantanal
Campo Grande
Tiradentes
Bonito
Rio de Janeiro
Paraty
Foz do Iguaçu
Blumenau
Florianopolis
Lagoa do Peixe

Feuchtes Universum

Was für eine Begrüßung! Die Grenzbeamtin lächelt, schiebt mir ein Stück Papier auf dem Tisch entgegen und fängt an zu singen. In einer Mischung aus holländisch, russisch, spanisch und englisch. Ich lache, bin sprachlos und noch beim Unterschreiben dämmert es so langsam. Portugiesisch. Natürlich. *Bem Vindo ao Brasil.* Das kann ja heiter werden.

Auch in Brasilien ließen sich vor rund 200 Jahren deutsche Auswanderer nieder und hofften auf eine bessere Zukunft. Heute haben mehr als zehn Prozent der Brasilianer deutsche Vorfahren, und gräbt man nur tief genug nach seinen Wurzeln, findet sich hier bestimmt das ein oder andere Familienmitglied.

Uns zieht es in das 40 Kilometer entfernte Itaipulândia zu Thorbens Verwandtschaft, die uns bereits aufgeregt erwartet. Glücklicherweise wurde die deutsche Sprache von den ausgewanderten Vorfahren generationenweise weitergegeben und so lernen wir die Brüder der in Deutschland lebenden Tante Leani samt Ehefrauen, Kindern und Enkelkindern kennen, führen interessante Gespräche und erfahren viel über Land, Menschen, Kultur und Politik. Das alles hilft uns, Brasilien besser zu verstehen. Wir fühlen uns wie zuhause, besonders auf dem großen Sofa im heimeligen Wohnzimmer. Für Daheimgebliebene kaum nachzuvollziehen, aber nach fast zwei Jahren ohne Couch ist dies ein Genuss, der einem Wellness-Aufenthalt gleicht. Kulinarisch kommen wir auch nicht zu kurz – Miri, Beno und vor allem Wilson bringen uns die landestypische Küche näher. Sie kochen für uns unbekanntes Gemüse, das unter bunten Blütenblättern versteckt am Straßenrand wächst, aber auch die tägliche brasilianische Pflichtration Reis mit schwarzen Bohnen. Die Beilage ist im Gegensatz zu der in Zentralamerika, die aus schwarzen Bohnen mit Reis besteht, dann eher nach unserem Geschmack: Fleisch. Zwischen den Gängen werden die Geschmacksknospen ordentlich gefordert: Für Thorben gibt es Caipirinha, für mich wieder eine neue Version

Mate: giftgrünes Pulver, das geschmacklich an flüssigen Spinat erinnert. Und das im Kaffeeland Brasilien, dem größten Produzenten der Welt. Keiner hat mehr, keiner trinkt mehr, mit Ausnahme des Südens, wo der *Chimarrão* Mate- und somit Koffeinlieferant Nummer eins ist.

Im Hostel Paudimar bei Foz do Iguaçu erwarten uns bereits Ulli, Ralf und Kalli. Vier Monate sind seit dem letzten Beisammensein vergangen. Damals eingepackt in dicke Winterkleidung, schwitzen wir nun gemeinsam am Pool. Morgens erwartet uns ein reichhaltiges Frühstücksbuffet mit unterschiedlichstem Brot, Kuchen und Früchten und damit werden erstmals auf der gesamten Reise auch wir als Eltern verwöhnt.

Breiter als die Victoriafälle, höher als die Niagarafälle und spektakulärer als beide zusammen: Es zieht uns zum zweiten Mal zu den Iguaçu-Fällen, um das sagenhafte Wasserschauspiel aus einer ganz anderen Perspektive zu betrachten. Im Gegensatz zu unserem Besuch auf der argentinischen Seite geht hier leider das Gefühl von Urwald gänzlich verloren und gleicht einem Besuch von Disneyland. Auf einer überbreiten, kilometerlangen Zufahrtsstraße werden im Minutentakt Touristen in doppelstöckigen

Omnibussen zu den Wasserfällen gekarrt. Die protzigen Hotels, welche absolut unpassend in den UNESCO-gekürten Nationalpark platziert wurden, finde ich ebenso verstörend. Wanderwege gibt es nicht, nur einen schmalen gepflasterten Pfad, der an den unzählbaren Wasserfällen entlang führt. Für uns geht es Treppen hoch und wieder runter, im Zickzack vorbei an den gefräßigen, aufdringlichen Nasenbären, begleitet von einem unaufhörlichen Rauschen der zahllosen breiten Kaskaden. Nach eineinhalb Kilometern stehen wir, umringt von Urwald, zwischen den tosenden Gewässern, der blaue Himmel beschert uns reihenweise Postkartenmotive und die Sonne sorgt im Zusammenspiel mit dem Sprühnebel der Wasserfälle für beeindruckende Regenbögen. Welche Seite nun schöner ist, kann ich nicht beantworten. Beide sind einzigartig, absolut sehenswert und nass wurden wir in Argentinien und in Brasilien.

Während der Tag für uns ereignisreich verläuft, ist auch in der nahe gelegenen Grenzstadt Ciudad del Este in Paraguay einiges los. Dieser geht aufgrund eines Jahrhundertraubs in die Geschichte des Landes ein: Etwa fünfzig schwer bewaffnete Angreifer stecken Autos in Brand, attackieren die Waffendepots der Polizei, sprengen sich den Weg zum Tresor eines Geldtransportunternehmens frei und erbeuten etwa dreißig Millionen Dollar.

Zu meinen mittlerweile drei kaputten Objektiven gesellt sich noch im Nationalpark die gesamte Kamera dazu. Trotz der schlechten Erfahrung und der Bedenken wegen des befürchteten Chaos nach dem Überfall fährt Thorben erneut nach Paraguay und schenkt mir am Abend eine neue, originale Spiegelreflexkamera zu einem unschlagbaren Preis. Es ist also doch ein Einkaufsparadies, wenn man die Tücken kennt und sich in das richtige Geschäft verirrt.

Auch die Gangsterjagd verzeichnet Erfolge. Wenige Stunden nach dem Überfall stößt die Polizei in Itaipulândia auf einen Teil der Kriminellen. Genau an dieser Stelle standen wir noch wenige Tage zuvor und genossen die Aussicht auf den Rio Paraná, dessen Wasser sich nun mit dem Blut von drei getöteten Verbrechern vermischt.

Nach vielen schönen Tagen im Hostel und dem endgültigen Abschied von unseren Freunden zieht es uns weiter gen Norden. Die nächsten Tage bringen wir eine Strecke von 1000 Kilometern hinter uns, für brasilianische Verhältnisse ein Katzensprung und auch für uns mittlerweile eine Entfernung, die wir zurücklegen, ohne mit der Wimper zu zucken.

Zur Halbzeit verschnaufen wir in Bonito und parken den Laster weit abgelegen an einem kleinen Fluss, der sich leise plätschernd durch den üppigen wilden Wald schlängelt. Dort verscheuchen wir bei der Dschungelwanderung einen herumschleichenden Puma und baden inmitten von unzähligen Fischen im erfrischenden glasklaren Flusswasser, das dadurch einem Aquarium gleicht. Währenddessen geht mit den *Seriemas* – langbeinige Kraniche mit aufgerichteten Federbüscheln am Schnabel – die Neugierde durch und sie kreisen uns von allen Seiten ein.

Nach einer weiteren Tagesetappe zeigen sich erste Vorboten des nahenden Zieles. Die Telefonzellen sind übergroße Jaguare aus Pappmaché, Affen und Papageien sitzen versteckt in den Bäumen, um sich vor der gleißenden Sonne zu schützen. Ein untrügliches Zeichen für das bald folgende Abenteuer im 230 000 Quadratkilometer umfassenden Natur- und Tierparadies Pantanal. Es ist das größte Feuchtgebiet der Erde und gehört seit dem Jahr 2000 zum Welterbe der UNESCO. Ausdehnung und Umfang werden durch Regen- und Trockenzeit bestimmt: Ab April zieht sich das Wasser des Rio Paraguay von dem bis zu zwei Dritteln meterhoch überschwemmten Gebiet langsam zurück und gibt den Weg frei, um das komplexe System, bestehend aus Savannen, Trockenwäldern, Lagunen, Seen und vor allem Flüssen, erkunden zu können. Die verbleibenden Wasserstellen sind Sammelpunkte für die Tiere, und davon gibt es hier viele. Etwa 650 Vogelarten und 80 Säugetierspezies.

Anfangs sind wir recht ratlos, wie wir das Pantanal, welches sich in einen nördlichen und einen südlichen Teil aufteilt, am besten besichtigen sollen. Denn nur wenige Straßen, errichtet auf Dämmen und Brücken, führen hindurch. Wir entscheiden uns für

den südlichen Teil, folgen dem Wasser und bemerken, dass es schon der Halt an der ersten Brücke – einer der besten Aussichtspunkte – in sich hat. Hier tummelt sich die Tierwelt.

Raubvögel, Schmetterlinge und Papageien in allen Farben des Regenbogens fliegen durch die Lüfte und direkt am Ufer, versteckt zwischen lila leuchtenden Seerosen, aalen sich hunderte Kaimane in der Sonne. So viele, dass wir auf der Flucht vor Moskitos, die sich leider auch alle hier aufhalten, fast aus Versehen drauftreten. Stiller Beobachter des wilden Treibens ist der *Jabiru*, das Wappentier vom Pantanal. Die mit 1,5 Metern Körperlänge größten Vertreter der Gattung Storch sitzen mit dicken, flammend roten Hälsen regungslos in sicherer Entfernung und urinieren auf ihre Beine. Weniger aus Angst vor den Krokodilen, sondern um eine Senkung der Körpertemperatur zu erzielen.

Wir biegen im Anschluss voller Reiselust auf die MS-228 ab, über uns ist die lachende Sonne und die Temperaturen sind sommerlich. Immer weiter in das Sumpfgebiet hinein braust der Frosch über staubige, holprige Sandpisten und 42 knarrende, teils marode Holzbrücken, die über Wasserläufe voller Kaimane führen. In den Bäumen sitzen so viele Ibisse, dass die Äste schwer durchhängen, Sumpfhirsche kreuzen unseren Weg, Tapire und Wasserbüffel streifen durch das hohe Gras. An einer *Estancia* mit einer dazugehörigen Landfläche so groß wie Hessen finden wir einen schönen Stellplatz am Flusslauf. Auch hier ist mächtig was los. *Hokkos*, schwarze Hühner, deren Federbüschel auf dem Kopf wie

eine nach vorne geföhnte Elvistolle aussieht, schleichen durch das Unterholz, Tukane hüpfen von Ast zu Ast, rote Papageien äugen neugierig zu uns hinab und große blaue Hyazinth-Aras, eine prächtige Papageienart mit rund einem Meter Körperlänge, jagen sich laut krächzend über uns von Baum zu Baum.

Thorben wirft die Angel aus und fängt knurrende, bärtige Fische, die dem nur einen Meter entfernt lauernden Kaiman anschließend direkt ins geöffnete Maul fliegen. Um uns herum schwirren Moskitoschwärme, die mit nervenzerreißendem Summen ihren Angriff vorbereiten und uns in eine Bambushütte vertreiben. Dort lümmeln die Kinder und ich in der Hängematte vor den Panoramafenstern aus engmaschigen Moskitonetzen. Das ist der Preis für die Wildnis, den wir bezahlen. Wenn die letzten Spuren der Zivilisation von der Pflanzenwelt verdrängt werden, gehören auch die weniger schönen Begegnungen dazu.

Der Herbst holt uns jetzt langsam ein und die Nächte werden länger. Bereits um neunzehn Uhr ist es finster, doch wir begrüßen die Dunkelheit, können wieder vor die Tür und vernehmen die Geräusche des Dschungels unter Abermillionen von Sternen.

Zusammen mit einem Fischer gleite ich am nächsten Morgen weit in die grüne Hölle hinein. Das kleine Boot wird fest an einem der vielen Bäume verzurrt, die bis zum Ansatz ihrer Kronen im Wasser stehen. Es schaukelt sanft umher und wir zerkleinern ein stattliches Stück Fleisch, stecken je zwei Stückchen auf einen gefährlich aussehenden Haken und werfen die langen Bambusstangen aus. Es ist kaum zu glauben, aber meine Angel zuckt sofort auf und ab. Ich kontrolliere den Köder, der bis auf ein paar kleine Fetzen verschwunden ist: Die Piranhas sind hungrig. Die Kunst besteht lediglich darin, die Rute ruckartig hochzuziehen, sobald sich spürbar unter Wasser etwas am Köder zu schaffen macht. Nach mehreren Leerläufen habe ich den Bogen raus und damit den ersten Fisch meines Lebens mit einer Angel gefangen. Klein sind sie, schimmern herrlich im Sonnenschein, und ihr messerscharfes Gebiss flößt ordentlich Respekt ein. Eine Stunde später ist das Kilo Rindfleisch ausgetauscht in elf Portionen Fisch und ich kann zurück am Ufer meiner Familie voller Stolz den ersten Fang meines Lebens und das Abendessen präsentieren.

So schön und faszinierend es auch ist, die moskitogeplagte Wildnis macht mich regelrecht verrückt vor Sorge um die Kinder. Die roten Punkte auf ihrer Haut nehmen stetig zu und sind der Startschuss, weiterzufahren. Schneller als geplant verabschieden wir uns daher von einem faszinierenden Artenreichtum, der sich uns auf so einer kurzen Distanz in der freien geballten Natur noch nie zuvor gezeigt hat. 100 Kilometer weiter können wir wieder durchatmen, entspannt nach draußen gehen und gemeinsam mit Romy bereite ich die frische Beute für ein köstliches Essen zu. Viel ist leider nicht dran an den Piranhas, aber sie schmecken hervorragend.

Auf dem langen Weg vom Westen an die Atlantikküste zeigt uns Brasilien nun so richtig, was Distanzen sind und was es bedeutet, das größte Land Südamerikas zu bereisen.

Ich habe eine aufregende, schöne Strecke erwartet: Palmen, Hügel, Blumen, Farne, hohe Bäume und wilde Tiere. Aber vom erwarteten Regenwald und den vielfältigen Landschaften ist weit und breit keine Spur. Brasilien zerstört meine Illusion von einer Natur ohne menschliche Einmischung. Das Land schien genug davon zu haben und endlose Flächen fielen der monotonen Landwirtschaft zum Opfer. Es ist satt grün. In Form von Mais- und Soja-Anbau. Über hunderte Kilometer diese Bilder. An sich schon erschreckend, wie massiv die ursprüngliche Natur hat weichen müssen, ausgereift steht die Soja-Pflanze grau-schwarz auf dem Feld und getoppt wird der traurige Anblick im Anschluss an die Ernte, wenn ein rotbrauner, staubiger Acker zurückbleibt. Unerwartet schwierig gestaltet sich die Stellplatzsuche zwischen all den Nutzflächen. Bis zu 80 Kilometer Umweg nehmen wir täglich in Kauf, um an aufgestauten Flussufern wieder mit der Natur in Einklang zu gelangen und den Duft von Freiheit zu schnuppern.

Die einzig andere mögliche Option sind die *Postos*, vergleichbar mit Autohöfen an deutschen Autobahnen. Einige der Zapfsäulen sind mit langen Gruben ausgestattet und während des Tankens wird unter den Laster geschaut, der Service gemacht, obenrum kostenlos mit Schwamm und Dampfstrahler der Lack gewaschen und ordentlich auf Hochglanz gebracht. Danach geht es ins angeschlossene All-you-can-eat-Restaurant. Die hochmoderne Eintrittskarte mit Strichcode eröffnet uns täglich ein kulinarisches Paradies von reichhaltigen Buffets mit Suppen, Salaten, Desserts, Nudeln und Reis in allen Variationen, getoppt von einer Grillstation. Südamerika ist ein Kontinent für Fleischliebhaber. Argentinien trumpft mit grandiosen Rinderfilets auf, doch das *Churrasco* in Brasilien ist für uns der heimliche Favorit. *Churrasco*, das sind gegrillte Fleischspieße mit einer bunten Vielfalt aus der Viehwirtschaft des Landes. Wir probieren Variationen mit Rind, Lamm, Schwein, Pute, Huhn und Würstchen, lediglich mit grobem Salz gewürzt und auf Holzkohle oder offenem Feuer butterzart zubereitet und von den aufmerksamen Grillmeistern direkt von den bis zu zwanzig verschiedenen Spießen auf den Teller geschnitten. Bezahlt wird nach Gewicht: ein Kilo Essen für zehn Euro. Fast jede Tankstelle bietet Platz für hunderte LKWs und alles, was das Truckerherz begehrt: gemauerte Feuerstellen, Stromanschlüsse, Duschen, Wäschereien, Supermärkte, Frischwasser, Fitnessgeräte, Spielplätze, W-LAN und eine kostenlose Übernachtungsmöglichkeit zwischen unzähligen anderen Trucks. Bei vielen läuft über Nacht die Kühlung, deshalb verstecken wir uns dann für eine ruhige Nacht am liebsten jenseits über der Ölwechsel-Grube.

Auf den Hauptverkehrsrouten kommen wir schnell voran, müssen aber viele Mautgebühren bezahlen. Auch in Brasilien wird nach Reifen abgerechnet und jede Diskussion ist bares Geld wert. Wie in jedem anderen Land zuvor werden uns aufgrund der üblichen Doppelbereifung der hiesigen LKWs ständig zwei zusätzliche Reifen von ahnungslosen Mitarbeitern auf die Hinterachse gezaubert. Besonders gerne, wenn Levi gerade eingeschlafen ist. Der Wortwechsel währt meist genau so lange, bis der Kleine davon aufwacht, und im Grunde genommen sind wir nicht schneller als auf den Nebenstrecken unterwegs, bezahlen es aber in mehrfacher Hinsicht teuer.

Auf den gut ausgebauten Schleichwegen brauchen wir aber viel Geduld. Massen von Hightech-Blitzanlagen an den entlegensten Stellen und plötzlich auftauchende Bodenschwellen, besonders häufig an Ein- und Ausgängen der kleinsten Ortschaften, bringen uns an den Rand des Wahnsinns. *Lombada* werden die nervigen Asphalthügel hier in Brasilien genannt. Einen Augenblick nicht aufgepasst, schlägt das Fahrzeug hart auf, kommt in Wallung und unsere Hüften beginnen wie beim Lambada automatisch rhythmisch zu schwingen.

Wir folgen der historischen Goldroute durch eine hügelige grüne Landschaft bis tief in das Landesinnere des Bundesstaates Minas Gerais hinein. Mit dem Kolonialstädtchen Tiradentes finden wir eine Zeitmaschine, die uns zurück in ein längst vergangenes Jahrhundert Brasiliens bringt und mit ihrer Ruhe und Behaglichkeit die Gelassenheit Stück für Stück zurückgibt. Der wunderschöne Ort mit beschaulichen 6000 Einwohnern, neun Straßen und acht Kirchen liegt versteckt in den Bergen auf etwa 1000 Höhenmetern und entpuppt sich als kleine barocke Perle.

Wir stolpern durch unebene, kopfsteinbepflasterte Gassen und irren durch das Labyrinth der weißgetünchten Häuser, deren bunte Fenster und Türen mein Herz in Verzückung bringen. Die barocke Pfarrkirche Matriz de Santo Antônio, versehen mit wunderbaren Schnitzarbeiten und reichlich mit Gold verziert – damit schon fast überladen –, zeugt von dem Reichtum, den die Sklaven in Goldgräberzeiten aus den Minen holten. Am Hauptplatz laden gemütliche Restaurants zu typischen Gerichten ein und wir übernachten inmitten eines tropischen Gartens, genießen das angenehme Klima und planen den nächsten Reiseabschnitt.

Energiegeladen und voller Vorfreude steuern wir durch das schöne Bergland weiter, tief in den Regenwald hinein, mit Kurs Richtung Atlantik. Die ersten *Morros*, kegelförmige Granitfelsen, tauchen wie aus dem Nichts hervor und weisen uns den Weg an die Küste, zu der wohl am schönsten gelegenen Stadt der Welt.

Rio de Janeiro

Rio de Janeiro ist mit zwölf Millionen Einwohnern, sieben davon im Stadtgebiet, die zweitgrößte Stadt in Brasilien. Hier prallen Tourismus und enorme Unterschiede zwischen Arm und Reich aufeinander, dazu gibt es gesetzlose Zonen, die ausschließlich von Banden kontrolliert werden. Kriminalität und Gewalt gehören zur Tagesordnung.

Teure Handys, Schmuck oder viel Bargeld sind bei uns nicht zu holen, dafür haben wir Vorsicht, Vernunft und ein gutes Gespür für kritische Situationen im Gepäck. Die besten Voraussetzungen, um die Stadt ohne Angst zu erkunden. Sorgen bereitet uns nur, für den Laster einen sicheren, zentralen und bezahlbaren Stellplatz zu finden. Ein Ding der Unmöglichkeit. Um die Metropole mit ihren weltbekannten Stränden und Sehenswürdigkeiten ausgiebig genießen zu können, müssen wir uns vom Frosch trennen. Parkplätze gibt es massenhaft, nur leider nicht in den gewünschten Sondermaßen. Fünf Kilometer Luftlinie und eine Stunde Fahrtzeit entfernt finden wir für ihn in der Satellitenstadt Niterói einen eingezäunten Platz, während wir vier uns ein Apartment direkt an der Copacabana gönnen.

Einer der vielen Wolkenkratzer, verrammelt durch dicke meterhohe Zäune und vom aufmerksamen Sicherheitspersonal bewacht, wird für sieben Tage der zentrale Anlaufpunkt. Herzstück der Wohnung bildet eine riesige Dachterrasse mit direktem Zugang zur Küche. Der Rest ist klein und nebensächlich, das Leben in Brasilien findet draußen statt. Unser Gastgeber hat die Unterkunft als geeignet für Kleinkinder festgelegt und das bedeutet auf südamerikanisch: Das Sofa steht direkt am Geländer mit freiem Fall nach unten, unter dem Billardtisch stapeln sich verrostete Gewichte und Schnapsflaschen und die Wände zieren offene Steckdosen. Nach deutschen Vorstellungen ist die Mängelliste ellenlang, hier hingegen rücken große Spielzeugkisten alles ins rechte Lot. Mittlerweile abgestumpft sehen Thorben und ich so

etwas entspannt und die Kinder ... ja, die fallen kopfüber in die Plastikboxen und freuen sich.

Der strahlende Sonnenschein zieht uns sofort drei Blocks weiter an den weltberühmten Sandstrand, eine Sichel aus weißem Sand, die sich zwischen Zuckerhut und der Landzunge Forte de Copacabana krümmt und den schäumenden Atlantik von den luxuriösen Hotels an der Promenade trennt. An Baden ist nicht zu denken, aber nass werden wir trotzdem, wenn beim Bauen der Sandburgen die Ausläufer der bis zu zwei Meter hohen Wellen bis auf das Handtuch laufen. Dunkelhäutige Kinder spielen barfuß im Sand Fußball, scheinen mit dem runden Leder zu tanzen, halten ihn kunstvoll in der Luft und zeigen der Welt, warum diese Nation so viele Ballkünstler hervorbringt. Spärlich bekleidete Frauen flanieren an uns vorbei und präsentieren das Markenzeichen der Küste, den String-Tanga. Ein äußerst knappes buntes Stoffdreieck mit einem Bändchen, das zwischen den gebräunten Pobacken verschwindet. Jede trägt ihn, auch wenn es in den meisten Fällen ruhig etwas mehr sein könnte. Was die Figur betrifft, stehen die Brasilianerinnen den anderen Frauen auf der Welt in nichts nach, doch ihr Selbstbewusstsein kaschiert auch die größten Dellen und das, was links und rechts nach unten hängt. Auf der Suche nach der perfekten Strandschönheit vergesse ich natürlich, unsere Rucksäcke zu bewachen, werde aber von den

freundlichen umherziehenden Händlern darauf hingewiesen und mit Tipps versorgt.

Trotz der Größe und Ausdehnung lässt sich die Stadt gut erkunden. Ich organisiere mehrere kleine Ausflüge pro Tag für jedes Viertel, die wir nach den Mittagsstunden an den Stränden ausklingen lassen werden.

Es beginnt bunt im Stadtteil Lapa, an der Catedral de São Sebastião, einer gar ungewöhnlichen Kirche. 20 000 Menschen fasst der achtzig Meter hohe und 106 Meter breite Innenraum, dessen schmucklose Fassaden von ebenso hohen Buntglasfenstern geschmückt werden, welche das an sich unansehnliche Bauwerk in den schönsten Farben ergreifend aufleuchten lassen. Nur einen kurzen Spaziergang entfernt verschwinden wir in den dunklen Gassen zwischen baufälligen Häusern und tauchen vor der gut versteckten, berühmtesten Treppe der Welt wieder auf.

Die Escadaria de Selarón besteht derzeit aus über 250 Stufen, verziert mit einem Fliesenmosaik, das hauptsächlich aus den Farben grün, gelb und blau besteht und somit ein Tribut an die brasilianische Flagge darstellt. Wir nehmen uns ausgiebig Zeit und finden hier und da Kacheln mit Motiven von rund 150 verschiedenen Ländern – Geschenke von Menschen, die Jorge Selaróns Idee für ein internationales, lebendiges Kunstwerk unterstützen und ihr zum Wachstum verhelfen wollten.

Der bequemste Weg in das oberhalb von Lapa auf einem Hügel gelegene bunte, stimmungsvolle Viertel Santa Teresa ist eine Fahrt mit der *Bonde.* Als älteste Straßenbahn der Welt kurvt die antike, leuchtend gelbe Tram heute wie auch schon vor über hundert Jahren durch die engen, kurvigen Straßen und gilt mittlerweile als Wahrzeichen von Rio de Janeiro. Wir lösen brav ein teures Ticket an der Haltestelle, während an den tür- und fensterlosen Waggons unterwegs auch kostenlos aufgesprungen werden kann. Der Höhepunkt der Fahrt führt über die schneeweiße Brücke Arcos da Lapa mit ihren 42 markanten Bögen – auf 300 Metern Länge kann man kostenlos 18 Meter tiefer wieder aussteigen. Bei einer Höchstgeschwindigkeit von vierzig Stundenkilometern, den Sicherheitsvorkehrungen und der Antriebs- und Bremstechnik brauchen wir starke Nerven, kräftige Arme, um die Kinder festzuhalten, und einen guten Platz am Geländer: Vor dem Trittbrett gähnt der Abgrund und alle Passagiere sind mucksmäuschenstill. Nur die quietschenden Geräusche sind zu hören, bis wir im Hippie- und Künstlerviertel weit über dem Stadtzentrum aussteigen. Die Aussicht auf Rio und das angrenzende Meer ist überwältigend, und während wir bergab laufen, zeigen die unterschiedlichsten Blickwinkel das Zusammenspiel der verschiedenen Stadtteile. Verdecken Urwaldreste die Sicht, entschädigen uns unzählige farbenfrohe Graffiti-Kunstwerke mit ihrem Anblick und laden zum Staunen und Verweilen ein, bis wir wieder im lebhaften, modernen Geschäftszentrum stehen.

Zwischen all den grünen Hügeln, die sich malerisch an der Küste vor Rio auftürmen, liegen herrliche kilometerlange Sandstrände, angeschlossen mit breiten Promenaden und hervorragenden Radwegen. Unsere Tour auf Leihrädern beginnt am menschenleeren, goldgelben Strand vor dem Zuckerhut und hier stehen wir nicht nur vor dem schönsten aller Granitfelsen, sondern auch am östlichsten Punkt unserer Reise durch die drei Amerikas. Die Strecke führt über die vier Kilometer lange Copacabana entlang bis hin zum wahnsinnig umtriebigen weißen Sandstrand von Ipanema, an dem von Sonnenanbetern bis hin zu Selbstdarstellern

alles vertreten ist. Alles im Blick von Christus, der hoch über der Stadt mit einer Spannweite von 28 Metern segnend seine Arme ausbreitet.

Der 700 Meter hohe Corcovado ist umwuchert von Urwald, und mitten durch den undurchdringlichen Dschungel fährt uns eine hochmoderne Zahnradbahn hinauf auf den Gipfel – direkt vor die Füße des tausend Tonnen schweren Betonkolosses des Erlösers Cristo Redentor, das auch zu den Sieben Neuen Weltwundern gehört. Auf der von Menschenmassen vollgestopften Plattform eröffnet sich uns ein Ausblick, der schlicht unbeschreiblich ist. Die ganze Pracht Rios erschließt sich hier oben aus 650 Metern Höhe, wir blicken entlang der schier endlosen Strände auf das Meer, den Zuckerhut, die im Atlantik liegenden Kalksteinfelsen und die vorgelagerten Inseln sowie hinunter auf die Stadt und die an den steilen Berghängen klebenden Favelas.

Die Armenviertel gelten durch immer wieder entstehende Bandenkriege als Orte des Verbrechens. Rocinha ist die größte Favela Südamerikas, mit offiziell geschätzt 50 000, laut Bewohnern 180 000, Menschen. Vor den Olympischen Spielen wurde

Rocinha befriedet. Kriminalität und Drogenbanden gibt es zwar immer noch, aber dank verstärkter Polizeipräsenz ist es ein nicht mehr so heißes Pflaster wie einst. Im Laufe der Zeit wurden Häuser nebeneinander gesetzt und aufeinandergestapelt und bilden ein faszinierendes Labyrinth, in dem keine Lücke mehr frei zu sein scheint. Über unseren Köpfen verläuft ein abenteuerliches Kabelgewirr, das sich durch die gesamte Favela zieht. Die Stromzufuhr ist eine Wissenschaft für sich und mit Einzug des Internets wurde es so richtig unübersichtlich. Schwieriger ist es mit der Wasserversorgung. Nicht an allen Wochentagen steht den Bewohnern Wasser zu Verfügung, sie müssen lernen, ohne auszukommen, oder die großen blauen Tonnen auf dem Dach vollpumpen.

Ab und an führen abenteuerliche Treppen hinein in eine Stadt in der Stadt und wir folgen einem dieser engen Eingänge hinab in die Finsternis. Als es um uns herum schlagartig dunkel wird, was die Bewohner scherzhaft *Favela-Night* nennen, scheint das Chaos aus Stufen, Abzweigungen und Türen immer größer zu werden.
Zwischendrin versteckt sich ein kleiner Kiosk oder gar eine Bar, die schon von weitem anhand der lauten Musik auszumachen ist. Hier werden wir herzlich begrüßt, eingeladen, auf der Wand eine

Unterschrift zu hinterlassen, und am geöffneten Fenster einer der vielen winzigen Wohnungen in einen Plausch verwickelt. Wieder aufgetaucht, zurück in Licht und Wärme, stehen wir mitten im Marktzentrum, essen wie die Einheimischen selbstgemachtes lilafarbenes Eis aus Açai-Beeren und werfen auf der Brücke über der Stadtautobahn einen letzten Blick zurück auf die kunterbunten, gestapelten Kästen. Ein bewegender, interessanter Ausflug endet, bei dem es am gefährlichsten war, nicht unter die Räder der vielen Motorradfahrer zu geraten.

Am letzten Abend in Rio besiegeln wir auch das Ende der Reise. Fähre und Rückflüge werden gebucht und in sechs Wochen heißt es, Südamerika zu verlassen. Die Tage vergingen wie im Flug und wir blicken auf eine ereignisreiche und unvergessliche Zeit in der ehemaligen Hauptstadt Brasiliens zurück, während uns bei strömendem Regen ein Taxi über die vierzehn Kilometer lange Rio-Niterói-Brücke zu unserem Zuhause befördert.

Eine Straße aus Sand

Der Frosch rollt und rollt, lässt die pulsierende Metropole mit ihren endlosen, elenden Außenbezirken entlang der Atlantikküste hinter sich. Erst viele Kilometer später verschwinden die letzten Favelas und die Umgebung wechselt kurvenreich in hügelige, üppig grüne Urwaldlandschaften. Linker Hand zeigt sich immer wieder ein Blick auf das Meer, auf einsame Sandstrände und die vorgelagerten Inseln der Costa Verde.

Zwischen dem tiefblauen Meer und dem dunkelgrünen Dschungel versteckt sich in prächtiger Lage das historische Kolonialstädtchen Paraty. Einst Dreh- und Angelpunkt für den Sklavenhandel und Umschlagplatz von Gold und Edelsteinen für die Verschiffung nach Portugal, herrscht heute eine gemächliche Stimmung und wir finden neben dem kleinen Hafen einen urigen Platz am Strand zwischen Meer und Mangroven, die ursprünglich die hiesigen Küsten säumten. Die historische Altstadt von Paraty wurde von der UNESCO zum Weltkulturerbe erklärt – und das zu Recht. Der malerische, autofreie Stadtkern besteht hauptsächlich aus restaurierten weißen Kolonialhäusern mit gebrannten Dachschindeln, die Fenster und Türen sind durch breite Bordüren in rot, grün, blau oder gelb eingefasst und werden durch die Fensterläden in Komplementärfarben noch zusätzlich in Szene gesetzt.

Jegliche Hektik wird sofort gebrochen, denn die Stadt gibt das Tempo vor. Große und unregelmäßige Kopfsteinpflaster zwingen, sich langsam fortzubewegen. So trödeln wir vollkommen zeitlos durch die Gassen, lauschen Straßenmusikanten, stolpern des Öfteren und schlittern gar über manche schiefen Steine hinweg. *Havaianas*, die brasilianischen Flip-Flops, sind hier definitiv nicht erfunden worden, aber scheinbar der *Cachaça*. Hinter unscheinbaren Hauseingängen warten wahre Schätze des brasilianischen Nationalgetränkes auf einen Käufer. Im Empório da Cachaça bestaunen wir 5000 unterschiedliche Marken des Zuckerrohrschnapses, der seit 300 Jahren in der Region produziert wird.

Vor unserer Haustür drehen Krebsfischer im hüfthohen Wasser ihre Runden, wir beobachten die vorbeiziehenden Ausflugsboote, bei Ebbe wandern wir durch den Matsch der Gezeiten und auch sonst kommt keine Langeweile auf. Romy und Levi spielen mal wieder mit Müll, tragen angeschwemmte Wassergalonen herum und füllen sie mit Steinchen und Muscheln. Viele der Brasilianer zieht es zum Wochenende in das Städtchen und ein paar wenige verirren sich zu uns an den Kitestrand, werfen einen Blick in den Laster und möchten unsere Geschichte hören. Zwei junge Männer sind derart fasziniert, dass sie uns umgerechnet zehn Euro in die Hand drücken. Als Unterstützung der Reise – oder um den Kindern anständiges Spielzeug zu kaufen. So genau haben wir sie nicht verstanden. Wenn nur die Sprache nicht wäre, könnten wir uns an dieses Land gewöhnen. Wir als Reisende finden rasch neue Freunde und zumindest können wir auf Spanisch gut kommunizieren. Der Brasilianer, an sich ein äußerst freundlicher, aufgeschlossener, gut gelaunter, selbstbewusster Mensch, versteht wenigstens uns und zeigt eh am liebsten seinen hochgestellten Daumen, was so viel heißt wie „Hallo, alles super cool". Das ist international und für uns ohne Sprachbarriere verständlich.

Ein asphaltfreier Weg, auf dem wir uns natürlich verfahren, da er brasilianisch ausgeschildert ist, führt nach Paraty-Mirim – ein kleiner Ort, einst ein Sklavenhandelsplatz, der mitten im Naturpark eines ausgedehnten Indianerreservates liegt. Wir parken unter dreißig Meter hohen schattenspenden Bäumen, die saftgrünen Blätterkronen von dicken feuchten Teppichen durchwebt. Die schwüle Urwaldluft nagt an der Ruine der ältesten Kirche der Region, dem einzigen Bauwerk in der Umgebung, zehrt an Balken und dem Dach. Die Mangroven schaffen morastige Brutplätze und führen an einen weißen Naturstrand, der flach abfällt. Warmes Wasser, keine Wellen, wir schlüpfen in die Badekleidung – und werden von einem Seestern aufgehalten. Erst einer, dann zwei, es sind so viele, dass wir sie kaum noch tragen können. Die Artenvielfalt ist erstaunlich. Sie sind schwarz, grau, weiß und rosa und haben fünf, manchmal sogar neun Arme. Wir suchen stundenlang und vergessen darüber vollkommen das Baden.

Ach hätten wir doch. Es donnert über den Bergen, die nach und nach in den dunklen Wolken verschwinden. Ein Gewitter kündigt sich an und auch die Wettervorhersage verheißt nichts Gutes. Brasilien hat mehr als 8000 Kilometer Küste und auf unserem Südkurs liegen noch 2000 Kilometer Strand entlang des Atlantiks. Doch aus den geplanten Badetagen wird einfach nichts, weil es erbarmungslos regnet.

Eine große Brücke führt auf die Halbinsel Santa Catarina mit ihren hochgelobten Stränden und wir biegen guter Hoffnung ab. Doch die Sicht ist gleich null, die Temperaturen bewegen sich jenseits der 10-Grad-Marke und wir sitzen tagein, tagaus im Laster. Im Takt eines Trommelwirbels peitscht der Wind die schweren Tropfen an die Fenster und die Gischt an den Felsen hinauf. Die kurzen Spaziergänge unter einem grauen, tristen Himmel enden mit kalter, nasser Kleidung und einem immer größer werdenden Wäschestapel im Laster. Wir vier zeigen die ersten Verhaltensauffälligkeiten der Gefangenschaft. Wie eingesperrte Tiere drehen wir nervöse Kreise zwischen Sitzecke und Bett, steigen über nasse Handtücher und die Stimmung ist im nicht vorhandenen Keller. Nun ist auch klar, woher der Name kommt: Costa Verde bedeutet grüne Küste, die an den Dschungel grenzt – und ohne den vielen Regen in den Sommermonaten so nicht existieren würde. Laut einer Studie äußern sich klaustrophobische Reaktionen in Abneigung gegenüber den Leuten, mit denen man eingesperrt ist, und in extremen Fällen folgen Gewalttätigkeiten infolge banaler Kleinigkeiten und Halluzinationen. Vorsichtshalber werfen wir kurzerhand alle Pläne über Bord und fahren in die Sonne. 150 Kilometer zurück Richtung Landesinnere, in eine Region mit vielen Nachkommen von Auswanderern aus Europa, an erster Stelle aus Deutschland.

Versteckt in der Einsamkeit, über Stock und Stein, hinter Berg und Tal liegt Pomerode. Die kleine Siedlung behauptet, die deutscheste Stadt Brasiliens zu sein, und das können wir sofort bestätigen. Es gibt Fachwerkhäuser, gepflegte Vorgärten mit vielen Blumen samt Gartenzwergen und im Supermarkt wird deutsch gesprochen. Nur die subtropische, hochprozentig feuchte Luft passt nicht ganz ins Bild. Wir spazieren ins heimelige Zentrum und fühlen uns wie zuhause in Deutschland zu Beginn des letzten Jahrhunderts.

Weniger ruhig und gemütlich ist die Großstadt mit dem idyllischen Namen Blumenau. Eigens für das zweitgrößte Oktoberfest der Welt – nach München auf Platz eins – wurde ein Festplatz mit dem Namen Vila Germânica errichtet, der auch neben der Großveranstaltung mit seinen kitschigen Fachwerkhäusern, Eisbein und einem guten brasilianischen Bier Namens Eisenbahn ein Besuchermagnet ist. In Anbetracht der Tatsache, dass wir bald wieder in Deutschland sind, hält sich unsere Begeisterung in Grenzen. Einzig Romy kommt voll auf ihre Kosten. Sie freut sich, so viele Menschen zu treffen, mit denen sie deutsch reden kann, stellt sich ohne Scheu vor Fremde und erzählt alles, was ihr gerade durch den Kopf geht, und lässt ihr verdutztes Gegenüber nicht mehr zu Wort kommen. Wie sehr sich unser schüchternes Mädchen auf der Reise verändert hat. Noch zu Beginn wäre das unvorstellbar gewesen.

Wir sind wieder an der Küste, stehen im Fischerort Laguna am Seitenarm des Rio Tubarão und warten auf das versprochene Wunder. Nicht auf Wärme und Sonnenschein, sondern zusammen mit den Fischern auf die Fischschwärme. An sich keine Besonderheit, wären da nicht die außergewöhnlichen Helfer.

Doch nichts passiert, und so recht konnten wir es sowieso nicht glauben, welches Schauspiel uns da versprochen wurde. Wir sind bereits am Aufbrechen, als die ersten Wurfnetze gleichzeitig über das Wasser fliegen und sich kleine graue Dreiecke durch die Lagoa do Imaruí bewegen. Sie sind da: Eine Gruppe Delfine hat es sich zur Aufgabe gemacht, den Männern unter die Arme zu greifen. Von früh bis spät schwimmen mehrere Tümmler den Fluss entlang, kreisen die Fische zu Schwärmen ein, treiben diese in Richtung Ufer und irgendwie wissen die Männer, wann es Zeit ist, die Netze auszuwerfen. Wir sind sprachlos über diese Zusammenarbeit von Mensch und Delfin, sitzen neben Reihern, Katzen und Hunden auf den Dünen und genießen diese sonderbare Darbietung.

Manchmal bin ich der Meinung, bereits alles gesehen zu haben, aber hier werde ich vom Gegenteil überzeugt. Schon wieder lehrt mich das Reisen, welche Überraschungen auf uns warten. Niemals werde ich müde sein, neues zu entdecken. Die Welt ist eine Bühne von grenzenlosen Möglichkeiten, der Schönheit und Wunder.

Der weitere Weg führt über die Autobahn entlang der Küste, gesäumt von Hügeln, über und über bewachsen mit Bananenstauden. Auf den Straßen herrscht ein reges Treiben.

Nur kurze Zeit später zeigt sich uns ein ganz anderes Bild: Die Hauptstraße gleicht einer unwichtigen Nebenstrecke, wird holpriger und zieht sich durch Nadelwälder in eine entlegene Gegend. Die Strände sind menschenleer, nur die Fischerhütten zeugen von Zivilisation, sind jedoch außerhalb der Saison unbewohnt.

Der Zugang zum Parque Nacional da Lagoa do Peixe, einem ausgedehnten Dünengebiet, entpuppt sich als Herausforderung. Nach der Überquerung einer fragwürdigen Brücke fahren wir auf einer schmalen Spur zwischen den Sandverwehungen der Winterstürme auf die Lagune zu, durchqueren den von großen Pfützen durchzogenen Sandkasten und versinken fast auf einem vermeintlich sicheren Stellplatz. Barfuß wandern wir durch das kalte Nass und klettern auf allen vieren die Dünen hinauf. Vor uns liegt eine dunkle, fast schwarze Lagune, deren Dramatik von den grauen Wolken noch verschärft wird. Die Kinder springen Hügel hinunter, wir bewerfen uns mit Sand und spazieren vergnügt auf dem hohen Kamm entlang. Ein perfekter Familienausflug mit kleinen Nebenwirkungen: Der Sand ist überall. Im Laster, im Bett, in den Haaren und sogar zwischen den Zähnen.

Das ist der erste Vorgeschmack auf die folgende Etappe. Um weiter auf der Landzunge fahren zu können, die am südöstlichen Ende der großen Lagune von einem Kanal geteilt wird, rollen wir auf die Rampe eines rostigen Kutters, der uns nach einer kurzen Überfahrt sicher auf der anderen Seite des dünnen Landsteifens absetzt. Es ist ein wundervoller Herbsttag. Der Himmel ist stahlblau und der Sonne ist es endlich gelungen, Brasilien in einen

Hauch von Wärme zu tauchen. Was für eine Freude nach der verregneten Woche an der Küste! Der Sand ist trocken und tragfähig, bietet die perfekten Bedingungen, um der 200 Kilometer langen Straße aus Sand zu folgen. Ein wenig mulmig ist mir zumute, uns so dicht der von den Wellen durchnässten Kante zu nähern. Kaum vorstellbar, mit dem Gewicht eines gut genährten Elefanten nicht zu versinken, geschweige denn darauf zu fahren. Erst langsam, dann immer schneller. Letztendlich mit achtzig Stundenkilometern. Höchstgeschwindigkeit. Ab und zu müssen kleine Süßwasserbäche durchquert werden, die sich direkt in das Meer ergießen. Hier tummeln sich Wasservögel, die in Scharen aufschrecken und sich in die Lüfte erheben, sobald wir uns ihnen nähern. Sandverwehungen wabern von den zu rechter Hand gelegenen Dünen zum Meer hinüber und lassen alles noch viel unwirklicher erscheinen. Unsere gute Laune und Freude steigt ins Unermessliche, vor allem wenn der Laster einen kleinen Abstecher durch das Wasser macht und von allen Seiten umspült wird.

Wie und wann es uns gefällt, halten wir an und parken mitten auf der Straße. Tür auf, Sandspielzeug raus, Kinder glücklich. Das Leben kann so einfach sein. Selbst die Stellplatzsuche ist die leichteste Sache der Welt. Zwischen den Dünen geparkt und fertig. So verbringen wir unsere letzte Nacht in Brasilien.

URUGUAY

Artigas
Salto
Paysandú
Mercedes
Colonial del Sacramento
MONTEVIDEO
Punta del Este
Cerro Catedral
Punta del Diabolo
Santa Teresa NP
Chuy

Entschleunigung im Land der Langsamkeit

Die kuriose zollfreie Grenzstadt Chuy bildet mit einer Einkaufsstraße die Grenze zwischen Brasilien und Uruguay. Dazwischen liegt Niemandsland und keiner von uns weiß so recht, wo wir uns gerade befinden, welche Währung Zahlungsmittel ist und ob der Spaziergang überhaupt legal ist.

Nach dem Besuch der Bank besorgen wir Lebensmittel und fahren anschließend zum Tanken. Ein mittlerweile eingespieltes Programm. Ganz entspannt machen wir uns auf die Suche nach der Grenzstation, die sich einige Kilometer hinter der Stadt am Straßenrand versteckt. Es ist Samstag, die Geschäfte sind voll und der Übergang zu Uruguay nur schwach besucht. Wir werden freundlich empfangen, keiner will den Laster sehen oder irgendetwas wissen und wir freuen uns, endlich wieder spanisch zu sprechen. *Bienvenidos a Uruguay*, Land Nummer 19. Das letzte dieser langen Reise.

Die Menschen auf den Straßen tragen dicke Winterkleidung und die Blätter an den Bäumen sind braun. Es ist Spätherbst, kalt und wir frieren. Für uns Europäer bedeutet Juni Sommer, auf der anderen Seite der Weltkugel ist der Monat vergleichbar mit Ende Oktober – und das haben wir schlichtweg vergessen. Alle Campingplätze sind geschlossen und es scheint, wir hätten die Welt für uns alleine. Die Straßen sind leer und ein Gefühl von Entschleunigung und Entspannung stellt sich hier schon auf der Autobahn ein.

Fast übergangslos schließt sich dem Zollgelände der Naturpark Santa Teresa an. Wir campen in einem dichten Eukalyptuswald, der die frische, klare Luft mit einem einzigartigen Duft der riesigen Bäume anreichert. Über uns fliegen kleine grüne Papageien mit ihren hellbeige gefärbten Köpfen emsig durch die Lüfte, transportieren Ästchen, die gemeinsam zu großen Nisthöhlen für die ganze Familie verbaut werden. Lautstark kommentieren sie ihre Arbeit, oder vielleicht schimpfen sie nur über die vorbeiziehende Kuhherde, die unbekümmert ihre Fladen in unserem Vorgarten ablädt.

Über fünfzig Kilometer lange Spazierwege laden zum Erkunden ein und führen Thorben, Romy, Levi und mich zu Stränden mit unterschiedlichsten Charakteren. Von sandig fein bis felsig karg oder als Dünen geformte Erhebungen. Keine Touristen weit und breit – es existieren nur wir, ein harmonisches Dasein in einsamer Viersamkeit mit der ursprünglichen Natur um uns herum. Auf der Anhöhe des Parks erhebt sich eine mächtige spanisch-portugiesische Festung, ein Überbleibsel aus dem 18. Jahrhundert, als die Kolonialmacht Portugal hier im Südosten Uruguays noch das Sagen hatte. Das alte Bauwerk Fortaleza de Santa Teresa ist noch gut erhalten, als Freilichtmuseum zugänglich und öffnet nur für uns die Tore. Von den fünf Ecktürmchen bieten sich herrliche Ausblicke auf die 3000 Hektar große Anlage, die über zwei Millionen einheimische und exotische Bäume beherbergt und ein Eldorado der Vogelwelt ist.

Die Ruta 10 führt uns an der wilden ursprünglichen Küste entlang, während Leuchttürme schon von weitem die kleinen verschlafenen Fischerdörfer ankündigen. Einer dieser magischen Orte ist Punta Del Diablo, ein abgelegenes Aussteigerdorf am Atlantik mit winzigen schiefen bemalten Reetdachhäuschen, die sich inmitten der Landschaft aus Pinienhainen und aufgetürmten weißen Dünen malerisch abheben. Ja, hier lässt es sich aushalten, ist mein erster Gedanke, als ich grinsend aus dem Laster klettere und mich an das Ufer setze. Neben dem tiefen Dornröschenschlaf prägt ein ganz besonderer Spirit der Hippies das Dörfchen: Die Menschen strahlen Gelassenheit aus. Sie scheinen mit ihren verstrubbelten Haaren und der zerknitterten Kleidung erst am Nachmittag aufgestanden zu sein, um in der wärmenden Sonne ihren Joint zu rauchen und danach wieder ins Bett zu gehen.

Aqui solo corre el viento steht auf einem Holzschild in den Dünen eines weiteren abgeschiedenen und urtümlichen Ortes Jose

Ignacio: *Hier rennt nur der Wind.* Völlig losgelöst spazieren wir über schier endlose menschenleere Sandstrände, knien in Muschelbänken und suchen Schildkröteneier. Den Wind lassen wir uns dabei um die Ohren brausen, versuchen, die Sprache der Möwen zu deuten, beobachten Kormorane beim Fischen sowie Störche und andere Wasservögel bei ihren Streifzügen. Stimmungsvolle Sonnenuntergänge in orange-roten Farbtönen runden die Tage perfekt ab und tauchen die frühen Abende in schwarze Dunkelheit. Von weitem schimmern die bunten Lichter der Skyline des Badeortes Punta del Este. Riesige Wolkenkratzer, die sich an der Küste entlangreihen, reflektieren im dunklen Spiegel der kleinen Bucht des Atlantiks und das stetige Blinken unseres Nachbarn, einem gewaltigen Leuchtturms, begleitet uns in den Schlaf.

Je näher wir dem Treffpunkt der mondänen Welt des Subkontinents kommen, desto luxuriöser werden die Häuser und verstecken sich hinter hohen Hecken. Punta del Este ist das Monaco oder Miami Südamerikas. Hier wohnt die High Society und zeigt, was sie hat. Keine Spur mehr von der Bescheidenheit, die Strandpromenaden sind wie geleckt, alles ist steril, überwiegend weiß und futuristisch gehalten. Wir können dem gar nichts abgewinnen und fahren zielstrebig zu *Los Dedos*, einer fünf Meter breiten und drei Meter hohen Steinskulptur in Form einer Hand, die an einem der Strände aus dem Sand emporragt. Die Finger sind das Wahrzeichen des Ortes und symbolisieren die Gegenwart des Menschen in der Natur.

Gemächlicher und damit eher nach unserem Geschmack ist das kleine Kolonialstädtchen Colonia del Sacramento, die älteste Stadt von Uruguay. Eine schmale, von mächtigen Palmen gesäumte Allee führt in die Kern des Kleinodes, dessen gut erhaltene Altstadt in die Liste des UNESCO-Weltkulturerbes aufgenommen wurde. Die Stadt lädt zum Flanieren ein und ist geprägt von einstöckigen, schön restaurierten Gebäuden mit schmiedeeisernen Laternen und kunstvoll gestalteten Schildern aus Keramik neben den Eingangstüren. Aus dem Gestein quellen kaskadenartig Kletterrosen und Klematis und scheinen die Gemäuer vollkommen einnehmen zu wollen.

Wir kommen schließlich mit einem italienischen Eis in der Hand an der alten portugiesischen Festungsmauer an, lauschen afrikanischen Trommelschlägen der Bongospieler, bestaunen die prächtigen Oldtimer aus den dreißiger, vierziger und fünfziger Jahren und fühlen uns nach Kuba versetzt. Die unglaublich urbane Mischung des Landes durch den Einfluss der Einwanderer ist überall spürbar.

Mit der Küste im Rücken fahren wir weiter ins Landesinnere und folgen einer Staubpiste, die sich hinauf zum höchsten Berg des Landes schlängelt. Der Cerro Catedral ist mit einer stattlichen

Höhe von 513 Metern kein alpiner Gipfel, der Unmengen an Kletterern anzieht. Ich zwänge mich durch einen Stacheldrahtzaun, steige den von Kuhfladen übersäten Weidehang empor, um nur fünf Minuten später neben dem Vermessungszeichen zu stehen. Am Gipfel des am leichtesten erreichbaren und gleichzeitig höchsten Berges eines südamerikanischen Landes feiere ich mich selbst und kann dank des strahlend blauen Himmels bis zum sechzig Kilometer entfernten Meer blicken.

Mehr oder weniger gut befahrbare Pisten prägen das Bild, denn Uruguay ist Gaucholand. Transportmittel Nummer eins ist das Pferd. Überall sehen wir verwegen aussehende Gestalten mit ausladenden, schräg sitzenden Baskenmützen, einem Gürtel mit Brosche und Ziermesser an der *Bombacha* sowie einer leinenen Bundfaltenhose. Behände reiten die Gauchos auf dem Rücken ihrer prächtigen braun gefärbten *Criollos* durch das Land, treiben ihre Tiere zusammen oder wollen einfach nur von A nach B. Sie tragen zum traditionellen Lebensgefühl der Uruguayos bei wie die

Cowboys zum amerikanischen Westernfeeling. Ein Lächeln, ein Gruß mit Zeige- und Mittelfinger an den Kopf tippend, bevor sie in dem endlosen Campo, einer Verlängerung der argentinischen Pampa, langsam verschwinden. Links und rechts der Wege breiten sich unvorstellbar große Weiden aus. Jedes der zwölf Millionen Rinder hat rund zwei Fußballfelder Platz für sich, und sie fressen ausschließlich Getreide, Gräser und mineralstoffreiche Pflanzen des fruchtbaren Bodens. Der Gebrauch von Hormonen, Antibiotika und allen Arten von Stoffen zur Leistungsförderung ist gesetzlich verboten und das Fleisch ist frei von jeglichen Rückständen, wie sie in der Massenhaltung sonst üblich sind.

Stetig ändert sich das Landschaftsbild, wird zu saftig grünen Flächen mit Bächen und Lagunen, in denen stellenweise Pferde und Rinder bauchtief stehen und das nasse Grünzeug grasen. In den Steppen spazieren Gruppen von Nandus, mit ihren Schnäbeln tief zwischen den Halmen versunken, bis unser lauter Laster auftaucht und sie, anstatt auszuweichen, in ihrer Panik mit riesigen Schritten über hunderte Meter neben der Motorhaube fliehen. Die Pisten werden holpriger und führen uns weiter durch das Tafelland mit seinen sanften Hügelketten – zu großen Teilen menschenleer – bis ganz in den Norden, der berühmt ist für die besten Amethyste der Welt.

Rund um Artigas liegen die Abbaugebiete für den seltenen dunkellila Edelstein und in den Geschäften der Stadt können wir die Schätze in bester Qualität bestaunen. Auf unserem Übernachtungsplatz des Stadtparks liegt die Überschussware als Beetumrandung oder zwischen Gräsern und unter Büschen einfach so herum. Ich gehe mit Romy spazieren, wir suchen und sammeln Edelsteine, bis wir nichts mehr tragen können, und füllen die letzten freien Plätze im Laster mit den herrlichen Souvenirs für die Daheimgebliebenen.

Des Weiteren ist Uruguay berühmt für seine heißen Quellen. Rund ein halbes dutzend Termas liegen rund um Salto verstreut und werden mit dem Wasser aus einem der größten Trinkwasserreservoirs des Planeten gespeist. In den unterschiedlichsten

Ausführungen kurieren wir unsere kleinen und größeren Gebrechen: Mal luxuriös und vollkommen einsam in den Thermen von Nicanor, flüsternd zwischen Rentnern in Arapey, laut kreischend auf den langen Rutschen von Salto Grande oder ganz rustikal in kleinen betagten Schwitzbecken von Guaviyú, wo das bis zu 40 Grad heiße Wasser aus rund 1000 Metern Tiefe durch rostige, durchlöcherte Rohrleitungen auf uns herabregnet.

Die mittlerweile wieder flache, von Wiesen durchzogene Landschaft ändert sich schlagartig. Auf den Weiden stehen hohe, bis zu dreihundert Jahre alte exotische Yatay-Palmen und bilden einen großflächigen Bestand. Trotz vieler Legenden weiß niemand, wie der einzigartige südlichste Palmenwald Lateinamerikas hier entstanden ist. So überraschend er aufgetaucht ist, verschwindet er auch wieder und wir folgen der einzigen Hauptstraße Richtung Süden, entlang des Río Uruguay, der jährlich über die Ufer tritt und die anliegenden Siedlungen überschwemmt.

In Mercedes haben wir immense Probleme, einen Stellplatz zu finden. Die Stadt samt den Außengebiete ist im Wasser versunken, nur der auf einer Anhöhe liegende Friedhof wurde verschont. Unter dem dichten Blätterdach einer Allee dringen wir vom Eingang aus ins Innere der Totenstadt. Zu beiden Seiten dieses Hauptweges zweigen kleine Gassen ab, in deren Gewirr man sich leicht verlaufen kann. Die Zeit scheint hier stehengeblieben zu sein. Dicke Spinnweben spannen sich um Kreuze und Ecken,im Inneren der Familiengrüfte sammelt sich trockenes Laub. Das Fensterglas vieler Krypten ist zerbrochen, während durch die staubigen Scheiben der anderen vertrocknete Blumensträuße zu erahnen sind. Hier herrscht eine geheimnisvolle, verwunschene Atmosphäre. Die ehrwürdigen, teils stark verwitterten Gräber sind sowohl malerisch als auch architektonisch interessant. Jugendstil, neoklassizistisch aus Carrara-Marmor, verschnörkelt und engelbewehrt oder nüchtern und glatt gehalten. Wir wandeln durch die schmalen Gassen und schleichen kleinen Katzen hinterher, die sich hier zuhause fühlen und die heimlichen Wächter des Friedhofs sind.

Weit über die Landesgrenzen hinaus ist das nahegelegene Paysandú für seine Badeufer des großen Flusses bekannt, doch auch in dieser Stadt ist Hochwasser und alle schönen Strände sind vorübergehend verschwunden. Nur das Stadtzentrum ist verschont geblieben und dort geht das Leben seinen gewohnten, entspannten Gang.

Hier treffen wir genau ein Jahr nach unserem letzten Kontakt auf unsere Freunde Marcelo und Laura mit ihren beiden Kindern Bruno und Lucas. Die Familie hat sich in ihrer alten Heimatstadt niedergelassen, um eine Auszeit zu nehmen, Kraft zu schöpfen und die Reisekasse aufzubessern. Statt ihres Toyotas bewohnen sie nun einen kleinen ehemaligen Pferdestall mit großer Terrasse und einer ausladenden Koppel, die viel Platz für unseren Laster bietet.

Eine Woche nehmen wir teil an ihrem Leben, zelebrieren die Gaucho-Kultur mit Holz hacken und dem Aufsammeln von Pferdeäpfeln für den Kompost. Selbst die Kleinen helfen fleißig mit und haben sichtlich Spaß daran. Ist nichts zu tun, liege ich in der Hängematte, beobachte den kläglichen Verkehr – meist Oldtimer in einem abenteuerlichen Zustand, die gemächlich über die Straße tuckern, um später im letzten Stadium auf den Feldern zu verrotten. In unserem Vorgarten grasen die Pferde, werden von ihren Gauchos eingeritten oder bekommen die Mähne mit dem Messer zurechtgestutzt. In meiner Hand halte ich wie immer einen lokalen Matetee, doch entgegen der Tradition ohne frisch gezupfte Blätter der Cannabis-Pflanze aus dem heimischen Garten, die hier in Uruguay legal konsumiert werden können.

Nicht nur zu unserem Abschied, auch die Tage zuvor gibt es täglich Fleisch, das Hauptnahrungsmittel des Landes. Doch heute ist der überdachte Außenbereich bis auf den letzten Platz gefüllt, unsere Gastgeber organisieren ein großes *Asado* mit Rind, Lamm, Schwein und Huhn. Gegen 22 Uhr treffen Familienmitglieder ein und auch die deutschen Nachbarn gesellen sich zu uns und zelebrieren mit uns das genussvolle gemeinsame Miteinander. Die Temperaturen neigen sich dem Gefrierpunkt zu und wir rutschen näher an die Feuerstelle, deren rote Glut die gut gewürzten Steaks und Rippen außen knusprig, innen saftig zart werden lässt. Es wird bis weit nach Mitternacht gefeiert, und während ich bereits zwischen Romy und Levi im Bett liege, spielen die anderen Kinder mit vollen Bäuchen noch Fußball.

Marcelo hat seinen alten Beruf als Landschaftsgärtner wieder aufgenommen und verlässt uns am frühen Morgen, und auch Bruno und Lucas stehen munter inmitten ihrer Freunde auf dem Schulhof. Allesamt tragen sie die weiße, gestärkte Schuluniform, singen unter der wehenden Landesflagge die Nationalhymne und feiern den Schulanfang. Jetzt beginnt schweren Herzens das Ende unserer Reise und hier trennen sich unsere Wege mit den Worten: „Hasta luego amigos." Wir sind sicher, irgendwann werden die vier ihre Reise fortsetzen und wir uns wiedersehen.

Mit uns geht auch der Herbst. Die letzten Blätter fallen von den Bäumen und der Winter hat uns fest im Griff. Je weiter wir nach Süden kommen, desto kälter und windiger wird es. Die dicken Jacken und Pullover kommen unverhofft doch wieder zum Einsatz, und sobald die Sonne verschwindet, zieht die Kälte durch die kleinsten Ritzen in den Frosch. Die Heizung läuft auf Hochtouren und zum Schlafen schlüpfen wir in eine weitere Schicht Tageskleidung. Die eisigen Temperaturen der Nacht haben den Nebel in viele kleine Eiskristalle verwandelt, die sich auf die Fensterscheiben unseres Lasters gelegt haben. Die morgendlichen Sonnenstrahlen tauen das Kondenswasser auf, das nun in unsere Gesichter tropft. Nicht gerade die angenehmste Art, morgens geweckt zu werden. Und plötzlich ist alles *ein letztes Mal.* Das letzte Mal einen Supermarkt suchen, ein letztes Mal die Wäsche waschen. Das letzte Mal den Motor anlassen und die letzte Etappe in Südamerika fahren.

Obwohl Uruguay etwa halb so groß ist wie Deutschland, hat El Paisito, das kleine Land, gerade einmal 3,5 Millionen Einwohner. Fast die Hälfte davon lebt in der Hauptstadt Montevideo und erst vor den Toren der Stadt zeigt sich nennenswerter Verkehr. Im Vergleich zum Rest des Landes ist es hier fast schon schnelllebig und hektisch, wobei der Uruguayo an sich ein sehr geruhsamer Mensch ist.

Die echte Welt macht sich wieder bemerkbar. Der Lärm der Stadt hämmert in meinen Ohren, kein Grashalm wächst zwischen

den Granitblöcken auf dem Vorplatz, kein noch so kleines Graffiti ist auf der makellosen Betonwand zu entdecken. Vor uns ragt die Fensterfront der Speditionsverwaltung in die Höhe. KMA präsentiert Geld und Macht. Ich lege den Kopf in den Nacken und sehe blinzelnd die Stockwerke hoch. Die einzelnen Fenster glänzen in der Sonne. In einer Woche läuft die *Grande Nigeria* aus dem Hafen aus. Der Frachter der Grimaldi Gruppe wird den Frosch in einer mehr als dreiwöchigen Atlantiküberquerung zurück nach Deutschland bringen. Fünf Tage haben wir Zeit für den notwendigen Behördenlauf, fünf Tage, um Montevideo zu erkunden. Ersteres erledigt sich zu unserer Überraschung bereits nach einem halbstündigen Gespräch mit der freundlichen Dame der Agentur. Thorben und ich müssen uns weder durch komplizierten Papierkram wühlen, noch Beamte bestechen, fahren den Laster einfach vor den Zoll. Fertig.

Die letzten Tage unserer großen Lateinamerikareise verbringen wir in einem wunderschönen alten Haus mit riesigen hohen

Decken und einer Dachterrasse mit Rundumblick auf die Stadt. Es liegt im Zentrum der Ciudad Vieja, der Altstadt. Ein buntes Viertel mit altmodischem Charme, bestehend aus Bars, Restaurants, Straßenmärkten, voller Gründerzeit- und Art-Decó-Fassaden und ramponierter Kolonialbauten.

Spaziergänge durch diesen Stadtteil eröffnen uns den interessanten Mix aus Kultur, Lebensgefühl und Touristenmeile. Obwohl der Anteil extremer Armut rückläufig ist, sehen wir hier sehr viele Männer und Frauen, die auf der Straße leben. An jeder Ecke sitzen und liegen sie, das einzige Hab und Gut besteht aus Schlafsack und einer gefüllten Plastiktüte. Von den vielen Menschen, die plaudernd oder essend an ihnen vorbeilaufen und vollkommen mit dem eigenen Leben beschäftigt sind, werden sie kaum wahrgenommen. Sie sind zu einem alltäglichen Bestandteil geworden, zu Mobiliar, das man nicht ansieht, aus Angst, Mitleid oder Desinteresse. Wir alle hinterlassen einen Abdruck auf dieser Welt und den Menschen, und nur zu gerne stelle ich eine Tüte mit den restlichen Lebensmitteln aus dem Laster zu einem Schlafenden.

Das Wetter passt sich unserer Stimmung an. Es regnet, ist kalt und will nicht richtig hell werden. So verbringen wir die meiste Zeit auf dem Zimmer, schwelgen in Erinnerungen und sind gespannt, wie Deutschland uns empfängt, wie wir zurechtkommen werden nach einer so langen Abwesenheit. Zum Abschied besuchen wir den Mercado del Puerto, eine aus Stahl konstruierte Halle aus dem 18. Jahrhundert. Ein florierender Ort, der die uruguayische Gastronomiekultur und das lokale Lebensgefühl mit geballter Wucht gemeinsam präsentiert. Der Markt ist ein einziger großer Holzkohlegrill, auf dem kiloweise frisches Fleisch und Gemüse zischt. Wir geloben Fleischlosigkeit für die nächsten Wochen und hauen ein letztes Mal kräftig rein.

Auf dem Weg zum Flughafen verabschiede ich mich vom vorbeiziehenden Atlantik und einem Land, das den südamerikanischen Kontinent für uns sanft ausklingen ließ. Ich fange jeden noch so kleinen Augenblick ein, die letzten kostbaren Momente einer einzigartigen Reise, damit ich sie nie vergessen werde.

Stunden später wache ich auf und finde mich in einem Flugzeug wieder. Hoch oben über dem Atlantik. Auf meinem Schoss sitzt ein einjähriges Kind mit kurzen blonden Haaren und blauen Augen. War das alles nur ein schöner Traum? Es duftet nach Sonne, Freiheit und Abenteuer, belehrt mich eines Besseren und holt mich in das Hier und Jetzt zurück: Es ist mein kleiner Mexikaner. Ich lächle still in mich hinein, ziehe den warmen, weichen Körper noch etwas fester an mich heran. Er ist der Beweis, dass Träume wahr werden können, wenn man nur will.

– Ende –

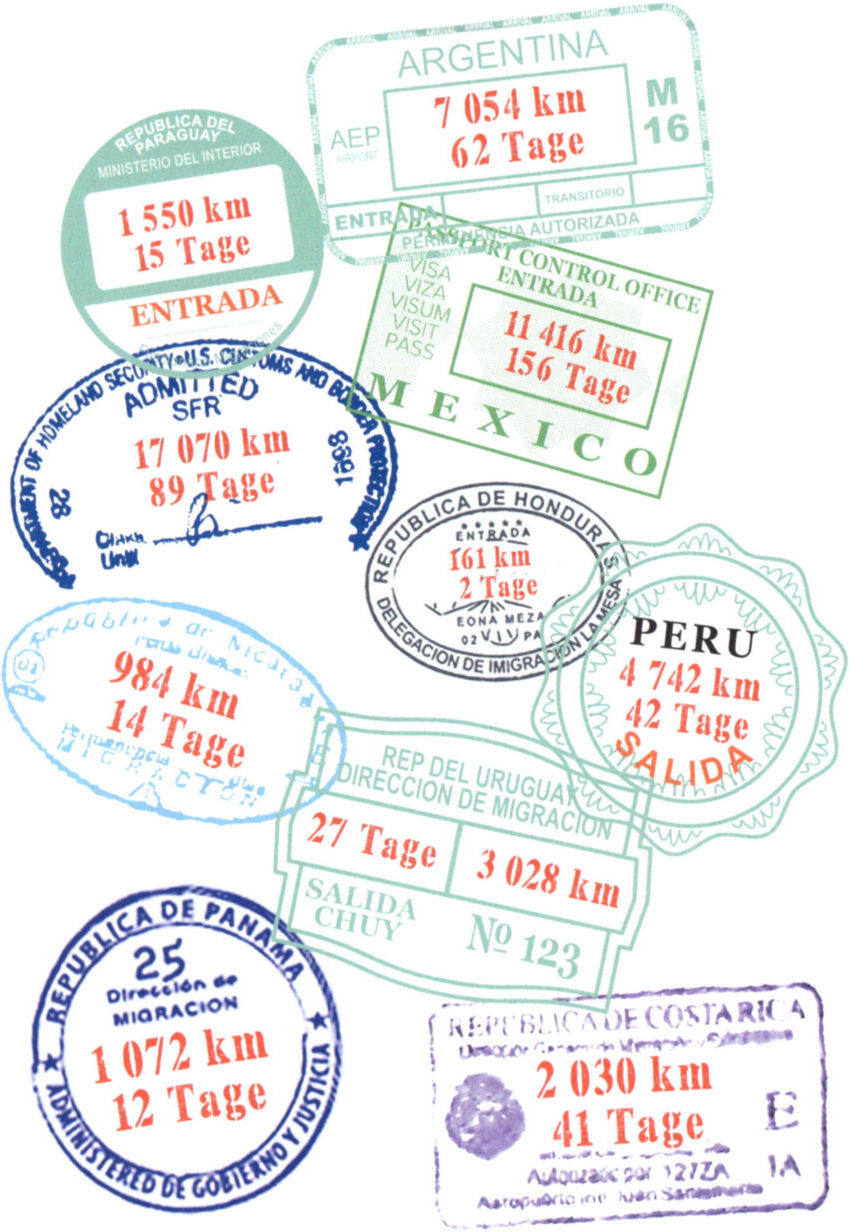
ARGENTINA
7 054 km
62 Tage
AEP
AIRPORT
M
16
TRANSITORIO
ENTRADA
RESIDENCIA AUTORIZADA
REPUBLICA DEL PARAGUAY
MINISTERIO DEL INTERIOR
1 550 km
15 Tage
ENTRADA
PORT CONTROL OFFICE
ENTRADA
VISA
VIZA
VISUM
VISIT
PASS
11 416 km
156 Tage
MEXICO
ADMITTED
SFR
17 070 km
89 Tage
REPUBLICA DE HONDURAS
ENTRADA
161 km
2 Tage
DELEGACION DE IMIGRACION LA MESA
PERU
4 742 km
42 Tage
SALIDA
984 km
14 Tage
REP DEL URUGUAY
DIRECCION DE MIGRACION
27 Tage
3 028 km
SALIDA
CHUY
№ 123
REPUBLICA DE PANAMA
25
Dirección de
MIGRACION
1 072 km
12 Tage
ADMINISTERED DE GOBIERNO Y JUSTICIA
REPUBLICA DE COSTA RICA
2 030 km
41 Tage
E

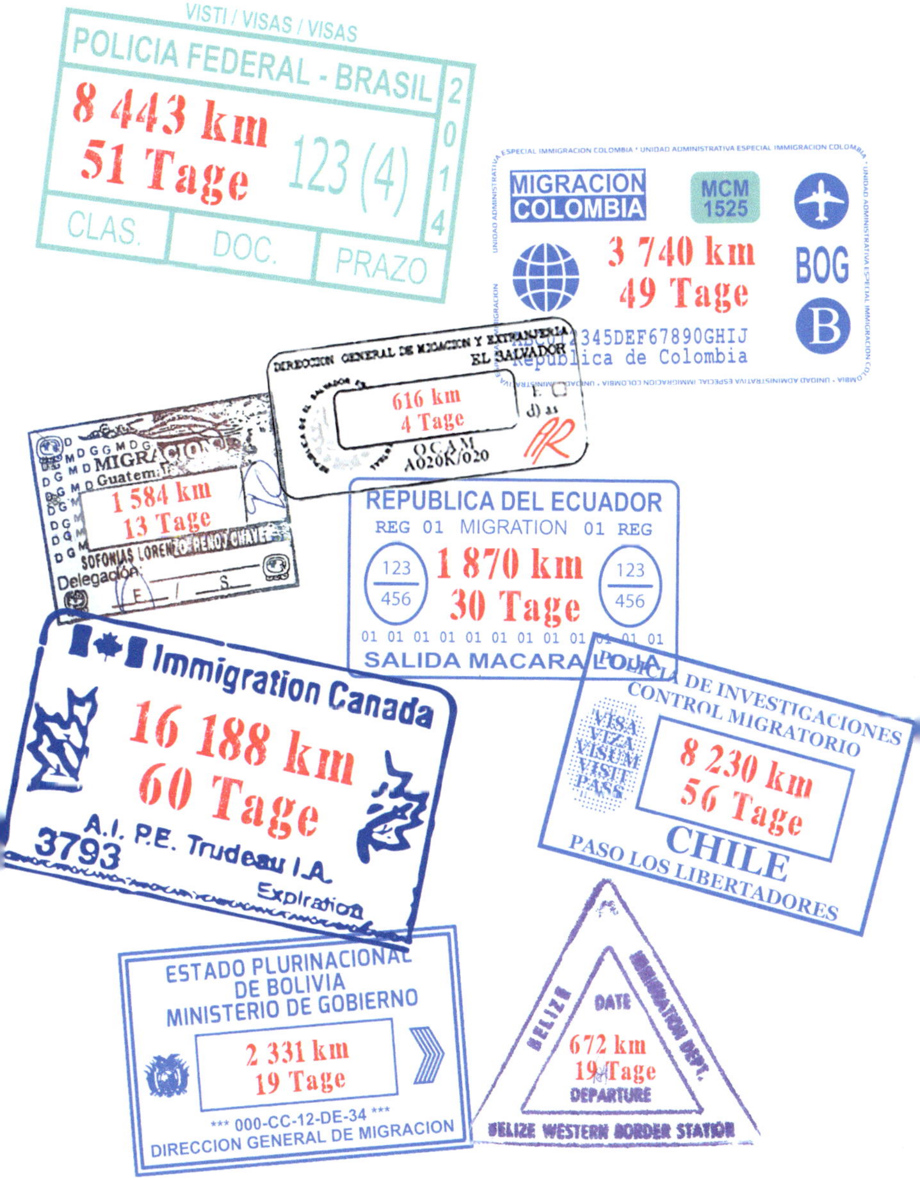
VISTI / VISAS / VISAS
POLICIA FEDERAL - BRASIL
8 443 km
51 Tage
123 (4)
2014
CLAS.
DOC.
PRAZO
MIGRACION COLOMBIA
MCM 1525
3 740 km
49 Tage
BOG
B
República de Colombia
DIRECCION GENERAL DE MIGRACION Y EXTRANJERIA
EL SALVADOR
616 km
4 Tage
OCAM
A020K/020
MIGRACION
Guatemala
1 584 km
13 Tage
SOFONIAS LORENZO RENOJ CHAVEZ
Delegación
REPUBLICA DEL ECUADOR
REG 01 MIGRATION 01 REG
1 870 km
30 Tage
SALIDA MACARA LOJA
Immigration Canada
16 188 km
60 Tage
A.I. P.E. Trudeau I.A.
3793
Expiration
POLICIA DE INVESTIGACIONES
CONTROL MIGRATORIO
VISA VIZA VISUM VISIT PASS
8 230 km
56 Tage
CHILE
PASO LOS LIBERTADORES
ESTADO PLURINACIONAL DE BOLIVIA
MINISTERIO DE GOBIERNO
2 331 km
19 Tage
*** 000-CC-12-DE-34 ***
DIRECCION GENERAL DE MIGRACION
BELIZE
IMMIGRATION DEPT.
DATE
672 km
19 Tage
DEPARTURE
BELIZE WESTERN BORDER STATION

Epilog

Es ist Juni 2017, genau zwei Jahre nach unserem Aufbruch, und wir stehen vor einem großen gähnenden Loch, das Zukunft heißt. Auf einer Schwelle, an der das Leben in viele Richtungen gehen kann. Alles ist offen und wir haben die Möglichkeit, noch einmal ganz von vorne anzufangen und einen Weg einzuschlagen, der zu uns passt. Das Zurückfinden in Deutschlands Alltag ist nicht einfach und die Frage „Wie wird alles?“ ersetzt sich ganz automatisch durch „Wie kommen wir mit der neuen Situation zurecht?“.

Der Ort, an den wir zurückgekommen sind, ist immer noch der alte. Vertraut und fremd zugleich. Nach zwei Jahren grenzenloser Freiheit wirken die Zimmer unseres Zuhauses wie ein Gefängnis, der Blick aus dem Fenster zeigt täglich das gleiche Bild.

Erst nach knapp einer Woche verlasse ich Haus und Garten und fühle mich selbst vor der Haustür eingesperrt. Es ist alles regungslos, zu strukturiert – und viel zu still. Mülltonnen stehen millimetergenau an der Bordsteinkante, die Nachbarn sehe ich nur zum Kehren oder auf dem Weg zum Auto auf der Straße und ich komme mir zu laut und unpassend vor.

Es ist schön mit Familie, Freunden und Nachbarn zusammen zu sein. Es tut gut, im Kreise von Menschen zu sitzen, die wir kennen, und vor allem, die uns kennen. Auf meinen Wunsch hin wird die beiläufige Frage „...und, wie war´s?“ nicht gestellt. Die kann nicht in einem Satz beantwortet werden und meine Empfindungen sind darüber hinaus unmöglich in Worte zu fassen, die Daheimgebliebene verstehen können.

Der Anblick unserer Habseligkeiten, die wir im Laufe des Lebens angehäuft haben und doch nicht mitnehmen konnten, erschlägt mich. Mir widerstrebt es, mehr zu besitzen als in unseren kleinen Laster passt. Man kann alles haben, aber das will ich nicht mehr. Das ist Ballast, der meinen Geist tötet.

Für die Kinder, selbst für Romy, die mehr als ihr halbes kleines Leben im Laster gewohnt hat, ist alles Neuland. Ganz alltägliche Dinge wie Waschmaschine, Staubsauger, Spülmaschine, Türklingel, Lichtschalter, Steckdosen, der Briefträger, sogar das Telefon sind die großen Unbekannten. Levis Favorit ist die Toilette. Wasser in einem Behältnis kennt er nur als Badewanne, und fast täglich muss ich ihn unter lautem Protest wieder aus dem Keramikbecken herausholen. An den grenzenlosen Strom und das unendlich fließende trinkbare Wasser muss auch ich mich wieder gewöhnen, sowie an die langen Distanzen vom Bett zur Küche und ins Badezimmer.

Für Romy ist es schwierig, mit anderen Kindern in Kontakt zu treten. In Südamerika ist sie stets in den Kreis aufgenommen worden, doch hier in Deutschland scheint das anders zu funktionieren. Romy kann natürlich nicht verstehen, warum hier keiner mit ihr spontan Freundschaft schließt. Mit den englischen Nachbarskindern klappt es jedoch sofort und es ist ein seltsames Gefühl, die Tochter nicht mehr 24 Stunden um sich zu haben. Genauso ungewohnt, sich in verschiedenen Zimmern aufzuhalten, nach so einer intensiven und engen Zeit als Familie.

Ich bin so lange gereist und brauche noch einige Wochen, um mich daran zu gewöhnen. Noch immer vermisse ich die fröhliche, laute Musik im Supermarkt. Gerüche und unscheinbare Momente lösen schöne und zugleich schmerzliche Erinnerungen aus. Selbst das Vibrieren in den Knochen, ein Gefühl von ständiger Bewegung über Länder und Zeitzonen, hält noch lange an, seitdem ich das letzte Mal aus dem Laster gestiegen bin. Die Reise ist allgegenwärtig. Die Erinnerungen rücken vermeintlich normale Zustände zu Hause in ein anderes Licht, sortieren Wichtiges und Unwichtiges neu und relativieren die Sorgen einer Überflussgesellschaft, die sich dessen nicht bewusst ist.

Wir staunen über Autobahnen, die von neuen teuren Autos überfüllt sind, ein bestens organisiertes Gesundheitssystem und die schier endlose Auswahl in den Geschäften sowie die niedrigen Preise für Lebensmittel. Wir sind dankbar für das, was wir haben, und sind nicht verbittert wegen dem, was uns fehlt.

Ein Leben in der Stadt ist nicht mehr vorstellbar und wir ziehen auf einen abgelegenen alten Bauernhof mit einem großen Grundstück, das ringsum an weite Felder grenzt. Hier ist es uns möglich, wie auch unterwegs im Hier und Jetzt zu leben. Der Frosch parkt in der ehemaligen Scheune und die Kinder können sich dort austoben, wo auch wir uns wohlfühlen, denn es ist wichtig, einen netten Alltag zu haben. Den gibt es schließlich ziemlich oft.

Und das Reisen? Seit unserem Einzug hängt auch die große Weltkarte wieder an der Wand und lockt verheißungsvoll mit der alten Handelsroute durch Asien. Der Seidenstraße. Doch das ist eine Geschichte, die erst geschrieben werden muss.

Anmerkung

Meistens liegt es unserer Erfahrung nach weniger am Geld, warum Menschen nicht reisen, sondern weil ihnen der Mut fehlt, den ersten Schritt in ein Leben jenseits der vermeintlichen heimischen Sicherheit zu wagen. Ist dieser erste Schritt getan, schafft man alles andere auch. Wichtig ist nicht, ob man sich das leisten, sondern auf was man verzichten kann.

Die Kosten einer Panamericana-Reise variieren je nach gewünschtem Komfort und der Art des Reisens. Angefangen bei dem Fahrzeug, der Versorgung, bis hin zu den Stellplätzen. Ob sparsam oder im Luxus, für ein freies und unbeschwertes Leben auf der Straße spielt alles keine Rolle, da zählt nur Leidenschaft für das Reisen. Übernachtet haben wir hauptsächlich kostenlos. Zum einen aus finanziellen Gründen, zum anderen sind die schönsten Plätze einfach inmitten der Natur. Bei 19 Ländern gibt es große Schwankungen im Preisniveau. Alaska, Kanada, Chile und Argentinien waren sehr teuer, Mexiko, Peru, Bolivien und Paraguay äußerst günstig. In preiswerten Ländern gönnt man sich mehr, in teureren schränkt man sich ein. Unser großer Vorteil waren die 1000-Liter-Dieseltanks. Wir tankten in Ecuador für 20 Cent pro Liter randvoll, durchquerten damit ganz Peru und mussten erst ca. 4000 Kilometer weiter in Bolivien wieder nachfüllen.

Wir haben uns ein tägliches Limit gesetzt und im Schnitt etwa 1500 Euro pro Monat für vier Personen ausgegeben, wobei die Kinder fast nicht ins Gewicht fielen. Kostenfaktor Nummer eins waren Windeln. Weil Levi voll gestillt wurde, hatten wir keinerlei Ausgaben für Fläschchen und Milchpulver, und da unsere Kinder noch klein sind, fielen keinerlei Eintrittspreise an.

Zu den laufenden Ausgaben kommen natürlich noch weitere Kosten wie die Verschiffung in die USA, zwischen Panama und Kolumbien, sowie die Rückverschiffung nach Deutschland. Ebenso darf man die relativ teuren Flugkosten nicht unterschätzen. Der größte Posten belief sich auf den Diesel für die knapp 100 000 Kilometer.

Insgesamt hat uns diese Reise rund 50.000 Euro gekostet, zusammengesetzt aus folgenden Posten:

Flüge
Deutschland-USA, Panama-Kolumbien,
Montevideo-Deutschland: 3000 Euro

Verschiffung
Deutschland-USA, Panama-Kolumbien,
Montevideo-Deutschland:
7500 Euro

Diesel:
17.000 Euro

Campingplätze, Apartment Mexiko und Rio de Janeiro:
4000 Euro

Täglicher Bedarf, Eintrittspreise:
20.000 Euro

Danksagung

Romy und Levi, Ihr habt diese Reise zu etwas ganz Besonderem gemacht. Ich danke Euch dafür. Vielleicht sind alle Erinnerungen daran bereits verflogen, aber die Erfahrungen, Gefühle und Momente haben Euch mitunter geprägt und geformt, zu den Menschen gemacht, die Ihr heute seid. Lacht und lebt, bleibt so neugierig und unbefangen und hört nie auf, die Welt zu entdecken. Ihr seid die Zukunft.

Ich verneige mich tief vor meinem Mann. Für unzählige gestohlene Stunden, die ich mit dem Schreiben verbracht habe und die Du anstandslos ertragen hast. Am meisten danke ich Dir, dass Du diesen besonderen Weg mit mir gegangen bist.

Mit den meisten Menschen, die ich entlang der Panamericana kennenlernte, hatte ich nur flüchtige Begegnungen, doch jede einzelne davon hat mein Leben bereichert. Mich zum Nachdenken angeregt. Mir Inspiration gegeben. Mir Dankbarkeit und Demut gelehrt.

Amelie, Du hast mich mit der Geburt Deines Sohnes Theo in Indien darin bestärkt, die Reise trotz Schwangerschaft fortzuführen. Lena und Marc, ohne Eure Inspiration zum Schreiben und Fotografieren wäre dieses Buch nicht entstanden.

Ein letzter Dank geht an Dich. Bei Dir möchte ich mich ganz herzlich bedanken. Dafür, dass Du mein Buch gekauft und gelesen hast. Natürlich hoffe ich, dass es Dir gefallen hat. Sind noch Fragen offen geblieben, scheue Dich nicht, mir auf *http://hippie-trail.de/* oder über unsere Facebookseite *http://fb.me/hippietrail.panam* zu schreiben. Ich bin immer bemüht, so schnell und ausführlich wie möglich zu antworten. Ich freue mich ebenfalls über Dein persönliches Feedback und eine Rezension auf dem Verkaufsportal Amazon, auch wenn Du das Buch dort nicht erworben hast. Diese Bewertungen sind der Anreiz für die Kaufentscheidung vieler Menschen.

Wie alles begann

Michaela Schmitt

Hippie Trail

Auf dem Landweg nach Indien

306 Seiten 19,00 €
ISBN-13: 978-3-00-062515-2

In den 1960er und 1970er Jahren zogen tausende Blumenkinder von Europa über Land nach Südasien auf der Suche nach dem Sinn des Lebens. Der Hippie Trail ist die Mutter aller Roadtrips – und es gibt ihn immer noch.

Michi und Thorben tun das, wovon viele nur träumen.
Sie fahren los auf den Spuren der alten Hippies nach Goa: Einfach so, mit einem 50 Jahre alten Bus, der sie oft herausfordert, aber mit Abenteuern und unerwarteten Begegnungen belohnt.
Dabei tauchen sie ein in fremde Kulturen, erleben nie geahnte Gastfreundschaft und Hilfsbereitschaft und spüren, was Freiheit bedeutet. Am Ende der Reise machen sie die wichtigste Erfahrung – eine, die ihr zukünftiges Leben in eine völlig neue Richtung lenkt.